21세기 지식 정보화 시대
대한민국의 IT 인재로 만드는 비결!

Information Technology Qualification

한글 2022

발 행 일 : 2024년 11월 01일(1판 1쇄)
I S B N : 978-89-5960-492-0(13000)
정   가 : 16,000원

집   필 : 렉스수험서팀
진   행 : 안영선
본문디자인 : 앤미디어

발 행 처 : (주)렉스미디어
발 행 인 : 안광준
주   소 : 경기도 파주시 정문로 588번길 24
홈페이지 : www.rexmedia.net

※ 이 책은 저작권법에 따라 보호를 받는 저작물이므로 무단 전재와 무단 복제를 금지하며,
   이 책 내용의 전부 또는 일부를 이용하려면 반드시 (주)렉스미디어의 서면동의를 받아야 합니다.

CONTENTS

PART 01 ITQ 시험 안내 및 자료 사용 방법

시험안내 01	ITQ 시험 안내	4
시험안내 02	ITQ 회원 가입 및 시험 접수 안내	6
시험안내 03	ITQ 자료 사용 방법	17
시험안내 04	ITQ 한글 2022 시험 변경 안내	27

PART 02 출제유형 완전정복

출제유형 01	수험자 유의사항 및 답안 작성 요령	30
출제유형 02	기능평가 Ⅰ - 스타일 지정	36
출제유형 03	기능평가 Ⅰ - 표 작성	46
출제유형 04	기능평가 Ⅰ - 차트 작성	60
출제유형 05	기능평가 Ⅱ - 수식 입력	80
출제유형 06	기능평가 Ⅱ - 도형 그리기	90
출제유형 07	문서작성 능력평가	116

PART 03 출제예상 모의고사

모의고사 01	제 01 회 출제예상 모의고사	150
모의고사 02	제 02 회 출제예상 모의고사	154
모의고사 03	제 03 회 출제예상 모의고사	158
모의고사 04	제 04 회 출제예상 모의고사	162
모의고사 05	제 05 회 출제예상 모의고사	166
모의고사 06	제 06 회 출제예상 모의고사	170
모의고사 07	제 07 회 출제예상 모의고사	174
모의고사 08	제 08 회 출제예상 모의고사	178
모의고사 09	제 09 회 출제예상 모의고사	182
모의고사 10	제 10 회 출제예상 모의고사	186
모의고사 11	제 11 회 출제예상 모의고사	190
모의고사 12	제 12 회 출제예상 모의고사	194
모의고사 13	제 13 회 출제예상 모의고사	198
모의고사 14	제 14 회 출제예상 모의고사	202
모의고사 15	제 15 회 출제예상 모의고사	206

PART 04 최신유형 기출문제

기출문제 01	제 01 회 최신유형 기출문제	212
기출문제 02	제 02 회 최신유형 기출문제	216
기출문제 03	제 03 회 최신유형 기출문제	220
기출문제 04	제 04 회 최신유형 기출문제	224
기출문제 05	제 05 회 최신유형 기출문제	228
기출문제 06	제 06 회 최신유형 기출문제	232
기출문제 07	제 07 회 최신유형 기출문제	236
기출문제 08	제 08 회 최신유형 기출문제	240
기출문제 09	제 09 회 최신유형 기출문제	244
기출문제 10	제 10 회 최신유형 기출문제	248

※ 부록 : 시험직전 모의고사 3회분 수록

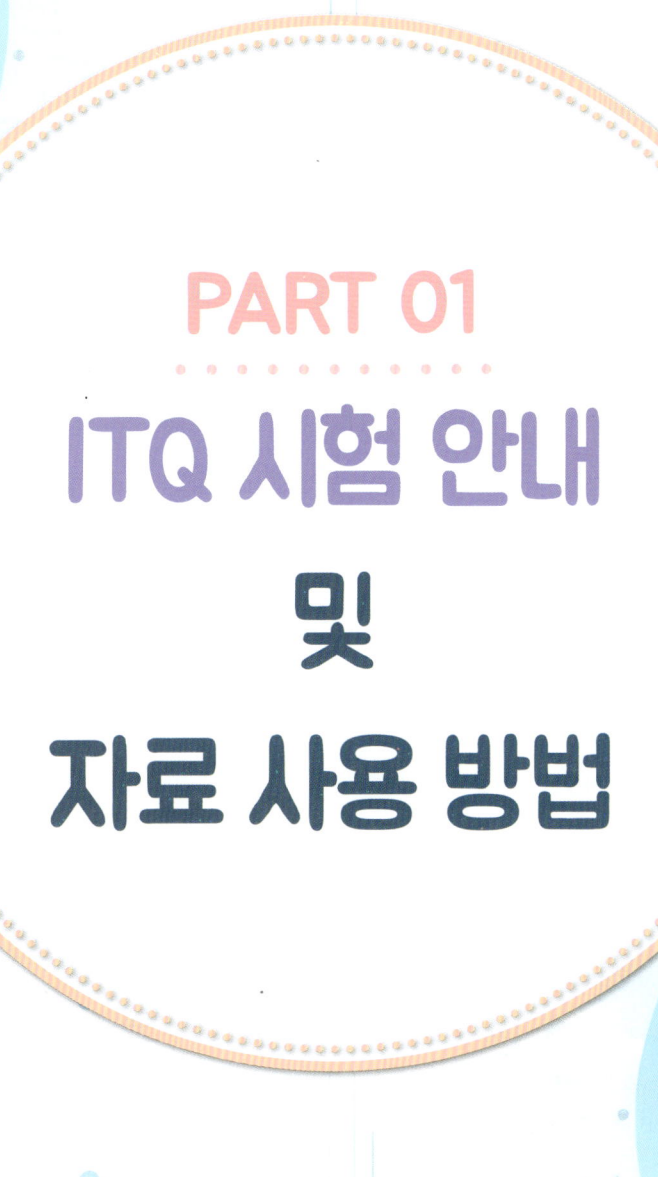

Chapter 1. ITQ 시험 안내

- ☑ 정보기술자격(ITQ) 시험의 응시 자격 및 시험 과목
- ☑ 합격 결정기준 및 시험 시간

1. 정보기술자격(ITQ) 시험이란?

정보화 시대의 기업, 기관, 단체 구성원들에 대한 정보기술능력 또는 정보기술 활용능력을 객관적으로 평가하는 시험입니다. 정보기술 관리 및 실무능력 수준을 지수화, 등급화하여 객관성을 높였으며, 과학기술정보통신부에서 공식 인증하는 국가공인자격 시험입니다.

2. 응시 자격 및 시험 과목

❶ 정보기술자격(ITQ) 시험은 정보기술실무능력을 평가하는 시험으로 국민 누구나 응시가 가능합니다.

❷ ITQ 시험은 동일 회차에 아래 한글/MS 워드, 한글 엑셀/한셀, 한글 액세스, 한글 파워포인트/한쇼, 인터넷의 5개 과목 중 최대 3과목까지 시험자가 선택하여 신청할 수 있습니다.

※ 단, 한글 엑셀/한셀, 한글 파워포인트/한쇼, 아래 한글/MS 워드는 동일 과목군으로 동일 회차에 응시 불가
 (자격증에는 "한글 엑셀(한셀)", "한글 파워포인트(한쇼)"로 표기되며 최상위 등급이 기재됨)

자격종목		등급	ITQ시험 프로그램 버전		시험방식
			시험 S/W	공식버전	
ITQ 정보기술자격	아래 한글	A/B/C 등급	한컴 오피스	한컴오피스 2022/2020 선택 응시	PBT
	한셀				
	한쇼			한컴오피스 2022 단일 응시	
	MS 워드		MS 오피스	MS 오피스 2021 / 2016 선택 응시	
	한글 엑셀				
	한글 액세스				
	한글 파워포인트				
	인터넷			내장 브라우저 : IE8.0이상	

※ 한컴오피스 : 2022/2020 중 선택 응시(시험지 2022/2020 공용), 한쇼/한셀 : 2022 단일 응시
※ MS오피스 : 2021/2016 중 선택 응시(시험지 2021/2016 공용)

3. 합격 결정기준

❶ 합격 결정기준

ITQ 시험은 500점 만점을 기준으로 A등급부터 C등급까지 등급별 자격을 부여하며, 낮은 등급을 받은 수험생이 차기시험에 재응시하여 높은 등급을 받으면 등급을 업그레이드 해주는 방법으로 평가를 합니다.

A등급	B등급	C등급
400~500점	300~399점	200~299점

❷ 등급별 수준

등급	수준
A등급	주어진 과제의 80~100%를 정확히 해결할 수 있는 능력
B등급	주어진 과제의 60~79%를 정확히 해결할 수 있는 능력
C등급	주어진 과제의 40~59%를 정확히 해결할 수 있는 능력

4. 시험 배점 및 시험 시간

시험 배점	문항 및 시험방법	시험 시간
과목당 500점	5~10문항 실무작업형 실기시험	과목당 60분

5. 시험출제기준(아래한글)

문항	배점	출제기준
❶ 스타일	50점	한글/영문 텍스트 작성능력과 스타일 기능 사용 능력을 평가 • 한글/영문 텍스트 작성 • 스타일 이름/문단모양/글자모양
❷ 표와 차트	100점	표를 작성하고 이를 이용하여 간단한 차트를 작성할 수 있는 능력을 평가 • 표 내용 작성/정렬/셀 배경색 • 표 계산 기능/캡션 기능/차트기능
❸ 수식 편집기	40점	수식편집기 사용 능력 평가 • 수식편집기를 이용한 수식작성
❹ 그림/그리기	110점	다양한 기능을 통합한 문제로 도형, 그림, 글맵시, 하이퍼링크등 문서작성시의 응용능력을 평가 • 도형 삽입 및 편집, 하이퍼링크 • 그림/글맵시(워드아트) 삽입 및 편집, 개체배치 • 도형에 문자열 입력하기
❺ 문서작성능력	200점	문서작성을 위한 다양한 능력을 평가 • 문서작성 입력 및 편집(글자모양/문단모양), 한자변환, 들여쓰기 • 책갈피, 덧말, 문단 첫글자장식, 문자표, 머리말, 쪽번호, 각주 • 표 작성 및 편집, 그림 삽입 및 편집(자르기 등)

※ 응시료 확인 : https://license.kpc.or.kr/ 홈페이지 접속 → [자격소개-정보기술자격(ITQ)]

ITQ 회원 가입 및 시험 접수 안내

☑ 회원 가입하기
☑ 시험 접수 안내

1. 회원 가입하기

(1) ITQ 자격 검정 사이트 접속하기

❶ ITQ 자격 검정 사이트(license.kpc.or.kr)에 접속한 후 화면 위의 〈회원가입〉 단추를 클릭합니다.

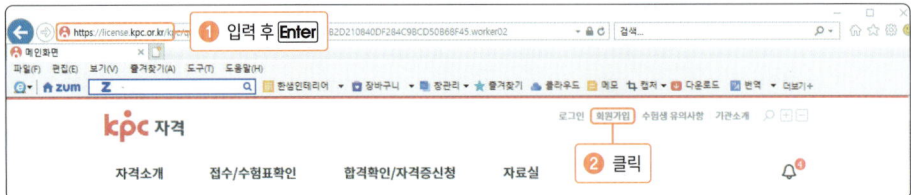

❷ [회원가입]에서 '전체 약관(필수항목)에 동의합니다.' 체크 박스를 클릭합니다.

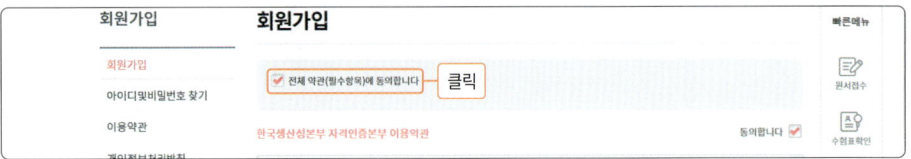

❸ '개인정보 수집·이용 내역 (필수사항)'에 '동의합니다' 체크 박스가 선택되어 있는지 확인한 후 〈개인회원(어린이) 가입 만 14세 미만〉 단추를 클릭합니다.

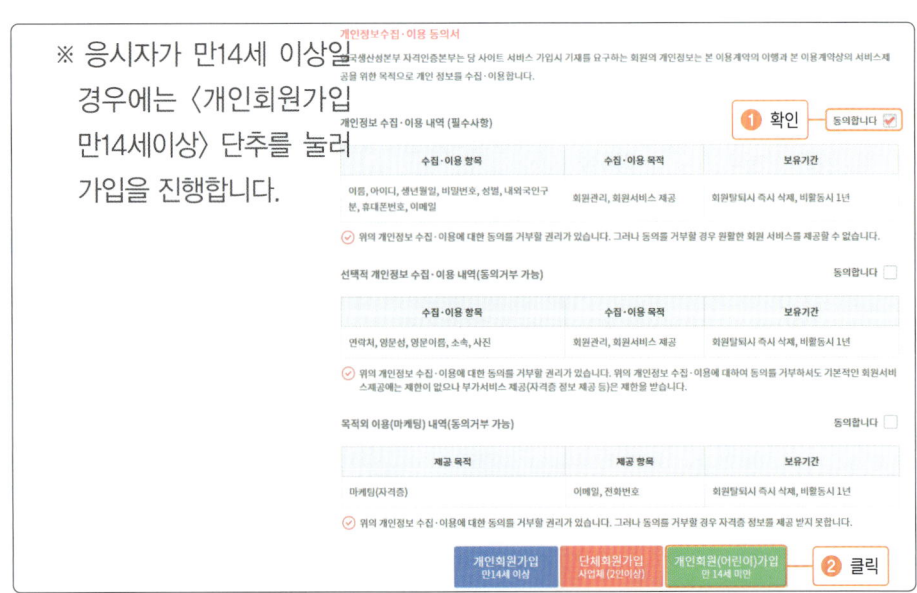

※ 응시자가 만14세 이상일 경우에는 〈개인회원가입 만14세이상〉 단추를 눌러 가입을 진행합니다.

※ 회원 가입 절차는 시험 주관사에 의해 변경될 수도 있습니다.

(2) 보호자(법적대리인) 본인인증

❶ [회원가입 (만14세 미만 개인회원)]의 [보호자(법적대리인) 본인인증]에서 '수집·이용 내역(필수사항)'의 '동의합니다.' 체크 박스를 클릭합니다. 이어서, [보호자(법적대리인) 본인인증]에서 〈휴대폰 본인인증〉 단추를 클릭합니다.

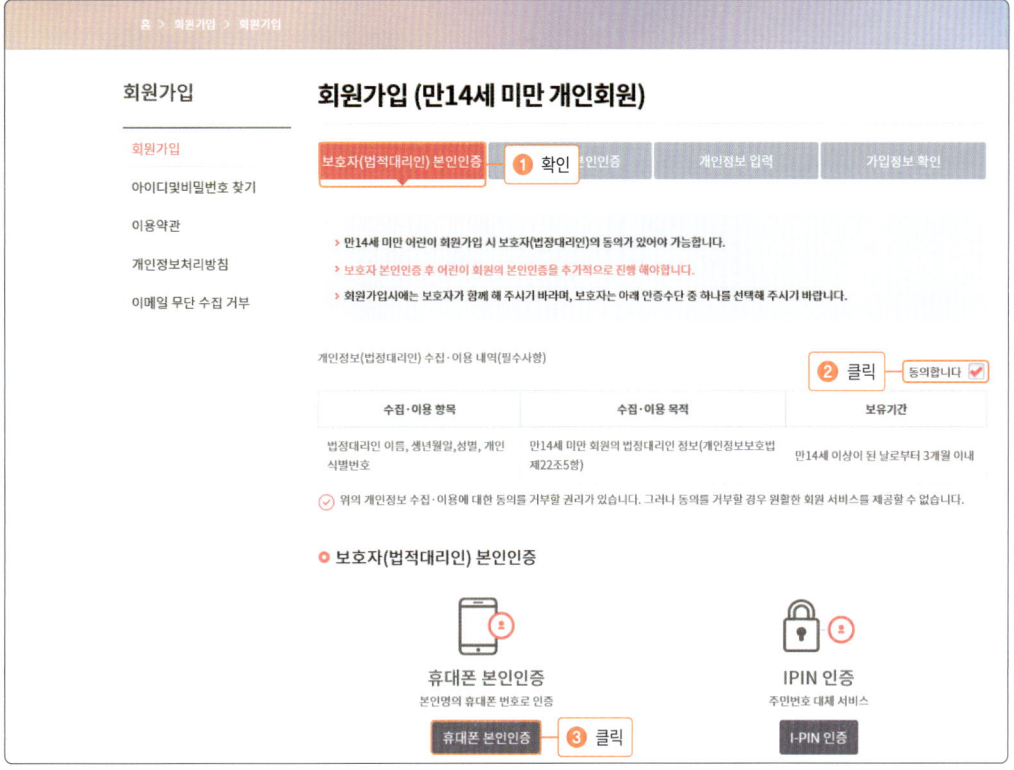

❷ '이용 중이신 통신사를 선택하세요' 창에서 보호자가 현재 이용 중인 통신사를 선택합니다. 이어서, 각각의 동의 내용을 클릭하여 체크한 후 〈시작하기〉 단추를 클릭합니다.

❸ '문자인증'을 선택하여 필요한 개인 정보와 보안문자를 입력한 후 〈확인〉 단추를 클릭합니다.

❹ 보호자의 휴대폰 문자로 전송된 '인증번호'를 입력한 후 〈확인〉 단추를 클릭합니다.

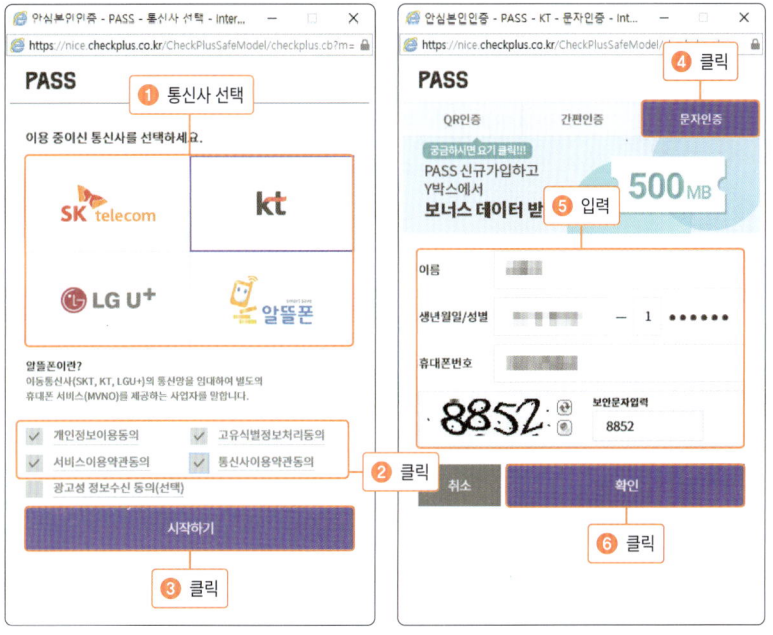
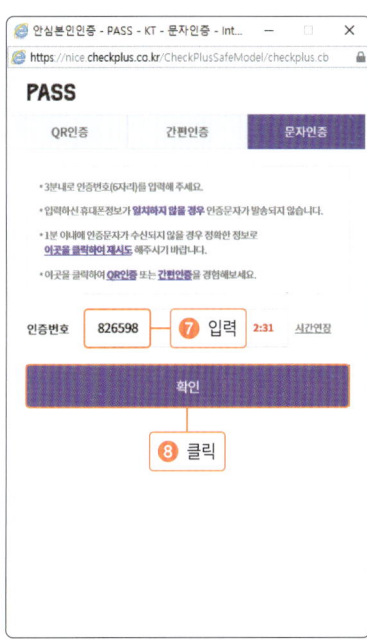

❺ 회원가입이 완료되면 회원가입 정보를 확인한 후 〈확인(홈으로 이동)〉 단추를 클릭합니다.

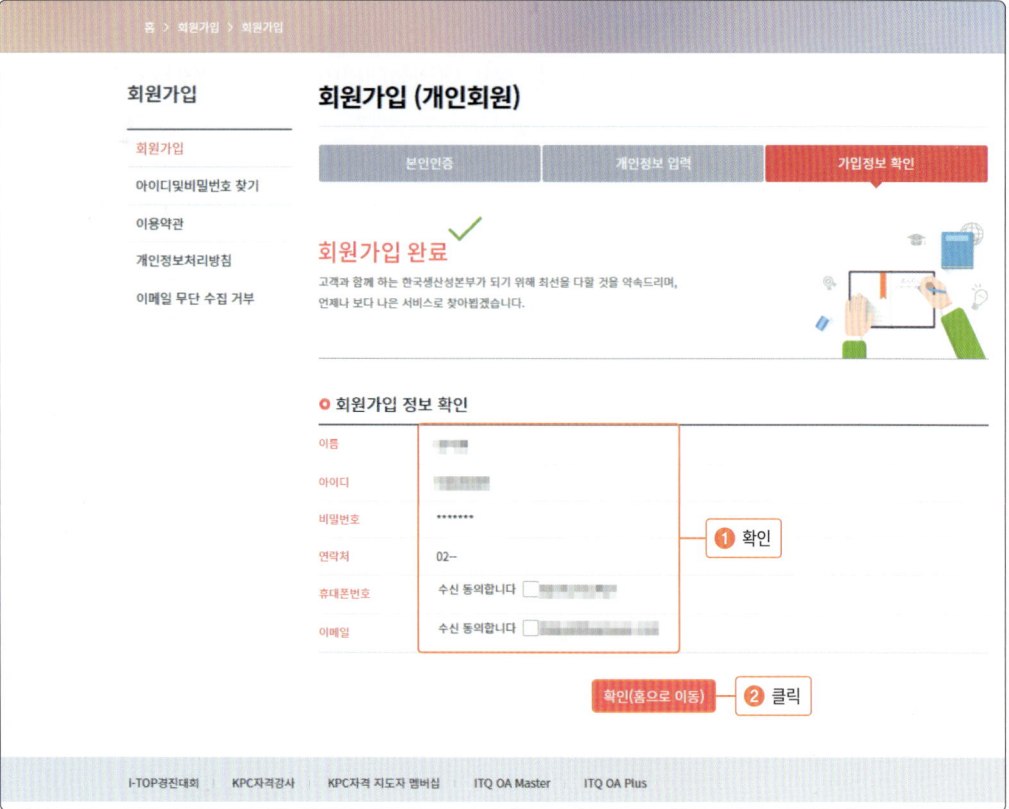

(3)-2. 14세미만 본인인증(I-PIN 인증절차)

❶ [회원가입 (만 14세 미만 개인회원)]의 [14세미만 본인인증]에서 〈I-PIN 인증〉 단추를 클릭합니다.

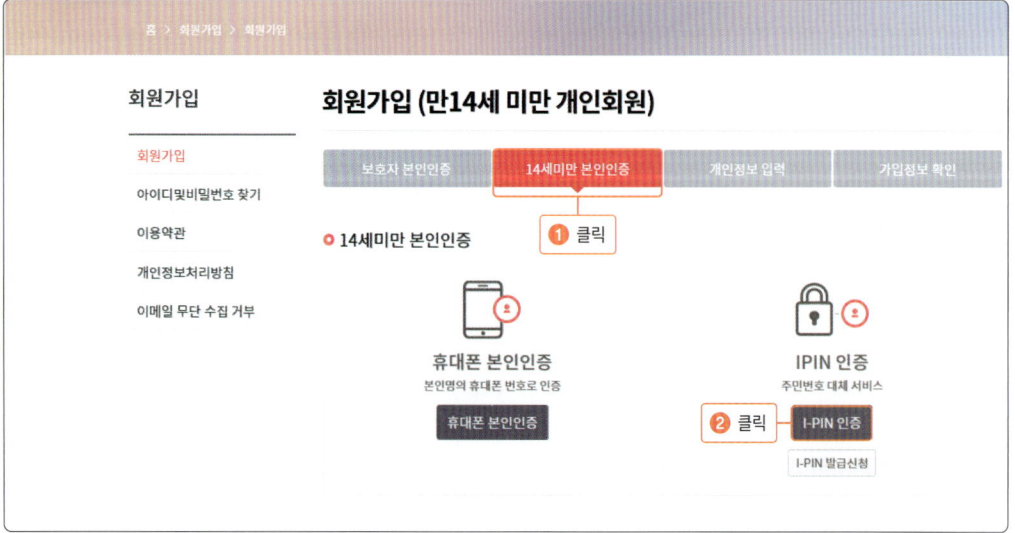

❷ [메인 화면] 창에서 〈신규발급〉 단추를 클릭합니다.
❸ [발급 전 확인사항] 창에서 〈발급하기〉 단추를 클릭합니다.

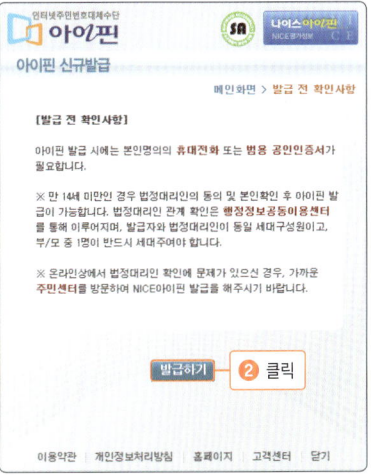

❹ [약관동의] 창에서 모든 항목에 '동의' 체크 박스를 클릭한 후 〈확인〉 단추를 클릭합니다.

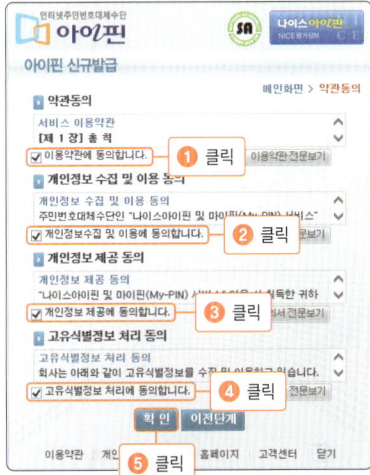

❺ [아이핀 사용자정보] 창에서 발급자 '성명'과 '주민번호', '문자입력'을 입력합니다. 사용할 '아이핀 ID'를 입력한 후 〈ID 중복확인〉 단추를 클릭하여 사용가능한 아이디인지를 확인합니다.
❻ '비밀번호'를 입력한 후 〈비밀번호 검증〉 단추를 클릭하여 비밀번호 사용가능 여부를 확인합니다. 비밀번호 검증이 완료되면 '비밀번호 확인'에 비밀번호를 한 번 더 입력합니다.

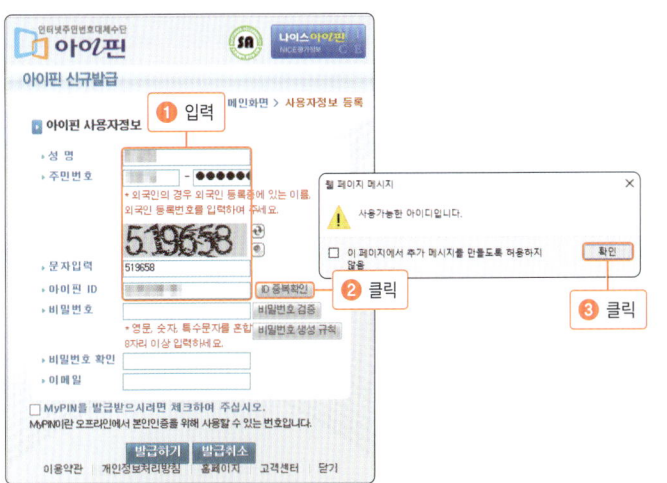
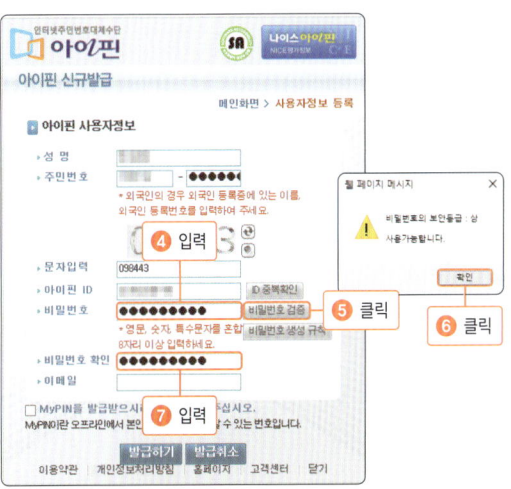

※ 14세미만 본인인증은 '8페이지의 휴대폰(본인 명의의 휴대폰이 있는 경우)' 또는 '10페이지의 I-PIN(본인 명의의 휴대폰이 없는 경우)' 중 하나를 선택하여 진행할 수 있습니다.

(3)-1. 14세미만 본인인증(휴대폰 인증절차)

❶ [14세미만 본인인증]에서 〈휴대폰 본인인증〉 단추를 클릭합니다.

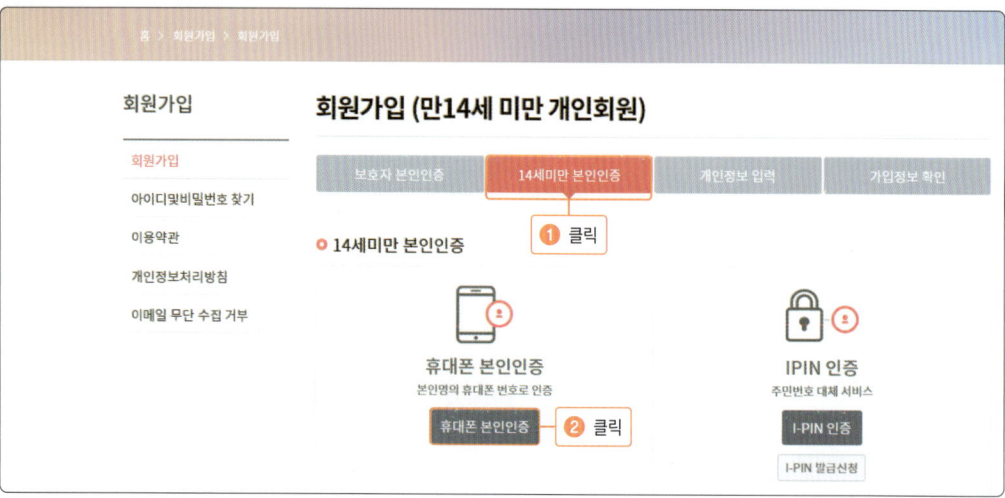

❷ '이용 중이신 통신사를 선택하세요' 창에서 14세미만이 현재 이용 중인 통신사를 선택합니다. 이어서, 각각의 동의 내용을 클릭하여 체크한 후 〈시작하기〉 단추를 클릭합니다.

❸ '문자인증'을 선택하여 필요한 개인 정보와 보안문자를 입력한 후 〈확인〉 단추를 클릭합니다.

❹ 본인의 휴대폰 문자로 전송된 '인증번호'를 입력한 후 〈확인〉 단추를 클릭합니다.

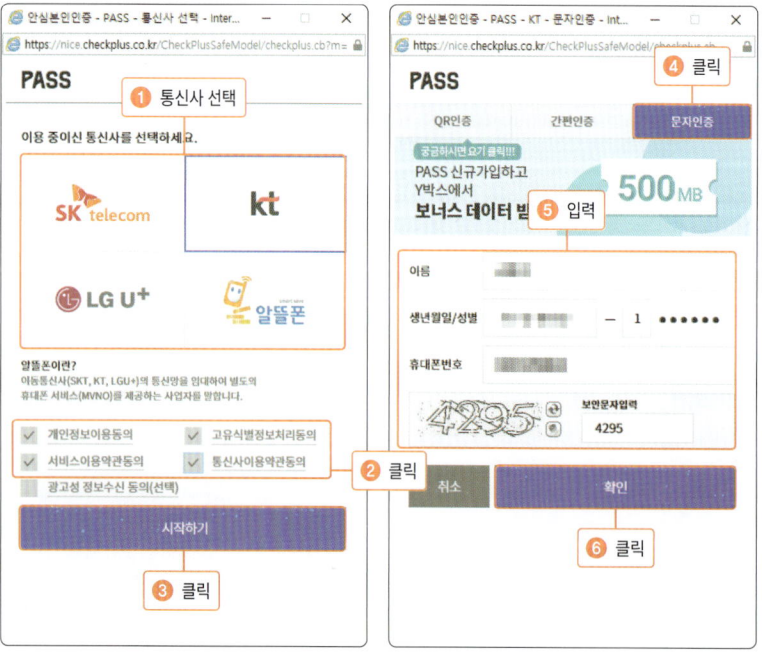
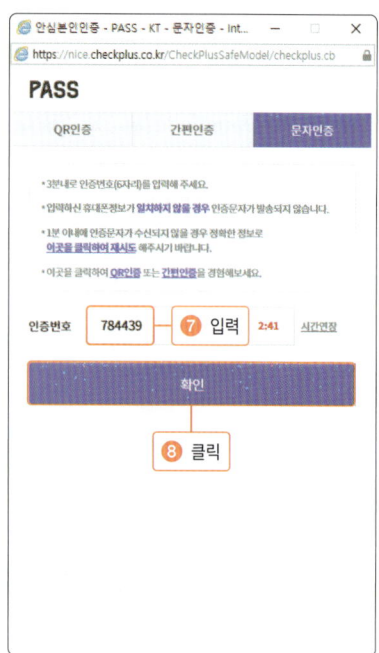

❺ [개인정보 입력]에서 '이름'과 '아이디'를 입력한 후 〈중복확인〉 단추를 클릭합니다. 이어서, '사용 하실 수 있는 ID 입니다' 메시지 창이 나오면 〈Close〉 단추를 클릭합니다.
　※ 아이디를 입력하고 〈중복확인〉 단추를 클릭하여 내가 입력한 아이디를 다른 사용자가 사용하고 있는지 반드시 확인합니다.

❻ 아이디 입력이 완료되면 '비밀번호'와 '비밀번호 확인'을 입력합니다.

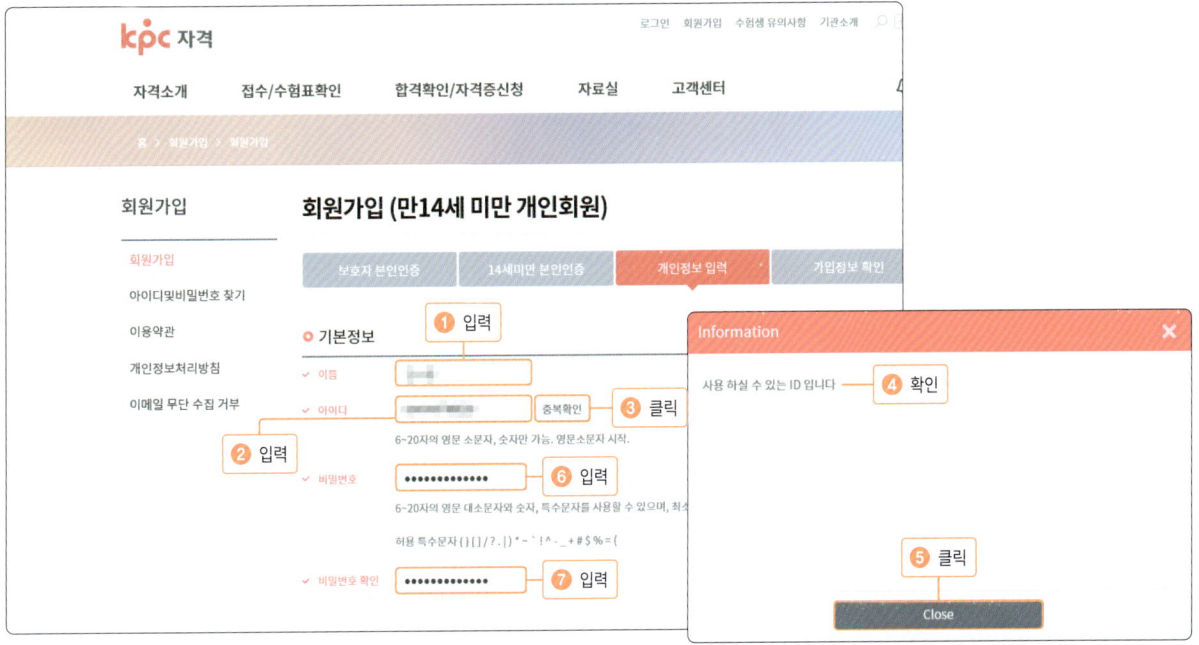

- **이름** : 본인의 이름을 입력합니다.
- **아이디** : 6~20자의 영문 소문자, 숫자만 가능, 영문 소문자로 시작합니다.
- **중복확인** : 입력한 아이디를 다른 사용자가 사용하고 있는지 〈중복확인〉 버튼을 클릭해서 반드시 확인합니다.
- **비밀번호** : 6~20자의 영문 대소문자와 숫자, 특수문자를 사용할 수 있으며, 최소 2종류 이상을 조합해야 합니다.
- **비밀번호 확인** : 입력한 비밀번호를 똑같이 한 번 더 입력합니다.

❼ 기본정보 입력이 완료되면 [추가정보]에 내용을 입력한 후 〈가입하기〉 단추를 클릭합니다.
　※ 휴대전화 및 이메일에 '수신 동의합니다'를 클릭하여 체크할 경우 수험 정보를 받을 수 있으며, 비밀번호를 잊어 버렸을 경우 비밀번호 찾기에 사용되므로 체크 박스를 클릭합니다.

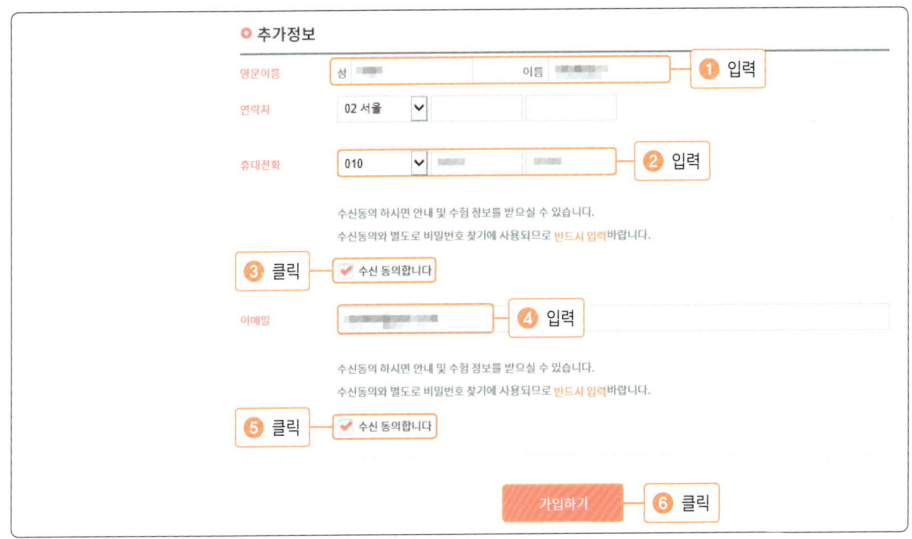

❽ '이메일'을 입력한 후 'MyPIN을 발급받으시려면 체크하여 주십시오'의 체크 박스를 클릭하고 〈발급하기〉 단추를 클릭합니다.

❾ [법정대리인 동의] 창에서 법정대리인 '성명'과 '주민번호'를 입력한 후 〈실명등록 및 아이핀 발급〉 단추를 클릭합니다.

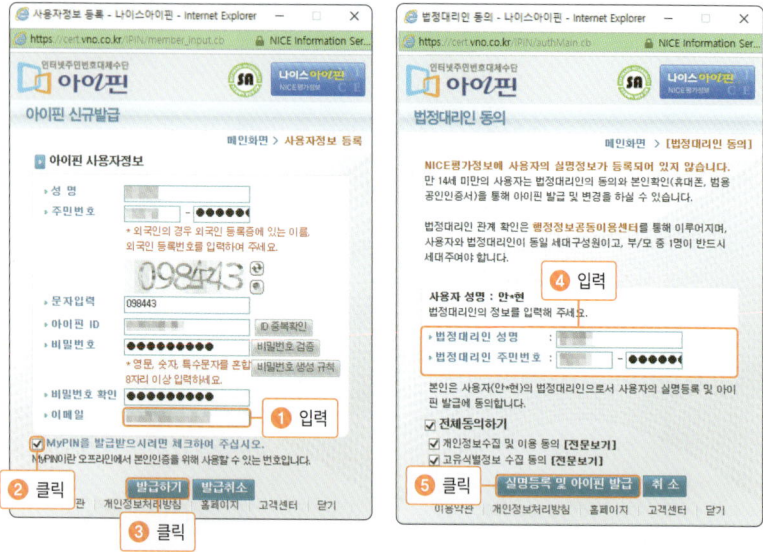

❿ [아이핀 신원확인] 창에서 '휴대폰'이나 '범용 공인인증서'를 선택한 후 정보를 입력하고 〈인증번호 요청〉 단추를 클릭합니다.

⓫ 휴대폰 문자로 전송된 '인증번호'를 입력한 후 〈확인〉 단추를 클릭합니다.

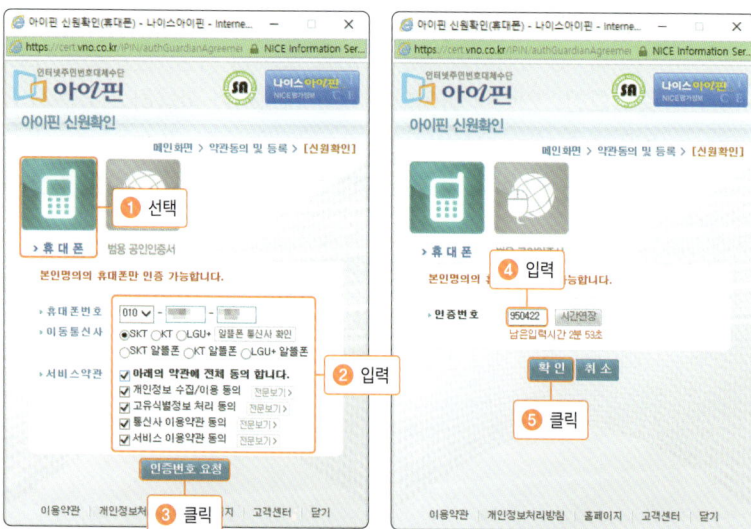

⓬ [2차 비밀번호 설정] 창에서 2차 비밀번호를 두 번 입력한 후 〈확인〉 단추를 클릭합니다.

⓭ [아이핀/My-PIN 발급완료] 창에서 발급 완료를 확인한 후 〈확인〉 단추를 클릭합니다.

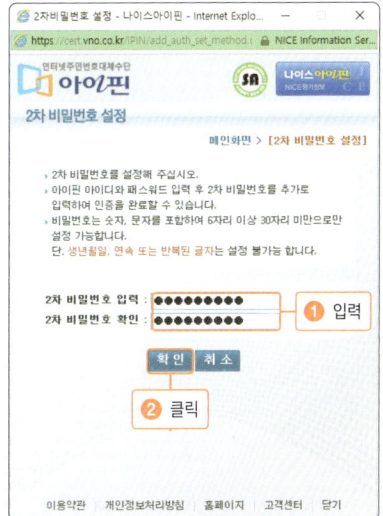 

⓮ [메인 화면] 창에서 '아이핀ID', '비밀번호', '문자입력'을 입력한 후 〈확인〉 단추를 클릭합니다.

⓯ [2차 비밀번호 입력] 창에서 2차 비밀번호를 입력한 후 〈확인〉 단추를 클릭합니다.

 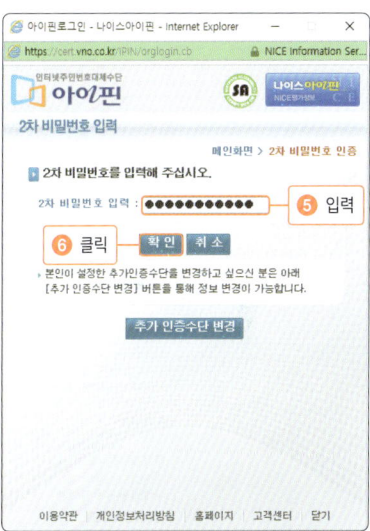

⑯ [메인 화면] 창이 나오면 〈인증 완료〉 단추를 클릭합니다.

⑰ [개인정보 입력]에서 '이름'과 '아이디'를 입력한 후 〈중복확인〉 단추를 클릭합니다. 이어서, '사용 하실 수 있는 ID 입니다' 메시지 창이 나오면 〈Close〉 단추를 클릭합니다.
   ※ 아이디를 입력하고 〈중복확인〉 단추를 클릭하여 내가 입력한 아이디를 다른 사용자가 사용하고 있는지 반드시 확인합니다.

⑱ 아이디 입력이 완료되면 '비밀번호'와 '비밀번호 확인'을 입력합니다.

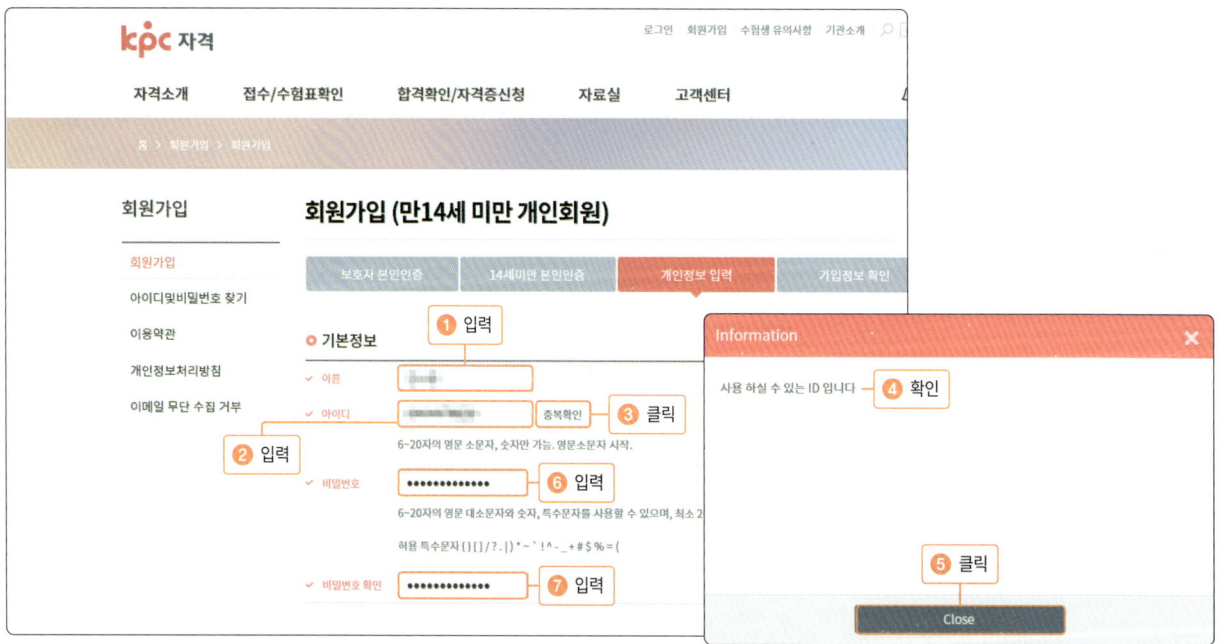

- **이름** : 본인의 이름을 입력합니다.
- **아이디** : 6~20자의 영문 소문자, 숫자만 가능, 영문 소문자로 시작합니다.
- **중복확인** : 입력한 아이디를 다른 사용자가 사용하고 있는지 [중복확인] 버튼을 클릭해서 반드시 확인합니다.
- **비밀번호** : 6~20자의 영문 대소문자와 숫자, 특수문자를 사용할 수 있으며, 최소 2종류 이상을 조합해야 합니다.
- **비밀번호 확인** : 입력한 비밀번호를 똑같이 한 번 더 입력합니다.

⑲ 기본정보 입력이 완료되면 [추가정보]에 내용을 입력한 후 〈가입하기〉 단추를 클릭합니다.

　※ 휴대전화 및 이메일에 '수신 동의합니다'를 클릭하여 체크할 경우 수험 정보를 받을 수 있으며, 비밀번호를 잊어버렸을 경우 비밀번호 찾기에 사용되므로 체크 박스를 클릭합니다.

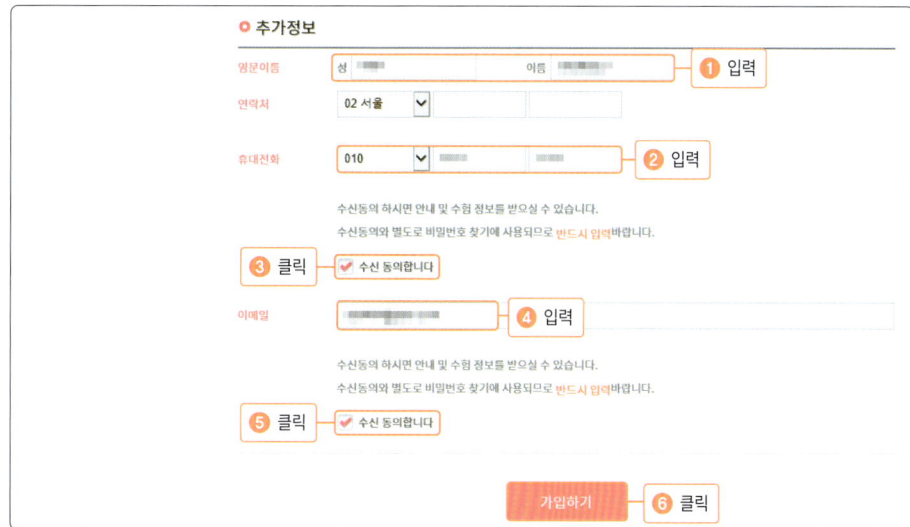

⑳ 회원가입이 완료되면 회원가입 정보를 확인한 후 〈확인(홈으로 이동)〉 단추를 클릭합니다.

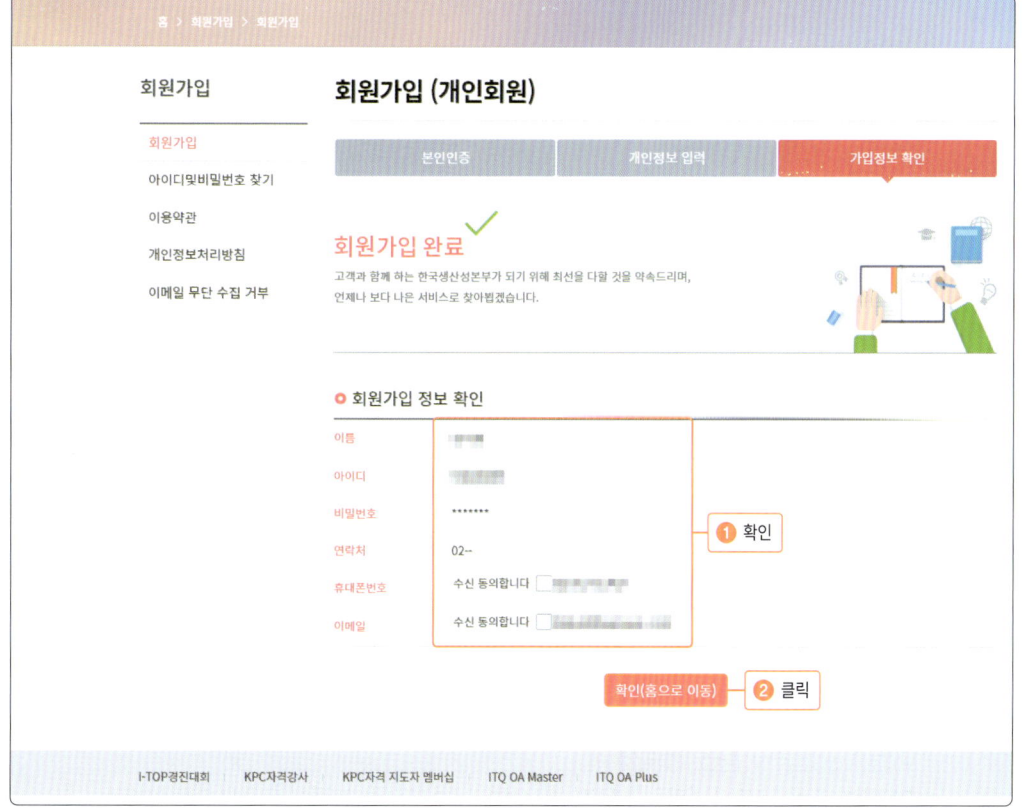

2. 시험 접수 안내

❶ 응시원서의 입력 항목에 따라 지역 및 고사장 선택, 신상명세입력, 본인사진을 등록합니다.
  – 사진 등록을 위한 이미지 파일은 온라인 편집이 가능합니다.
❷ 응시원서 작성이 끝나면 결제화면에서 신용카드 및 온라인 이체로 응시료를 결제합니다.
  – 결제 금액은 응시료+인터넷 접수 건별 소정의 수수료가 산정됩니다.
❸ 응시원서 작성과 온라인 결제가 끝나면 ITQ 시험 접수확인증이 화면에 출력되고 인쇄 기능이 지원됩니다.

인터넷 접수		방문 접수
⇩	⇩	⇩
인터넷 원서접수 기간확인		방문접수 기간확인
⇩	⇩	⇩
단체회원 로그인	개인회원 가입확인	지역센터 위치확인
⇩	⇩	⇩
접수방법선택	개인정보확인	개인회원 가입확인
⇩	⇩	⇩
지역/고사장/응시회원편집	지역/고사장/과목선택	지역별 방문접수(원서작성)
⇩	⇩	⇩
결제	결제	응시료 입금
⇩	⇩	⇩
접수완료/확인	접수증확인(출력)	수험표 확인
⇩	⇩	⇩
수험표 확인(시험일 2일전까지 사진등록)		시험응시
⇩		
시험응시		

Chapter 3. ITQ 자료 사용 방법

- ☑ 자료 다운로드 방법
- ☑ 자동 채점 프로그램
- ☑ 온라인 답안 시스템
- ☑ 한글 2022 화면 구성

1. 자료 다운로드 방법

❶ 크롬 브라우저를 실행하여 렉스미디어(https://rexmedia.net) 홈페이지에 접속합니다.

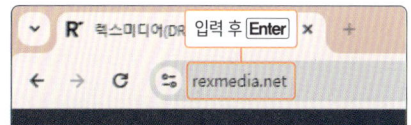

❷ 왼쪽 상단에 [컴퓨터 자격증 교재]를 클릭합니다.

❸ [ITQ 자격증]-[2025 놀자비 ITQ 한글 2022(좌무선)] 교재를 클릭합니다.

❹ 왼쪽 화면 아래에 [학습자료]를 클릭합니다.

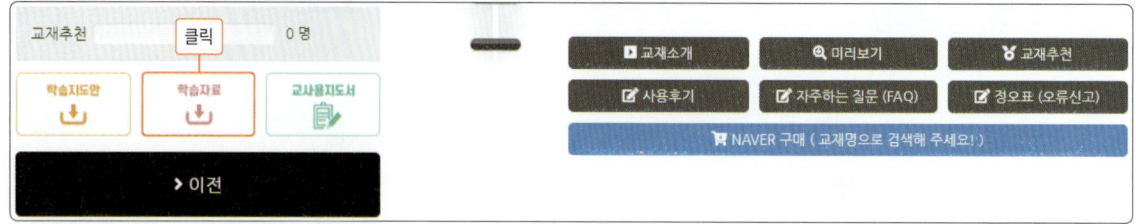

❺ [2025 놀자비 ITQ 한글 2022(좌무선)_학습 자료]를 클릭합니다.

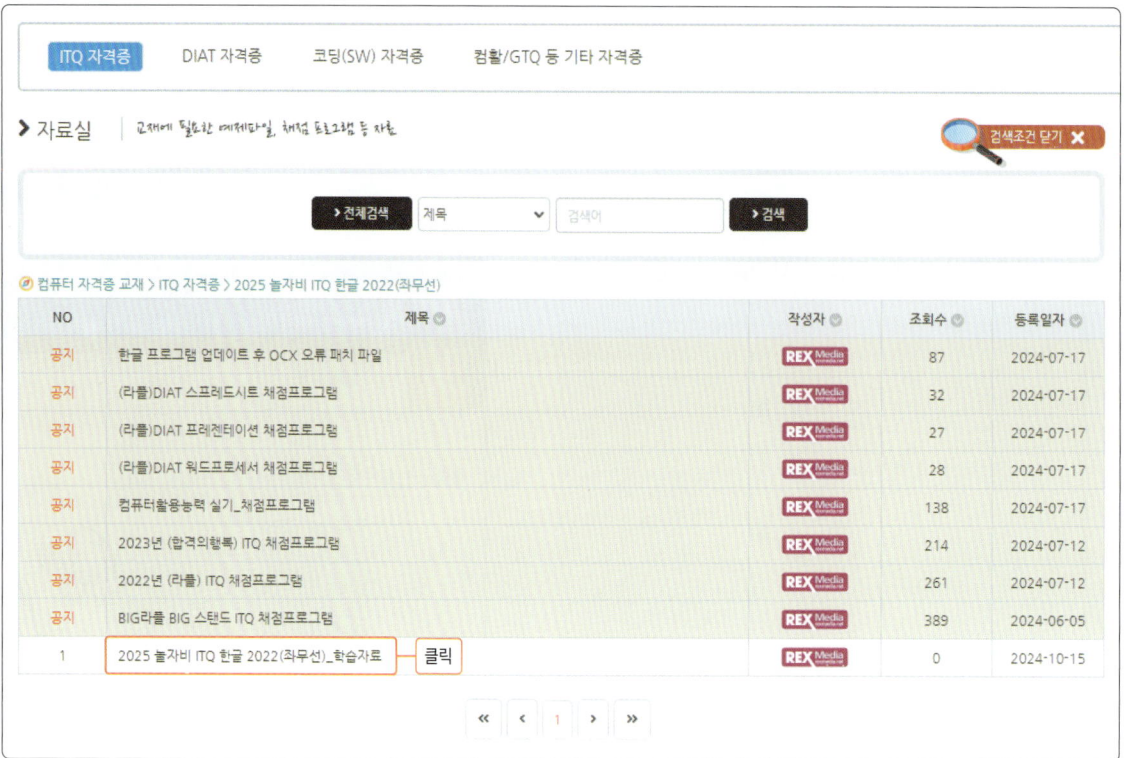

❻ 다운로드 단추를 클릭하여 자료를 다운로드 받으시면 됩니다.

2. 렉스미디어와 코딩아지트에서 개발한 '온라인 답안 시스템'

❶ **온라인 답안 시스템**

[MAG 답안 전송 & 채점 프로그램] 프로그램은 **수험자 연습용 답안 전송 프로그램**이기 때문에 **서버에서 제어가 되지 않는 개인용 버전**입니다. 실제 시험 환경을 미리 확인하는 차원에서 테스트하시기 바랍니다.

※ 해당 '온라인 답안 시스템'은 변경된 ITQ 시험 버전에 맞추어 수정된 최신 버전의 프로그램입니다.

❷ 필요한 자료를 [렉스미디어 홈페이지]-[자료실]-[공지]-'MAG 답안 전송 & 채점 프로그램_240801' 파일을 다운 받아 압축을 해제한 다음 바탕 화면의 [MAG 답안 전송 & 채점 프로그램_240801] 폴더에서 **'MAG 답안 전송 & 채점 프로그램_실행 파일.exe'**을 더블 클릭하여 실행합니다.

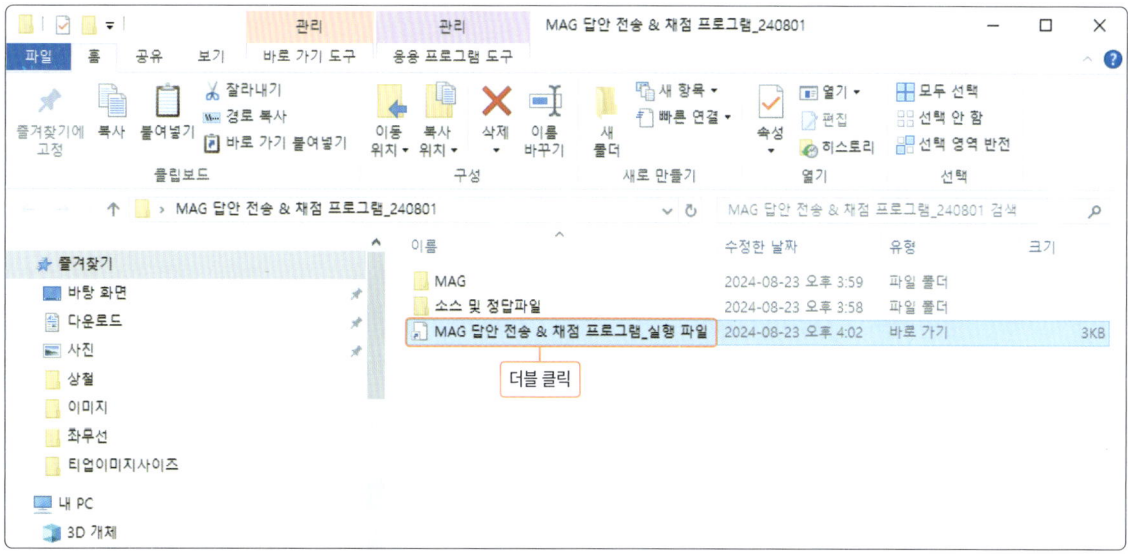

❸ 〈ITQ 답안 전송 프로그램〉 단추를 클릭합니다.

❹ '**수험번호**' 입력란에 임의대로 숫자 8자리로 입력하고, '**수험자**' 입력란에 본인 이름을 입력한 다음 〈확인〉 단추를 클릭합니다. 이어서, [수험번호 확인] 대화상자가 나오면 〈예〉 단추를 클릭합니다.

 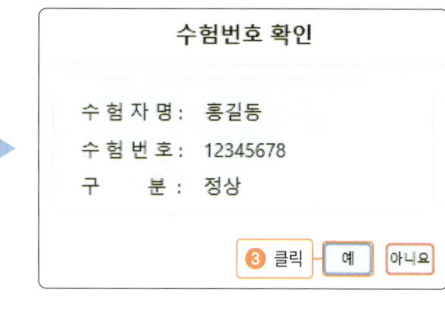

❺ [수험과목]을 클릭한 다음 '아래한글'을 선택합니다.
　 이어서, 〈확인〉 단추를 클릭합니다.
　　※ 시험장에서는 수험번호만 입력하면 수험자의 이름 및 수험과목은 시험 접수한 내용이 표시가 됩니다.

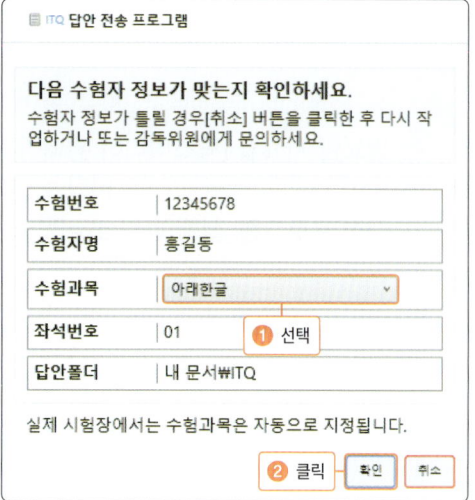

❻ [유의사항] 대화상자가 나오게 되면 '10초' 후에 자동으로 시험이 시작이 됩니다.
　　※ 시험장에서는 감독위원이 〈시험시작〉 단추를 누르게 되면 화면이 바탕 화면으로 바뀌면서 시험이 시작됩니다.

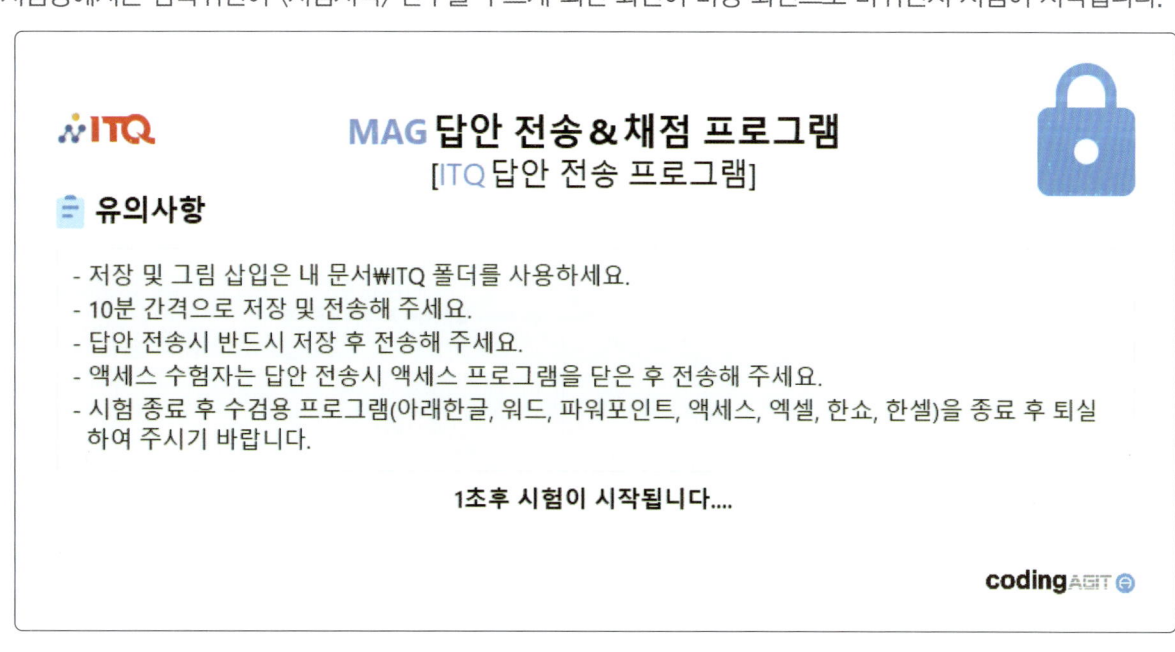

❼ 온라인 답안 시스템이 실행되면 모니터 오른쪽 상단에 답안 전송 프로그램이 나타납니다.

※ 시험장에서는 수험생 모니터에 시험 시간이 표시가 되지 않습니다.

❶ 답안 저장 파일명으로 '수험번호-수험자명'으로 구성
❷ 온라인 답안 시스템 업그레이드 번호
❸ 사용자가 선택한 수험 과목
❹ 답안을 마지막에 전송한 시간
❺ 수험자가 작성한 답안을 감독위원 PC로 전송
❻ 답안 작성시 필요한 그림의 폴더 보기
❼ 답안 작성시 필요한 그림 파일 등을 감독위원 PC에서 수험자 PC로 전송
❽ 수험자가 전송한 답안을 다시 불러옴
❾ 시험 종료(비밀번호 : 0000)
❿ 시험 시간

❽ 답안 파일 이름은 수험자 자신의 '수험번호-성명(12345678-홍길동)' 형태로 「내 PC₩문서₩ITQ」 폴더에 저장합니다.

※ 간혹, 시험장에 따라 [내 PC] 폴더 안에 [문서] 폴더가 없을 수 있습니다. [문서] 폴더를 찾지 못할 때는 [라이브러리] 폴더 또는 [검색]-'문서'를 입력해서 찾는 방법도 있습니다.

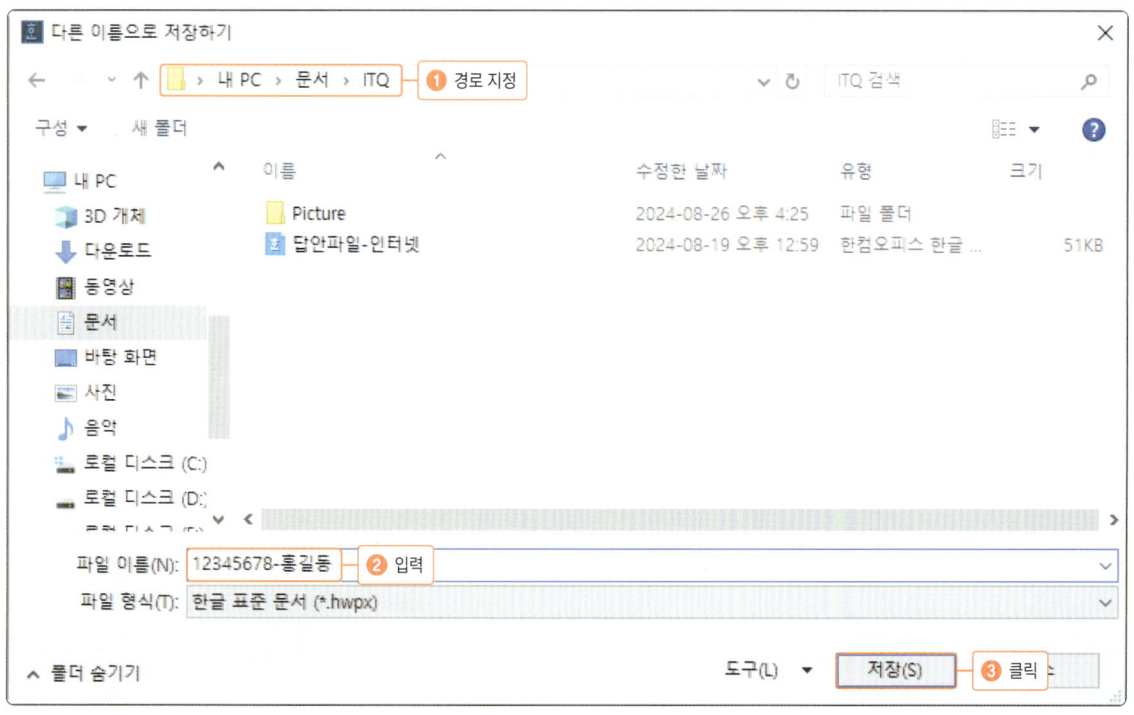

⑨ 답안 전송 프로그램에서 〈답안 전송〉 단추를 클릭한 후 메시지 창이 나오면 〈예〉 단추를 클릭합니다.

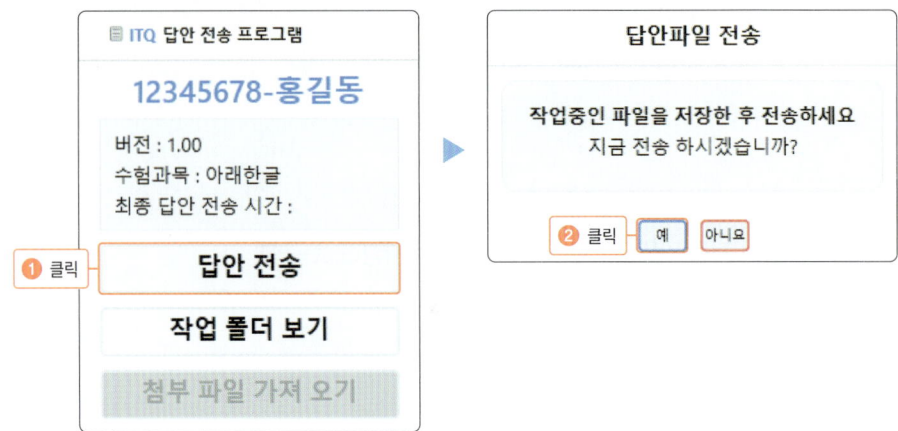

⑩ 전송할 답안 파일이 맞는지 확인(파일목록과 존재 유무)한 후 〈전송〉 단추를 클릭합니다. 이어서, 메시지 창이 나오면 〈확인〉 단추를 클릭합니다.

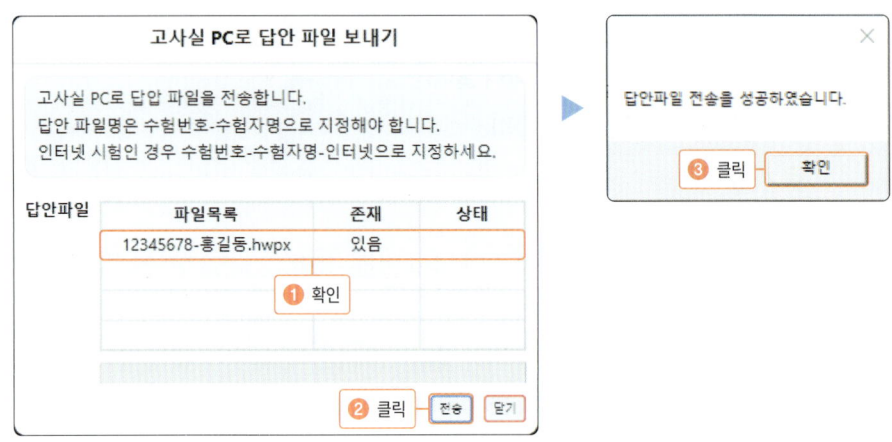

⑪ '상태' 항목이 '성공'인지 확인한 후 〈닫기〉 단추를 클릭합니다. 이어서, 감독위원의 지시를 따릅니다.
　※ 해당 '온라인 답안 시스템'은 개인이 연습할 수 있도록 만들어진 프로그램으로 실제 답안 파일이 전송되지는 않습니다.

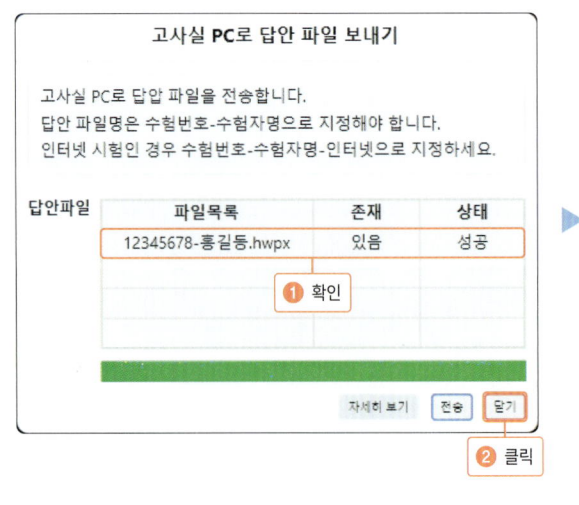

3. 렉스미디어와 코딩아지트에서 개발한 '자동 채점 프로그램(MAG)'

❶ 자동 채점 프로그램은 작성한 답안 파일을 정답 파일과 비교하여 틀린 부분을 찾아주는 프로그램입니다. 프로그램 상의 한계로 100% 정확한 채점은 어렵기 때문에 참고용으로 사용하시기 바랍니다.

❷ 필요한 자료를 [자료실]에서 [공지]-'MAG 답안 전송 & 채점 프로그램_240801'을 클릭합니다. 이어서, [MAG 답안 전송 & 채점 프로그램_240801] 파일을 다운로드 받아 압축을 해제한 후 [MAG 답안 전송 & 채점 프로그램_240801]-'MAG 답안 전송 & 채점 프로그램_실행 파일'을 더블 클릭하여 채점 프로그램을 실행합니다.

※ 채점 프로그램 폴더는 임의로 이름을 변경하거나 삭제하면 작동되지 않습니다.

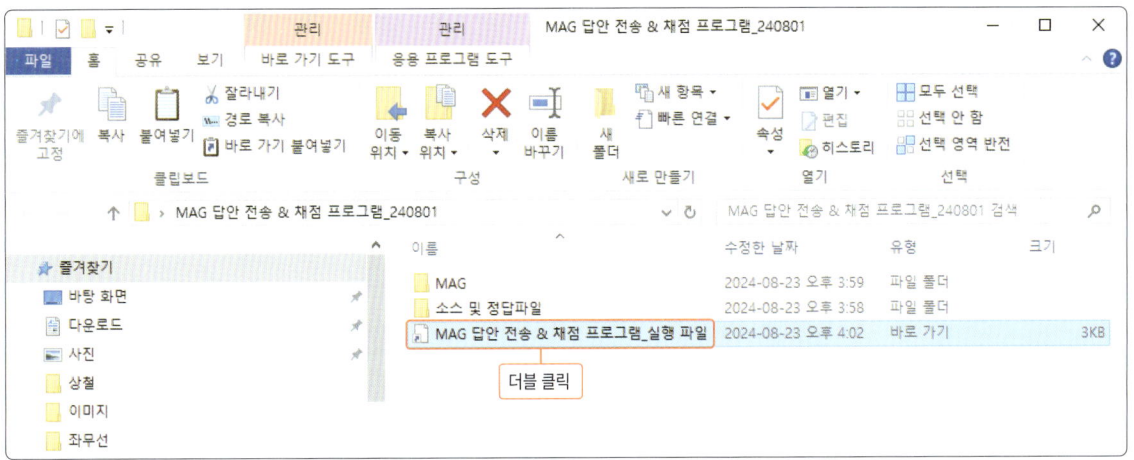

❸ 〈채점 프로그램 바로가기〉 단추를 클릭합니다.

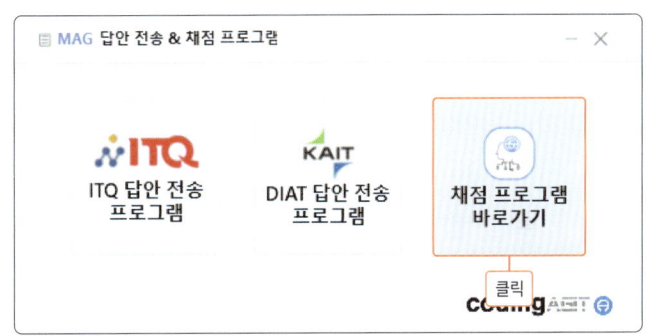

❹ 자동 채점 프로그램이 실행되면 채점하고자 하는 표지 아래 〈채점시작〉 단추를 클릭합니다.

❺ [MAG_AI 채점 프로그램] 대화상자가 나오면 [정답 파일]에서 드롭다운(▼) 단추를 클릭합니다. 이어서, [열기] 대화상자가 나오면 채점에 사용할 정답 파일을 선택한 후 〈열기〉 단추를 클릭합니다.

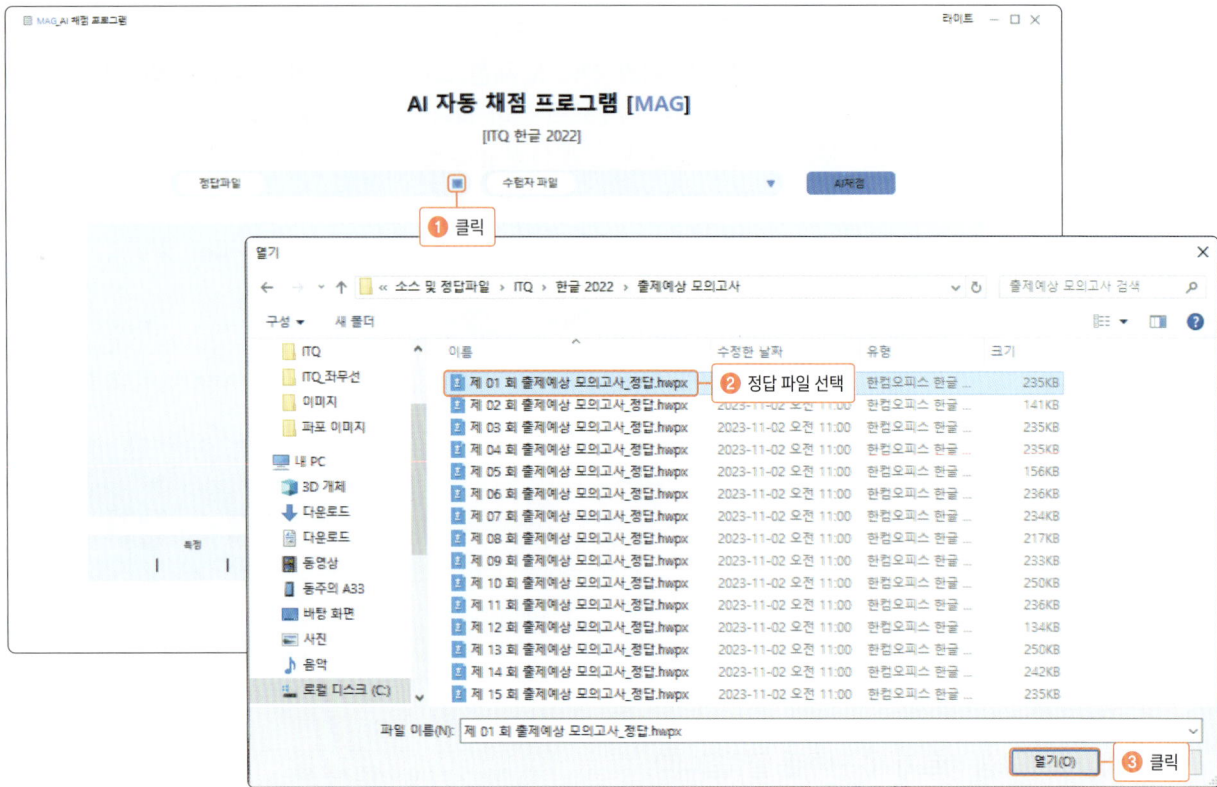

❻ 정답 파일이 열리면 [수험자 파일]에서 드롭다운(▼)) 단추를 클릭합니다. 이어서, [열기] 대화상자가 나오면 정답 파일과 비교하여 채점할 학생 답안 파일을 선택한 후 〈열기〉 단추를 클릭한 다음 〈AI 채점〉 단추를 클릭합니다.

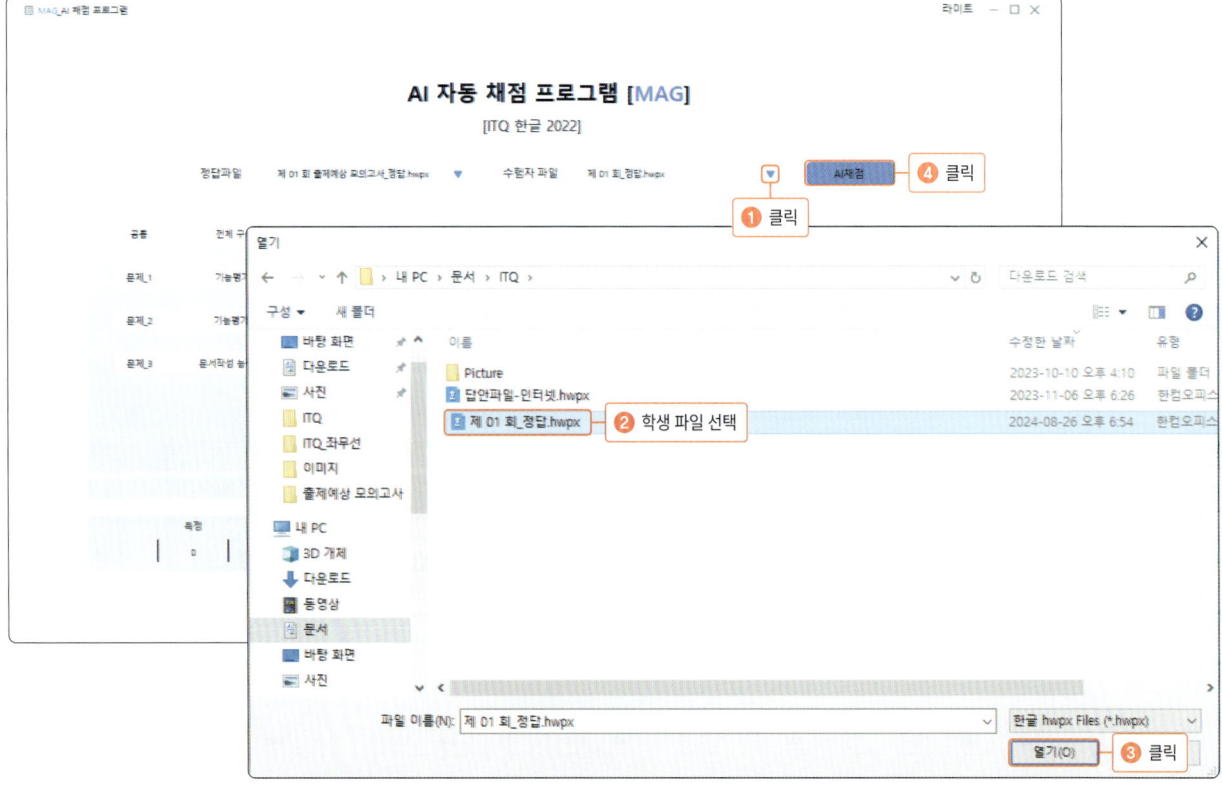

❼ 채점이 완료되면 문제별 전체 점수에서 맞은 점수를 확인하실 수 있습니다. 각 기능별로 자세하게 틀린 부분을 확인 할 때는 문제별 오른쪽에 〈상세결과〉 단추를 클릭하여 [정답] 항목과 비교하여 틀린 부분을 다시 확인합니다.

※ 〈상세결과〉, 〈AI 분석〉, 〈메타인지〉 부분은 2024년 10월부터 순차적으로 업데이트가 될 예정입니다.

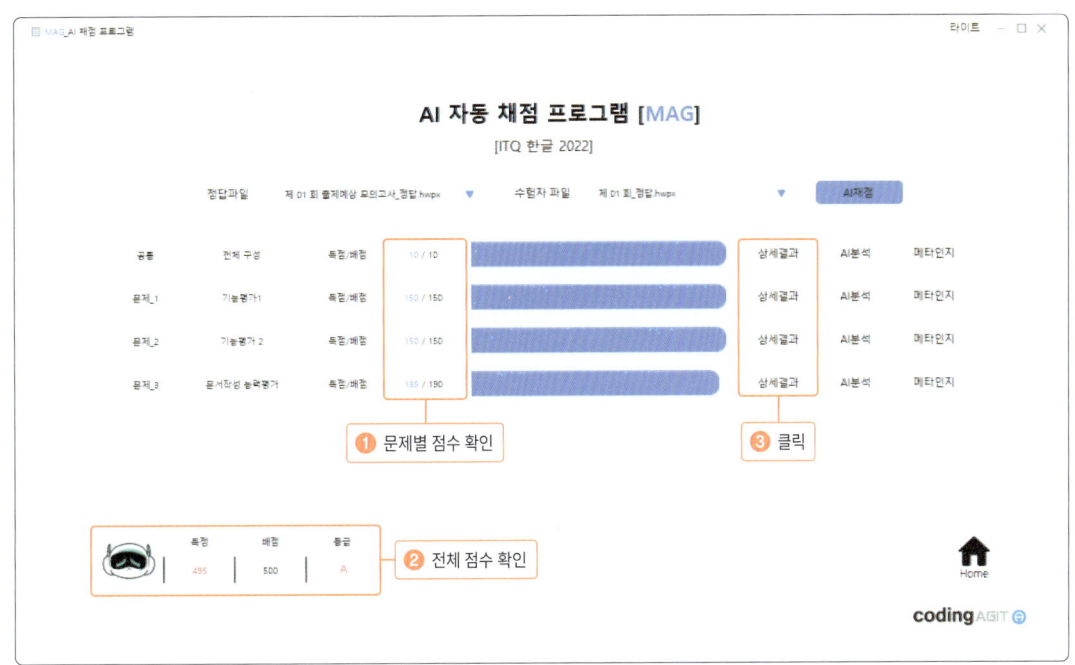

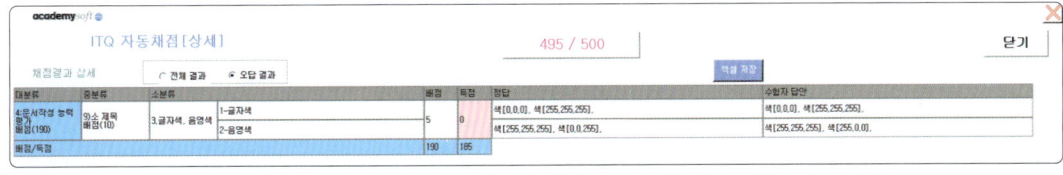

4. 한글 2022 화면구성

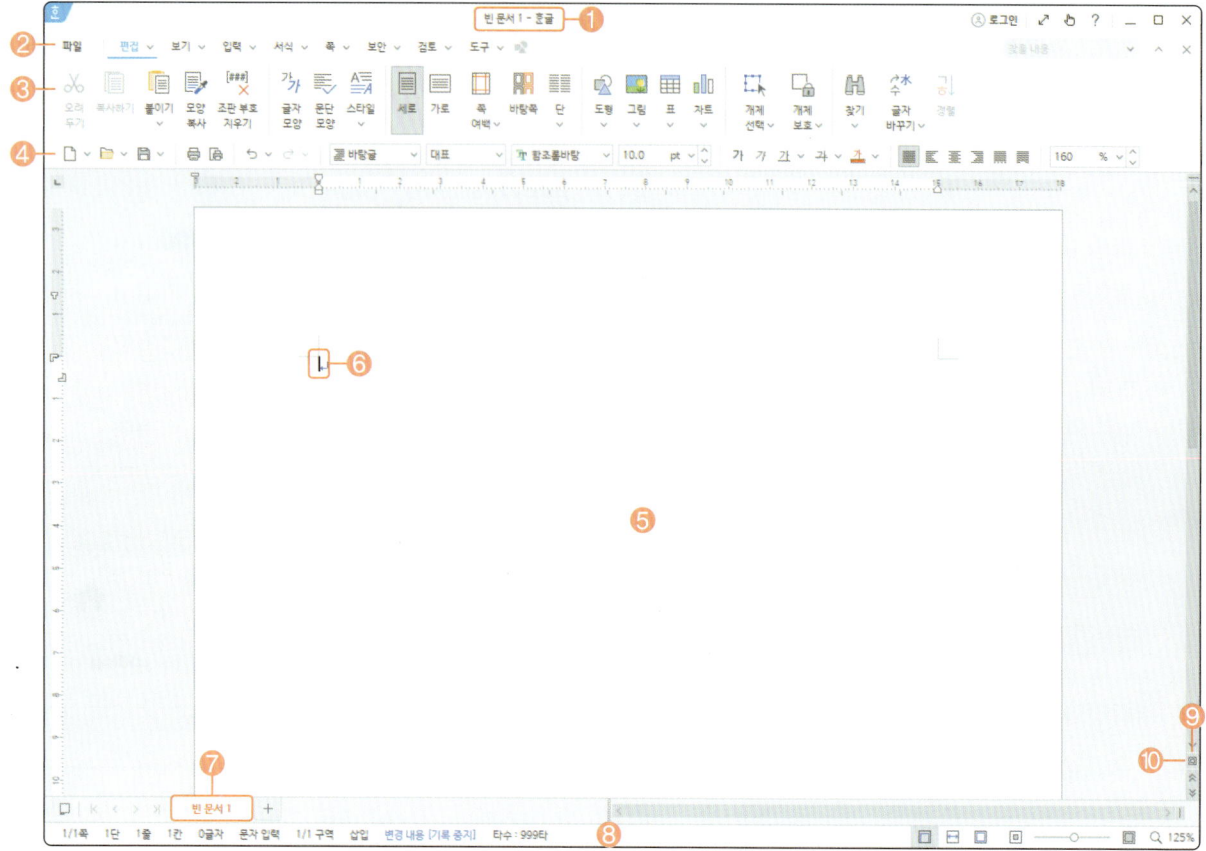

1. **제목** : 현재 작업 중인 문서의 이름과 저장 위치를 보여주며, 최소화/최대화/닫기 단추가 표시됩니다.
2. **메뉴** : 문서 작성에 필요한 기능들을 종류별로 분류한 메뉴를 보여줍니다.
3. **기본 도구 상자** : 각 메뉴에서 자주 사용하는 기능을 메뉴 탭 형식으로 제공합니다.
4. **서식 도구 상자** : 문서 편집 시 자주 사용하는 기능들을 묶어 놓은 곳입니다.
5. **편집 창** : 문서의 내용을 입력하고 편집할 수 있는 작업 공간입니다.
6. **커서** : 문자가 입력되는 위치를 나타냅니다.
7. **문서 탭** : 현재 작업 창에 열려 있는 문서와 파일명을 탭 형식으로 표시합니다. 저장하지 않은 문서는 파일 이름이 빨강색으로 표시되고, 자동 저장된 문서는 파랑색, 저장 완료된 문서는 검정색으로 표시됩니다.
8. **상황 선** : 현재 작업 중인 커서의 위치, 삽입/수정 상태 등을 보여줍니다.
9. **보기 선택 아이콘** : 쪽 윤곽, 문단 부호 보기, 조판 부호 보기, 투명선, 격자 설정, 찾기와 같은 보기 기능을 선택할 수 있습니다.
10. **쪽 이동 아이콘** : 작성 중인 문서가 여러 장일 때 쪽 단위로 이동할 수 있습니다.

Chapter 4. ITQ 한글2022 시험 변경 안내

☑ 한글 2020 시험에서 한글 2022 버전이 추가되면서 변경된 내용을 확인합니다.

1. 수험자 유의사항

정보기술자격(ITQ) 시험 — 한컴오피스

과 목	코 드	문제유형	시험시간	수험번호	성 명
아래한글	1111	A	60분		

수험자 유의사항

- 수험자는 문제지를 받는 즉시 문제지와 **수험표상의 시험과목(프로그램)이 동일한지 반드시 확인**하여야 합니다.
- 파일명은 본인의 "수험번호-성명"으로 입력하여 답안폴더(내 PC₩문서₩ITQ)에 하나의 파일로 저장해야 하며, 답안문서 파일명이 "수험번호-성명"과 일치하지 않거나, 답안파일을 전송하지 않아 미제출로 처리될 경우 실격 처리합니다.(예:12345678-홍길동.hwpx). ― 시험 변경 내용
- 답안 작성을 마치면 파일을 저장하고, '답안 전송' 버튼을 선택하여 감독위원 PC로 답안을 전송하십시오. 수험생 정보와 저장한 파일명이 다를 경우 전송되지 않으므로 주의하시기 바랍니다.
- 답안 작성 중에도 **주기적으로 저장하고, '답안 전송'**하여야 문제 발생을 줄일 수 있습니다. 작업한 내용을 저장하지 않고 전송할 경우 이전에 저장된 내용이 전송되오니 이점 유의하시기 바랍니다.
- 답안문서는 지정된 경로 외의 다른 보조기억장치에 저장하는 경우, 지정된 시험 시간 외에 작성된 파일을 활용할 경우, 기타 통신수단(이메일, 메신저, 네트워크 등)을 이용하여 타인에게 전달 또는 외부 반출하는 경우는 부정 처리합니다.
- 시험 중 부주의 또는 고의로 시스템을 파손한 경우는 수험자가 변상해야 하며, <수험자 유의사항>에 기재된 방법대로 이행하지 않아 생기는 불이익은 수험생 당사자의 책임임을 알려 드립니다.
- 문제의 조건은 한컴오피스 2022 버전으로 설정되어 있으니 유의하시기 바랍니다. ― 시험 변경 내용
- 시험을 완료한 수험자는 답안파일이 전송되었는지 확인한 후 감독위원의 지시에 따라 문제지를 제출하고 퇴실합니다.

답안 작성요령

- **온라인 답안 작성 절차**
  수험자 등록 ⇒ 시험 시작 ⇒ 답안파일 저장 ⇒ 답안 전송 ⇒ 시험 종료
- **공통 부문**
  ◦ 글꼴에 대한 기본설정은 함초롬바탕, 10포인트, 검정, 줄간격 160%, 양쪽정렬로 합니다.
  ◦ 색상은 조건의 색을 적용하고 색의 구분이 안 될 경우에는 RGB 값을 적용하십시오.
    (빨강 255,0,0 / 파랑 0,0,255 / 노랑 255,255,0).
  ◦ 각 문항에 주어진 ≪조건≫에 따라 작성하고 언급하지 않은 조건은 ≪출력형태≫와 같이 작성합니다.
  ◦ 용지여백은 왼쪽·오른쪽 11㎜, 위쪽·아래쪽·머리말·꼬리말 10㎜, 제본 0㎜로 합니다.
  ◦ 그림 삽입 문제의 경우 「내 PC₩문서₩ITQ₩Picture」 폴더에서 지정된 파일을 선택하여 삽입하십시오.
  ◦ 삽입한 그림은 반드시 문서에 포함하여 저장해야 합니다(미포함 시 감점 처리).
  ◦ 각 항목은 지정된 페이지에 출력형태와 같이 정확히 작성하시기 바라며, 그렇지 않을 경우에 해당 항목은 0점 처리됩니다.
    ※ 페이지구분 : 1페이지 – 기능평가 I (문제번호 표시 : 1. 2.),
              2페이지 – 기능평가 II (문제번호 표시 : 3. 4.),
              3페이지 – 문서작성 능력평가
- **기능평가**
  ◦ 문제와 ≪조건≫은 입력하지 않으며 문제번호와 답(≪출력형태≫)만 작성합니다.
  ◦ 4번 문제는 묶기를 했을 경우 0점 처리됩니다.
- **문서작성 능력평가**
  ◦ A4 용지(210㎜×297㎜) 1매 크기, 세로 서식 문서로 작성합니다.
  ◦ ▢ 표시는 문서작성에 대한 지시사항이므로 작성하지 않습니다.

2. 차트조건

≪차트 조건≫ (1) 차트 데이터는 표 내용에서 연도별 방문 요양, 주야간 보호, 단기 보호 값만 이용할 것
　　　　　　(2) 종류 - <묶은 세로 막대형>으로 작업할 것
　　　　　　(3) 제목 - 글꼴 : 굴림, 진하게, 12pt,
　　　　　　　　　　속성 : 채우기(밝은 색 : 하양), 테두리, 그림자(바깥쪽 : 대각선 오른쪽 아래)
　　　　　　(4) 제목 이외의 전체 글꼴 - 굴림, 보통, 10pt
　　　　　　(5) 축제목과 범례는 ≪출력형태≫와 동일하게 처리할 것

≪출력형태≫

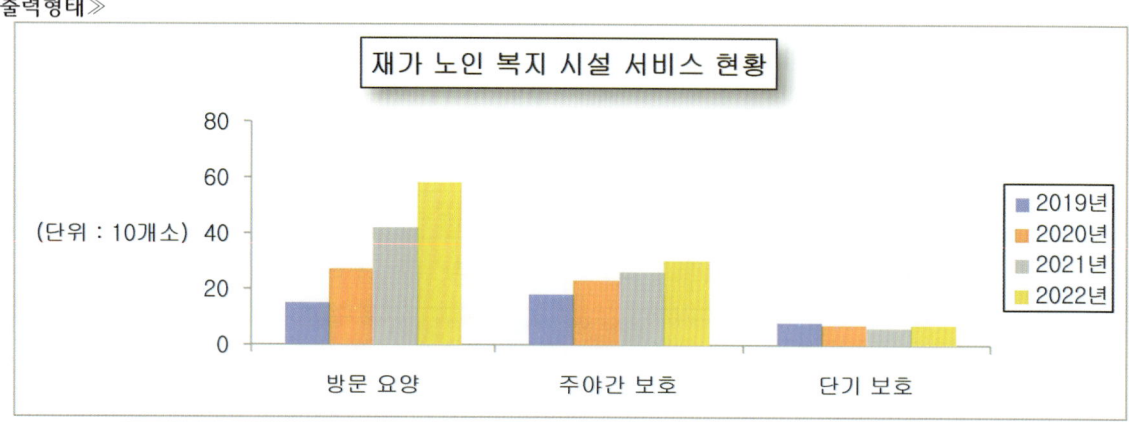

3. 문서작성능력평가 - 표

◆ 노인복지시설 종류
　글꼴 : 굴림, 18pt, 하양
　음영색 : 빨강

　1. 여가 및 재가 노인 시설
　　① 여가시설 : 노인복지회관, 경로당, 노인 교실
　　① 재가시설 : 방문 요양, 방문 목욕, 방문 간호, 주야간 보호 등
　2. 노인 주거 및 의료 시설
　　① 주거시설 : 양로시설, 노인 공동생활 가정, 노인복지주택
　　① 의료시설 : 노인요양시설, 노인 요양 공동생활 가정

문단 번호 기능 사용
　1수준 : 20pt, 오른쪽 정렬,
　2수준 : 30pt, 오른쪽 정렬
　줄 간격 : 180%

표 전체 글꼴 : 돋움, 10pt, 가운데 정렬
셀 배경(그러데이션) : 유형(가로),
　시작색(노랑), 끝색(하양)

◆ 노인의 사회 활동 기반 조성
　글꼴 : 굴림, 18pt,
　밑줄, 강조점

구분	유형	주요 내용	예산지원	활동 성격
공공성	공익활동 / 재능 나눔	자기만족과 성취감 / 지역 재능봉사	지자체 / 민간	봉사
	사회 서비스형	지역사회 돌봄, 안전 관련 서비스 일자리	지자체	근로
민간형	고령자 친화 기업	고령자를 고용하는 기업 설립 지원	민간	
	시니어 인턴십	기업에 인건비를 지원 / 계속 고용을 유도		

글꼴 : 돋움, 24pt, 진하게
장평 105%, 오른쪽 정렬

→ 중앙치매센터

각주 구분선 : 5cm

㉠ 치매를 일으키는 가장 흔한 퇴행성 뇌질환으로 매우 서서히 발병하여 점진적으로 진행

쪽 번호 매기기
4로 시작
→ D

PART 02

출제유형 완전정복

Chapter 1. 수험자 유의사항 및 답안 작성 요령

- ☑ 편집 용지 및 기본 글자 서식 지정하기
- ☑ 답안 파일 저장하기
- ☑ 문제 번호 입력 및 페이지 구분하기

문제 미리보기

소스 파일 : 없음   정답 파일 : [출제유형 01]-유형01_정답.hwpx

[수험자 유의사항 및 답안 작성 요령]

정보기술자격(ITQ) 시험 한컴오피스

과 목	코드	문제유형	시험시간	수험번호	성 명
아래한글	1111	A	60분		

수험자 유의사항

- 수험자는 문제지를 받는 즉시 문제지와 <u>수험표상의 시험과목(프로그램)이 동일한지 반드시 확인</u>하여야 합니다.
- 파일명은 본인의 "수험번호-성명"으로 입력하여 답안폴더(내 PC\문서\ITQ)에 하나의 파일로 저장해야 하며, 답안문서 파일명이 "수험번호-성명"과 일치하지 않거나, 답안파일을 전송하지 않아 미제출로 처리될 경우 실격 처리합니다(예:12345678-홍길동.hwpx).
- 답안 작성을 마치면 파일을 저장하고, '답안 전송' 버튼을 선택하여 감독위원 PC로 답안을 전송하십시오. 수험생 정보와 저장한 파일명이 다를 경우 전송되지 않으므로 주의하시기 바랍니다.
- 답안 작성 중에도 <u>주기적으로 저장하고, '답안 전송'</u>하여야 문제 발생을 줄일 수 있습니다. 작업한 내용을 저장하지 않고 전송할 경우 이전에 저장된 내용이 전송되오니 이점 유의하시기 바랍니다.
- 답안문서는 지정된 경로 외의 다른 보조기억장치에 저장하는 경우, 지정된 시험 시간 외에 작성된 파일을 활용할 경우, 기타 통신수단(이메일, 메신저, 네트워크 등)을 이용하여 타인에게 전달 또는 외부 반출하는 경우는 부정 처리합니다.
- 시험 중 부주의 또는 고의로 시스템을 파손한 경우는 수험자가 변상해야 하며, <수험자 유의사항>에 기재된 방법대로 이행하지 않아 생기는 불이익은 수험생 당사자의 책임임을 알려 드립니다.
- <mark>문제의 조건은 한컴오피스 2022 버전으로 설정되어 있으니 유의하시기 바랍니다.</mark>
- 시험을 완료한 수험자는 답안파일이 전송되었는지 확인한 후 감독위원의 지시에 따라 문제지를 제출하고 퇴실합니다.

답안 작성요령

- **온라인 답안 작성 절차**
  수험자 등록 ⇒ 시험 시작 ⇒ 답안파일 저장 ⇒ 답안 전송 ⇒ 시험 종료
- **공통 부문**
  - 글꼴에 대한 기본설정은 함초롬바탕, 10포인트, 검정, 줄간격 160%, 양쪽정렬로 합니다.
  - 색상은 조건의 색을 적용하고 색의 구분이 안 될 경우에는 RGB 값을 적용하십시오.
    (빨강 255,0,0 / 파랑 0,0,255 / 노랑 255,255,0)
  - 각 문항에 주어진 ≪조건≫에 따라 작성하고 언급하지 않은 조건은 ≪출력형태≫와 같이 작성합니다.
  - 용지여백은 왼쪽·오른쪽 11㎜, 위쪽·아래쪽·머리말·꼬리말 10㎜, 제본 0㎜로 합니다.
  - 그림 삽입 문제의 경우「내 PC\문서\ITQ\Picture」폴더에서 지정된 파일을 선택하여 삽입하십시오.
  - 삽입한 그림은 반드시 문서에 포함하여 저장해야 합니다(미포함 시 감점 처리).
  - 각 항목은 지정된 페이지에 출력형태와 같이 정확히 작성하시기 바라며, 그렇지 않을 경우에 해당 항목은 0점 처리됩니다.
     ※ 페이지구분 : 1페이지 - 기능평가 Ⅰ (문제번호 표시 : 1. 2.),
                         2페이지 - 기능평가 Ⅱ (문제번호 표시 : 3. 4.),
                         3페이지 - 문서작성 능력평가
- **기능평가**
  - 문제와 ≪조건≫은 입력하지 않으며 문제번호와 답(≪출력형태≫)만 작성합니다.
  - 4번 문제는 묶기를 했을 경우 0점 처리됩니다.
- **문서작성 능력평가**
  - A4 용지(210㎜×297㎜) 1매 크기, 세로 서식 문서로 작성합니다.
  - ☐ 표시는 문서작성에 대한 지시사항이므로 작성하지 않습니다.

kpc 한국생산성본부

STEP 1 편집 용지 설정 및 기본 글자 서식 지정하기

《답안 작성 요령》 공통 부문
- 글꼴에 대한 기본 설정은 함초롬바탕, 10포인트, 검정, 줄 간격 160%, 양쪽 정렬로 합니다.
- 용지 여백은 왼쪽·오른쪽 11mm, 위쪽·머리말·꼬리말 10mm, 제본 0mm로 합니다.

① 〈시작()〉 단추를 눌러 [한글 2022()]를 클릭합니다.

② [새 문서 서식] 창이 열리면 [새 문서]를 클릭합니다.

③ 프로그램이 실행되면 서식 도구 상자에서 글꼴(함초롬바탕), 글자 크기(10pt), 글자 색(검정), 양쪽 정렬(▤), 줄 간격(160%)이 지정되어 있는지 확인합니다.

④ [파일]-[편집 용지](또는 F7)를 클릭합니다.

⑤ [편집 용지] 대화상자가 나오면 [기본] 탭에서 용지 종류-A4(국배판) [210×297mm], 용지 방향(세로), 제본(한쪽)을 확인합니다. 이어서, 용지 여백-왼쪽(11), 오른쪽(11), 위쪽(10), 아래쪽(10), 머리말(10), 꼬리말(10), 제본(0)을 입력한 후 〈설정〉 단추를 클릭합니다.

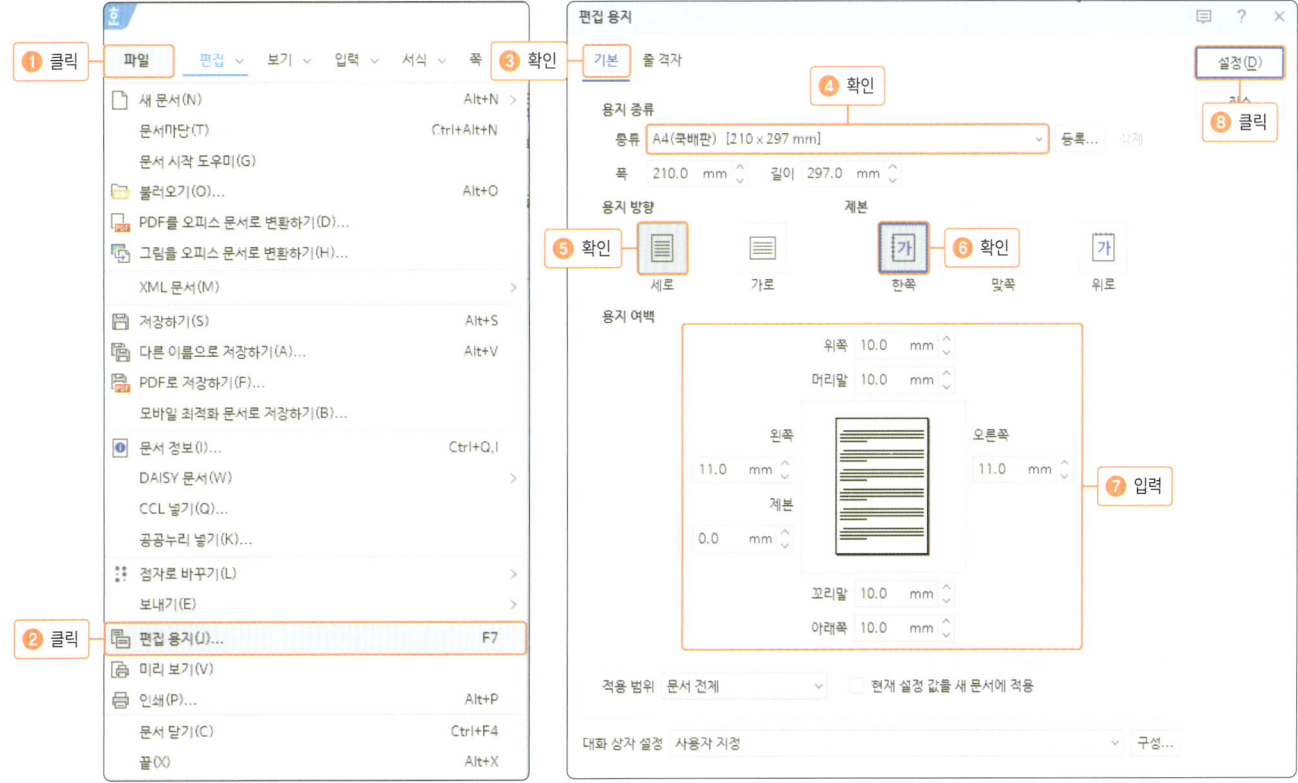

STEP 2 문제 번호 입력 및 페이지 구분하기

《답안 작성 요령》 공통 부문
- 각 항목은 지정된 페이지에 《출력형태》와 같이 정확히 작성하시기 바라며, 그렇지 않을 경우에 해당 항목은 0점 처리됩니다.
  ※ 페이지 구분 : 1페이지 - 기능평가 I (문제번호 표시 : 1. 2.),
  　　　　　　　　2페이지 - 기능평가 II (문제번호 표시 : 3. 4.),
  　　　　　　　　3페이지 - 문서작성 능력평가

❶ 1페이지의 맨 윗 줄을 클릭하여 커서를 위치시킵니다. 이어서, 문제 번호 1.을 입력한 후 Enter 키를 다섯 번 누릅니다.

❷ 문제 번호 2.를 입력한 후 Enter 키를 두 번 누릅니다.

❸ [쪽] 탭에서 구역 나누기(⬍)(또는 Alt + Shift, Enter)를 클릭합니다.

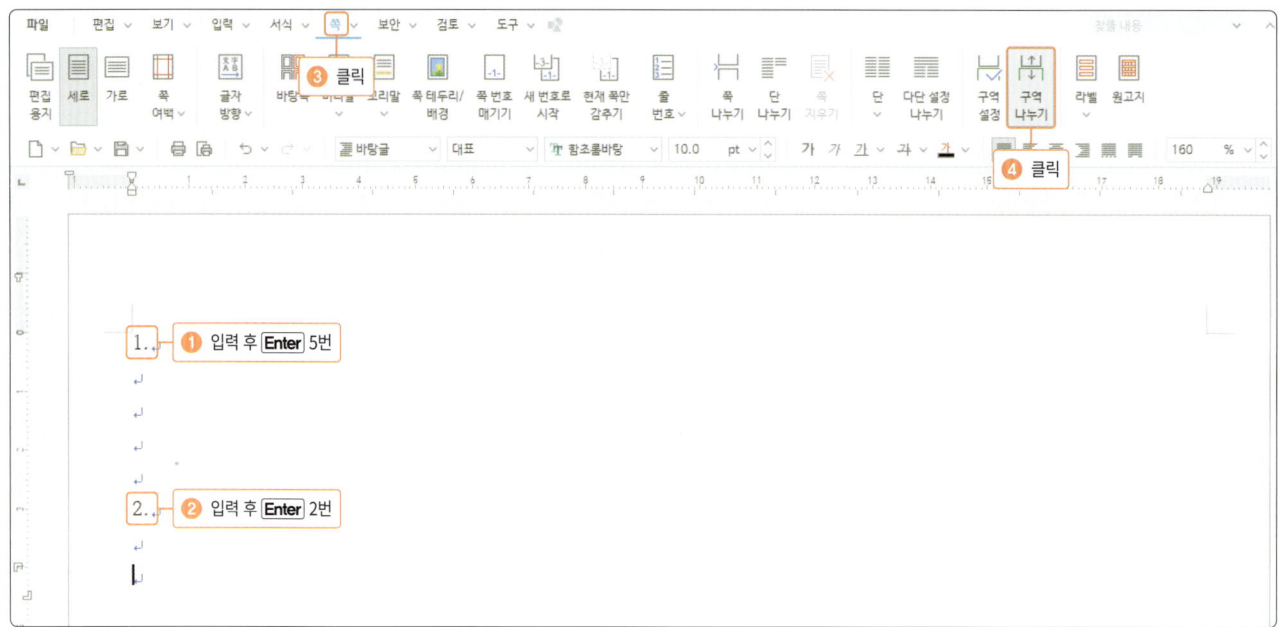

문단 부호
[보기]-문단 부호 체크(☑)

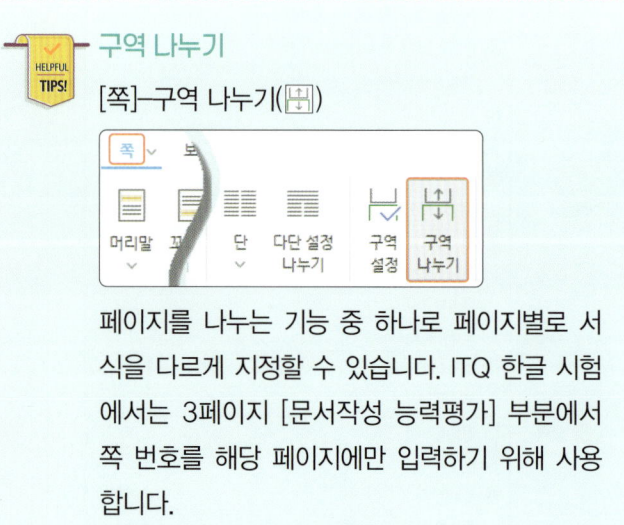

문단의 줄 바꿈에 대한 표시(↵)를 화면에 나타내는 기능으로 문서의 내용을 정확하게 입력하기 위해 사용합니다. 문단 부호의 체크(☑) 여부는 시험 점수와 무관합니다.

구역 나누기
[쪽]-구역 나누기(⬍)

페이지를 나누는 기능 중 하나로 페이지별로 서식을 다르게 지정할 수 있습니다. ITQ 한글 시험에서는 3페이지 [문서작성 능력평가] 부분에서 쪽 번호를 해당 페이지에만 입력하기 위해 사용합니다.

❹ 2페이지로 커서가 이동하면 1페이지에 입력한 방법과 똑같이 문제 번호 3.과 4.를 입력한 후 구역 나누기 (📐) (또는 Alt + Shift , Enter)를 한 번 더 클릭합니다.

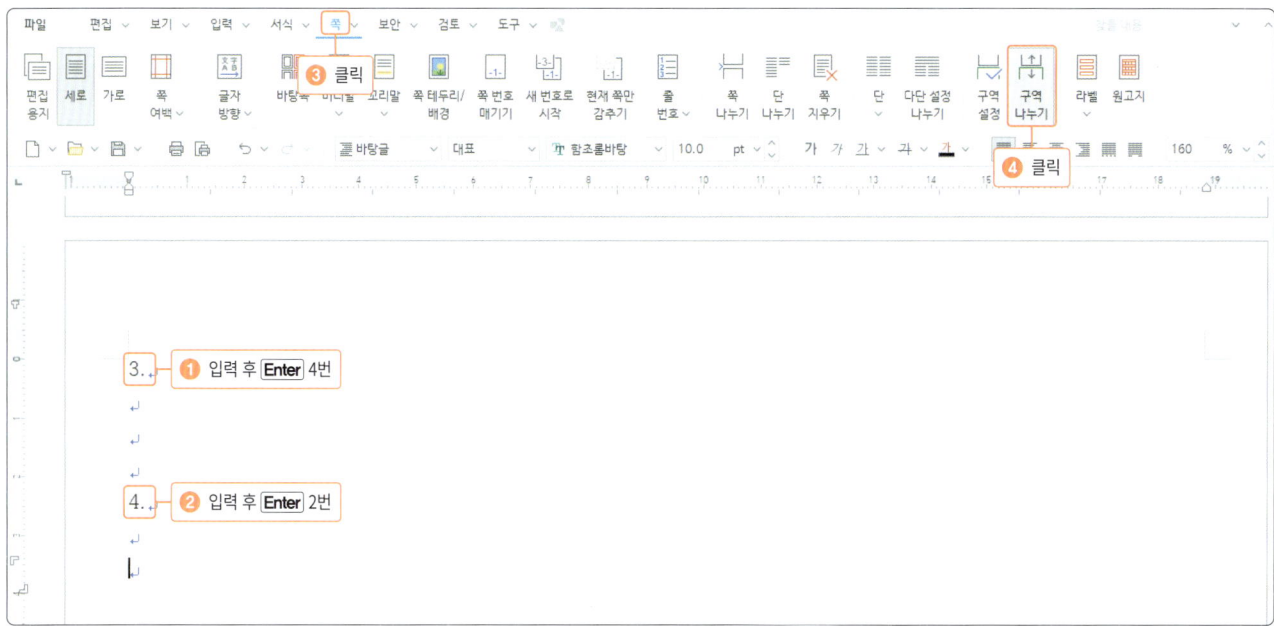

❺ 3페이지에 커서가 이동된 것을 확인합니다.

ITQ 한글 답안 작성 요령

❶ 편집 용지(용지 종류, 용지 방향, 제본, 여백) 및 글꼴 기본 설정(함초롬바탕, 10pt, 검정, 양쪽 정렬, 줄 간격 160%)을 세팅
❷ 1페이지에 문제 번호(1, 2)를 입력한후 구역 나누기를 실행하여 2페이지에 문제 번호(3, 4)를 입력하고, 다시 구역 나누기를 실행하여 총 3페이지가 되도록 세팅
❸ 모든 준비가 끝나면 문제 번호 순서(기능평가Ⅰ → 1페이지 1. 2. / 기능평가Ⅱ → 2페이지 문제 3. 4. / 문서작성 능력평가 → 3페이지)에 맞추어 답안을 작성

STEP 3 답안 파일 저장하기

《수험자 유의사항》
- 파일명은 본인의 "수험번호-성명"으로 입력하여 답안폴더(내 PC\문서\ITQ)에 하나의 파일로 저장해야 하며, 답안문서 파일명이 "수험번호-성명"과 일치하지 않거나, 답안파일을 전송하지 않아 미제출로 처리될 경우 실격 처리합니다(예 : 12345678-홍길동.hwpx).

① [Ctrl]+[PageUp] 키를 눌러 첫 페이지로 이동한 후 [파일]-[저장하기](또는 [Alt]+[S])를 클릭합니다.

※ 서식 도구 상자에서 '저장하기(💾)'를 클릭해도 결과는 같습니다.

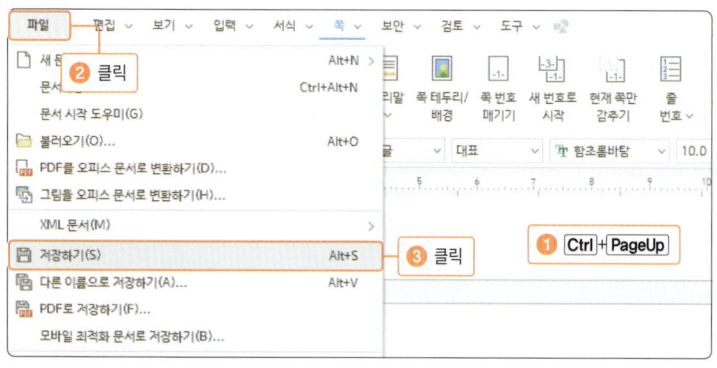

② [다른 이름으로 저장하기] 대화상자가 나오면 저장 위치(내 PC\문서\ITQ)를 지정한 후 파일 이름(수험번호-성명)을 입력합니다. 이어서, 파일 형식(한글 표준 문서(*.hwpx))이 맞게 되어 있는지 확인하고 〈저장〉 단추를 클릭합니다.

※ 2025년 1월 정기시험부터 확장자가 *.hwp에서 *.hwpx로 변경되었으니 반드시 확장자를 확인하세요.

 다른 이름으로 저장하기

답안 파일을 잘 못 저장했을 경우 [파일]-[다른 이름으로 저장하기]를 클릭합니다. [다른 이름으로 저장하기] 대화상자가 나오면 파일 이름과 저장 위치를 정확하게 입력 및 지정한 후 〈저장〉 단추를 클릭합니다.

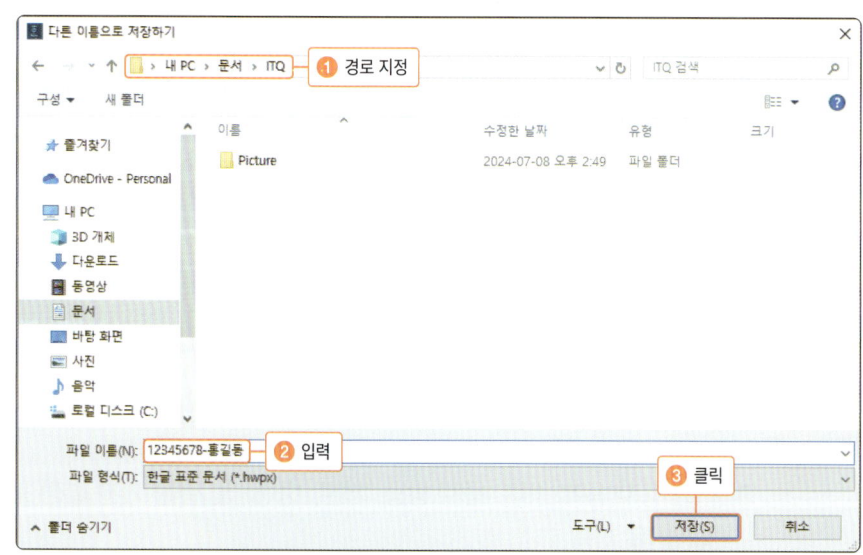

시험분석 | 답안 파일 저장

실제 시험에서는 감독위원의 지시에 따라 저장 위치([내 PC\문서\ITQ])를 선택하여 '수험번호-성명'으로 입력한 후 감독관 PC로 답안 파일을 전송해야 합니다. 단, 저장 경로는 운영체제 버전 및 시험 규정에 따라 달라질 수 있습니다.

MEMO

Chapter 2 기능평가 Ⅰ- 스타일 지정

- ☑ 스타일 내용 입력하기
- ☑ 기본 스타일(바탕글) 확인하기
- ☑ 스타일 지정하기

문제 미리보기
소스 파일 : [출제유형 02]-유형02_문제.hwpx   **정답 파일** : [출제유형 02]-유형02_정답.hwpx

1. 다음의 《조건》에 따라 스타일 기능을 적용하여 《출력형태》와 같이 작성하시오. (50점)

※ 스타일 지정 세부 《조건》은 다음 페이지를 참고하시기 바랍니다.

1.
Since its establishment in 2008, it has been commissioned by the Korea Youth Activity Promotion Agency and has operated various international exchange programs to help teenagers grow into global leaders.

청소년들이 글로벌 리더로 성장하도록 다양한 국제교류 프로그램을 운영하고 있으며, 2008년 설치 이후 2013년부터 현재까지 한국청소년활동진흥원에서 위탁하고 있다.

2.

청소년국제교류 사업 효과성 변화(단위 : 점)

연도	2020년	2021년	2022년	2023년	평균
이해증진도	2.8	3.1	3.3	3.5	
시민의식	4.2	4.1	4.3	4.1	
가치관	3.6	4.2	4.7	4.1	
문화 개방성	3.5	4.1	4.4	4.9	

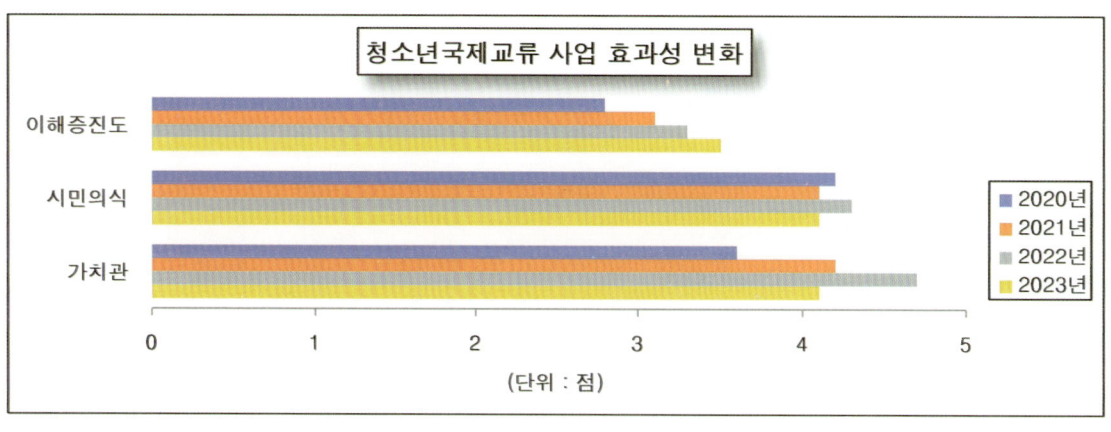

▲ 1번 문제만 연습합니다.

STEP 1 스타일을 적용시킬 내용 입력하기

《조건》: (1) 스타일 이름 – global
(2) 문단 모양 – 왼쪽 여백 : 15pt, 문단 아래 간격 : 10pt
(3) 글자 모양 – 글꼴 : 한글(굴림)/영문(돋움), 크기 : 10pt, 장평 : 95%, 자간 : -5%

《출력형태》

> 1.
>
> Since its establishment in 2008, it has been commissioned by the Korea Youth Activity Promotion Agency and has operated various international exchange programs to help teenagers grow into global leaders.
>
> 청소년들이 글로벌 리더로 성장하도록 다양한 국제교류 프로그램을 운영하고 있으며, 2008년 설치 이후 2013년부터 현재까지 한국청소년활동진흥원에서 위탁하고 있다.

① 한글 2022 프로그램을 실행한 후 [파일]-[불러오기]를 클릭합니다. [불러오기] 대화상자가 나오면 [출제유형 완전정복]-[출제유형 02]-[소스 파일]-'유형02_문제.hwpx' 파일을 불러옵니다.

② 1페이지에 입력한 문제 번호 1.의 다음 줄을 클릭하여 커서를 위치시킵니다.

③ 문제지 기능평가 I 의 1번 문제《출력형태》를 보면서 다음과 같이 내용을 입력합니다.

※《출력형태》의 내용을 모두 입력한 후 Enter 키를 누르지 않도록 주의합니다.

> 1.
>
> Since its establishment in 2008, it has been commissioned by the Korea Youth Activity Promotion Agency and has operated various international exchange programs to help teenagers grow into global leaders.
> 청소년들이 글로벌 리더로 성장하도록 다양한 국제교류 프로그램을 운영하고 있으며, 2008년 설치 이후 2013년부터 현재까지 한국청소년활동진흥원에서 위탁하고 있다.

기능평가 I 의 1번 문제 내용 입력

기능평가 I 의 1번 문제《출력형태》를 보면 영문과 한글의 문장 사이가 두 줄로 띄어진 것처럼 보이지만 실제 입력할 때는 영문 내용을 입력한 후 Enter 키를 한 번만 눌러 한글 내용을 입력합니다. 영문과 한글 문장의 사이 간격은 스타일 지정으로 해결할 수 있습니다.

STEP 2 스타일 지정하기

(1) 스타일 이름 - global
(2) 문단 모양 - 왼쪽 여백 : 15pt, 문단 아래 간격 : 10pt

■ 스타일 추가 및 문단 모양 적용하기

① 《조건》에 따라 global 스타일을 만들기 위해 입력한 내용을 드래그하여 블록으로 지정한 후 [서식] 탭에서 '**스타일 추가하기( )**'를 클릭합니다.

※ 내용을 드래그할 때 문제 번호 '1.'이 같이 선택되지 않도록 주의합니다.

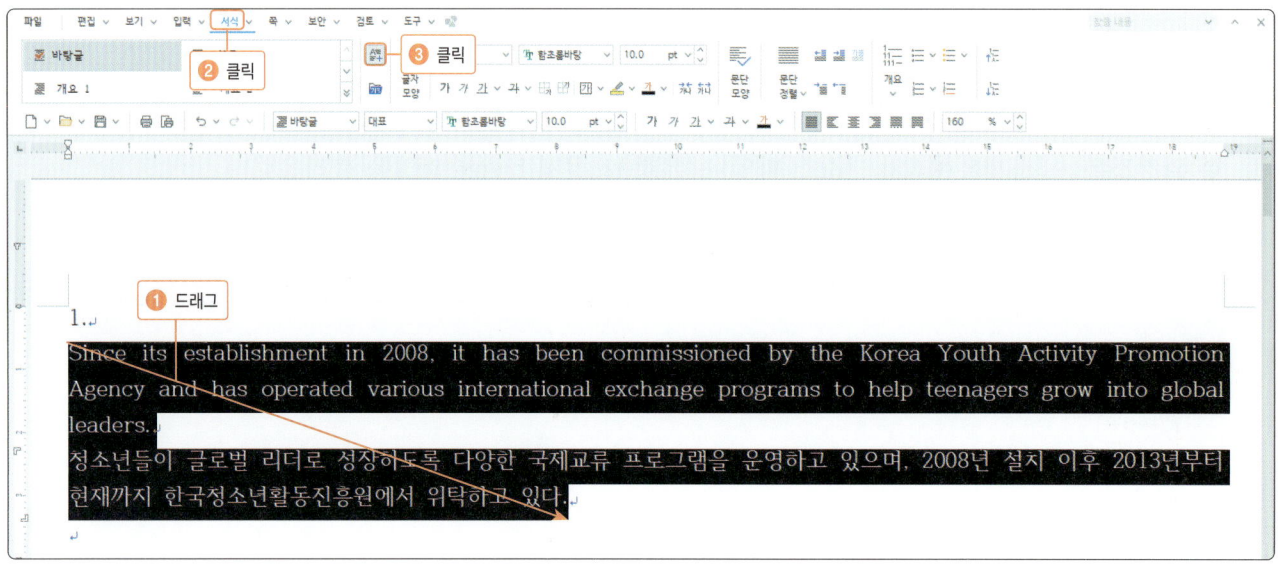

② [스타일 추가하기] 대화상자가 나오면 스타일 이름(global)을 입력한 후 문단 모양을 지정하기 위해 〈문단 모양〉 단추를 클릭합니다.

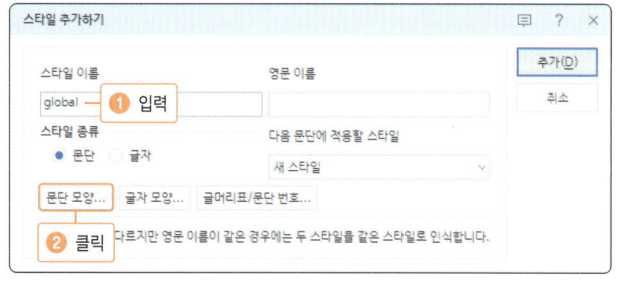

③ [문단 모양] 대화상자가 나오면 [기본] 탭에서 여백-왼쪽(15), 간격-문단 아래(10)를 입력한 후 〈설정〉 단추를 클릭합니다.

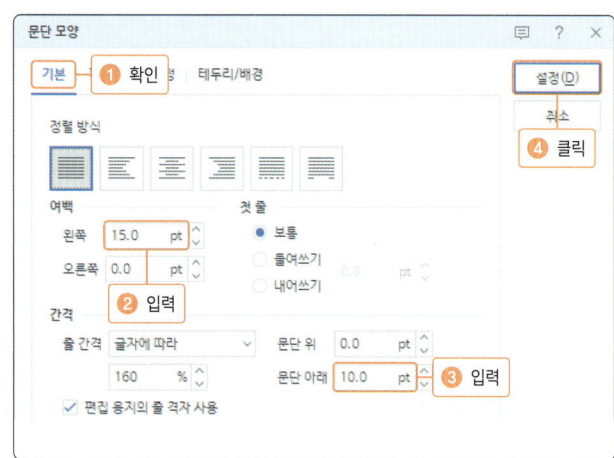

 첫 줄 들여쓰기

문단 모양에서 왼쪽 여백이 아닌 첫 줄 들여쓰기로 문제가 출제되면 첫 줄 항목에서 들여쓰기를 선택한 후 값(예:10)을 입력합니다.

■ 글자 모양 적용하기

(3) 글자 모양 - 글꼴 : 한글(굴림)/영문(돋움), 크기 : 10pt, 장평 : 95%, 자간 : -5%

① 스타일의 글자 모양을 지정하기 위해 〈글자 모양〉 단추를 클릭합니다.

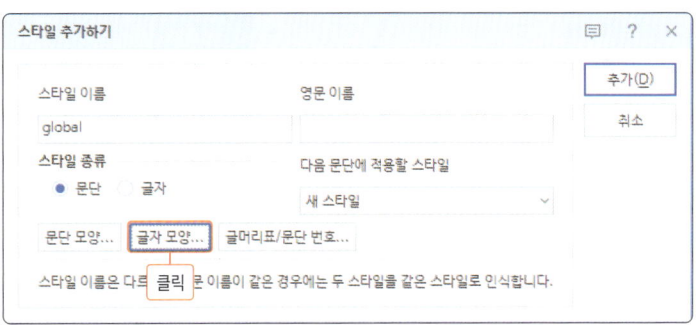

② [글자 모양] 대화상자가 나오면 [기본] 탭에서 기준 크기(10), 언어별 설정 - 장평(95), 자간(-5)을 입력합니다.

③ 이어서, 언어별 설정 - 언어(한글), 글꼴(굴림)을 선택한 후 언어별 설정 - 언어(영문), 글꼴(돋움)를 선택합니다. 모든 스타일 작업이 끝나면 〈설정〉 단추를 클릭합니다.

※ 기준 크기와 장평, 자간을 먼저 입력한 후 언어별 글꼴(한글, 영문)을 설정하는 것이 편리합니다.

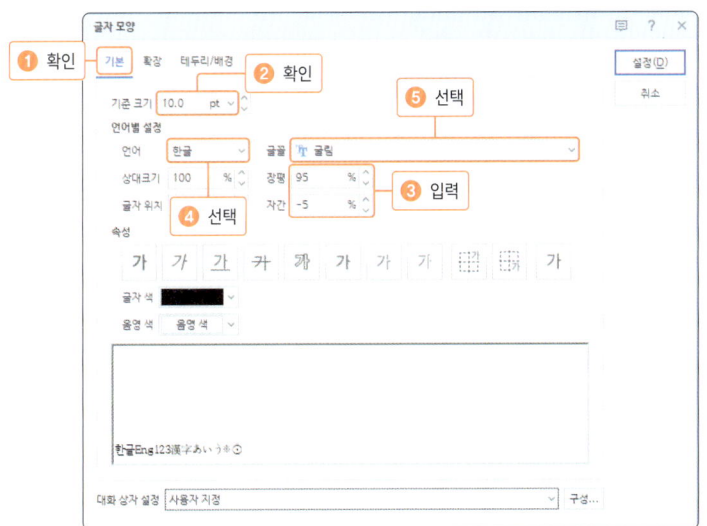
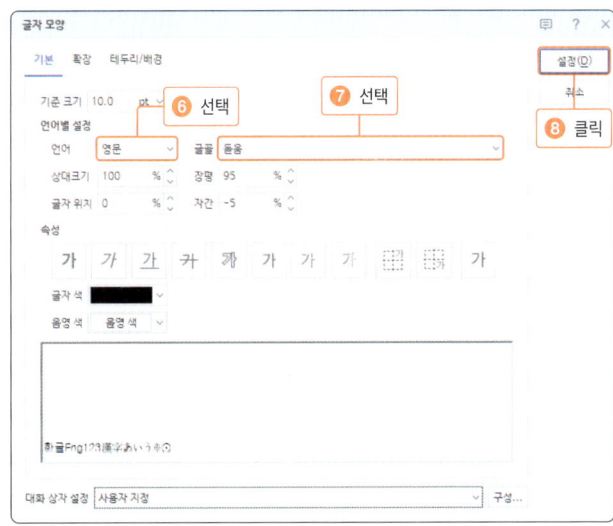

④ 문단 모양과 글자 모양을 모두 지정한 후 [스타일 추가하기] 대화상자가 다시 나오면 〈추가〉 단추를 클릭합니다.

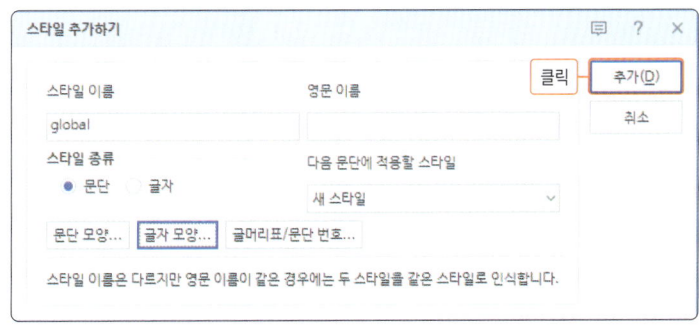

❺ [서식] 탭에서 목록에 추가된 global을 클릭하여 블록으로 지정한 문장에 스타일을 적용시킵니다.

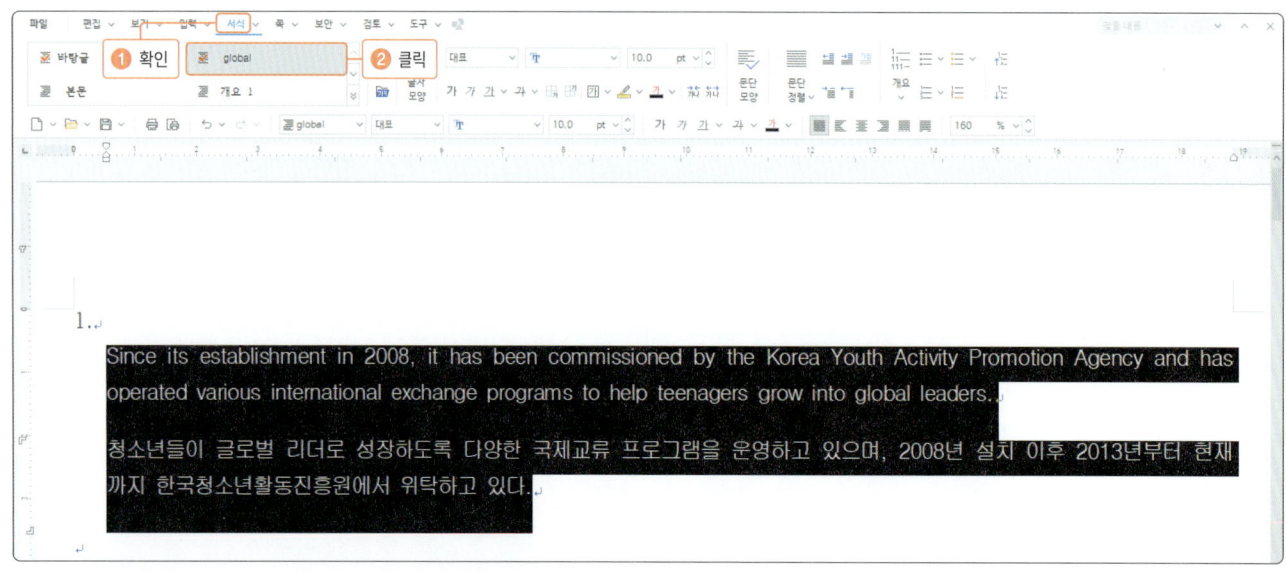

❻ Esc 키를 눌러 블록 지정을 해제한 후 《출력형태》와 같은지 확인합니다.

※ 《출력형태》와 비교하여 오탈자가 없는지 반드시 확인합니다.

스타일 편집하기

❶ [서식] 탭의 목록 단추(⌄)를 클릭한 후 [스타일]을 클릭하거나 F6 키를 누릅니다.

❷ [스타일] 대화상자가 나오면 스타일 목록에서 변경할 스타일을 선택한 후 〈스타일 편집하기(✎)〉 단추를 클릭합니다.

❸ [스타일 편집하기] 대화상자가 나오면 스타일 이름, 문단 모양, 글자 모양 등을 수정할 수 있습니다.

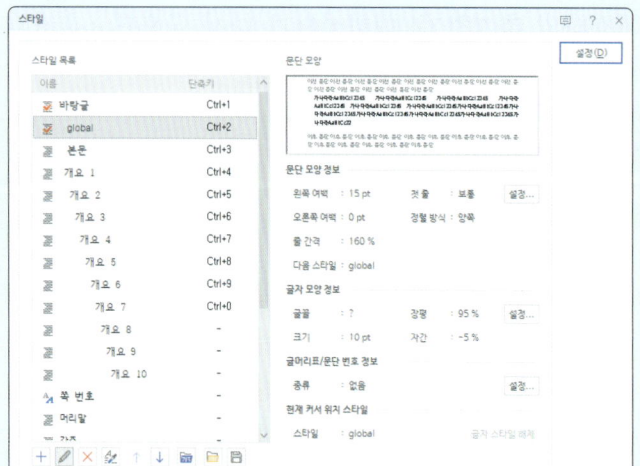
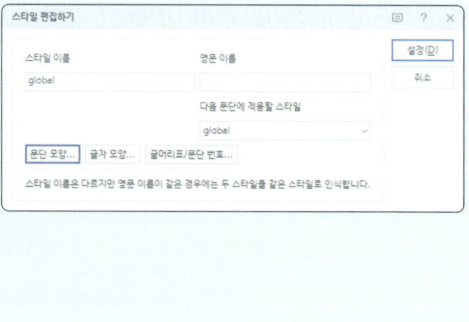

STEP 3 기본 스타일(바탕글) 확인하기

① 스타일 작업이 완료되면 문제 번호 2.의 다음을 클릭하여 커서를 위치시킵니다.

② 서식 도구 상자에서 글꼴(함초롬바탕), 글자 크기(10pt), 글자 색(검정), 양쪽 정렬(▤), 줄 간격(160%)이 지정되어 있는지 확인합니다.

  ※ 만약 글꼴 기본 설정이 변경되었을 때는 Ctrl+1 키를 눌러 글꼴과 글자 크기 등을 기본 스타일(바탕글)로 지정합니다.

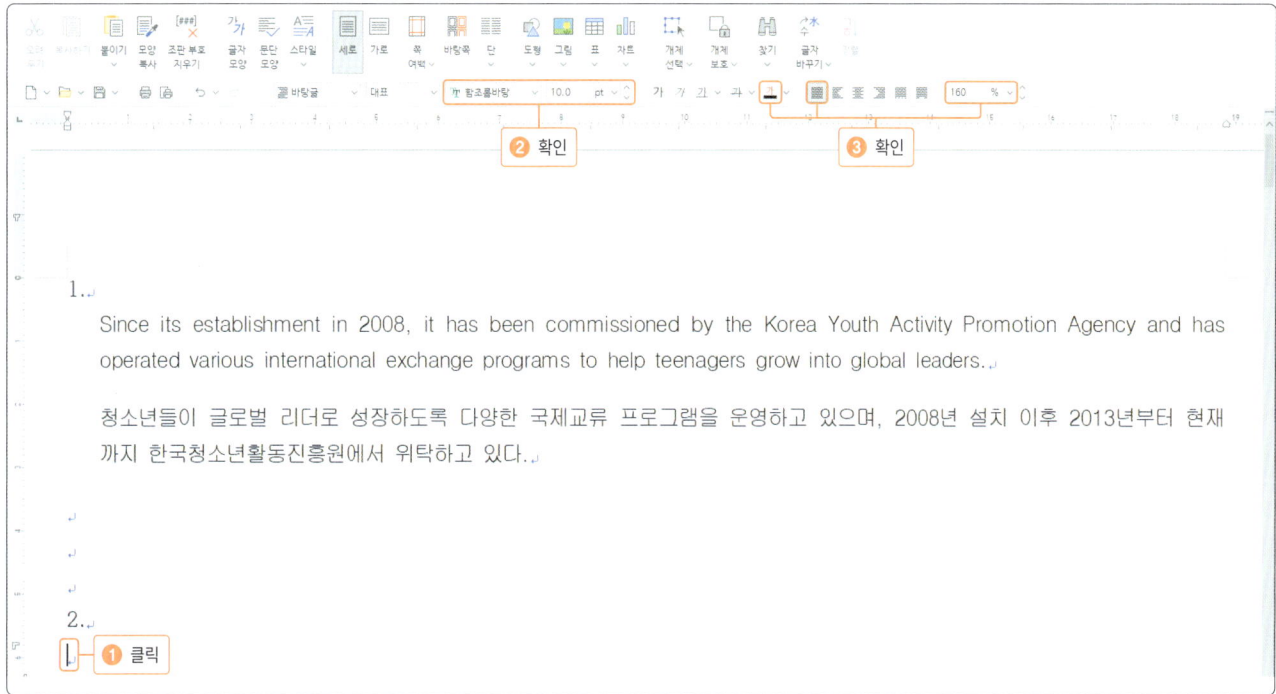

③ 모든 작업이 완료되면 [파일]-[저장하기](Alt+S) 또는 서식 도구 상자에서 저장하기(💾)를 클릭하여 파일을 저장합니다.

  ※ 실제 시험을 볼 때 작업 도중에 수시로(10분에 한 번 정도) 저장을 하는 것이 좋습니다.

시험분석 | 스타일 지정

- 과년도 시험 문제를 분석한 결과 스타일의 문단 모양은 왼쪽 여백과 첫 줄 들여쓰기가 가장 많이 출제되었으며, 문단 아래 간격 : 10pt는 고정적으로 출제되고 있습니다.
- 스타일에 사용되는 한글, 영문의 글꼴은 3개의 글꼴(돋움, 궁서, 굴림)이 번갈아가며 출제되고 있습니다.
- 내용을 입력한 후 텍스트 아래쪽에 빨간 밑줄(글로벌 리더로)이 생기더라도 《출력형태》와 똑같이 입력했다면 채점과 무관합니다.

출제유형 완전정복

01 다음의 《조건》에 따라 스타일 기능을 적용하여 《출력형태》와 같이 작성하시오. (50점)

· 소스 파일 : [출제유형 02]-정복02_문제01.hwpx   · 정답 파일 : [출제유형 02]-정복02_정답01.hwpx

《조건》
(1) 스타일 이름 - fairtrade
(2) 문단 모양 - 왼쪽 여백 : 15pt, 문단 아래 간격 : 10pt
(3) 글자 모양 - 글꼴 : 한글(굴림)/영문(돋움), 크기 : 10pt, 장평 : 95%, 자간 : -5%

《출력형태》

1.
Fair trade is an organized social movement that aims to help producers in developing countries to make better trading conditions and promote sustainability.

공정무역은 세계무역시장에서 공정하지 못한 무역 관행을 개선하고자 하는 노력에서 시작되었습니다. 정의, 공정성, 지속가능한 발전은 공정무역 구조의 핵심입니다.

2.

공정무역 소매 판매량(단위 : 천 톤)

구분	2020년	2021년	2022년	2023년	평균
커피	13.5	14.8	15.6	17.5	
올리브유	16.2	16.7	17.5	18.2	
수공예품	9.1	9.2	9.1	9.2	
쌀	6.1	6.9	7.1	8.2	

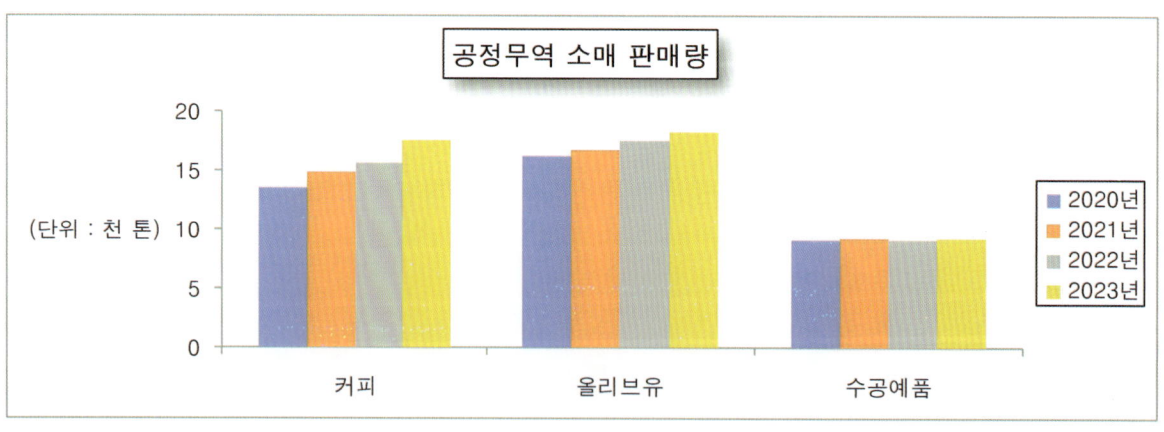

▲ 1번 문제만 연습합니다.

02 문제지의 지시사항 및 세부조건을 참고하여 출력형태에 알맞게 작업하시오. (50점)

- 소스 파일 : [출제유형 02]-정복02_문제02.hwpx
- 정답 파일 : [출제유형 02]-정복02_정답02.hwpx

《조건》
(1) 스타일 이름 – pumba
(2) 문단 모양 – 왼쪽 여백 : 15pt, 문단 아래 간격 : 10pt
(3) 글자 모양 – 글꼴 : 한글(굴림)/영문(돋움), 크기 : 10pt, 장평 : 95%, 자간 : -5%

《출력형태》

1.
The Eumseong Pumba Festival is a festival that combines the benevolence of Pumba and grandfather Choi Gwi-dong, which are hardened like the pronouns of traditional a traveling marketeer.

거지 성자로 불리는 최귀동 할아버지의 숭고한 삶에서 비롯된 음성 지역의 품바축제는 삭막한 현대인들의 가슴에 따뜻한 나눔의 의미를 깊이 새기고 있다.

03 문제지의 지시사항 및 세부조건을 참고하여 출력형태에 알맞게 작업하시오. (50점)

- 소스 파일 : [출제유형 02]-정복02_문제03.hwpx
- 정답 파일 : [출제유형 02]-정복02_정답03.hwpx

《조건》
(1) 스타일 이름 – dementia
(2) 문단 모양 – 왼쪽 여백 : 15pt, 문단 아래 간격 : 10pt
(3) 글자 모양 – 글꼴 : 한글(궁서)/영문(돋움), 크기 : 10pt, 장평 : 95%, 자간 : 5%

《출력형태》

1.
Dementia is not a natural consequence of aging. Memory loss due to aging is usually limited to trivial matters and does not seriously interfere with an individual's daily life.

나이가 들면서 생기는 기억력 저하는 대개 사소한 일들에 국한되어 있으며, 개인의 일상생활에 심각한 지장을 주지는 않는다. 그러나 치매는 나이가 들어서 생기는 자연스러운 결과가 아니다.

04 문제지의 지시사항 및 세부조건을 참고하여 출력형태에 알맞게 작업하시오. (50점)

- 소스 파일 : [출제유형 02]-정복02_문제04.hwpx
- 정답 파일 : [출제유형 02]-정복02_정답04.hwpx

《조건》
(1) 스타일 이름 – disease
(2) 문단 모양 – 왼쪽 여백 : 15pt, 문단 아래 간격 : 10pt
(3) 글자 모양 – 글꼴 : 한글(궁서)/영문(돋움), 크기 : 10pt, 장평 : 95%, 자간 : 5%

《출력형태》

1.
The Centers for Disease Control and tools protect the public health based on research on the mechanism, prevention and management of infectious and chronic diseases.

질병관리본부는 감염병과 만성병의 기전과 예방, 치료, 관리에 관한 연구와 환경과 유전 요인에 대한 분석연구를 바탕으로 국민 건강을 지킬 과학적 근거와 수단을 마련한다.

05 문제지의 지시사항 및 세부조건을 참고하여 출력형태에 알맞게 작업하시오. (50점)

· 소스 파일 : [출제유형 02]-정복02_문제05.hwpx   · 정답 파일 : [출제유형 02]-정복02_정답05.hwpx

《조건》 (1) 스타일 이름 - martial
(2) 문단 모양 - 왼쪽 여백 : 10pt, 문단 아래 간격 : 10pt
(3) 글자 모양 - 글꼴 : 한글(궁서)/영문(돋움), 크기 : 10pt, 장평 : 95%, 자간 : -5%

《출력형태》

1.
Martial art a traditional Japanese, Chinese, or Korean form of fighting or defending yourself, practised as a sport or as exercise. Martial arts include karate, judo, kung fu, and aikido

한국택견협회, 세계무술연맹 등 무예 관련 기관들이 거점을 두고 있어 무예의 고장으로 불리는 충주에서 '무예와 함께 삶을 건강하고 평등하게'라는 주제로 국제연무대회가 열립니다.

06 문제지의 지시사항 및 세부조건을 참고하여 출력형태에 알맞게 작업하시오. (50점)

· 소스 파일 : [출제유형 02]-정복02_문제06.hwpx   · 정답 파일 : [출제유형 02]-정복02_정답06.hwpx

《조건》 (1) 스타일 이름 - metaverse
(2) 문단 모양 - 왼쪽 여백 : 15pt, 문단 아래 간격 : 10pt
(3) 글자 모양 - 글꼴 : 한글(돋움)/영문(굴림), 크기 : 10pt, 장평 : 95%, 자간 : 5%

《출력형태》

1.
In order to revitalize and continue to grow various industrial ecosystems, it is necessary to establish leading governance and establish and operate a metaverse partnership organization that can lead.

다양한 산업 생태계의 활성화와 지속적인 성장을 위해서는 선도적 거버넌스의 정립이 필요하며 견인할 수 있는 메타버스 파트너십 기구를 설치하고 운영할 필요가 있다.

07 문제지의 지시사항 및 세부조건을 참고하여 출력형태에 알맞게 작업하시오. (50점)

· 소스 파일 : [출제유형 02]-정복02_문제07.hwpx   · 정답 파일 : [출제유형 02]-정복02_정답07.hwpx

《조건》 (1) 스타일 이름 - credit
(2) 문단 모양 - 왼쪽 여백 : 15pt, 문단 아래 간격 : 10pt
(3) 글자 모양 - 글꼴 : 한글(돋움)/영문(굴림), 크기 : 10pt, 장평 : 95%, 자간 : 5%

《출력형태》

1.
A high school credit system is a system in which students select courses, attend classes, and complete the necessary credits for graduation.

고교학점제란 대학처럼 학생들이 적성과 희망 진로에 따라 교과를 선택하고 강의실을 다니며 수업을 듣고 졸업에 필요한 학점을 이수하는 제도를 말한다.

08 문제지의 지시사항 및 세부조건을 참고하여 출력형태에 알맞게 작업하시오. (50점)

- 소스 파일 : [출제유형 02]-정복02_문제08.hwpx
- 정답 파일 : [출제유형 02]-정복02_정답08.hwpx

《조건》
(1) 스타일 이름 - multicultural
(2) 문단 모양 - 왼쪽 여백 : 15pt, 문단 아래 간격 : 10pt
(3) 글자 모양 - 글꼴 : 한글(돋움)/영문(굴림), 크기 : 10pt, 장평 : 95%, 자간 : 5%

숏츠(Shorts)

《출력형태》

1.
Multicultural Family Support Center supports stable living for multicultural families through a variety of services including counseling and cultural programs.

오늘날 교통, 통신 기술의 발달로 서로 다른 문화권에 속한 사람들 간의 접촉이 빈번해지면서 다양한 인종과 문화를 가진 사람들이 함께 공존하는 다문화 사회가 되었다.

09 문제지의 지시사항 및 세부조건을 참고하여 출력형태에 알맞게 작업하시오. (50점)

- 소스 파일 : [출제유형 02]-정복02_문제09.hwpx
- 정답 파일 : [출제유형 02]-정복02_정답09.hwpx

《조건》
(1) 스타일 이름 - information
(2) 문단 모양 - 왼쪽 여백 : 15pt, 문단 아래 간격 : 10pt
(3) 글자 모양 - 글꼴 : 한글(굴림)/영문(돋움), 크기 : 10pt, 장평 : 95%, 자간 : 5%

숏츠(Shorts)

《출력형태》

1.
In the age of based on big data personal information is becoming increasingly more important. Personal information is becoming a global problem.

4차 산업혁명 시대에 빅데이터 기반 개인정보의 중요성은 더욱 커지고 있다. 또한 개인정보는 더 이상 어느 한 국가의 문제가 아닌 전 세계적인 문제가 되었다.

10 문제지의 지시사항 및 세부조건을 참고하여 출력형태에 알맞게 작업하시오. (50점)

- 소스 파일 : [출제유형 02]-정복02_문제10.hwpx
- 정답 파일 : [출제유형 02]-정복02_정답10.hwpx

《조건》
(1) 스타일 이름 - ransomware
(2) 문단 모양 - 왼쪽 여백 : 15pt, 문단 아래 간격 : 10pt
(3) 글자 모양 - 글꼴 : 한글(굴림)/영문(돋움), 크기 : 10pt, 장평 : 95%, 자간 : 5%

숏츠(Shorts)

《출력형태》

1.
Ransomware is malicious program that locks the system or encrypts data in combination with ransom and software, and requires money to be paid hostage.

랜섬웨어는 몸값과 소프트웨어의 합성어로 시스템을 잠그거나 데이터를 암호화해 사용할 수 없도록 하고 이를 인질로 금전을 요구하는 악성 프로그램을 말한다.

Chapter 3. 기능평가 I - 표 작성

- ☑ 표 만들기
- ☑ 표 내용 입력 및 정렬하기
- ☑ 블록 계산 및 캡션 입력하기
- ☑ 셀 배경색 및 테두리 지정하기

문제 미리보기

소스 파일 : [출제유형 03]-유형03_문제.hwpx   정답 파일 : [출제유형 03]-유형03_정답.hwpx

2. 다음의 《조건》에 따라 《출력형태》와 같이 표와 차트를 작성하시오. (100점)
※ 《표 조건》은 다음 페이지를 참고하시기 바랍니다.

1.
Since its establishment in 2008, it has been commissioned by the Korea Youth Activity Promotion Agency and has operated various international exchange programs to help teenagers grow into global leaders.

청소년들이 글로벌 리더로 성장하도록 다양한 국제교류 프로그램을 운영하고 있으며, 2008년 설치 이후 2013년부터 현재까지 한국청소년활동진흥원에서 위탁하고 있다.

2.

청소년국제교류 사업 효과성 변화(단위 : 점)

연도	2020년	2021년	2022년	2023년	평균
이해증진도	2.8	3.1	3.3	3.5	
시민의식	4.2	4.1	4.3	4.1	
가치관	3.6	4.2	4.7	4.1	
문화 개방성	3.5	4.1	4.4	4.9	

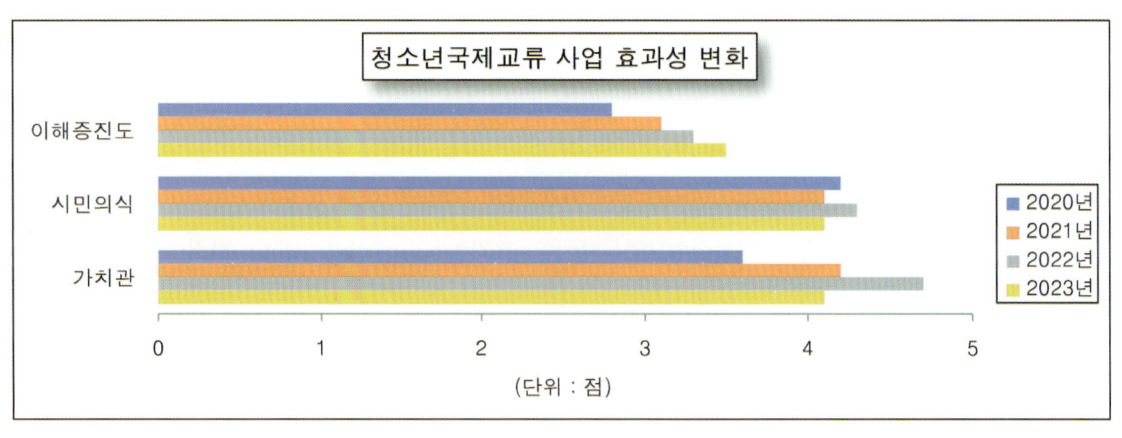

▲ 2번 문제 표만 연습합니다.

STEP 1 표 만들기

《조건》: (1) 표 전체(표, 캡션) - 굴림, 10pt
(2) 정렬 - 문자 : 가운데 정렬, 숫자 : 오른쪽 정렬
(3) 셀 배경(면색) : 노랑
(4) 한글의 계산 기능을 이용하여 빈칸에 평균(소수점 두 자리)을 구하고, 캡션 기능 사용할 것
(5) 선 모양은《출력형태》와 동일하게 처리할 것

《출력형태》

2.

청소년국제교류 사업 효과성 변화(단위 : 점)

연도	2020년	2021년	2022년	2023년	평균
이해증진도	2.8	3.1	3.3	3.5	
시민의식	4.2	4.1	4.3	4.1	
가치관	3.6	4.2	4.7	4.1	
문화 개방성	3.5	4.1	4.4	4.9	

① 한글 2022 프로그램을 실행한 후 [파일]-[불러오기]를 클릭합니다. [불러오기] 대화상자가 나오면 [출제유형 완전정복]-[출제유형 03]-[소스 파일]-'유형03_문제.hwpx' 파일을 불러옵니다.

② 1페이지의 문제 번호 2. 다음 줄을 클릭하여 커서를 위치시킨 후 표를 작성하기 위해 [입력] 탭에서 표(⊞)(또는 Ctrl + N, T)를 클릭합니다.

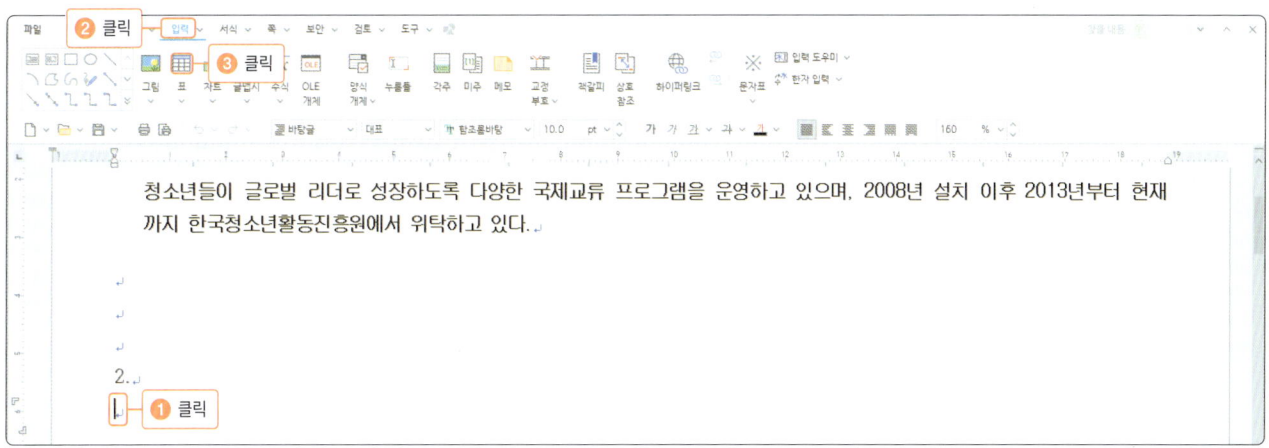

③ [표 만들기] 대화상자가 나오면《출력형태》를 참고하여 줄 개수(5), 칸 개수(6)를 입력하고, 글자처럼 취급을 클릭하여 선택(✓)한 후 〈만들기〉 단추를 클릭합니다.

※ '글자처럼 취급'이 이미 체크(✓)가 된 상태라면 선택하지 않습니다.

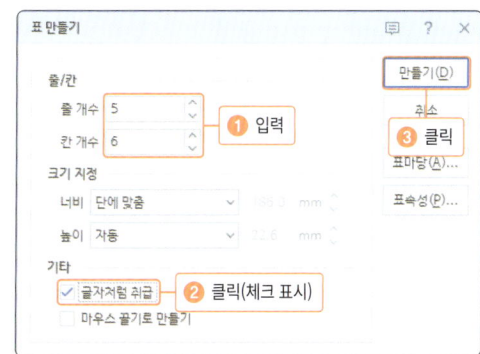

STEP 2 표 내용 입력 및 정렬하기

(1) 표 전체(표, 캡션) - 굴림, 10pt
(2) 정렬 - 문자 : 가운데 정렬, 숫자 : 오른쪽 정렬

❶ 표가 만들어지면 표 안쪽을 클릭한 후 문제지 기능평가Ⅰ의 2번 문제《출력형태》를 참고하여 다음과 같이 내용을 입력합니다.

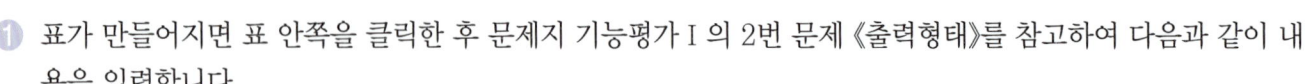

셀 안쪽의 커서 이동 방법
표 안의 내용을 입력한 후 Tab 키(오른쪽으로 이동) 또는 방향키(↑, ↓, ←, →)를 이용하여 커서를 이동할 수 있습니다.

❷ 모든 내용이 입력되면 표 전체를 드래그하여 블록으로 지정한 후 서식 도구 상자에서 글꼴(굴림), 글자 크기(10)를 지정합니다. 이어서 가운데 정렬(≡)을 지정합니다.

※ 서식 도구 상자에서 글꼴을 선택할 때 [모든 글꼴]은 컴퓨터에 설치된 모든 글꼴들을 찾을 수 있습니다.

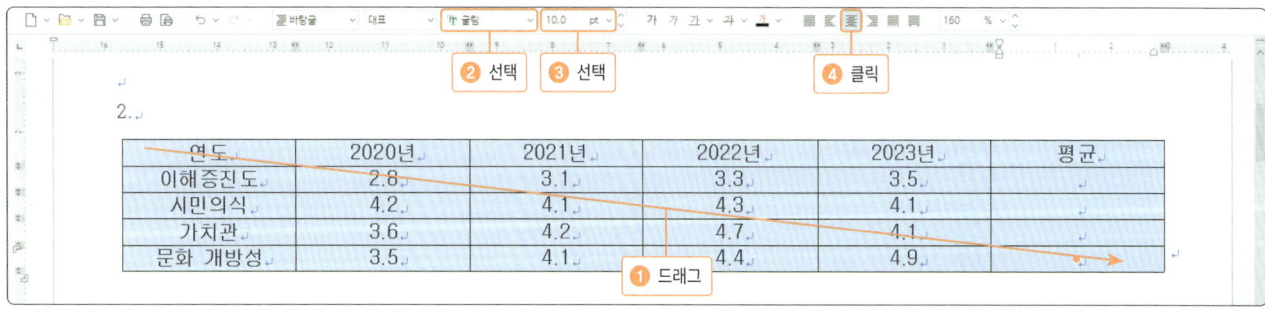

❸ 표 내용에서 숫자를 오른쪽으로 정렬하기 위해 다음과 같이 드래그하여 블록으로 지정한 후 서식 도구 상자에서 오른쪽 정렬(≡)을 지정합니다.

※ 해당 빈 칸(평균 열)은 블록 계산식을 이용하여 숫자 값이 입력되기 때문에 《표 조건》에 맞추어 미리 오른쪽 정렬을 지정합니다.

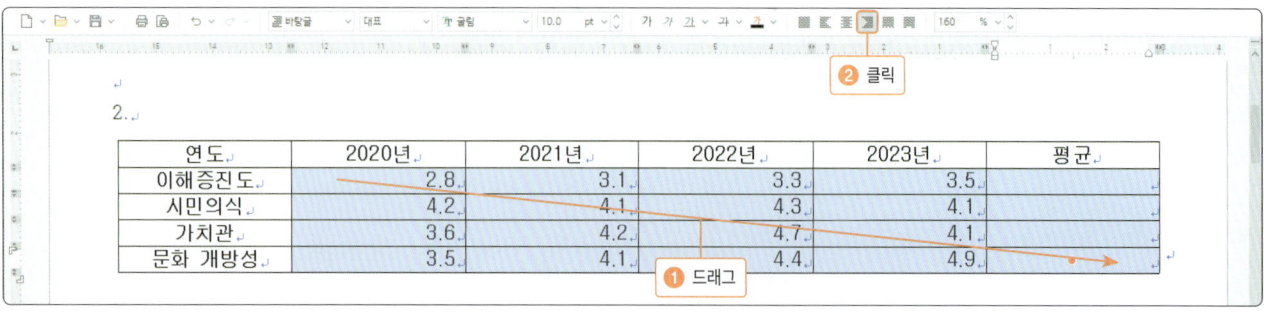

STEP 3 셀 배경색 및 테두리 지정하기

(3) 셀 배경(면색) : 노랑

■ 셀 배경색 지정하기

① 셀 배경색을 지정하기 위해 다음과 같이 드래그하여 블록으로 지정합니다.

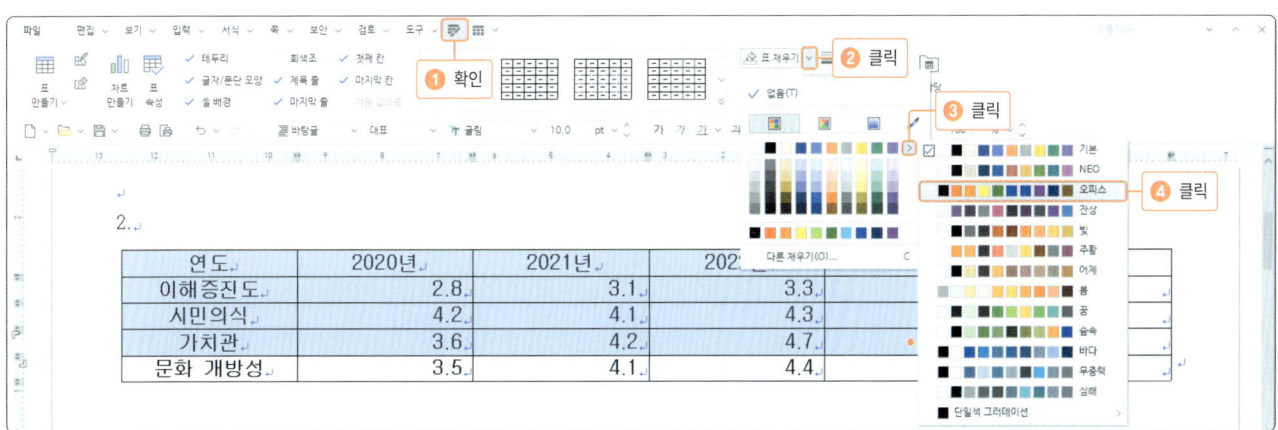

② [표 디자인( )] 탭에서 표 채우기( )의 목록 단추( )를 클릭합니다. 이어서, 테마 색상표( )를 클릭한 후 오피스를 선택합니다.

③ 오피스 색상 팔레트가 나오면 '노랑'을 클릭합니다.

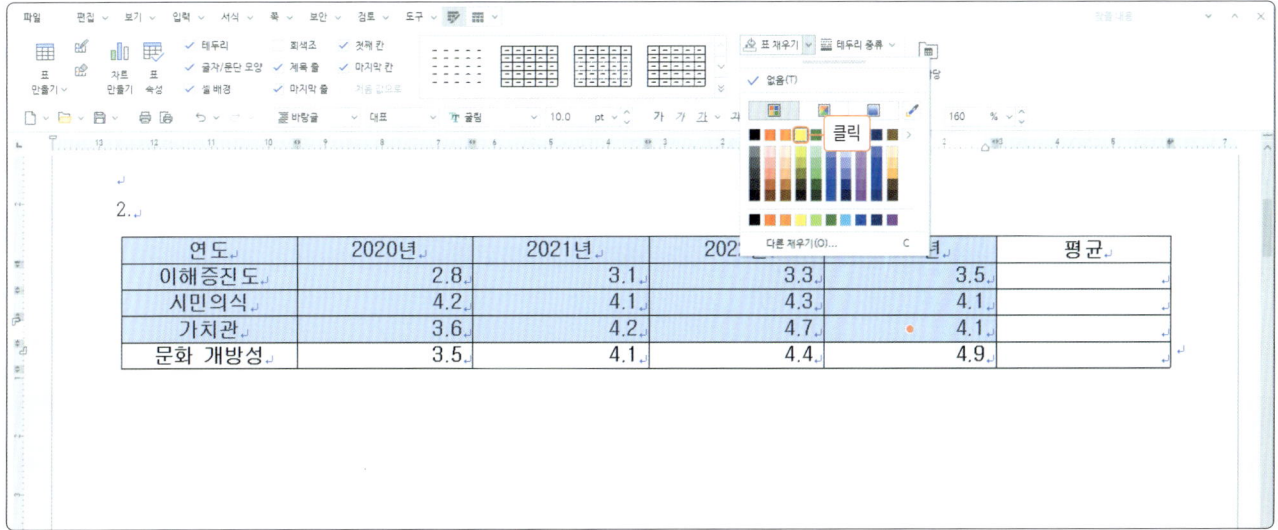

색상 테마

❶ 실제 시험에서 지시하는 색상(빨강, 파랑, 노랑, 하양, 검정)은 하양을 제외하고 모두 [오피스] 색상 테마입니다. 사용자 환경에 따라 다른 색상 테마가 설정되어 있을 수 있으니 반드시 색상 테마를 [오피스]로 변경한 후 작업합니다.

※ 단, 하양은 [기본] 테마의 '하양'을 선택하여 사용합니다.

❷ 테마 색 이외에도 팔레트, 스펙트럼을 클릭한 후 RGB 값을 직접 입력 또는 클릭하여 색상을 지정할 수도 있습니다. (빨강 : 255, 0, 0. / 파랑 : 0, 0, 255. / 노랑 : 255, 255, 0.)

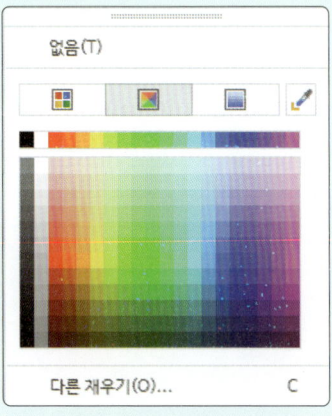
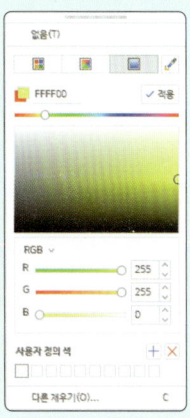

❹ Esc 키를 눌러 블록 지정을 해제한 후 셀 배경색을 확인합니다.

연도	2020년	2021년	2022년	2023년	평균
이해증진도	2.8	3.1	3.3	3.5	
시민의식	4.2	4.1	4.3	4.1	Esc 후 확인
가치관	3.6	4.2	4.7	4.1	
문화 개방성	3.5	4.1	4.4	4.9	

■ 셀 테두리 지정하기

(5) 선 모양은 《출력형태》와 동일하게 처리할 것

❶ 셀 테두리 선을 변경하기 위해 표 전체를 드래그하여 블록으로 지정합니다. 이어서, [표 레이아웃(▦)] 탭의 목록 단추(▾)를 클릭한 후 [셀 테두리/배경]-[각 셀마다 적용](또는 L)을 클릭합니다.

※ 표 전체를 블록으로 지정한 후 마우스 오른쪽 단추를 눌러 [셀 테두리/배경]-[각 셀마다 적용]을 선택할 수도 있습니다.

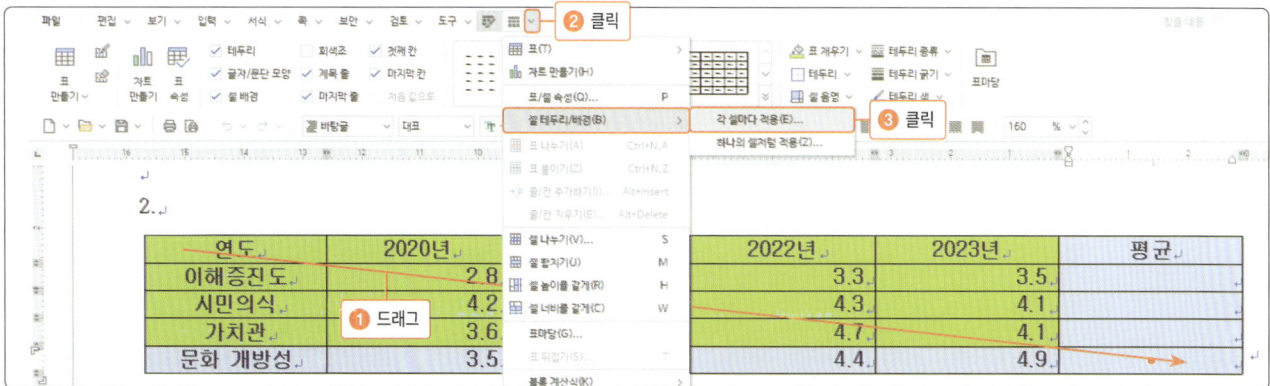

❷ [셀 테두리/배경] 대화상자가 나오면 [테두리] 탭에서 종류 – 이중 실선(▭), 바깥쪽(▢)을 선택한 후 〈설정〉 단추를 클릭합니다.

※ 테두리 종류는 《출력형태》를 참고하여 작업합니다.

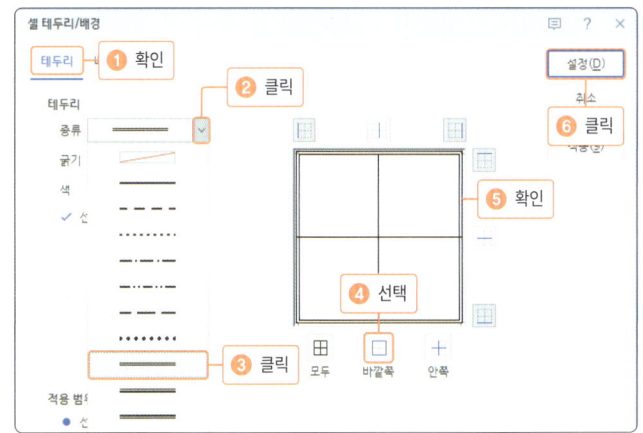

❸ 바깥쪽 테두리가 이중 실선으로 적용되면 똑같은 방법으로 다음과 같이 표의 테두리를 지정합니다.
- 첫 번째 행(연도, 2020년, 2021년, 2022년, 2023년, 평균)을 블록으로 지정한 후 '이중 실선'으로 바깥쪽(▢) 테두리 지정
- 첫 번째 열(연도, 이해증진도, 시민의식, 가치관, 문화 개방성)을 블록으로 지정한 후 '이중 실선'으로 바깥쪽(▢) 테두리 지정

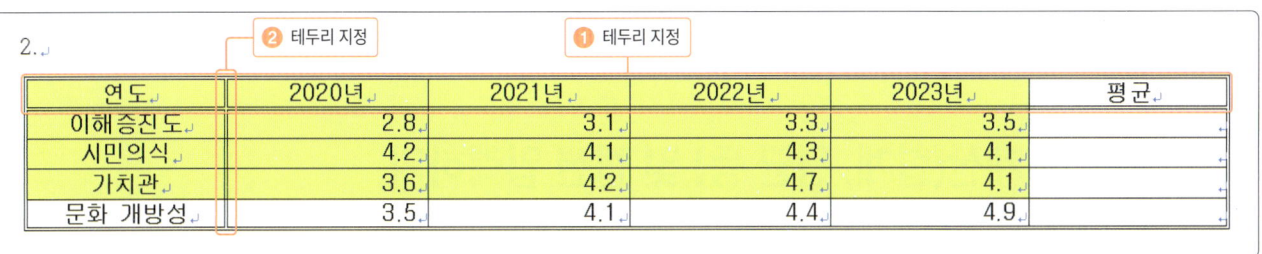

> **테두리 지정**
> ❶ 첫 번째 행은 [셀 테두리/배경] 대화상자에서 이중 실선–아래(▭)를 선택해도 결과는 같습니다.
> ❷ 첫 번째 열은 [셀 테두리/배경] 대화상자에서 이중 실선–오른쪽(▯)을 선택해도 결과는 같습니다.

❹ 하나의 셀에 대각선을 지정하기 위해 다음과 같이 표 안의 셀을 클릭하여 커서를 위치시킨 후 F5 키를 눌러 블록으로 지정합니다.

❺ [표 레이아웃(▦)] 탭의 목록 단추(▾)를 클릭한 후 [셀 테두리/배경]–[각 셀마다 적용](또는 L)을 클릭합니다.

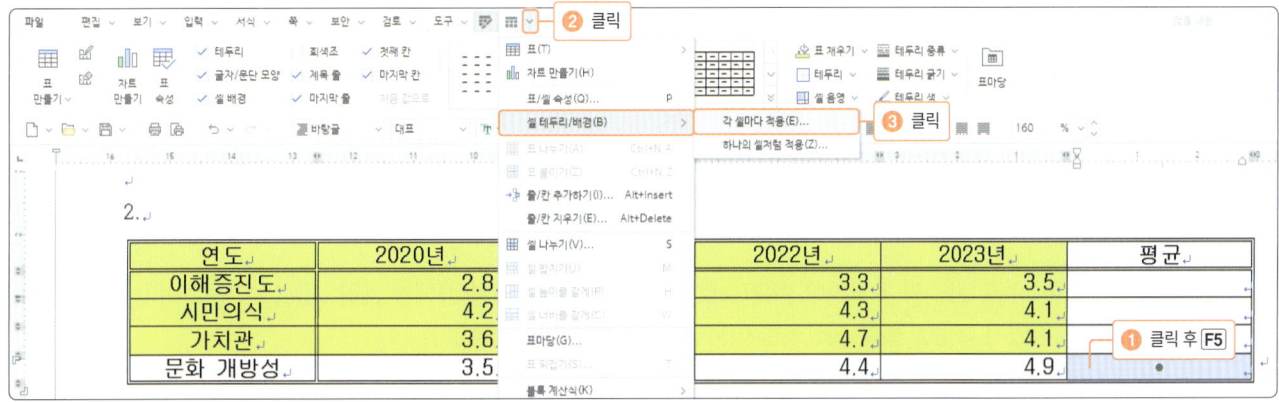

Part 02 · 출제유형 완전정복   51   Chapter 03 · 기능평가 I - 표 작성

❻ [셀 테두리/배경] 대화상자가 나오면 [대각선] 탭에서 종류-실선(☐), 대각선-◣, ◥을 선택한 후 〈설정〉 단추를 클릭합니다.

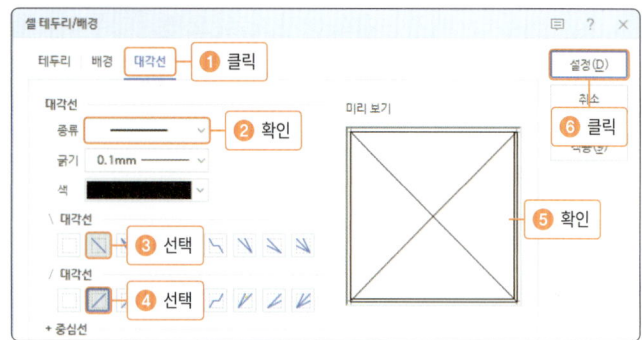

각 셀마다 적용 / 하나의 셀처럼 적용

❶ 각 셀마다 적용 : 블록으로 지정된 셀에 테두리나 배경, 대각선 등을 지정하면 각 셀마다 지정되어 나타납니다.
❷ 하나의 셀처럼 적용 : 블록으로 지정된 셀에 테두리나 배경, 대각선 등을 지정하면 하나의 셀에 지정되는 것처럼 나타납니다.

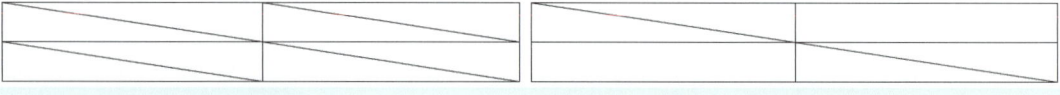

▲ [각 셀마다 적용]–[대각선]을 적용한 경우 　　　　▲ [하나의 셀처럼 적용]–[대각선]을 적용한 경우

STEP 4 블록 계산(합계, 평균 등) 및 캡션 입력하기

(1) 표 전체(표, 캡션) – 굴림, 10pt
(2) 한글의 계산 기능을 이용하여 빈칸에 평균(소수점 두 자리)을 구하고, 캡션 기능 사용할 것

 블록 계산식을 이용하여 평균을 구하기 위해 다음과 같이 드래그하여 블록으로 지정한 후 [표 레이아웃(▦)] 탭에서 [계산식(▦)]–'블록 평균'을 클릭합니다.

※ 블록으로 지정된 셀 위에서 마우스 오른쪽 단추를 눌러 [블록 계산식]–[블록 평균]을 선택할 수도 있습니다.

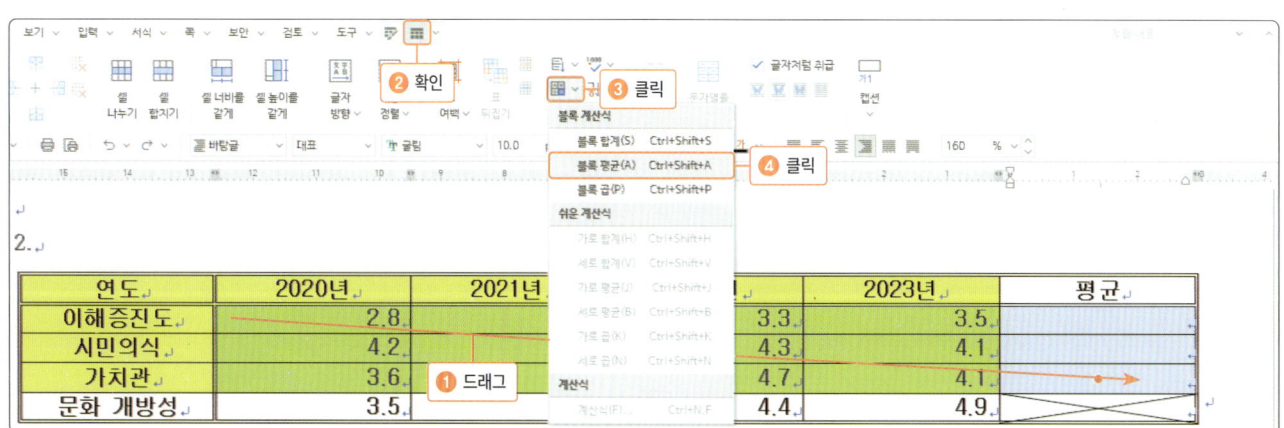

블록 계산

표의 《출력형태》를 보면 평균 부분이 빈 칸으로 되어 있지만, 《출력형태》에는 계산 기능을 이용하여 빈 칸의 평균을 구하라고 되어있기 때문에 블록 계산식을 이용하여 평균을 구해야 합니다.

② 빈 셀에 평균이 계산되어 입력되면 Esc 키를 눌러 블록 지정을 해제합니다.

> **블록 계산식**
> ① 바로 가기 키 : 블록 합계(Ctrl+Shift+S), 블록 평균(Ctrl+Shift+A), 블록 곱(Ctrl+Shift+P)
> ② 소수점 자릿수 변경 : 만약 평균을 계산한 후 소수점 자릿수를 변경하고자 할 경우에는 평균으로 계산된 숫자(예 : 60.50) 위에서 마우스 오른쪽 단추를 눌러 [계산식 고치기]를 클릭합니다. 이어서, [계산식] 대화상자가 나오면 '형식'을 클릭한 후 원하는 자릿수를 지정합니다.
> ※ 현재 ITQ 한글 시험에서는 평균 계산식의 형식이 기본 자릿수(소수점 이하 두 자리)로 출제되고 있으니 참고 하시기 바랍니다.
>
>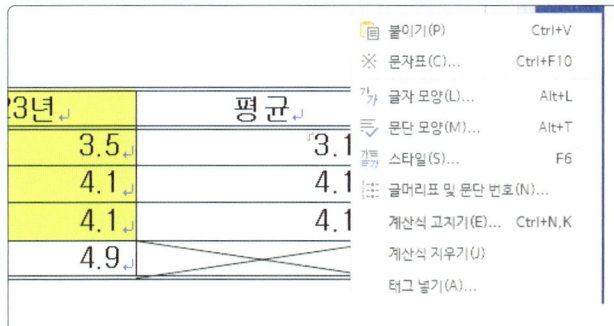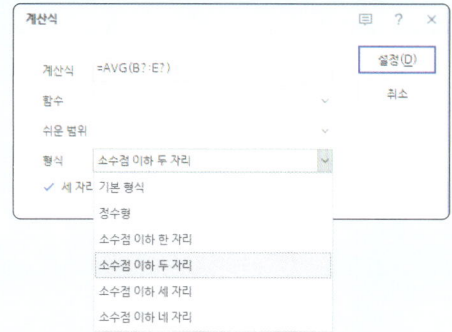

③ 평균이 계산되면 [표 레이아웃()] 탭에서 캡션()의 목록 단추()를 클릭한 후 '위'를 선택합니다.
   ※ 캡션이란 표 또는 그림 등의 이해를 돕기 위하여 간단한 내용을 입력하는 기능으로 《출력형태》의 표 우측 상단을 참 고하여 캡션 내용을 입력합니다.

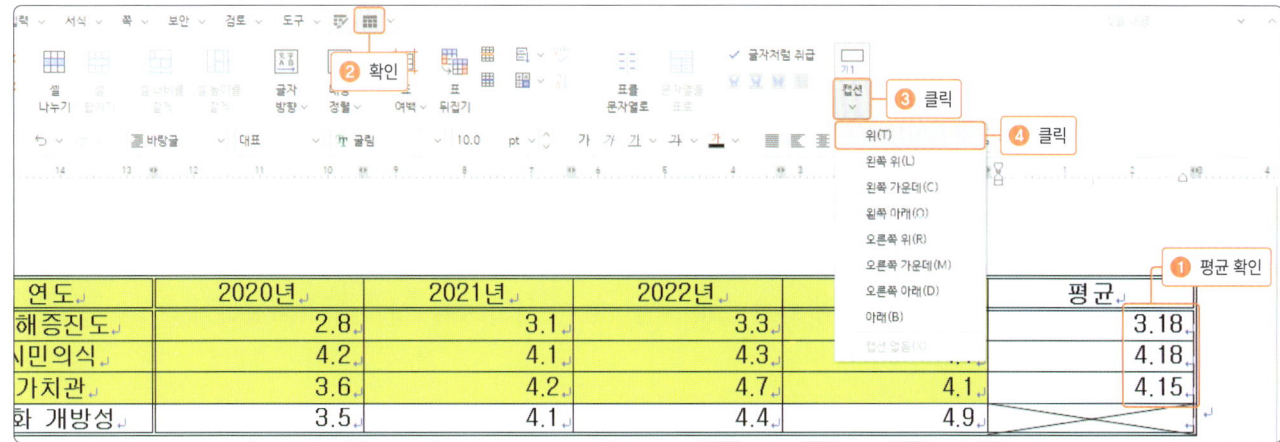

④ 캡션 내용(표 1)을 드래그하여 블록으로 지정한 후 '**청소년국제교류 사업 효과성 변화(단위 : 점)**'을 입력합니다.

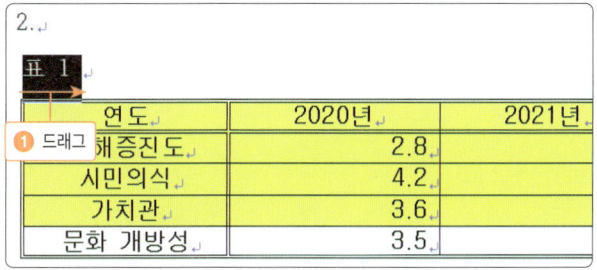

❺ 캡션을 블록으로 지정한 후 서식 도구 상자에서 글꼴(굴림), 글자 크기(10pt), 오른쪽 정렬(≡)을 지정합니다. 이어서, Esc 키를 눌러 블록 지정을 해제합니다.

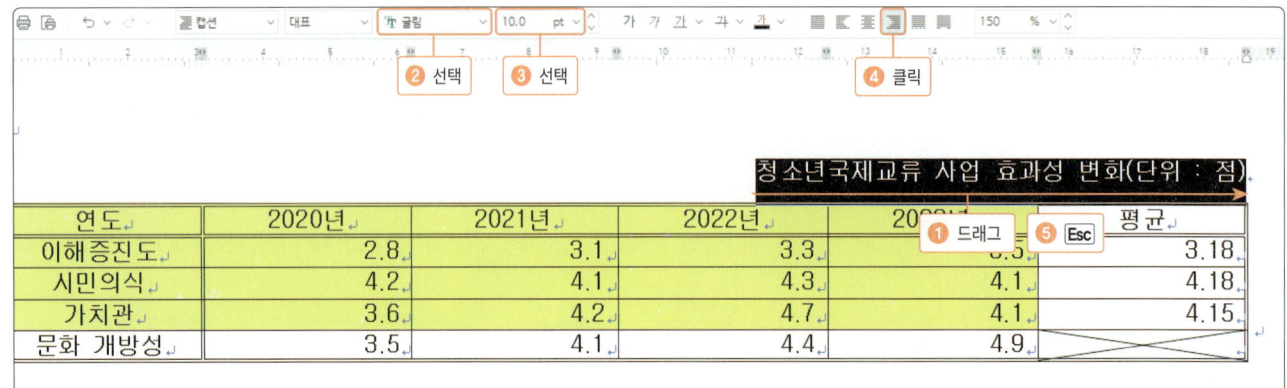

캡션 삭제
캡션 위에서 마우스 오른쪽 단추를 눌러 바로 가기 메뉴가 나오면 [캡션 없음]을 선택하여 삭제할 수 있습니다.

❻ 표 전체를 드래그하여 블록으로 지정한 후 Ctrl 키를 누른 채 ↓ 키를 두 번 눌러 표의 크기를 조절합니다.
※ 표의 크기는 《출력형태》를 참고하여 작업하며, 표의 크기를 조절하지 않아도 감점사항은 아닙니다.

❼ 모든 작업이 완료되면 [파일]-[저장하기](Alt+S) 또는 서식 도구 상자에서 저장하기(💾)를 클릭하여 파일을 저장합니다.
※ 실제 시험을 볼 때 작업 도중에 수시로(10분에 한 번 정도) 저장을 하는 것이 좋습니다.

시험 분석 — 표 작성
- 과년도 시험 문제를 분석한 결과 표 전체(표, 캡션)의 글꼴은 돋움, 궁서, 굴림, 셀 배경색은 노랑이 자주 출제되었습니다.
- 블록 계산식은 합계와 평균(소수점 두 자리)이 자주 출제되었습니다.

출제유형 완전정복

01 다음의 《조건》에 따라 《출력형태》와 같이 표와 차트를 작성하시오. (100점)

• 소스 파일 : [출제유형 03]-정복03_문제01.hwpx • 정답 파일 : [출제유형 03]-정복03_정답01.hwpx

《표 조건》 (1) 표 전체(표, 캡션) - 굴림, 10pt
 (2) 정렬 - 문자 : 가운데 정렬, 숫자 : 오른쪽 정렬
 (3) 셀 배경(면색) : 노랑
 (4) 한글의 계산 기능을 이용하여 빈칸에 평균(소수점 두 자리)을 구하고, 캡션 기능 사용할 것
 (5) 선 모양은 《출력형태》와 동일하게 처리할 것

《출력형태》

1.
Fair trade is an organized social movement that aims to help producers in developing countries to make better trading conditions and promote sustainability.

공정무역은 세계무역시장에서 공정하지 못한 무역 관행을 개선하고자 하는 노력에서 시작되었습니다. 정의, 공정성, 지속가능한 발전은 공정무역 구조의 핵심입니다.

2.

공정무역 소매 판매량(단위 : 천 톤)

구분	2020년	2021년	2022년	2023년	평균
커피	13.5	14.8	15.6	17.5	
올리브유	16.2	16.7	17.5	18.2	
수공예품	9.1	9.2	9.1	9.2	
쌀	6.1	6.9	7.1	8.2	

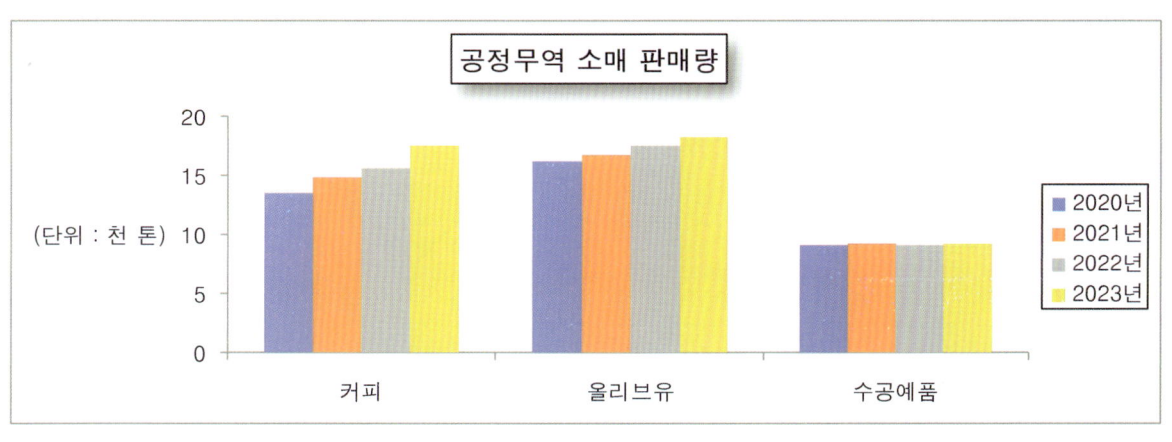

▲ 2번 문제의 표만 연습합니다.

02 다음의 《조건》에 따라 《출력형태》와 같이 표와 차트를 작성하시오. (100점)

- 소스 파일 : [출제유형 03]-정복03_문제02.hwpx
- 정답 파일 : [출제유형 03]-정복03_정답02.hwpx

《표 조건》 (1) 표 전체 (표, 캡션) - 굴림, 10pt
(2) 정렬 - 문자 : 가운데 정렬, 숫자 : 오른쪽 정렬
(3) 셀 배경(면색) : 노랑
(4) 한글의 계산 기능을 이용하여 빈칸에 평균(소수점 두 자리)을 구하고, 캡션 기능 사용할 것
(5) 선 모양은 《출력형태》와 동일하게 처리할 것

《출력형태》

2.

품바축제 관람객 현황(단위 : 천 명)

구분	2020년	2021년	2022년	2023년	평균
품바래퍼	437	378	349	416	
품바패션	325	397	118	597	
품바왕	321	253	406	463	
천인의 엿치기	264	328	384	451	

03 다음의 《조건》에 따라 《출력형태》와 같이 표와 차트를 작성하시오. (100점)

- 소스 파일 : [출제유형 03]-정복03_문제03.hwpx
- 정답 파일 : [출제유형 03]-정복03_정답03.hwpx

《표 조건》 (1) 표 전체 (표, 캡션) - 굴림, 10pt
(2) 정렬 - 문자 : 가운데 정렬, 숫자 : 오른쪽 정렬
(3) 셀 배경(면색) : 노랑
(4) 한글의 계산 기능을 이용하여 빈칸에 합계를 구하고, 캡션 기능 사용할 것
(5) 선 모양은 《출력형태》와 동일하게 처리할 것

《출력형태》

2.

재가 노인 복지 시설 서비스 현황(단위 : 10개소)

연도	2019년	2020년	2021년	2022년	합계
방문 요양	15	27	42	58	
주야간 보호	18	23	26	30	
단기 보호	8	7	6	7	
방문 간호	6	10	1	2	

04. 다음의 《조건》에 따라 《출력형태》와 같이 표와 차트를 작성하시오. (100점)

· 소스 파일 : [출제유형 03]-정복03_문제04.hwpx   · 정답 파일 : [출제유형 03]-정복03_정답04.hwpx

《표 조건》
(1) 표 전체 (표, 캡션) - 굴림, 10pt
(2) 정렬 - 문자 : 가운데 정렬, 숫자 : 오른쪽 정렬
(3) 셀 배경(면색) : 노랑
(4) 한글의 계산 기능을 이용하여 빈칸에 합계를 구하고, 캡션 기능 사용할 것
(5) 선 모양은 《출력형태》와 동일하게 처리할 것

《출력형태》

2.

인천광역시 연도별 사고발생 현황(단위 : 건)

연도별	2018년	2019년	2020년	2021년	합계
교통사고(건)	1,127	1,229	1,141	1,150	
교통사고(인원)	1,607	1,658	1,563	1,550	
화재사고(건)	172	147	155	136	
화재사고(인원)	16	11	13	12	

05. 다음의 《조건》에 따라 《출력형태》와 같이 표와 차트를 작성하시오. (100점)

· 소스 파일 : [출제유형 03]-정복03_문제05.hwpx   · 정답 파일 : [출제유형 03]-정복03_정답05.hwpx

《표 조건》
(1) 표 전체 (표, 캡션) - 돋움, 10pt
(2) 정렬 - 문자 : 가운데 정렬, 숫자 : 오른쪽 정렬
(3) 셀 배경(면색) : 노랑
(4) 한글의 계산 기능을 이용하여 빈칸에 평균(소수점 두 자리)을 구하고, 캡션 기능 사용할 것
(5) 선 모양은 《출력형태》와 동일하게 처리할 것

《출력형태》

2.

연도별 무예퍼포먼스 참가 현황(단위 : 팀)

구분	2019년	2020년	2021년	2022년	평균
개인전	25	24	20	15	
듀오	23	22	15	12	
단체전	15	10	10	16	
초청	2	3	4	4	

06 다음의 《조건》에 따라 《출력형태》와 같이 표와 차트를 작성하시오. (100점)

· 소스 파일 : [출제유형 03]-정복03_문제06.hwpx   · 정답 파일 : [출제유형 03]-정복03_정답06.hwpx

《표 조건》 (1) 표 전체 (표, 캡션) – 돋움, 10pt
(2) 정렬 – 문자 : 가운데 정렬, 숫자 : 오른쪽 정렬
(3) 셀 배경(면색) : 노랑
(4) 한글의 계산 기능을 이용하여 빈칸에 합계를 구하고, 캡션 기능 사용할 것
(5) 선 모양은 《출력형태》와 동일하게 처리할 것

《출력형태》

2.

글로벌 메타버스 시장 전망(단위 : 10억 달러)

구분	2022	2023	2024	2025	합계
가상현실(VR)	13.4	27.8	79.4	138.3	
증강현실(AR)	33.0	67.9	193.8	338.1	
VR+AR	46.5	95.7	273.2	476.4	
기타	7.5	9.2	21.4	85.3	

07 다음의 《조건》에 따라 《출력형태》와 같이 표와 차트를 작성하시오. (100점)

· 소스 파일 : [출제유형 03]-정복03_문제07.hwpx   · 정답 파일 : [출제유형 03]-정복03_정답07.hwpx

《표 조건》 (1) 표 전체 (표, 캡션) – 돋움, 10pt
(2) 정렬 – 문자 : 가운데 정렬, 숫자 : 오른쪽 정렬
(3) 셀 배경(면색) : 노랑
(4) 한글의 계산 기능을 이용하여 빈칸에 평균(소수점 두 자리)을 구하고, 캡션 기능 사용할 것
(5) 선 모양은 《출력형태》와 동일하게 처리할 것

《출력형태》

2.

제도 개선 사항 설문 응답(단위 : 명)

구분	교원연수	제도홍보	조직개편	업무경감	평균
학생	21,634	8,566	7,572	8,334	
학부모	1,589	1,587	1,127	2,942	
교사	2,967	2,235	2,181	4,825	
교수	694	829	967	894	

08 다음의 《조건》에 따라 《출력형태》와 같이 표와 차트를 작성하시오. (100점)

· 소스 파일 : [출제유형 03]-정복03_문제08.hwpx   · 정답 파일 : [출제유형 03]-정복03_정답08.hwpx

《표 조건》 (1) 표 전체 (표, 캡션) – 돋움, 10pt
(2) 정렬 – 문자 : 가운데 정렬, 숫자 : 오른쪽 정렬
(3) 셀 배경(면색) : 노랑
(4) 한글의 계산 기능을 이용하여 빈칸에 평균(소수점 두 자리)을 구하고, 캡션 기능 사용할 것
(5) 선 모양은 《출력형태》와 동일하게 처리할 것

《출력형태》

2.

학교급별 다문화 학생 수(단위 : 천 명)

구분	2020	2021	2022	2023	평균
초등학교	107.7	111.4	111.7	112.3	
중학교	26.8	34.1	39.8	40.1	
고등학교	12.7	14.5	17.2	17.5	
대학교	9.1	9.5	10.3	10.8	

09 다음의 《조건》에 따라 《출력형태》와 같이 표와 차트를 작성하시오. (100점)

· 소스 파일 : [출제유형 03]-정복03_문제09.hwpx   · 정답 파일 : [출제유형 03]-정복03_정답09.hwpx

《표 조건》 (1) 표 전체 (표, 캡션) – 굴림, 10pt
(2) 정렬 – 문자 : 가운데 정렬, 숫자 : 오른쪽 정렬
(3) 셀 배경(면색) : 노랑
(4) 한글의 계산 기능을 이용하여 빈칸에 평균(소수점 두 자리)을 구하고, 캡션 기능 사용할 것
(5) 선 모양은 《출력형태》와 동일하게 처리할 것

《출력형태》

2.

스팸 발송경로별 유통 현황(단위 : 십만 건)

구분	2018년	2019년	2020년	2021년	평균
유선전화	62	73	94	122	
인터넷전화	81	83	67	85	
휴대전화	21	26	31	30	
이메일(국내발송)	0.9	11	5	7	

Chapter 4. 기능평가 Ⅰ - 차트 작성

☑ 차트 만들기(차트 마법사 이용) ☑ 차트 제목 및 범례 서식 지정하기
☑ 축 제목 및 축 이름표 서식 지정하기

문제 미리보기

소스 파일 : [출제유형 04]-유형04_문제.hwpx　　**정답 파일** : [출제유형 04]-유형04_정답.hwpx

2. 다음의 《조건》에 따라 《출력형태》와 같이 표와 차트를 작성하시오. (100점)
※ 《표 조건》은 다음 페이지를 참고하시기 바랍니다.

1.
Since its establishment in 2008, it has been commissioned by the Korea Youth Activity Promotion Agency and has operated various international exchange programs to help teenagers grow into global leaders.

청소년들이 글로벌 리더로 성장하도록 다양한 국제교류 프로그램을 운영하고 있으며, 2008년 설치 이후 2013년부터 현재까지 한국청소년활동진흥원에서 위탁하고 있다.

2.

청소년국제교류 사업 효과성 변화(단위 : 점)

연도	2020년	2021년	2022년	2023년	평균
이해증진도	2.8	3.1	3.3	3.5	
시민의식	4.2	4.1	4.3	4.1	
가치관	3.6	4.2	4.7	4.1	
문화 개방성	3.5	4.1	4.4	4.9	

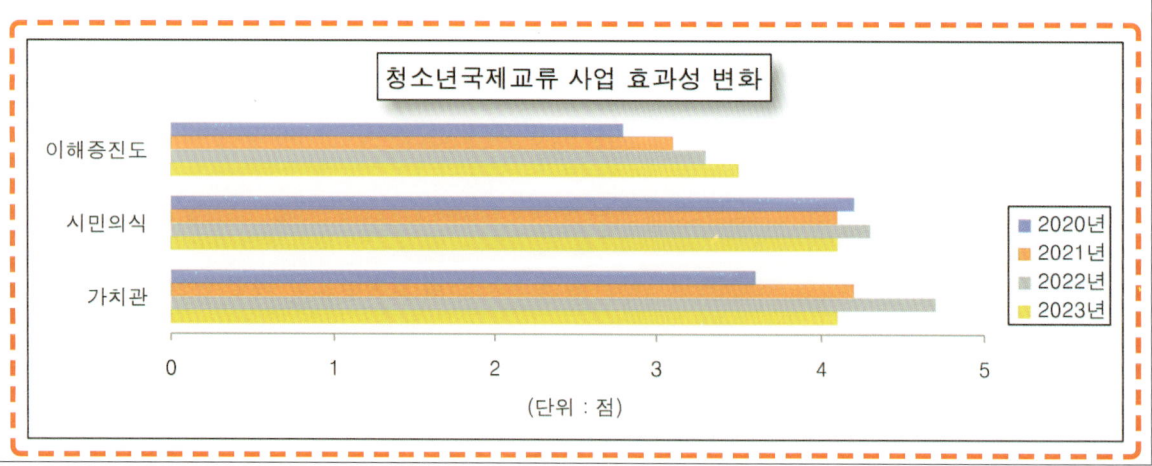

▲ 2번 문제 차트만 연습합니다.

STEP 1 차트 만들기

≪차트 조건≫ : (1) 차트 데이터는 표 내용에서 연도별 이해증진도, 시민의식, 가치관의 값만 이용할 것
           (2) 종류 – 〈묶은 가로 막대형〉으로 작업할 것
           (3) 제목 – 글꼴 : 돋움, 진하게, 12pt
                 속성 : 채우기(밝은 색 : 하양), 테두리, 그림자(바깥쪽 : 대각선 오른쪽 아래)
           (4) 제목 이외의 전체 글꼴 – 돋움, 보통, 10pt
           (5) 축제목과 범례는 ≪출력형태≫와 동일하게 처리할 것

한글2022부터 변경된 부분입니다.

≪출력형태≫

[청소년국제교류 사업 효과성 변화 가로 막대 그래프 - 이해증진도, 시민의식, 가치관 항목별 2020년, 2021년, 2022년, 2023년 데이터, 단위: 점]

■ 표 내용을 이용하여 차트 만들기

(1) 차트 데이터는 표 내용에서 연도별 이해증진도, 시민의식, 가치관의 값만 이용할 것

❶ 한글 2022 프로그램을 실행한 후 [파일]-[불러오기]를 클릭합니다. [불러오기] 대화상자가 나오면 '유형04_문제.hwpx' 파일을 불러옵니다.

❷ 1페이지의 표에서 차트로 작성할 셀 범위를 드래그하여 블록으로 지정한 후 [표 디자인( )] 탭에서 차트 만들기( )를 클릭합니다.

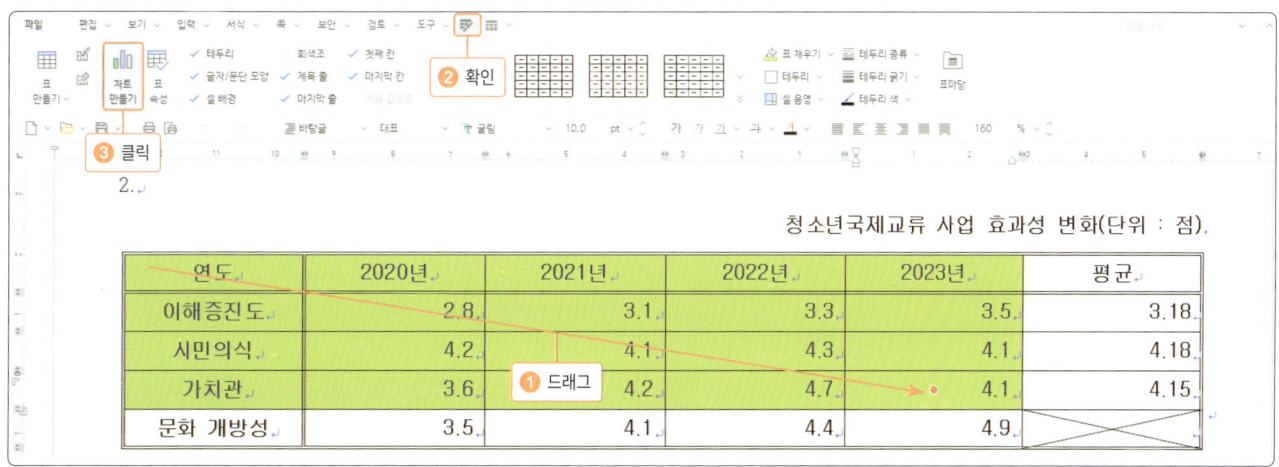

연도	2020년	2021년	2022년	2023년	평균
이해증진도	2.8	3.1	3.3	3.5	3.18
시민의식	4.2	4.1	4.3	4.1	4.18
가치관	3.6	4.2	4.7	4.1	4.15
문화 개방성	3.5	4.1	4.4	4.9	

청소년국제교류 사업 효과성 변화(단위 : 점)

❸ [차트 데이터 편집] 창이 열리면 ⊠를 클릭하여 창을 닫습니다.

④ 차트가 만들어지면 차트를 선택한 후 [차트 서식(⬇)] 탭에서 글자처럼 취급을 클릭하여 선택(☑)합니다.

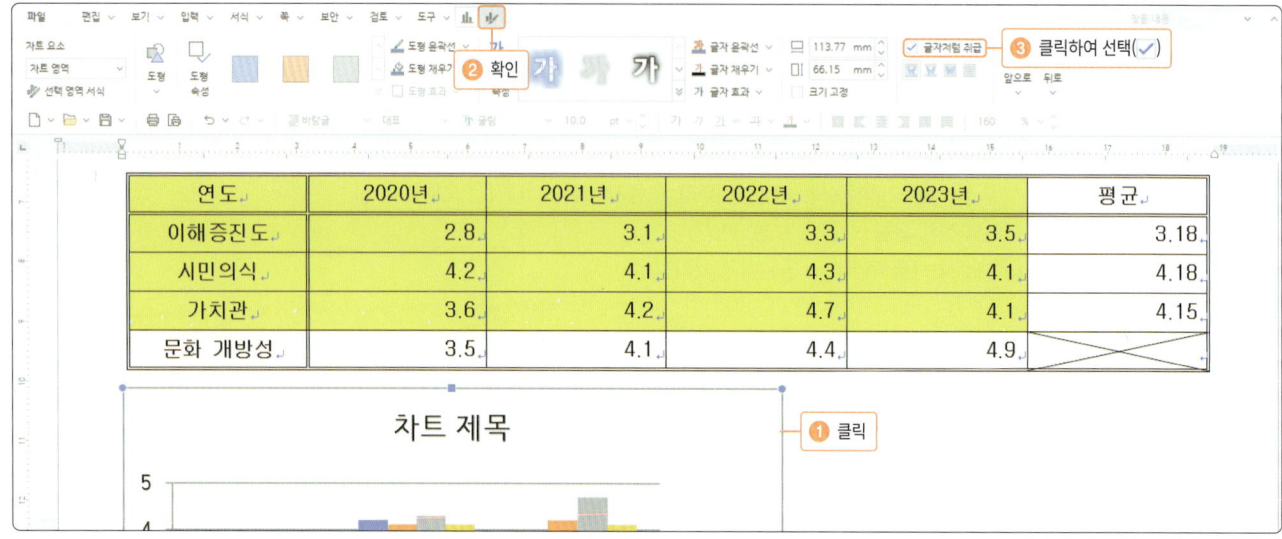

⑤ 차트의 오른쪽 조절점(■)을 드래그하여 다음과 같이 차트의 크기를 조절합니다.

※ 차트 크기 조절은 《출력형태》를 참고하여 작업합니다.

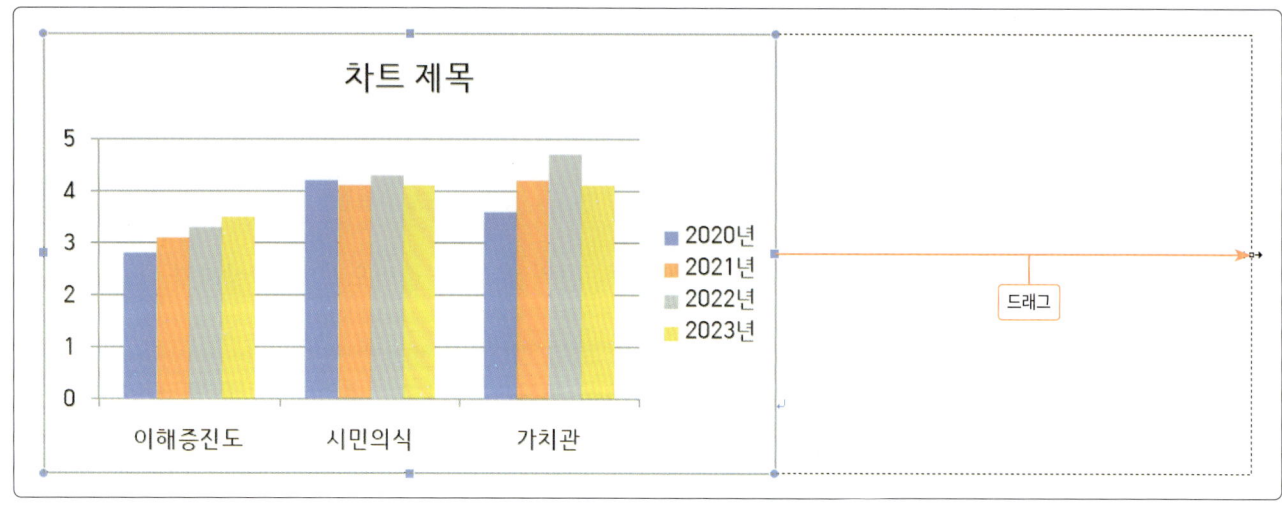

차트 마법사

한글 2020버전 부터는 [차트 마법사]가 없습니다. 차트를 더블클릭하면 오른쪽 [개체 속성] 창이 나옵니다. [개체 속성] 창에서 차트를 수정하거나 [차트 디자인(📊)] 또는 [차트 서식(⬇)]에서 수정 변경할 수 있습니다.

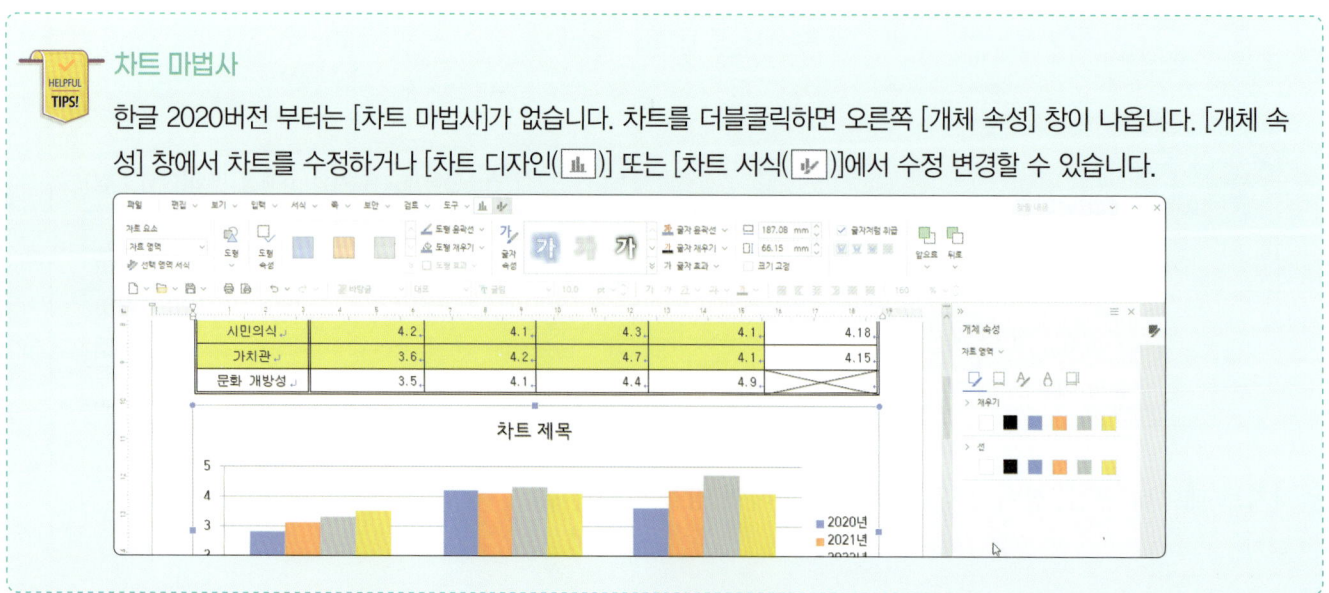

■ 차트 변경

(2) 종류 – 〈묶은 가로 막대형〉으로 작업할 것

① 차트 종류 : 차트가 선택된 상태에서 [차트 디자인( )] – [차트 종류 변경( )]을 클릭하고 《차트 조건》에서 지시한 대로 [가로 막대형] – '묶은 가로 막대형'을 선택합니다.

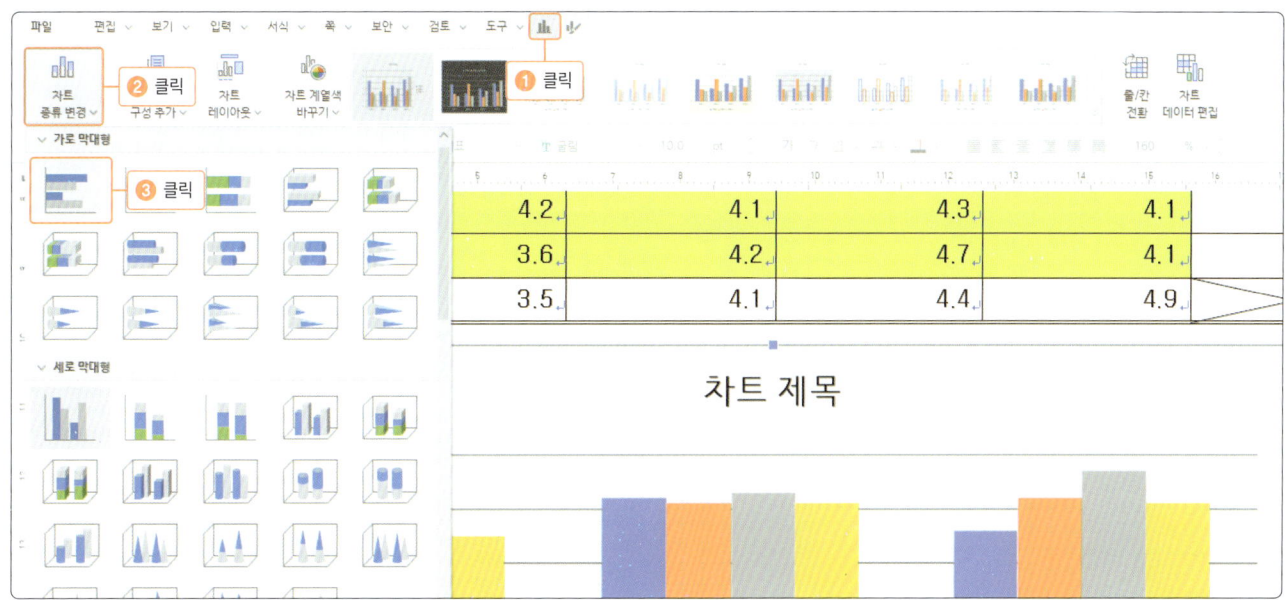

> **HELPFUL TIPS!** 세로 막대형 차트
> 시험에서는 '세로 막대형 차트(묶은 세로 막대형)'와 '가로 막대형 차트(묶은 가로 막대형)'가 번갈아가며 출제되고 있습니다.

> **HELPFUL TIPS!** 차트 행열(축)
> [줄/칸 전환( )]을 클릭하여 차트의 방향(행/열 또는 X/Y축)을 변경할 수 있습니다.

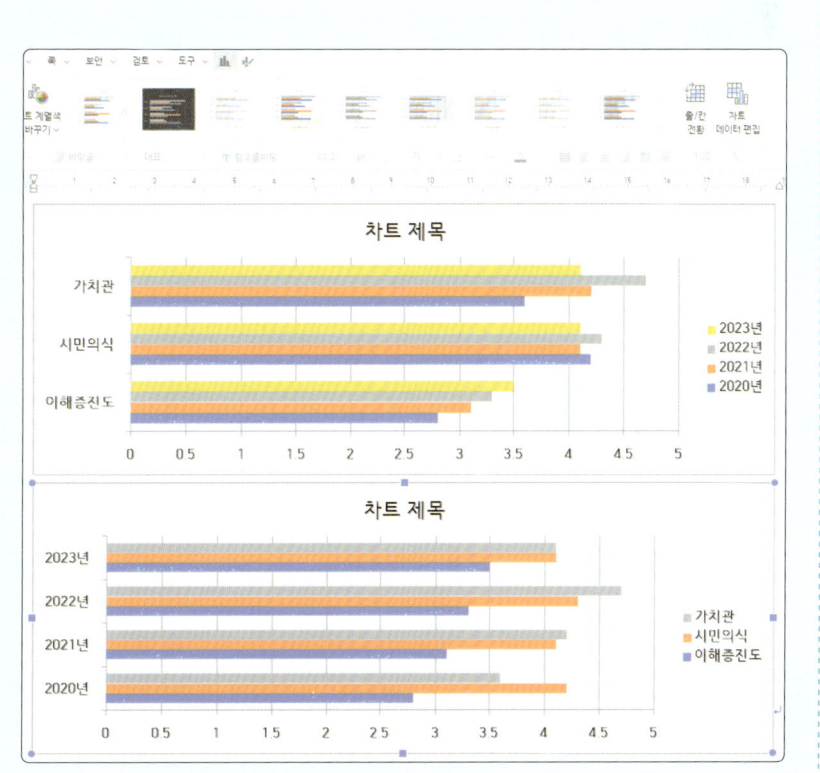

② 차트 제목 : '차트 제목' 위에서 마우스 오른쪽 단추를 클릭한 후 [제목 편집]을 클릭합니다.

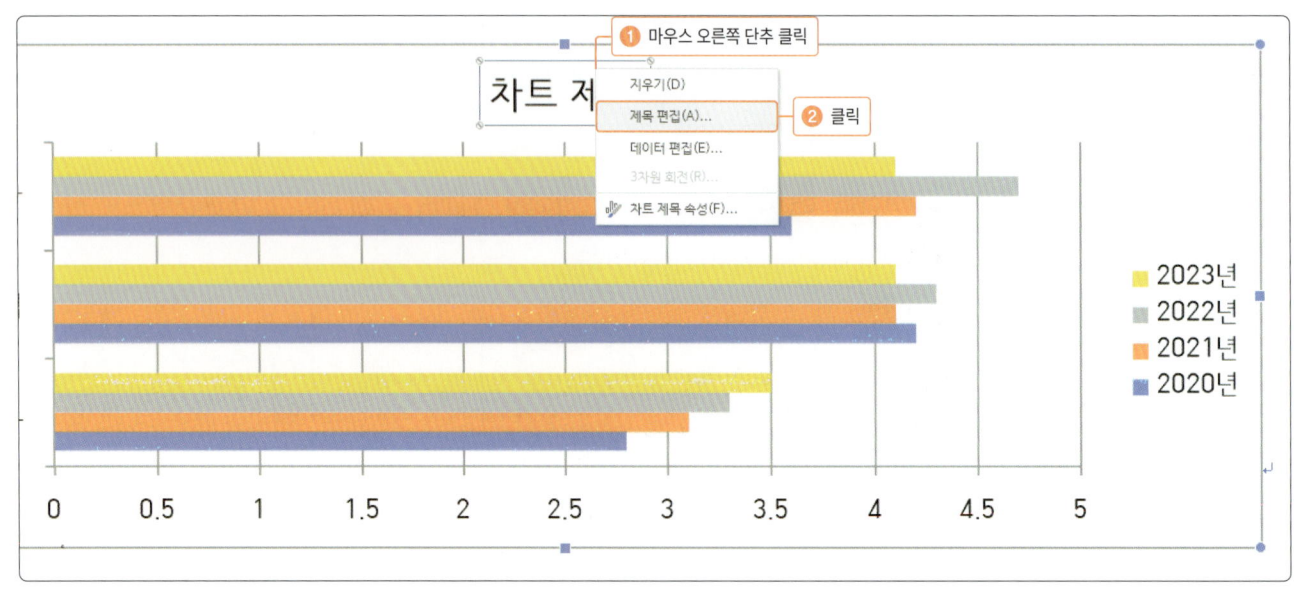

 차트 방향(행/열)
행 또는 열을 번갈아가며 선택하여 차트 방향을 확인한 후 《출력형태》와 똑같은 모양을 선택합니다.

③ [차트 글자 모양] 창에서 글자 내용 입력 칸에 '청소년국제교류 사업 효과성 변화'를 입력한 후 《차트 조건》에서 지시한 대로 '돋움, 진하게, 12pt'를 지정하고 〈설정〉 단추를 클릭합니다.

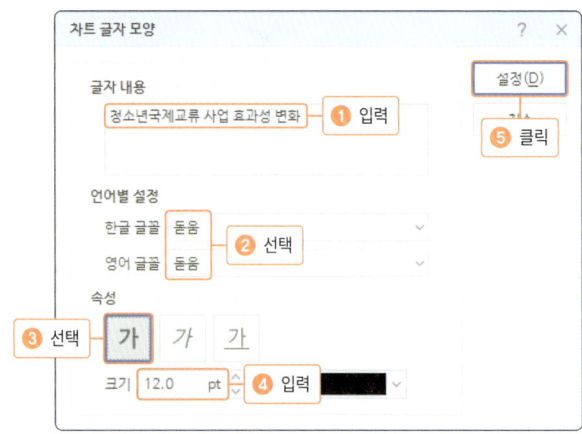

한글 글꼴 / 영어 글꼴
차트 제목에서 한글 글꼴과 영어 글꼴을 구분해서 선택하고 실수하지 않도록 주의합니다. 영어와 숫자가 있을 경우 가급적 한글과 영어 글꼴 모두 시험지에 지시한 '돋움'을 지정하는 것이 바람직합니다.

❹ 축 제목 : 차트 아래의 축 제목을 입력하기 위해 [차트 디자인(　)]-[차트 구성 추가]-[축 제목]-[기본 가로]를 클릭합니다.

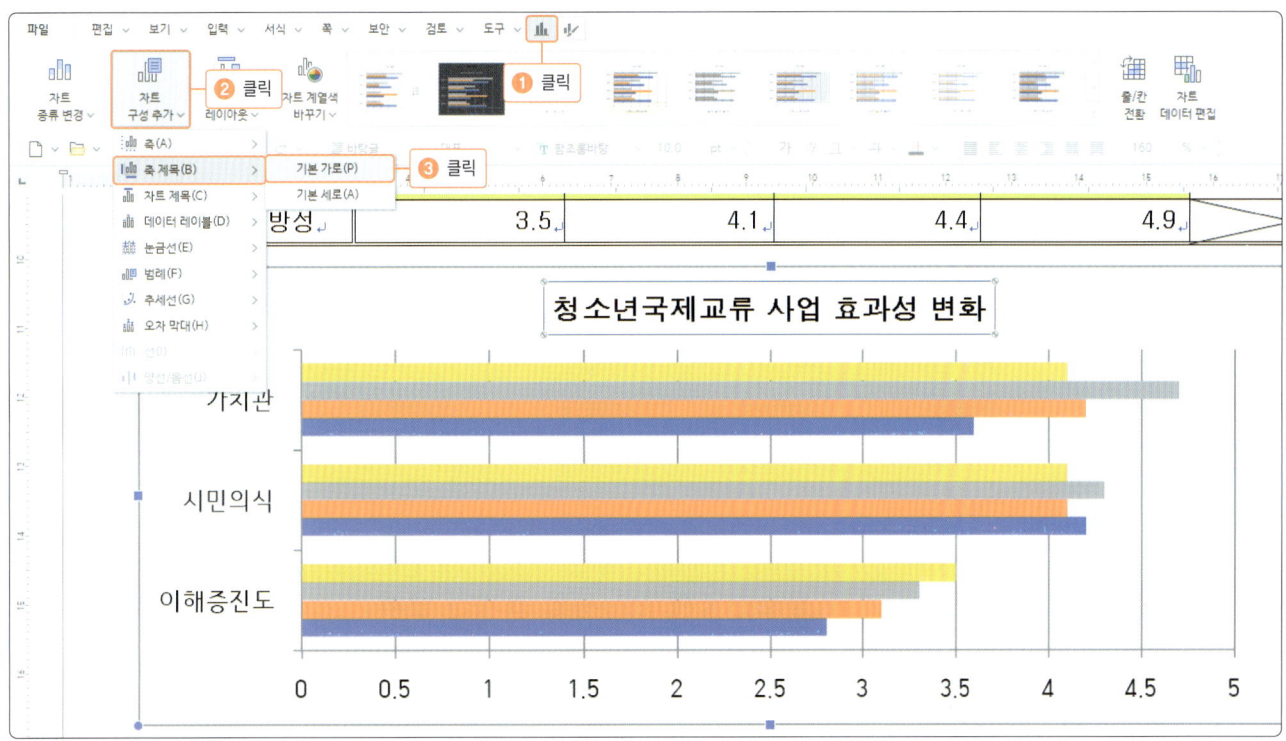

❺ [축 제목]-[마우스 오른쪽 단추]-[제목 편집]을 클릭합니다.

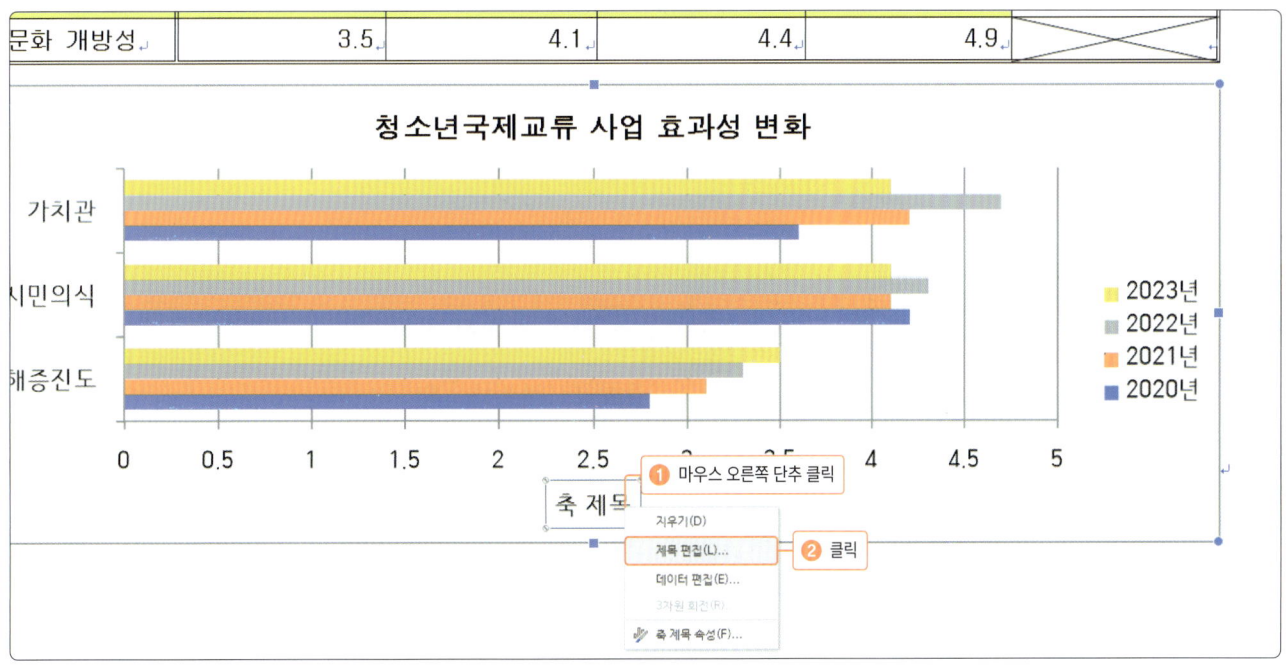

> **차트 제목과 축 제목**
> 《출력형태》를 참고하여 정확한 차트 제목과 축 제목을 입력합니다.

⑥ [차트 글자 모양] 대화상자에서 글자 내용 입력 칸에 '(단위 : 점)'을 입력한 후 《차트 조건》에서 지시한 대로 '돋움, 보통, 10pt'를 지정하고 〈설정〉 단추를 클릭합니다.

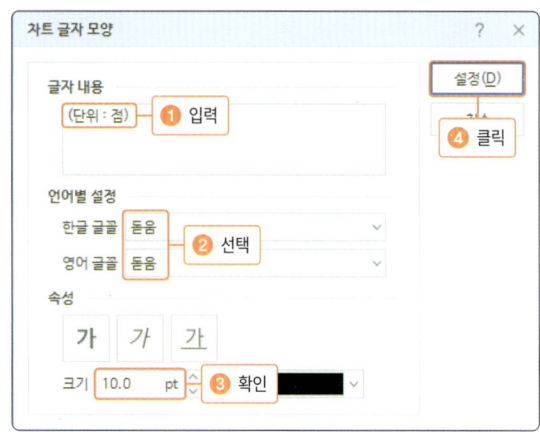

⑦ 완성된 차트를 확인합니다.

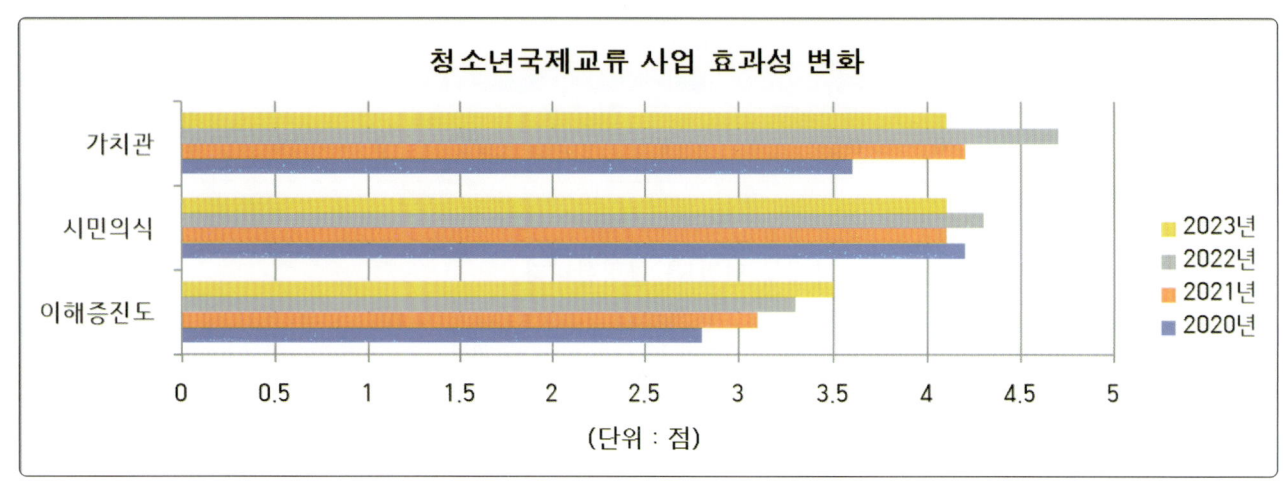

차트 구성 요소

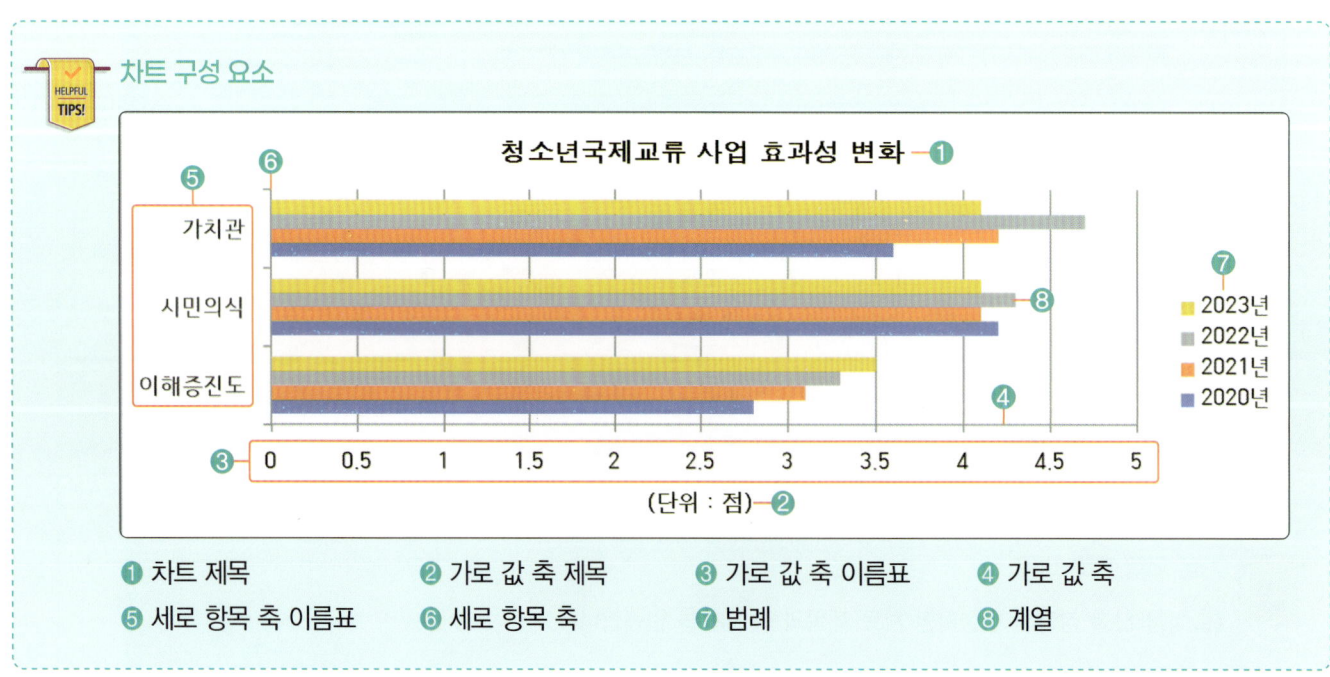

❶ 차트 제목　　❷ 가로 값 축 제목　　❸ 가로 값 축 이름표　　❹ 가로 값 축
❺ 세로 항목 축 이름표　　❻ 세로 항목 축　　❼ 범례　　❽ 계열

STEP 2 차트 제목 및 범례 서식 지정하기

(3) 제목 - 글꼴 : 돋움, 진하게, 12pt
     속성 : 채우기(밝은 색 : 하양), 테두리, 그림자(바깥쪽 : 대각선 오른쪽 아래)
(4) 제목 이외의 전체 글꼴 - 돋움, 보통, 10pt
(5) 축제목과 범례는 《출력형태》와 동일하게 처리할 것

1. 차트 제목의 개체 속성을 변경하기 위해 차트를 선택한 후 제목을 더블 클릭하면 오른쪽에 [개체 속성] 창이 열립니다.

   ※ 차트를 더블 클릭(차트 편집 상태)한 후 마우스 오른쪽 단추를 눌러 [제목 모양]을 선택할 수도 있습니다.

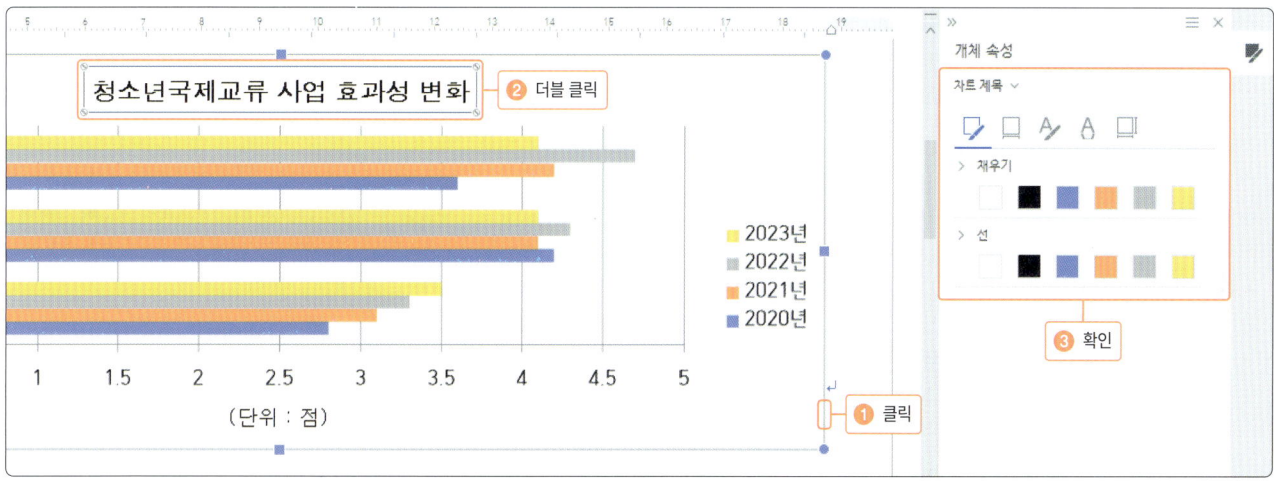

2. 오른쪽 [개체 속성]-[차트 제목]-[그리기 속성(□)]-[선(▷)]을 클릭한 후 선-단색, 색-검정을 지정합니다.

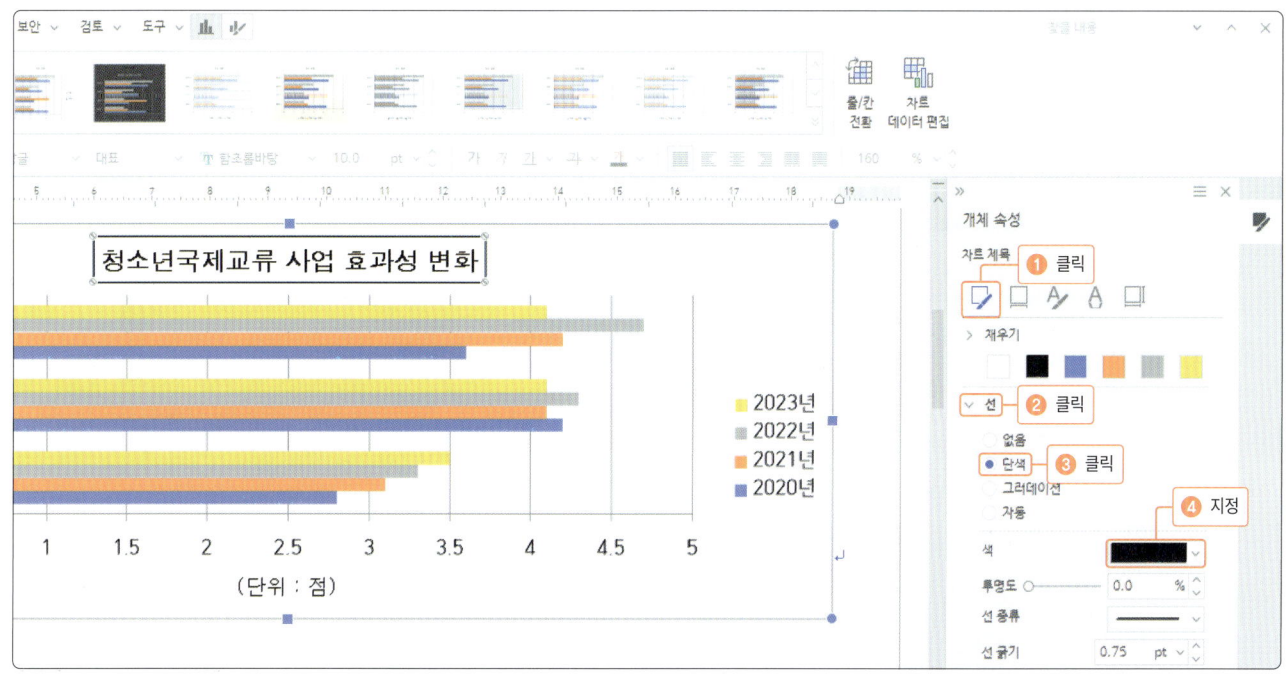

❸ 오른쪽 [개체 속성]-[차트 제목]-[그리기 속성(✏)]-[채우기(▷)]-[단색]-[색]에서 《차트 조건》에서 지시한 대로 '하양'을 지정합니다.

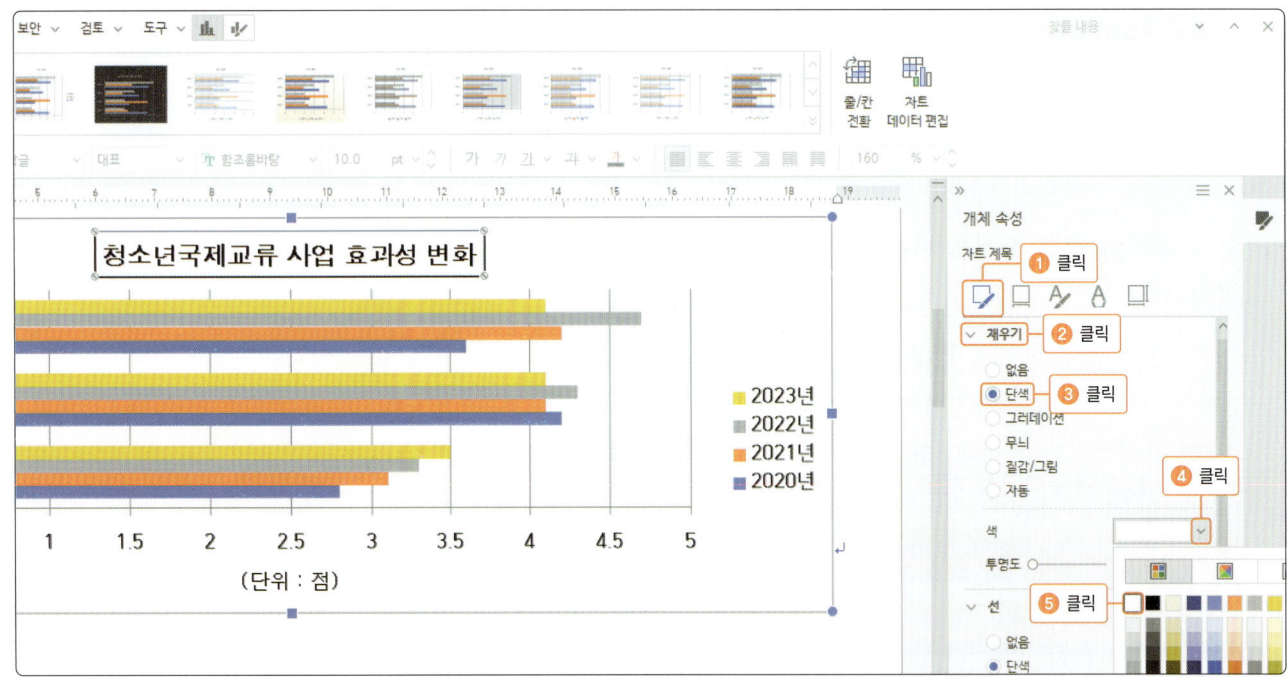

❹ 오른쪽 [개체 속성]-[차트 제목]-[효과(☐)]-[그림자]에서 《차트 조건》에서 지시한 대로 '바깥쪽 : 대각선 오른쪽 아래'를 지정합니다.

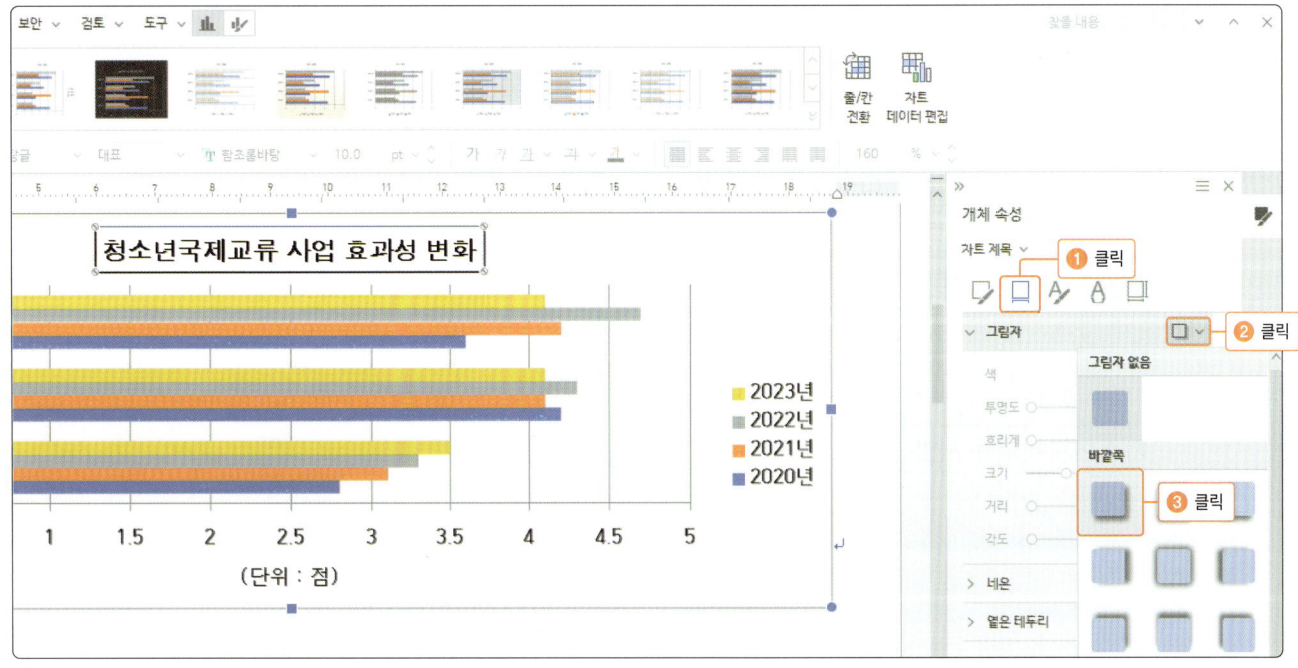

❺ 범례 글자 모양 편집 : 범례를 선택한 후 [마우스 오른쪽 단추]-[글자 모양 편집]을 클릭합니다.

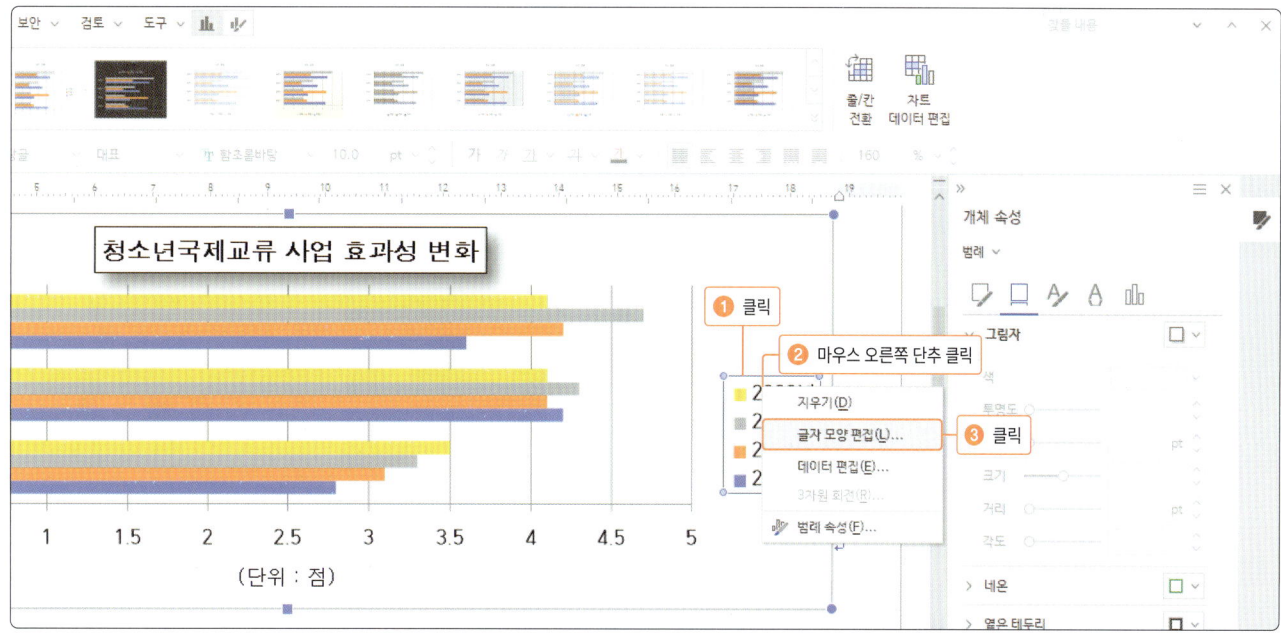

❻ [차트 글자 모양] 창에서 글꼴(돋움), 크기(10pt)를 **지정한 후 〈설정〉 단추를 클릭합니다.**

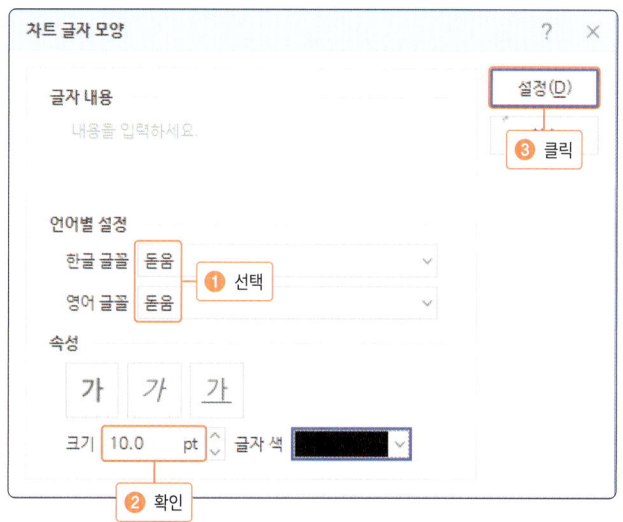

❼ 범례 선 모양 : 범례를 선택한 후 오른쪽 [개체 속성]-[범례]-[그리기 속성(📝)]-[선(>)]-'단색', 색은 '검정'을 지정합니다.

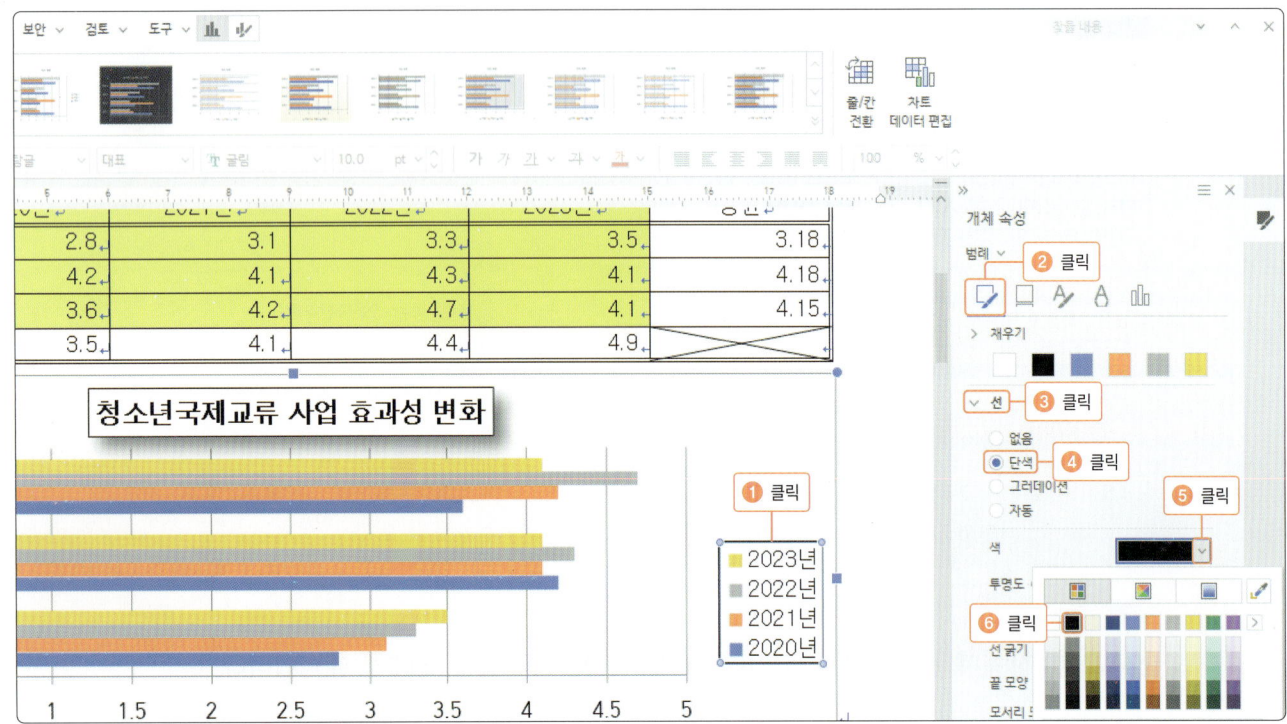

STEP 3 축 이름표 서식 지정하기

(4) 제목 이외의 전체 글꼴 - 돋움, 보통, 10pt
(5) 축제목과 범례는 《출력형태》와 동일하게 처리할 것

❶ 가로 값 축 이름표 : 가로 값 축 이름표를 선택한 후 [마우스 오른쪽 단추]-[글자 모양 편집]을 클릭합니다.

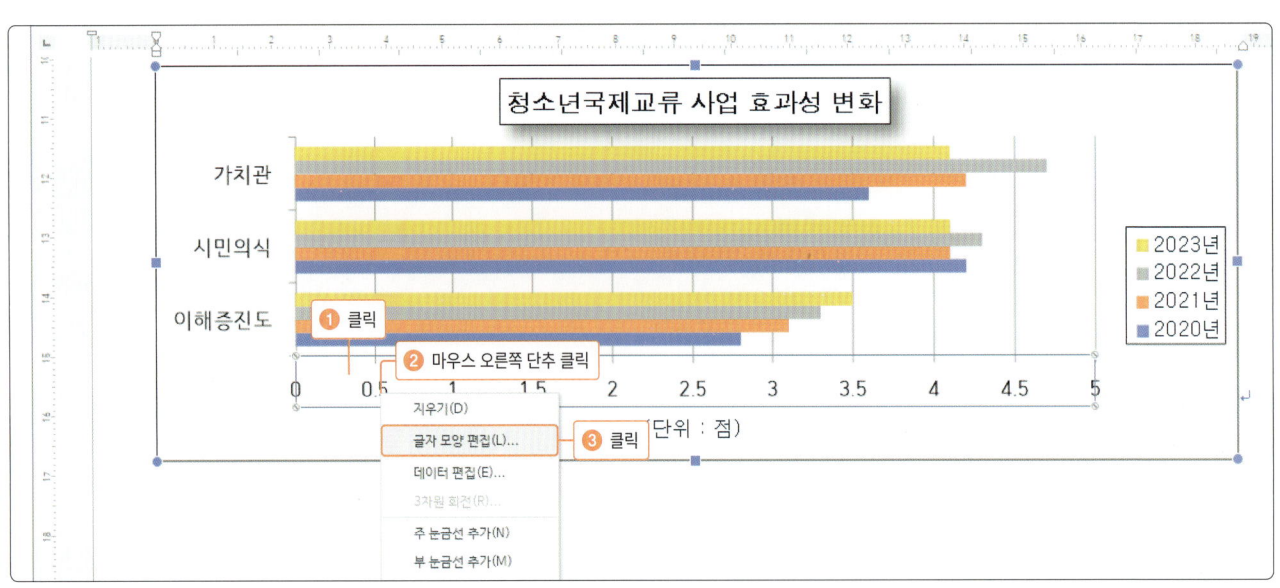

❷ [차트 글자 모양] 대화상자에서 글꼴(돋움), 크기(10pt)를 지정한 후 〈설정〉 단추를 클릭합니다.

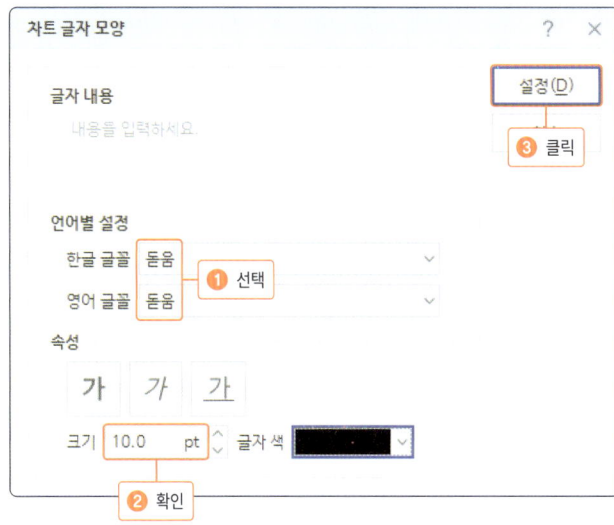

 한글/영어 글꼴

언어별 설정에서 한글 글꼴과 영어 글꼴을 구분해서 선택하고 실수하지 않도록 주의합니다. 영어와 숫자가 있을 경우 가급적 한글과 영어 글꼴 모두 시험지에 지시한 '돋움'을 지정하는 것이 바람직합니다.

❸ 세로 항목 축 이름표 : 세로 항목 축 이름표를 선택한 후 [마우스 오른쪽 단추]-[글자 모양 편집]을 클릭합니다.

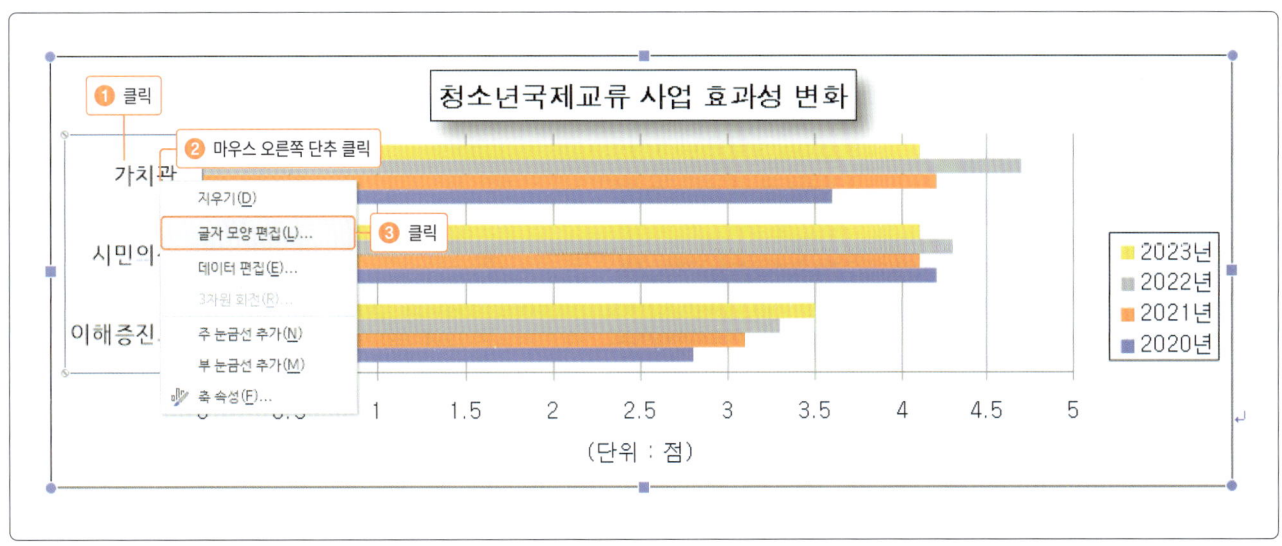

❹ [차트 글자 모양] 대화상자에서 글꼴(돋움), 크기(10pt)를 지정한 후 〈설정〉 단추를 클릭합니다.

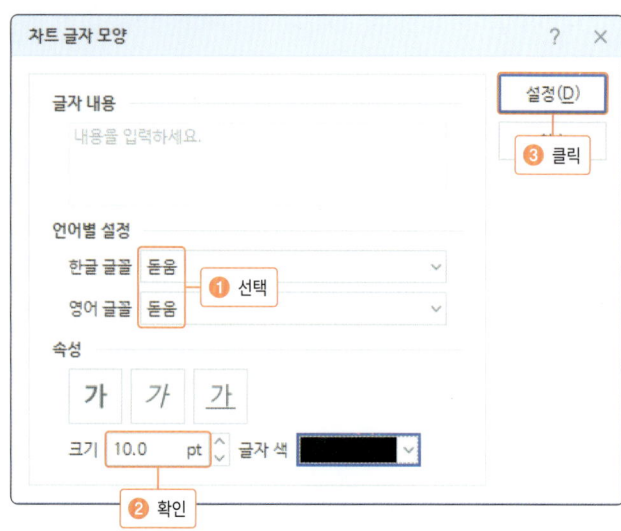

 한글/영어 글꼴
언어별 설정에 숫자는 영어 글꼴을 한글과 숫자가 같이 있을 경우에는 한글과 영어 글꼴 모두 시험지에 지시한 '돋움'을 지정합니다.

❺ 세로 값 축의 눈금 값 : 세로 항목 축 값을 위·아래로 바꾸어야 할 경우 세로 항목 축 값 이름표를 선택한 후 [축 속성( )]–[축 속성( )]–[축 교차]에서 '최대 항목'을 선택( )한 후 '항목을 거꾸로'를 체크( )합니다.

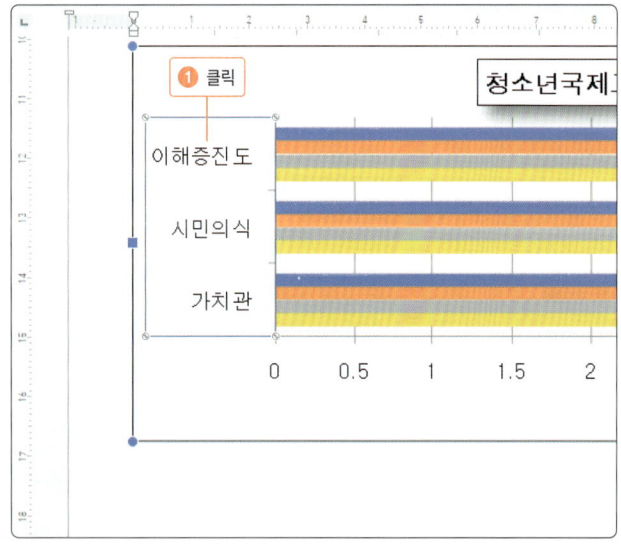
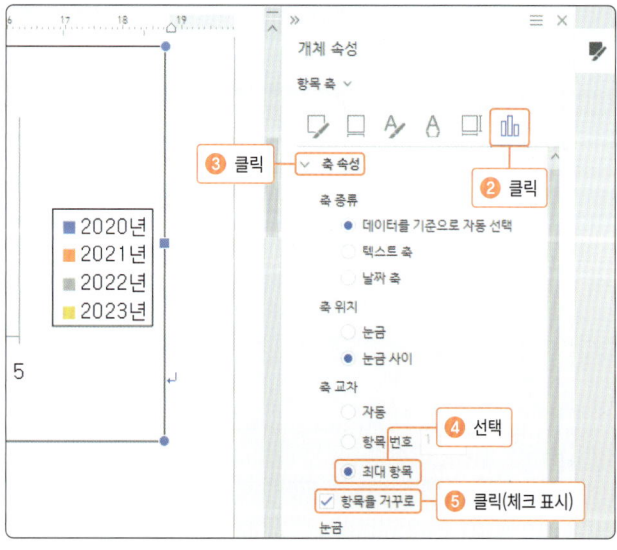

❻ 가로 값 축의 눈금 값 : 가로 항목 축 이름표를 선택한 후 [축 속성(🔲)]-[축 속성(▷)]-[단위]에서 '주'를 선택(☑)하고 값을 '1'을 입력한 후 **Enter** 키를 누릅니다.(가로 값 축의 눈금 값이 1씩 증가합니다.)

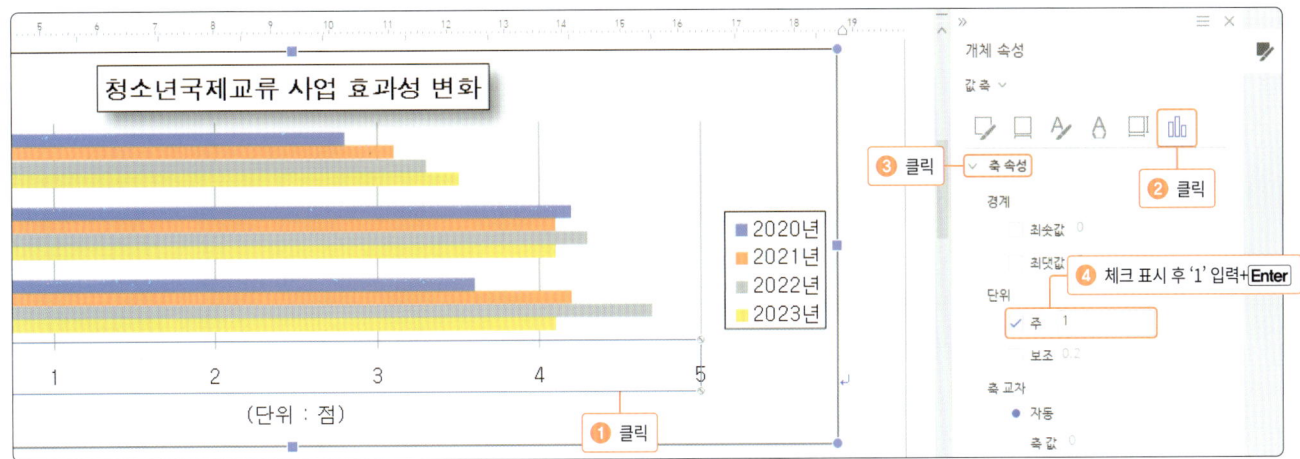

❼ 항목 축의 눈금선을 《출력형태》와 동일하게 하기 위해 아래와 같은 순으로 작업합니다.

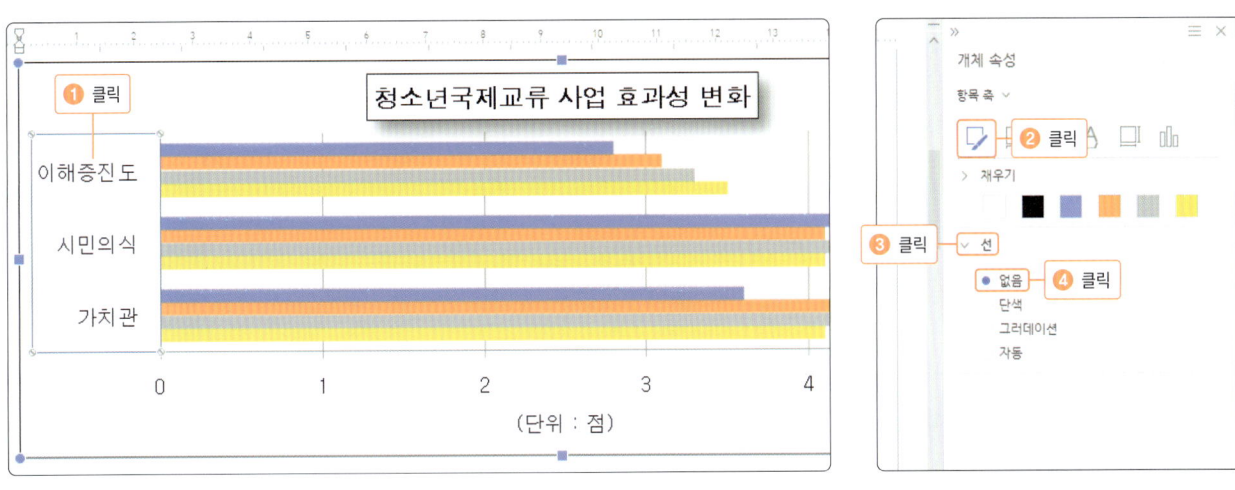

▲ [세로 항목 축]-[선]

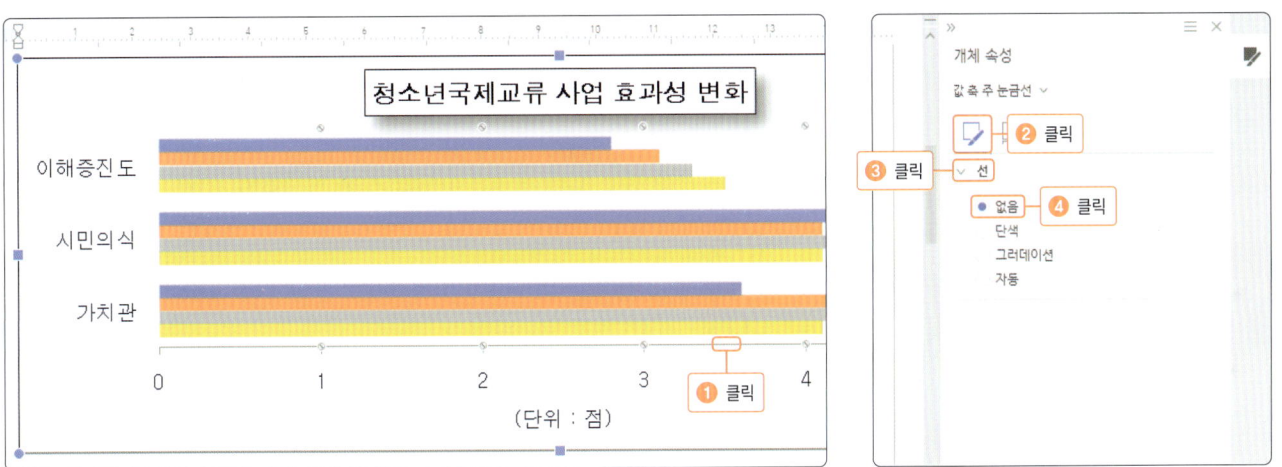

▲ [값 축 주 눈금선]-[선]

⑧ 모든 차트 작업이 끝나면 표의 오른쪽 끝을 클릭하여 커서를 위치시킨 후 Enter 키를 두 번 누릅니다. 이어서, 《출력형태》와 비교하여 결과가 같은지 확인합니다.

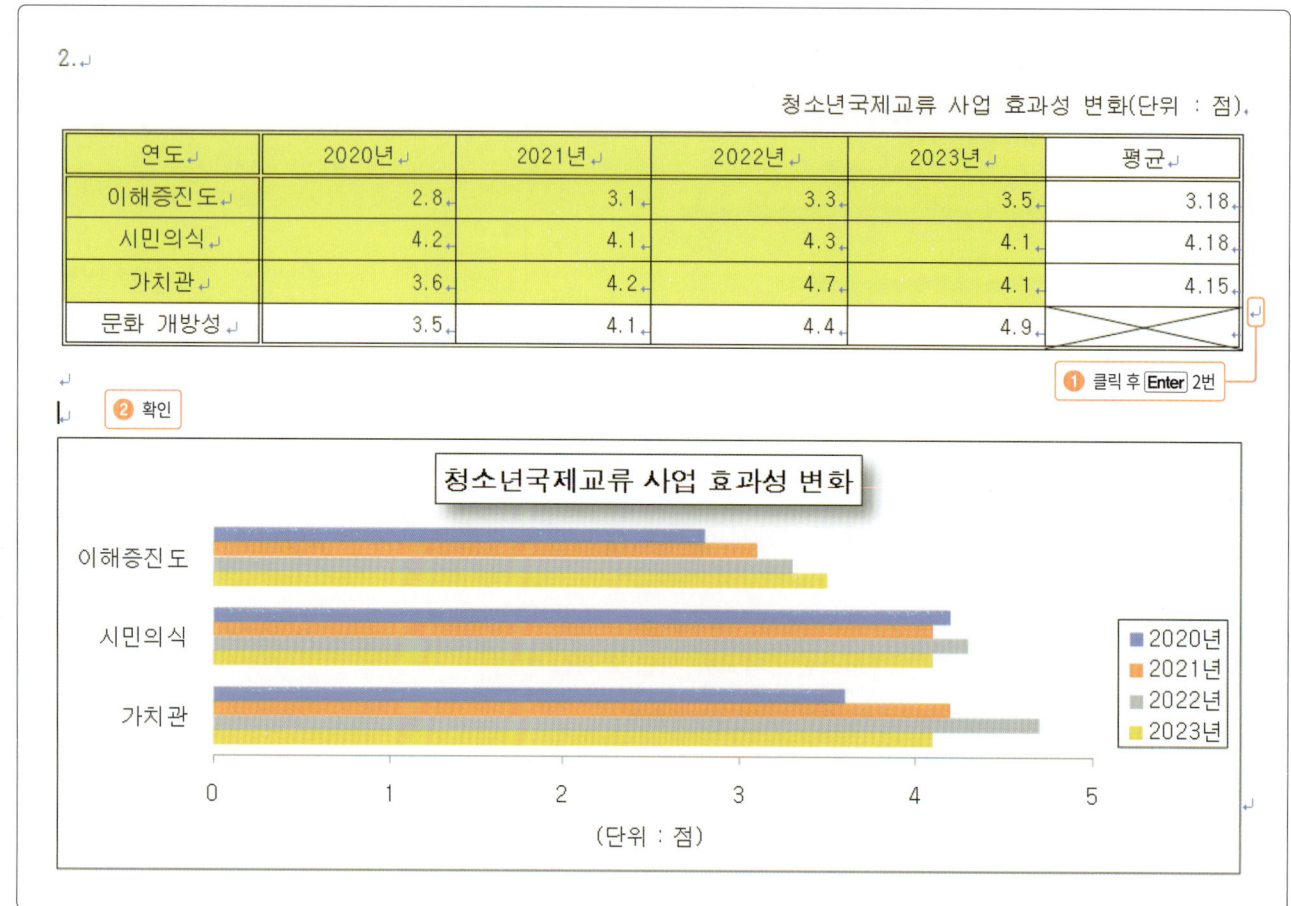

⑨ 모든 작업이 완료되면 [파일]-[저장하기](Alt+S) 또는 서식 도구 상자에서 저장하기(💾)를 클릭하여 파일을 저장합니다.

※ 실제 시험을 볼 때 작업 도중에 수시로(10분에 한 번 정도) 저장을 하는 것이 좋습니다.

시험분석

차트 작성

- 과년도 시험 문제를 분석한 결과 차트의 종류는 묶은 세로 막대형과 묶은 가로 막대형이 번갈아가며 출제되고 있습니다.
- 축의 값은 대부분 《출력형태》와 똑같기 때문에 기본 값으로 두어도 무관하지만 만약 기본 값이 《출력형태》와 다를 경우에는 값을 입력하여 변경해야 합니다.

출제유형 완전정복

01 다음의 《조건》에 따라 《출력형태》와 같이 표와 차트를 작성하시오. (100점)

- 소스 파일 : [출제유형 04]-정복04_문제01.hwpx
- 정답 파일 : [출제유형 04]-정복04_정답01.hwpx

《차트 조건》
(1) 차트 데이터는 표 내용에서 연도별 커피, 올리브유, 수공예품의 값만 이용할 것
(2) 종류 - 〈묶은 세로 막대형〉으로 작업할 것
(3) 제목 - 글꼴 : 돋움, 진하게, 12pt
　　　　　속성 : 채우기(밝은 색 : 하양), 테두리, 그림자(바깥쪽 : 대각선 오른쪽 아래)
(4) 제목 이외의 전체 글꼴 - 돋움, 보통, 10pt
(5) 축제목과 범례는 《출력형태》와 동일하게 처리할 것

《출력형태》

1.
Fair trade is an organized social movement that aims to help producers in developing countries to make better trading conditions and promote sustainability.

공정무역은 세계무역시장에서 공정하지 못한 무역 관행을 개선하고자 하는 노력에서 시작되었습니다. 정의, 공정성, 지속가능한 발전은 공정무역 구조의 핵심입니다.

2.
공정무역 소매 판매량(단위 : 천 톤)

구분	2020년	2021년	2022년	2023년	평균
커피	13.5	14.8	15.6	17.5	
올리브유	16.2	16.7	17.5	18.2	
수공예품	9.1	9.2	9.1	9.2	
쌀	6.1	6.9	7.1	8.2	

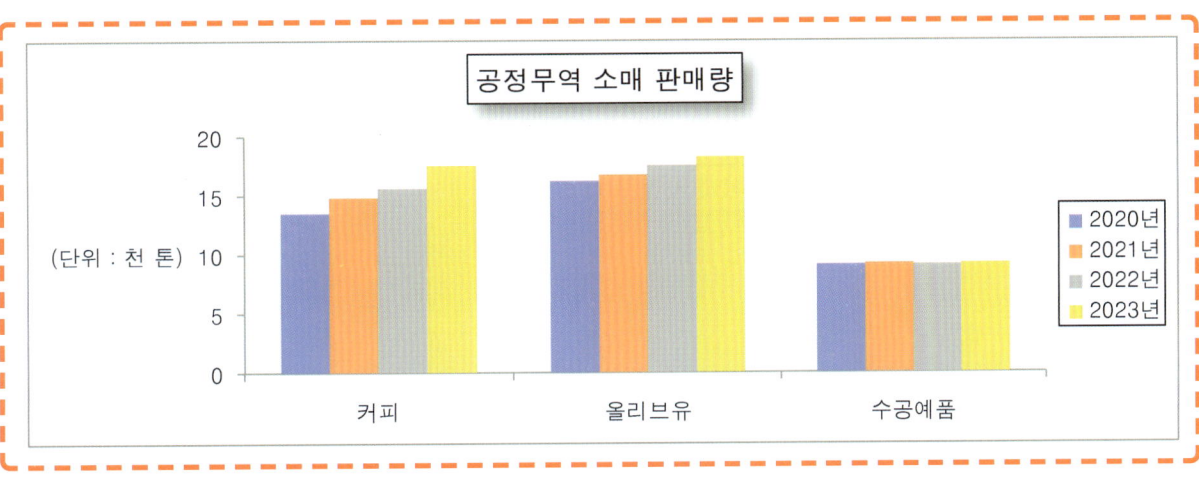

▲ 2번 문제의 차트만 연습합니다.

02 다음의 《조건》에 따라 《출력형태》와 같이 표와 차트를 작성하시오. (100점)

• 소스 파일 : [출제유형 04]-정복04_문제02.hwpx   • 정답 파일 : [출제유형 04]-정복04_정답02.hwpx

《차트 조건》 (1) 차트 데이터는 표 내용에서 연도별 품바래퍼, 품바패션, 품바왕의 값만 이용할 것
(2) 종류 - 〈묶은 세로 막대형〉으로 작업할 것
(3) 제목 - 글꼴 : 돋움, 진하게, 12pt
    속성 : 채우기(밝은 색 : 하양), 테두리, 그림자(바깥쪽 : 대각선 오른쪽 아래)
(4) 제목 이외의 전체 글꼴 - 돋움, 보통, 10pt
(5) 축제목과 범례는 《출력형태》와 동일하게 처리할 것

《출력형태》

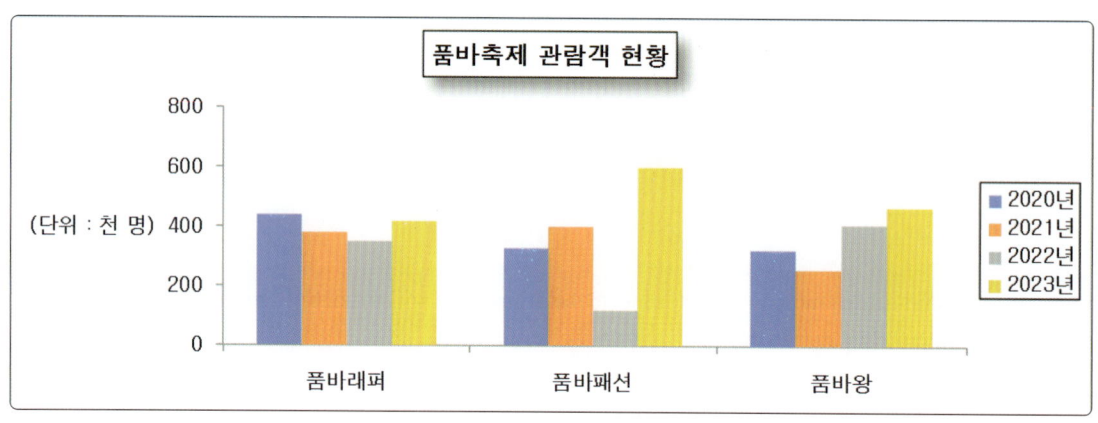

03 다음의 《조건》에 따라 《출력형태》와 같이 표와 차트를 작성하시오. (100점)

• 소스 파일 : [출제유형 04]-정복04_문제03.hwpx   • 정답 파일 : [출제유형 04]-정복04_정답03.hwpx

《차트 조건》 (1) 차트 데이터는 표 내용에서 연도별 방문 요양, 주야간 보호, 단기 보호 값만 이용할 것
(2) 종류 - 〈묶은 세로 막대형〉으로 작업할 것
(3) 제목 - 글꼴 : 굴림, 진하게, 12pt
    속성 : 채우기(밝은 색 : 하양), 테두리, 그림자(바깥쪽 : 대각선 오른쪽 아래)
(4) 제목 이외의 전체 글꼴 - 굴림, 보통, 10pt
(5) 축제목과 범례는 《출력형태》와 동일하게 처리할 것

《출력형태》

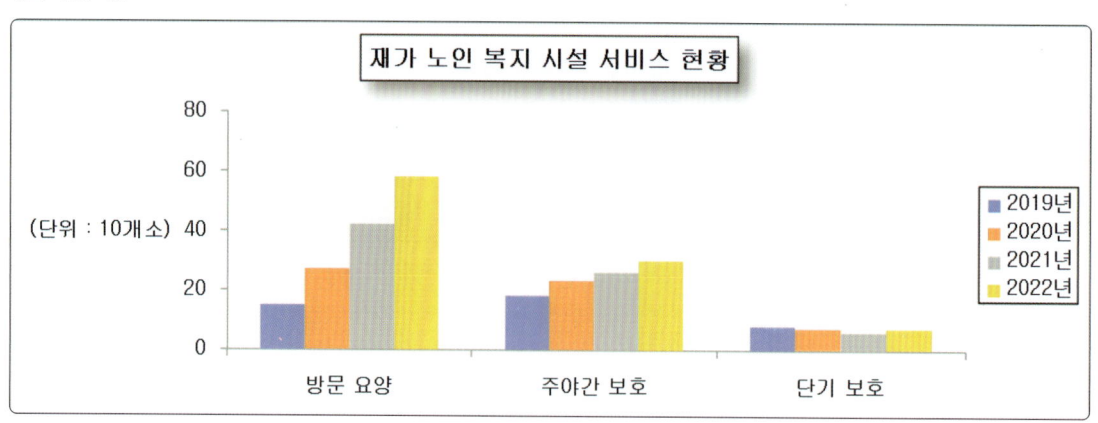

04 다음의 《조건》에 따라 《출력형태》와 같이 표와 차트를 작성하시오. (100점)

· 소스 파일 : [출제유형 04]-정복04_문제04.hwpx   · 정답 파일 : [출제유형 04]-정복04_정답04.hwpx

《차트 조건》 (1) 차트 데이터는 표 내용에서 연도별 교통사고(건), 교통사고(인원), 화재사고(건)의 값만 이용할 것
(2) 종류 – 〈묶은 세로 막대형〉으로 작업할 것
(3) 제목 – 글꼴 : 굴림, 진하게, 12pt
속성 : 채우기(밝은 색 : 하양), 테두리, 그림자(바깥쪽 : 대각선 오른쪽 아래)
(4) 제목 이외의 전체 글꼴 – 굴림, 보통, 10pt
(5) 축제목과 범례는 《출력형태》와 동일하게 처리할 것

《출력형태》

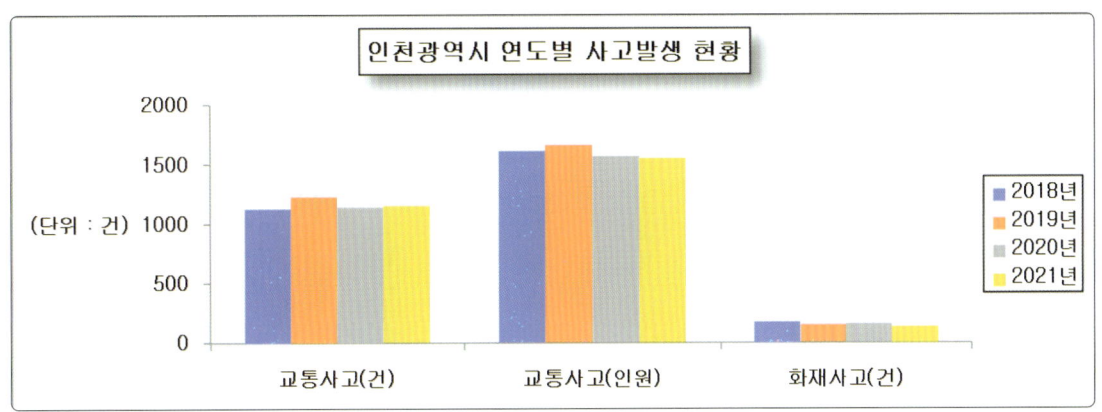

05 다음의 《조건》에 따라 《출력형태》와 같이 표와 차트를 작성하시오. (100점)

· 소스 파일 : [출제유형 04]-정복04_문제05.hwpx   · 정답 파일 : [출제유형 04]-정복04_정답05.hwpx

《차트 조건》 (1) 차트 데이터는 표 내용에서 연도별 개인전, 듀오, 단체전의 값만 이용할 것
(2) 종류 – 〈묶은 세로 막대형〉으로 작업할 것
(3) 제목 – 글꼴 : 굴림, 진하게, 12pt
속성 : 채우기(밝은 색 : 하양), 테두리, 그림자(바깥쪽 : 대각선 오른쪽 아래)
(4) 제목 이외의 전체 글꼴 – 굴림, 보통, 10pt
(5) 축제목과 범례는 《출력형태》와 동일하게 처리할 것

《출력형태》

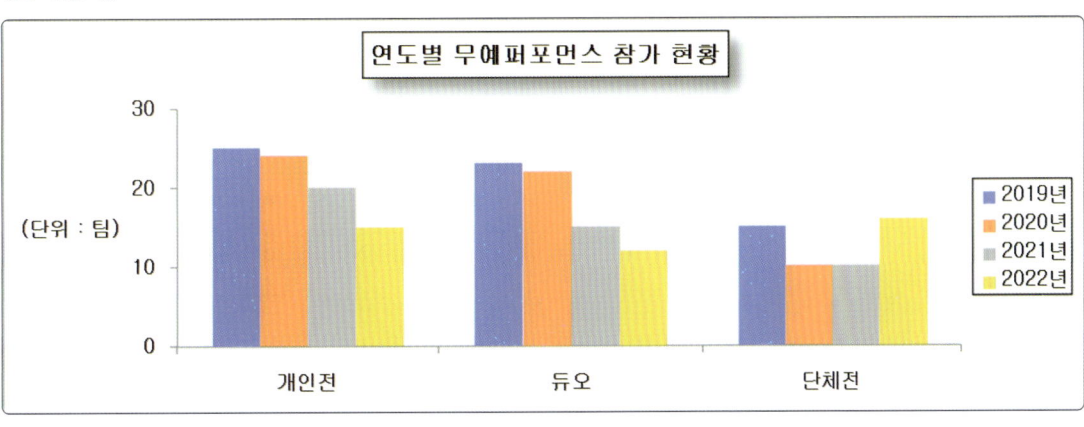

06 다음의 《조건》에 따라 《출력형태》와 같이 표와 차트를 작성하시오. (100점)

· 소스 파일 : [출제유형 04]-정복04_문제06.hwpx · 정답 파일 : [출제유형 04]-정복04_정답06.hwpx

《차트 조건》 (1) 차트 데이터는 표 내용에서 연도별 가상현실(VR), 증강현실(AR), VR+AR의 값만 이용할 것
(2) 종류 - 〈묶은 세로 막대형〉으로 작업할 것
(3) 제목 - 글꼴 : 굴림, 진하게, 12pt
속성 : 채우기(밝은 색 : 하양), 테두리, 그림자(바깥쪽 : 대각선 오른쪽 아래)
(4) 제목 이외의 전체 글꼴 - 굴림, 보통, 10pt
(5) 축제목과 범례는 《출력형태》와 동일하게 처리할 것

《출력형태》

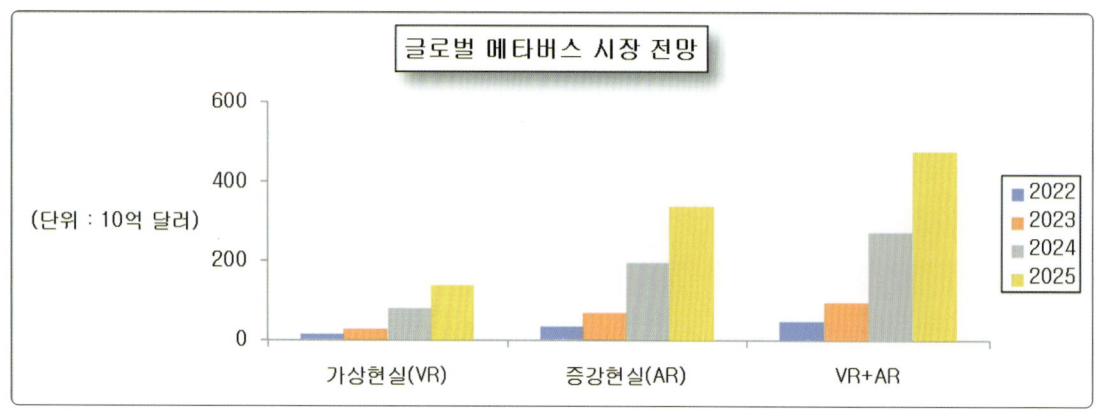

07 다음의 《조건》에 따라 《출력형태》와 같이 표와 차트를 작성하시오. (100점)

· 소스 파일 : [출제유형 04]-정복04_문제07.hwpx · 정답 파일 : [출제유형 04]-정복04_정답07.hwpx

《차트 조건》 (1) 차트 데이터는 표 내용에서 구분별 학생, 학부모, 교사의 값만 이용할 것
(2) 종류 - 〈묶은 세로 막대형〉으로 작업할 것
(3) 제목 - 글꼴 : 굴림, 진하게, 12pt
속성 : 채우기(밝은 색 : 하양), 테두리, 그림자(바깥쪽 : 대각선 오른쪽 아래)
(4) 제목 이외의 전체 글꼴 - 굴림, 보통, 10pt
(5) 축제목과 범례는 《출력형태》와 동일하게 처리할 것

《출력형태》

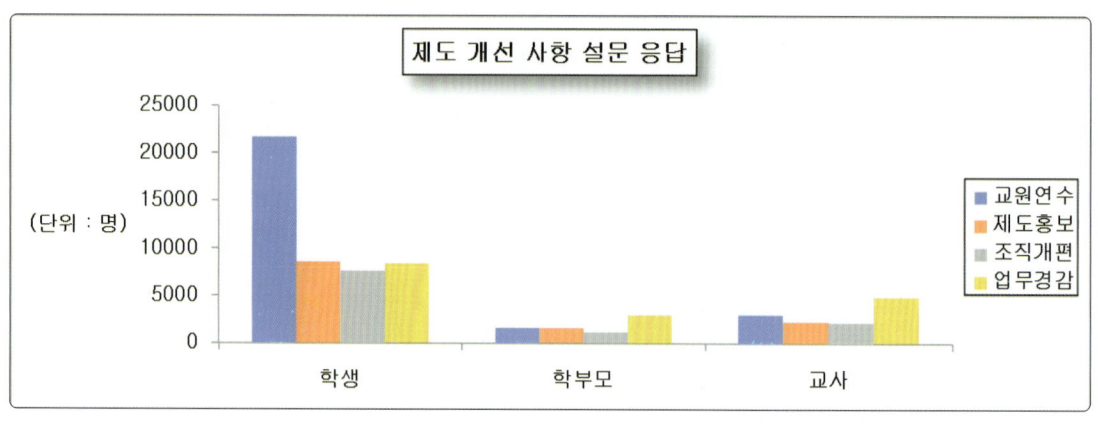

08 다음의 《조건》에 따라 《출력형태》와 같이 표와 차트를 작성하시오. (100점)

• 소스 파일 : [출제유형 04]-정복04_문제08.hwpx   • 정답 파일 : [출제유형 04]-정복04_정답08.hwpx

《차트 조건》 (1) 차트 데이터는 표 내용에서 연도별 초등학교, 중학교, 고등학교의 값만 이용할 것
(2) 종류 - 〈묶은 세로 막대형〉으로 작업할 것
(3) 제목 - 글꼴 : 굴림, 진하게, 12pt
 속성 : 채우기(밝은 색 : 하양), 테두리, 그림자(바깥쪽 : 대각선 오른쪽 아래)
(4) 제목 이외의 전체 글꼴 - 굴림, 보통, 10pt
(5) 축제목과 범례는 《출력형태》와 동일하게 처리할 것

《출력형태》

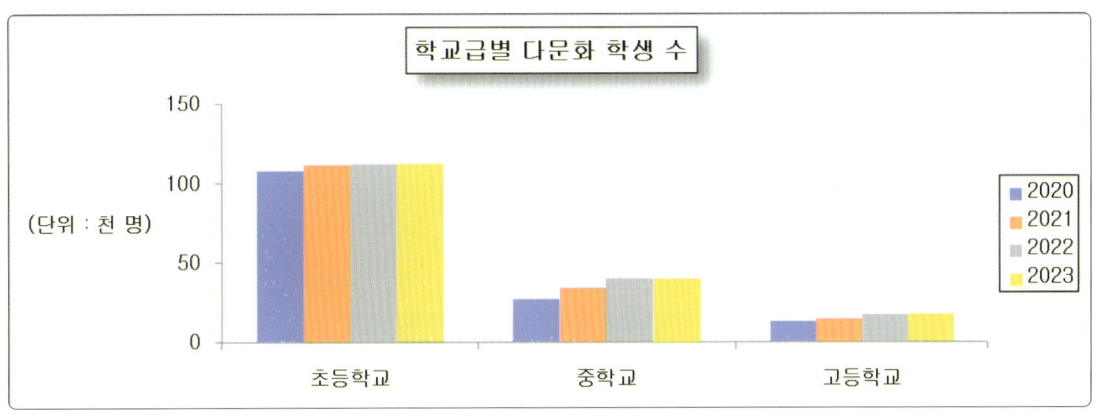

---

09 다음의 《조건》에 따라 《출력형태》와 같이 표와 차트를 작성하시오. (100점)

• 소스 파일 : [출제유형 04]-정복04_문제09.hwpx   • 정답 파일 : [출제유형 04]-정복04_정답09.hwpx

《차트 조건》 (1) 차트 데이터는 표 내용에서 연도별 유선전화, 인터넷전화, 휴대전화의 값만 이용할 것
(2) 종류 - 〈묶은 세로 막대형〉으로 작업할 것
(3) 제목 - 글꼴 : 돋움, 진하게, 12pt
 속성 : 채우기(밝은 색 : 하양), 테두리, 그림자(바깥쪽 : 대각선 오른쪽 아래)
(4) 제목 이외의 전체 글꼴 - 돋움, 보통, 10pt
(5) 축제목과 범례는 《출력형태》와 동일하게 처리할 것

《출력형태》

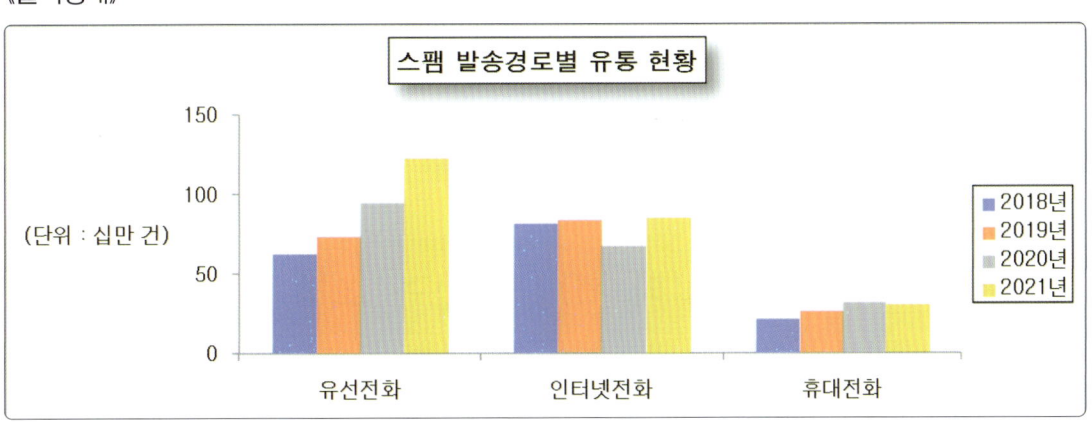

Chapter 5 기능평가 II - 수식 입력

☑ 첫 번째 수식 입력하기 ☑ 두 번째 수식 입력하기

문제 미리보기

소스 파일 : [출제유형 05]-유형05_문제.hwpx   정답 파일 : [출제유형 05]-유형05_정답.hwpx

3. 다음 (1), (2)의 수식을 수식 편집기로 각각 입력하시오. (40점)

(1) $1+\sqrt{3} = \dfrac{x^3-(2x+5)^2}{x^3-(x-2)}$

(2) $\Delta W = \dfrac{1}{2}m(f_x)^2 + \dfrac{1}{2}m(f_y)^2$

4.

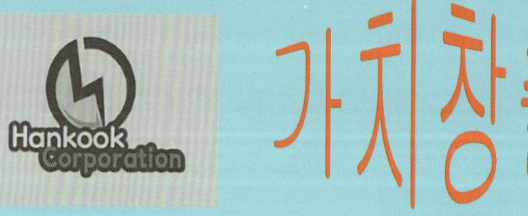

▲ 3번 문제만 연습합니다.

STEP 1 첫 번째 수식 입력하기

《출력형태》

3.

(1) $1+\sqrt{3}=\dfrac{x^3-(2x+5)^2}{x^3-(x-2)}$

(2) $\Delta W = \dfrac{1}{2}m(f_x)^2 + \dfrac{1}{2}m(f_y)^2$

① 한글 2022 프로그램을 실행한 후 [파일]-[불러오기]를 클릭합니다. [불러오기] 대화상자가 나오면 [출제유형 완전정복]-[출제유형 05]-[소스 파일]-'유형05_문제.hwpx' 파일을 불러옵니다.

② 2페이지에 입력된 문제 번호 3.의 다음 줄을 클릭합니다. 이어서, '(1)'을 입력한 후 SpaceBar 키를 눌러 한 칸을 띄웁니다. 수식을 입력하기 위해 [입력] 탭에서 수식($\sqrt{x}$)(또는 Ctrl + N, M)을 클릭합니다.

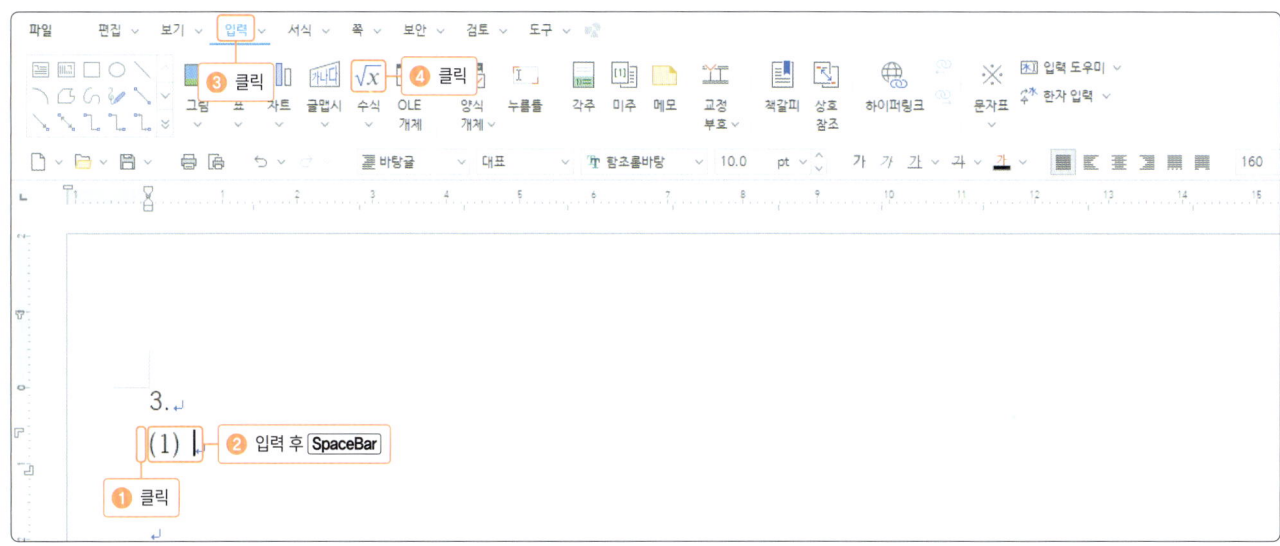

③ [수식 편집기] 대화상자가 나오면 《출력형태》를 참고하여 다음 수식 입력 과정을 따라합니다.

❶ 1+ 입력

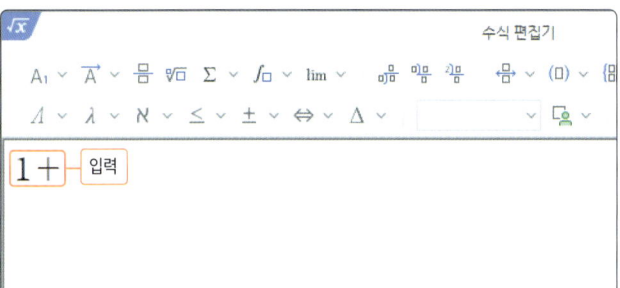

❷ 근호($\sqrt{\square}$) 클릭

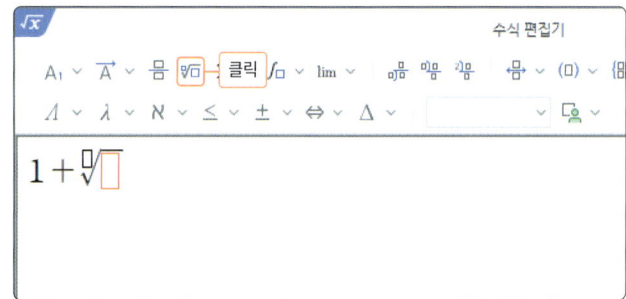

항목 이동

[수식 편집기] 대화상자에서 항목을 이동하려면 방향키(↑, ↓, ←, →) 또는 수식 도구 상자에서 이전 항목(←), 다음 항목(→)을 클릭하여 이동할 수 있으며 마우스로 원하는 위치의 항목을 선택하여 이동할 수도 있습니다.

❸ 3 입력 후 Tab 키 누르기

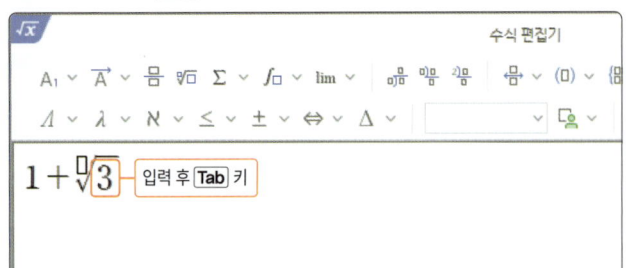

❹ = 입력 → 분수(믐) 클릭

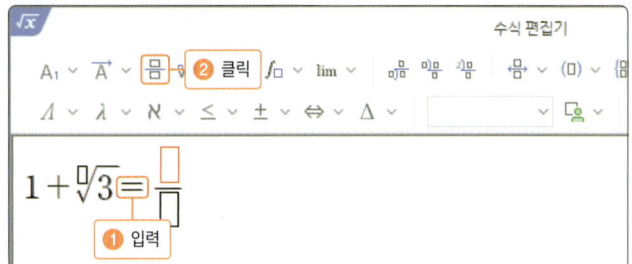

❺ x 입력 → 첨자(A₁)-위첨자(A¹) 클릭 → 3 입력 후 Tab 키 누르기

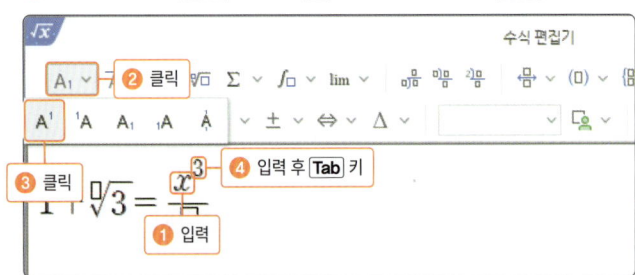

❻ −(2x+5) 입력

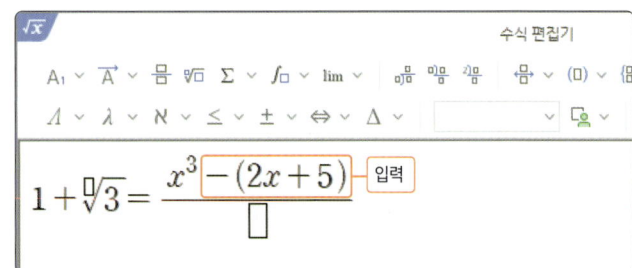

❼ 위첨자(A¹) 클릭 → 3 입력 후 Tab 키 2번 누르기

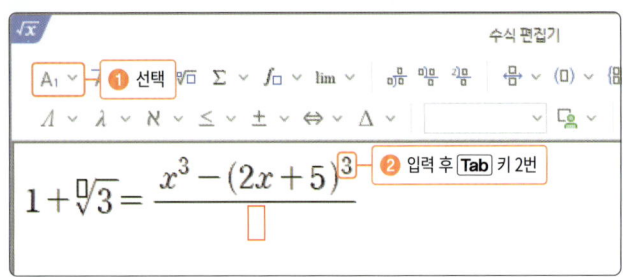

❽ x 입력 후 위첨자(A¹) 클릭 → 3 입력 후 Tab 키 누르기

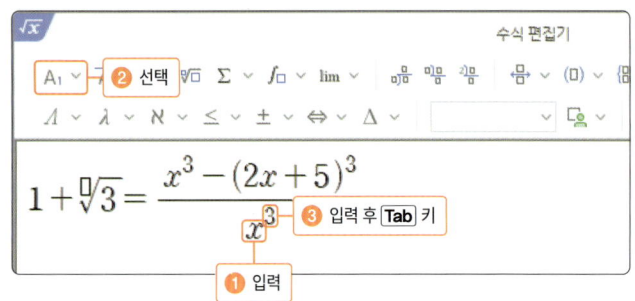

❾ −(x−2) 입력 후 넣기(⏎) 클릭

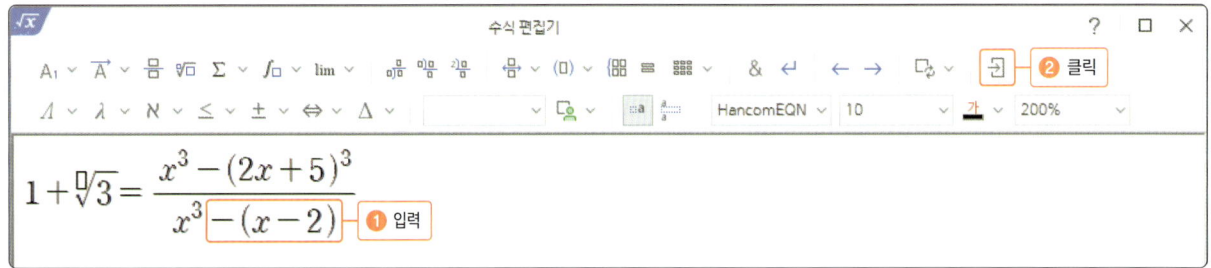

> **수식 수정**
>
> ❶ 수식을 잘못 입력했을 경우 [수식 편집기] 대화상자에서 수정할 수식 뒤로 커서를 위치시킨 후 BackSpace 키를 누릅니다. 수정할 내용이 많을 경우에는 수식을 블록으로 지정한 후 Delete 키 또는 BackSpace 키를 눌러 삭제합니다.
>
> ❷ 한글에 입력된 수식을 더블 클릭하면 [수식 편집기] 대화상자가 활성화되어 수식을 수정할 수 있습니다.

④ 수식 문제 번호 (1) 뒤에 첫 번째 수식이 입력된 것을 확인합니다.

3.↵

(1) $1 + \sqrt{3} = \dfrac{x^3 - (2x+5)^3}{x^3 - (x-2)}$ ↵

확인

[수식] 도구 상자

❶ 첨재(A₁)

❷ 첨자종류(❶ 클릭시 나옴)

❸ 장식 기호(A̅)

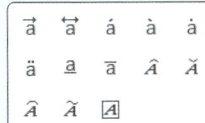

❹ 분수(吕)

❺ 근호(√⁻)

❻ 합(Σ)

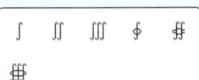

❼ 적분(∫ₒ)

❽ 극한(lim)

❾ 세로 나눗셈

❿ 최소공배수/최대공약수

⓫ 2진수로 변환

⓬ 상호 관계

⓭ 괄호(())

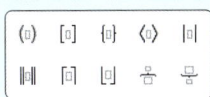

⓮ 경우(⦃)

⓯ 세로 쌓기(▤)

⓰ 행렬

⓱ 그리스 대문자(Λ)

⓲ 그리스 소문자(λ)

⓳ 그리스 기호(ℵ)

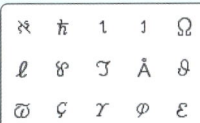

⓴ 합, 집합 기호(≤)

㉑ 연산, 논리 기호(±)

㉒ 화살표(⇔)

㉓ 기타 기호(△)

STEP 2 두 번째 수식 입력하기

《출력형태》

3.
(1) $1+\sqrt{3}=\dfrac{x^3-(2x+5)^2}{x^3-(x-2)}$
(2) $\Delta W=\dfrac{1}{2}m(f_x)^2+\dfrac{1}{2}m(f_y)^2$

① 첫 번째 수식 뒤에 커서를 위치시킨 후 Tab 키를 3~4번 눌러 일정하게 칸을 띄웁니다. 이어서, '(2)'를 입력한 후 SpaceBar 키를 눌러 한 칸 띄웁니다. 두 번째 수식을 입력하기 위해 [입력] 탭에서 수식(√x)(또는 Ctrl + N, M)을 클릭합니다.

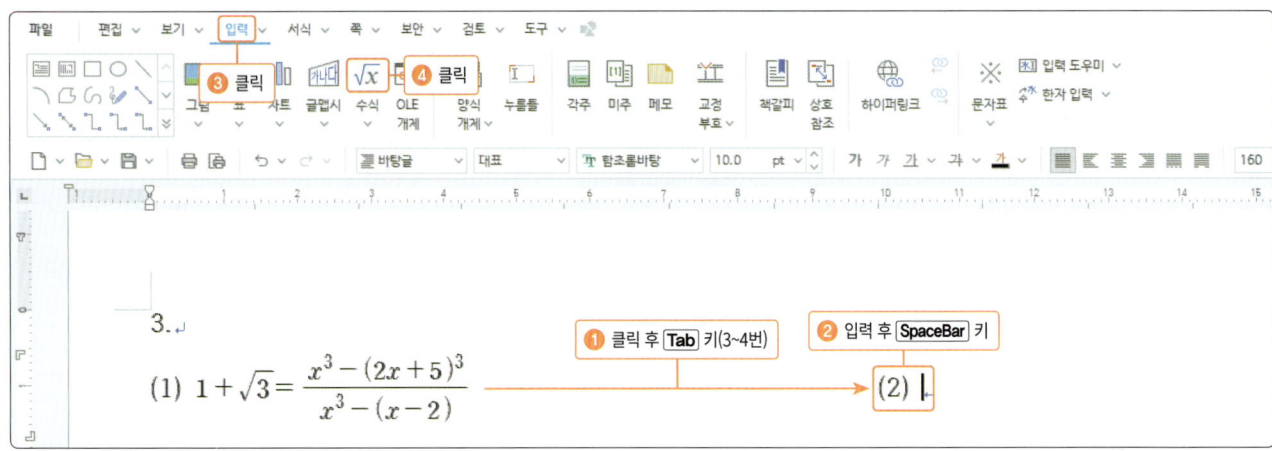

② [수식 편집기] 대화상자가 나오면 《출력형태》를 참고하여 다음 수식 입력 과정을 따라합니다.

❶ 기타 기호(Δ)-⟨Δ⟩ 클릭

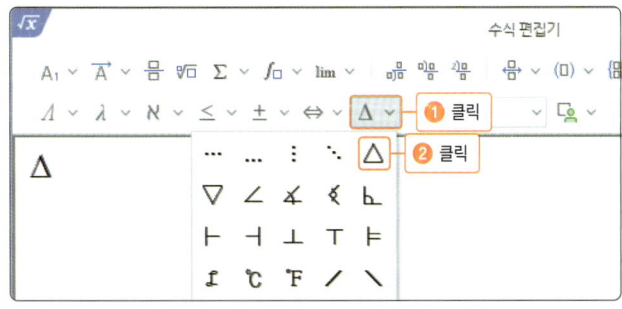

❷ W= 입력 → 분수(몸) 클릭

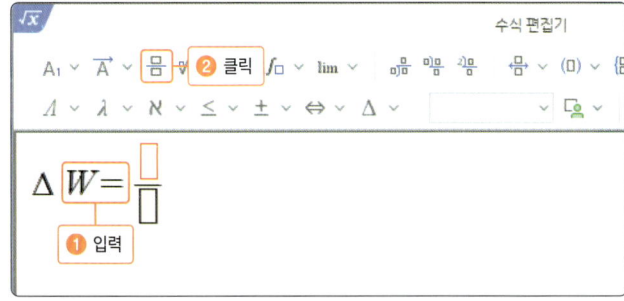

❸ 1 입력 후 Tab 키 누르기
  2 입력 후 Tab 키 누르기

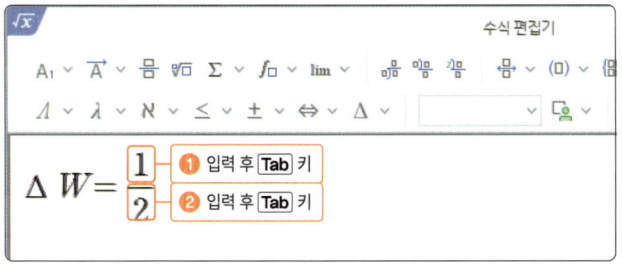

❹ m(입력

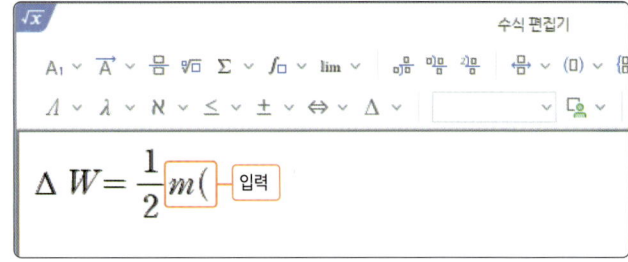

❺ f 입력 → 첨자(A₁ ˅)–아래 첨자(A₁) 클릭

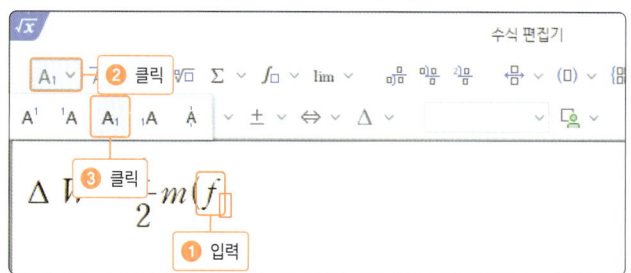

❻ x 입력 후 Tab 키 누르기 →) 입력

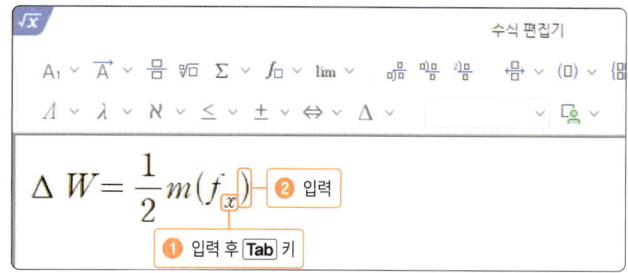

❼ 첨자(A₁ ˅)–위첨자(A¹) 클릭 → 2 입력 후 Tab 키 누르기

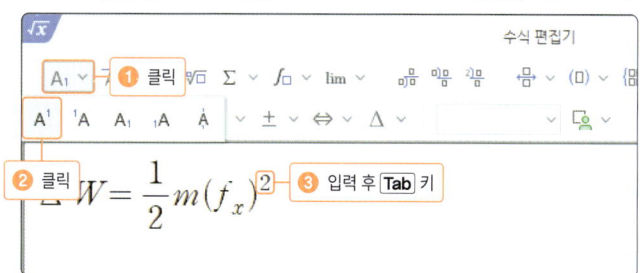

❽ + 입력 → 분수(몸) 클릭

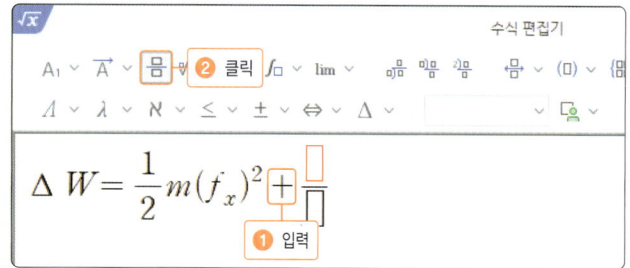

❾ 1 입력 후 Tab 키 누르기
   2 입력 후 Tab 키 누르기

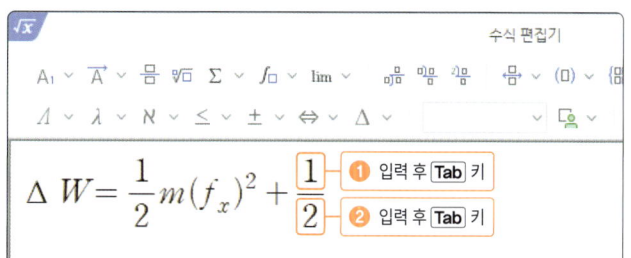

❿ m(입력

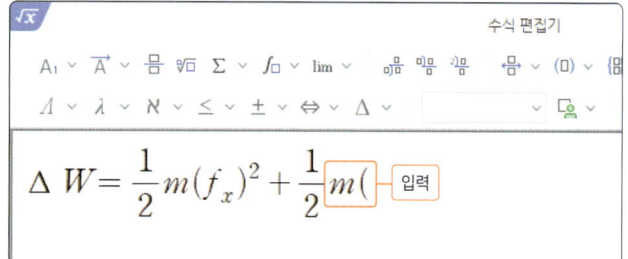

⓫ f 입력 → 아래 첨자(A₁) 클릭

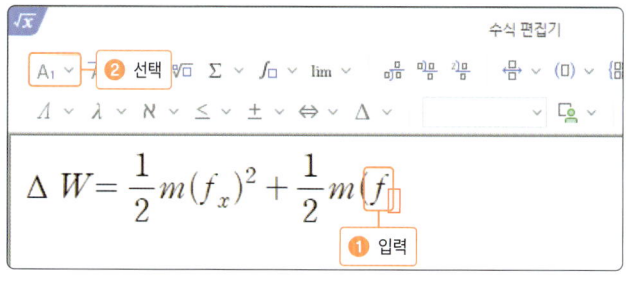

⓬ y 입력 후 Tab 키 누르기 →) 입력

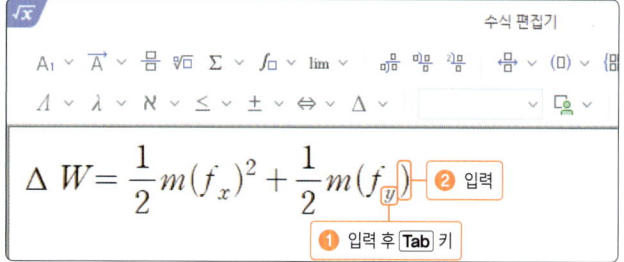

⓭ 위첨자(A¹) 클릭 → 2 입력 후 Tab 키 누르기 후 넣기(⤶) 클릭

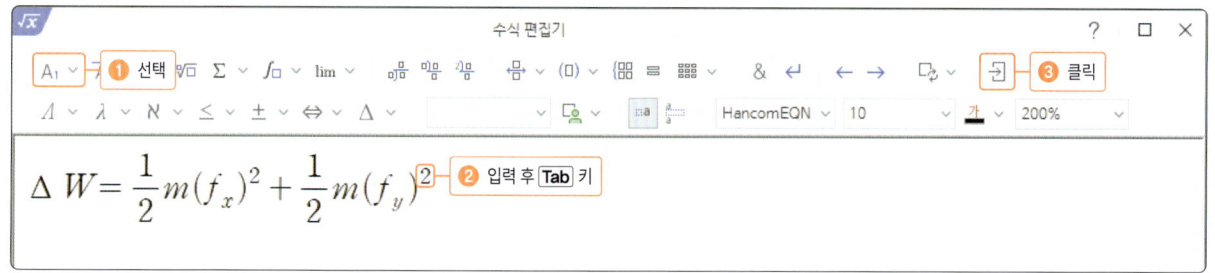

❸ 완성된 두 개의 수식을 《출력형태》와 비교하여 확인합니다.

3.
(1) $1+\sqrt{3}=\dfrac{x^3-(2x+5)^3}{x^3-(x-2)}$

(2) $\Delta W = \dfrac{1}{2}m(f_x)^2 + \dfrac{1}{2}m(f_y)^2$ ← 확인

4.

❹ 모든 작업이 완료되면 [파일]-[저장하기]([Alt]+[S]) 또는 서식 도구 상자에서 저장하기(💾)를 클릭하여 파일을 저장합니다.

※ 실제 시험을 볼 때 작업 도중에 수시로(10분에 한 번 정도) 저장을 하는 것이 좋습니다.

시험분석

분석 수식 입력

- 모든 수식 입력은 반드시 [수식 편집기] 대화상자에서 작성해야 합니다.
- 실제 시험에서는 다양한 수식을 이용하여 답안을 작성하기 때문에 출제유형 완전정복으로 수식의 위치와 입력 방법을 숙지합니다.
- 수식 입력은 번거로운 작업에 비해 배점(각 20점 - 총 40점)이 크게 높지 않으며, 문제 특성상 부분 점수가 없기 때문에 실제 시험에서는 다른 문제의 답안을 먼저 작성한 후 수식 입력 작업을 하는 것이 효율적입니다.

출제유형 완전정복

01 다음 (1), (2)의 수식을 수식 편집기로 각각 입력하시오. (40점)

• 소스 파일 : [출제유형 05]-정복05_문제01.hwpx   • 정답 파일 : [출제유형 05]-정복05_정답01.hwpx

《출력형태》

(1) $\dfrac{1}{2}mf^2 = \dfrac{1}{2}\dfrac{(m+M)^2}{b}V^2$ (분수, 위 첨자)

(2) $P_A = P \times \dfrac{V_A}{V} = P \times \dfrac{V_A}{V_A + V_B}$ (아래 첨자)

02 다음 (1), (2)의 수식을 수식 편집기로 각각 입력하시오. (40점)

• 소스 파일 : [출제유형 05]-정복05_문제02.hwpx   • 정답 파일 : [출제유형 05]-정복05_정답02.hwpx

《출력형태》

(1) $A(1+r)^n = \dfrac{a((1+r)^n - 1)}{r}$ (그리스 소문자)

(2) $F = \dfrac{4\pi^2}{T^2} - 1 = 4\pi^2 K \dfrac{m}{r^2}$ (그리스 소문자)

03 다음 (1), (2)의 수식을 수식 편집기로 각각 입력하시오. (40점)

• 소스 파일 : [출제유형 05]-정복05_문제03.hwpx   • 정답 파일 : [출제유형 05]-정복05_정답03.hwpx

《출력형태》

(1) $U_a - U_b = \dfrac{GmM}{a} - \dfrac{GmM}{b} = \dfrac{GmM}{2R}$

(2) $V = \dfrac{1}{R}\int_0^q q\,dq = \dfrac{1}{2}\dfrac{q^2}{R}$ (적분)

04 다음 (1), (2)의 수식을 수식 편집기로 각각 입력하시오. (40점)

· 소스 파일 : [출제유형 05]-정복05_문제04.hwpx   · 정답 파일 : [출제유형 05]-정복05_정답04.hwpx

《출력형태》

(1) $H_n = \dfrac{a(r^n - 1)}{r - 1} = \dfrac{a(1 + r^n)}{1 - r}(r \neq 1)$ ── 연산, 논리 기호

(2) $L = \dfrac{m + M}{m}V = \dfrac{m + M}{m}\sqrt{2gh}$ ── 근호

05 다음 (1), (2)의 수식을 수식 편집기로 각각 입력하시오. (40점)

· 소스 파일 : [출제유형 05]-정복05_문제05.hwpx   · 정답 파일 : [출제유형 05]-정복05_정답05.hwpx

《출력형태》

(1) $f = \sqrt{\dfrac{2 \times 1.6 \times 10^{-7}}{9.1 \times 10^{-3}}} = 5.9 \times 10^5$

(2) $\lambda = \dfrac{h}{mh} = \dfrac{h}{\sqrt{2mcV}}$ ── 그리스 소문자

06 다음 (1), (2)의 수식을 수식 편집기로 각각 입력하시오. (40점)

· 소스 파일 : [출제유형 05]-정복05_문제06.hwpx   · 정답 파일 : [출제유형 05]-정복05_정답06.hwpx

《출력형태》

(1) $K = \dfrac{a(1 + r)((1 + r)^n - 1)}{r}$

(2) $\displaystyle\int_a^b xf(x)dx = \dfrac{1}{b - a}\int_a^b xdx = \dfrac{a + b}{2}$

07 다음 (1), (2)의 수식을 수식 편집기로 각각 입력하시오. (40점)

· 소스 파일 : [출제유형 05]-정복05_문제07.hwpx   · 정답 파일 : [출제유형 05]-정복05_정답07.hwpx

《출력형태》

(1) $H_n = \dfrac{a(r^n - 1)}{r - 1} = \dfrac{a(1 + r^n)}{1 - r}(r \neq 1)$

(2) $\sum_{k=1}^{n}(k^4 + 1) - \sum_{k=3}^{n}(k^4 + 1) = 19$

08 다음 (1), (2)의 수식을 수식 편집기로 각각 입력하시오. (40점)

· 소스 파일 : [출제유형 05]-정복05_문제08.hwpx   · 정답 파일 : [출제유형 05]-정복05_정답08.hwpx

《출력형태》

(1) $\dfrac{1}{\lambda} = 1.097 \times 10^5 \left(\dfrac{1}{2^2} - \dfrac{1}{n^2}\right)$

(2) $\int_0^3 \dfrac{\sqrt{6t^2 - 18t + 12}}{5} dt = 11$

09 다음 (1), (2)의 수식을 수식 편집기로 각각 입력하시오. (40점)

· 소스 파일 : [출제유형 05]-정복05_문제09.hwpx   · 정답 파일 : [출제유형 05]-정복05_정답09.hwpx

《출력형태》

(1) $1 + \sqrt{3} = \dfrac{x^3 - (2x + 5)^2}{x^3 - (x - 2)}$

(2) $\int_a^b x f(x) dx = \dfrac{1}{b - a} \int_a^b x dx = \dfrac{a + b}{2}$

Chapter 6

기능평가 II - 도형 그리기

☑ 배경 도형 그리기 ☑ 목차 도형 그리기 ☑ 그림 및 글맵시 입력하기
☑ 제목 글상자 그리기 ☑ 목차 글상자 만들어 복사하기 ☑ 책갈피 삽입 및 하이퍼링크 지정하기

문제 미리보기

소스 파일 : [출제유형 06]-유형06_문제.hwpx **정답 파일** : [출제유형 06]-유형06_정답.hwpx

4. 다음의 《조건》에 따라 《출력형태》와 같이 문서를 작성하시오. (110점)

《조건》 (1) 그리기 도구를 이용하여 작성하고, 모든 도형(글맵시, 지정된 그림 포함)을 《출력형태》와 같이 작성하시오.
(2) 도형의 면색은 지시사항이 없으면 색 없음을 제외하고 서로 다르게 임의로 지정하시오.

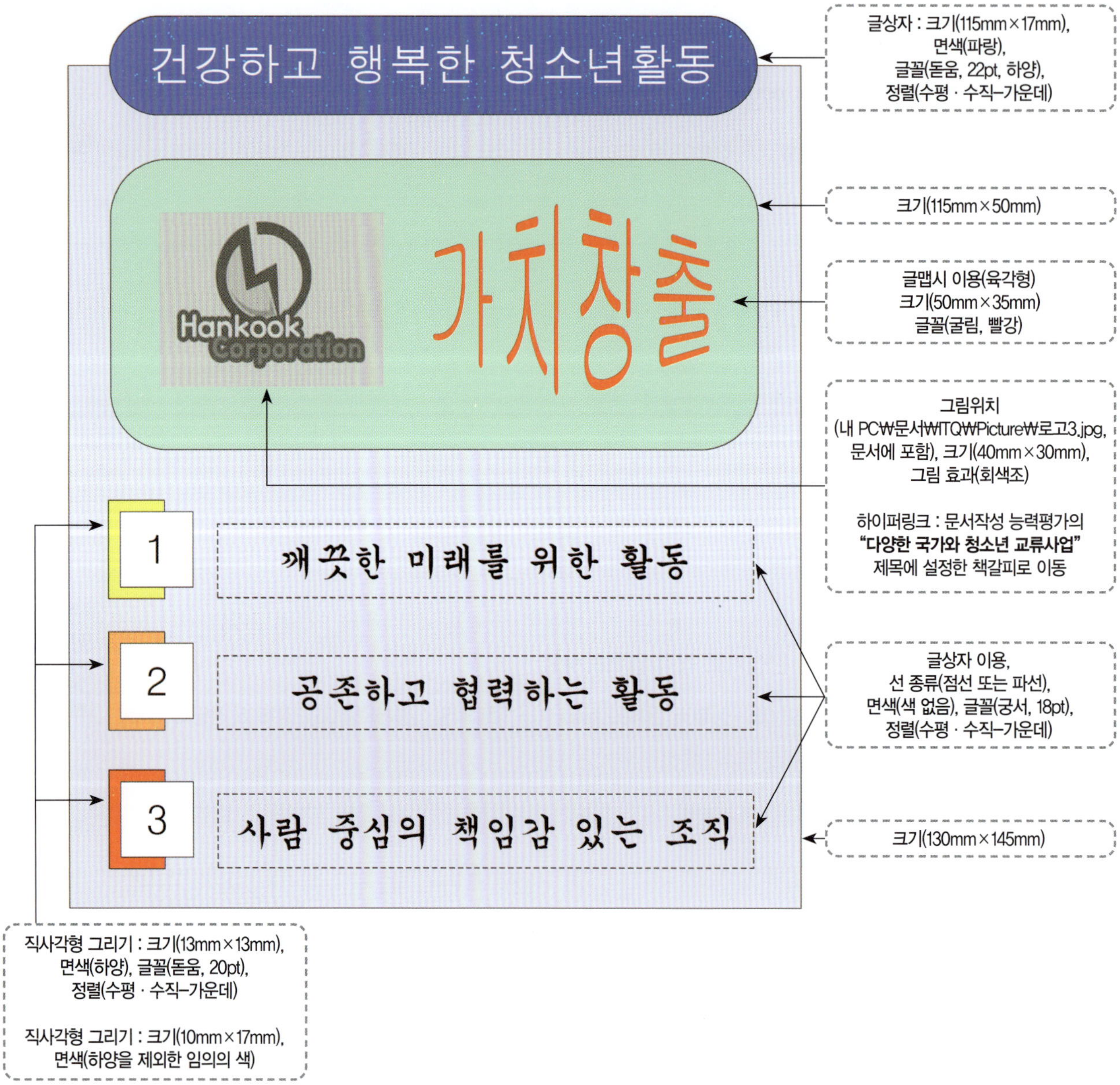

건강하고 행복한 청소년활동
가치창출
Hankook Corporation
1
깨끗한 미래를 위한 활동
2
공존하고 협력하는 활동
3
사람 중심의 책임감 있는 조직
글상자 : 크기(115mm×17mm), 면색(파랑), 글꼴(돋움, 22pt, 하양), 정렬(수평 · 수직-가운데)
크기(115mm×50mm)
글맵시 이용(육각형) 크기(50mm×35mm) 글꼴(굴림, 빨강)
그림위치 (내 PC₩문서₩ITQ₩Picture₩로고3.jpg, 문서에 포함), 크기(40mm×30mm), 그림 효과(회색조)
하이퍼링크 : 문서작성 능력평가의 "다양한 국가와 청소년 교류사업" 제목에 설정한 책갈피로 이동
글상자 이용, 선 종류(점선 또는 파선), 면색(색 없음), 글꼴(궁서, 18pt), 정렬(수평 · 수직-가운데)
크기(130mm×145mm)
직사각형 그리기 : 크기(13mm×13mm), 면색(하양), 글꼴(돋움, 20pt), 정렬(수평 · 수직-가운데)
직사각형 그리기 : 크기(10mm×17mm), 면색(하양을 제외한 임의의 색)

STEP 1 배경 도형 그리기

크기(130mm×145mm)

■ 뒤쪽 배경 도형 그리기

① 한글 2022 프로그램을 실행한 후 [파일]-[불러오기]를 클릭합니다. [불러오기] 대화상자가 나오면 '유형06_문제.hwpx' 파일을 불러옵니다.

② 2페이지에 입력된 문제 번호 '4.'의 다음 줄을 클릭한 후 뒤쪽 배경 도형을 그리기 위해 [입력] 탭에서 직사각형(□)을 선택합니다.

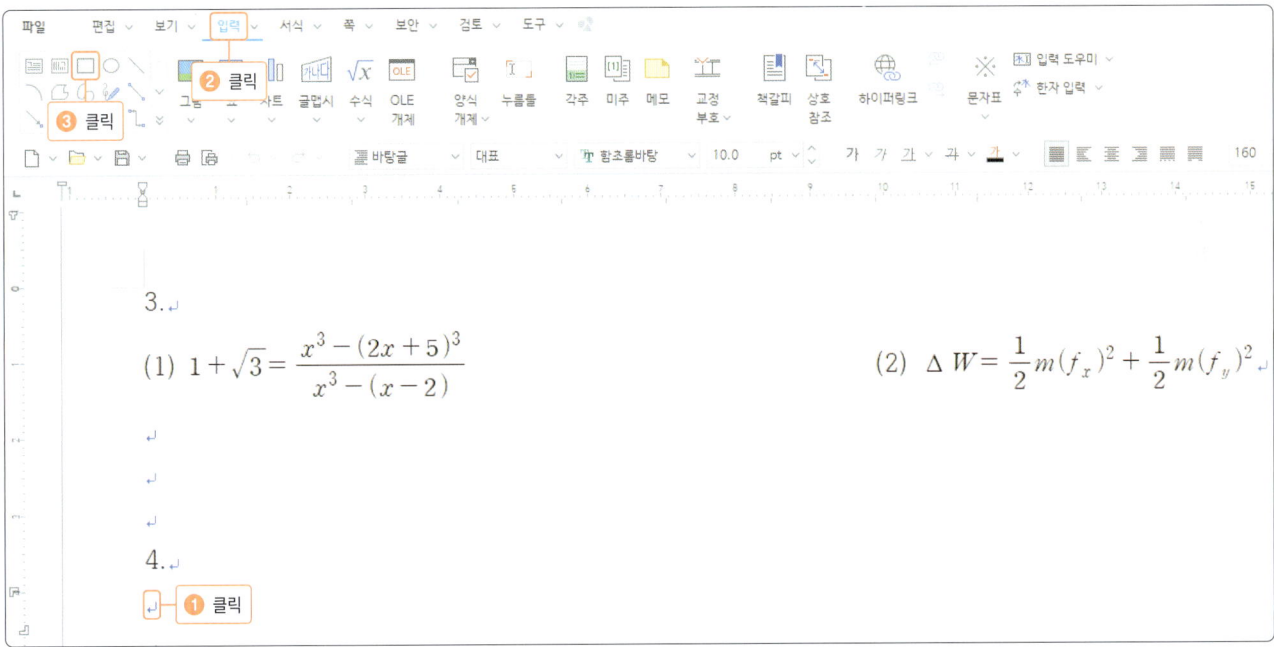

③ 마우스 포인터 모양이 +로 변경되면 다음과 같이 드래그하여 뒤쪽 배경 도형을 그립니다.

　※ 도형을 그릴 때 《출력형태》를 참고하여 문제 번호 4.를 기준으로 그립니다.

④ 입력된 도형 위에서 마우스 오른쪽 단추를 눌러 바로 가기 메뉴가 나오면 [개체 속성]을 클릭합니다.

　※ [도형(🖼)] 탭에서 도형 속성(🗔)을 클릭하거나, 도형의 테두리를 더블 클릭하여 [개체 속성] 대화상자를 실행할 수도 있습니다.

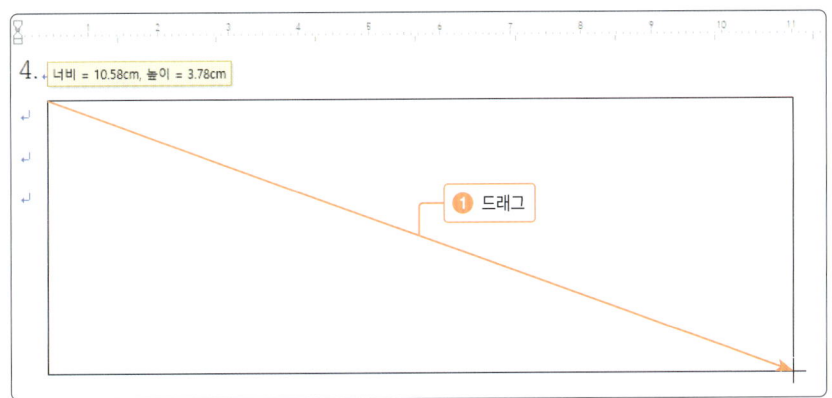
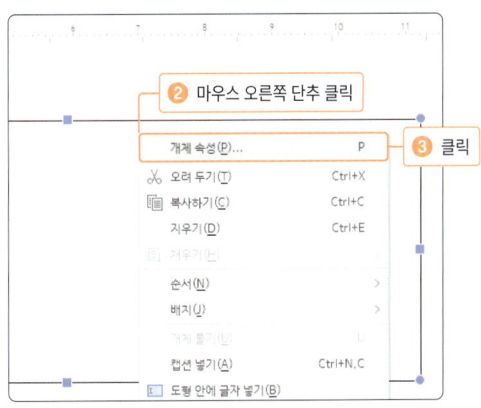

❺ [개체 속성] 대화상자가 나오면 [기본] 탭에서 크기 – 너비(130mm), 높이(145mm)를 입력한 후 크기 고정을 클릭하여 선택(☑)합니다. 이어서, [채우기] 탭을 클릭합니다.

※ 크기 고정을 선택(☑)하는 이유는 도형의 크기가 변경되는 것을 방지하기 위해서입니다.

❻ [채우기] 탭에서 색 – '면 색'을 클릭합니다. 이어서, 임의의 색상을 선택한 후 〈설정〉 단추를 클릭합니다.

※ 도형을 만들 때 면 색에 대한 별도의 지시사항이 없으면 [없음]을 제외한 모든 색은 임의의 색(검정색, 하양 제외)으로 지정합니다.

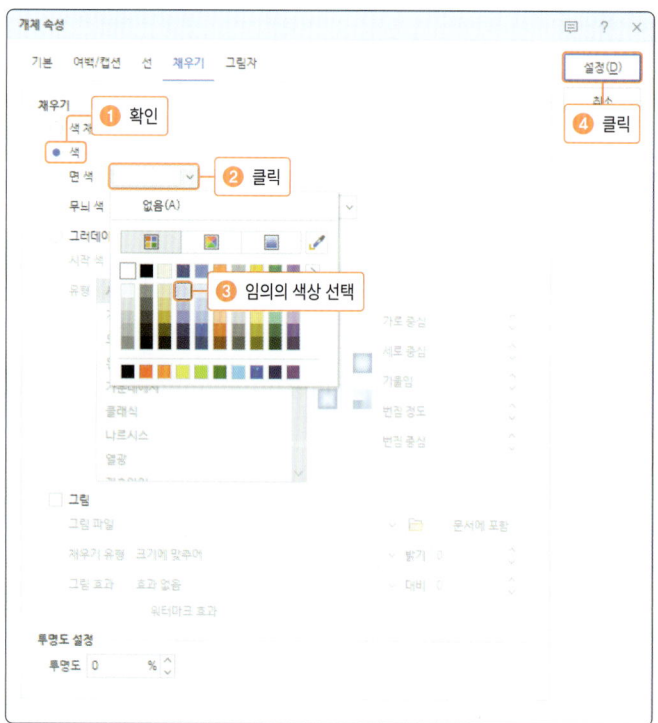
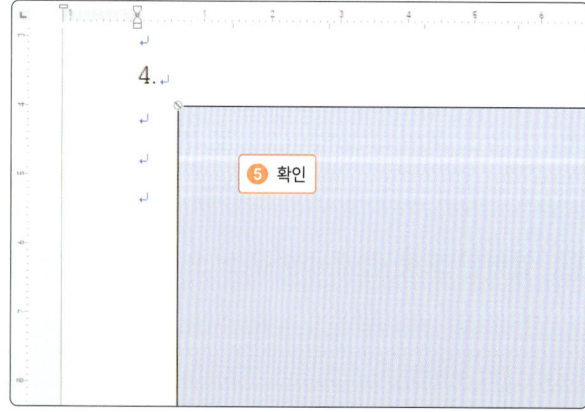

■ 앞쪽 도형 그리기

크기(115mm×50mm)

① 앞쪽 도형을 그리기 위해 [입력] 탭에서 직사각형(□)을 클릭합니다. 이어서, 마우스 포인터 모양이 ＋로 변경되면 다음과 같이 드래그하여 앞쪽 도형을 그립니다.

※ 크기가 지시되어 있는 도형이나 글상자를 그릴 때는 임의의 크기로 드래그한 후 값을 입력하여 변경합니다.

② 입력된 도형 위에서 마우스 오른쪽 단추를 눌러 바로 가기 메뉴가 나오면 [개체 속성]을 클릭합니다.

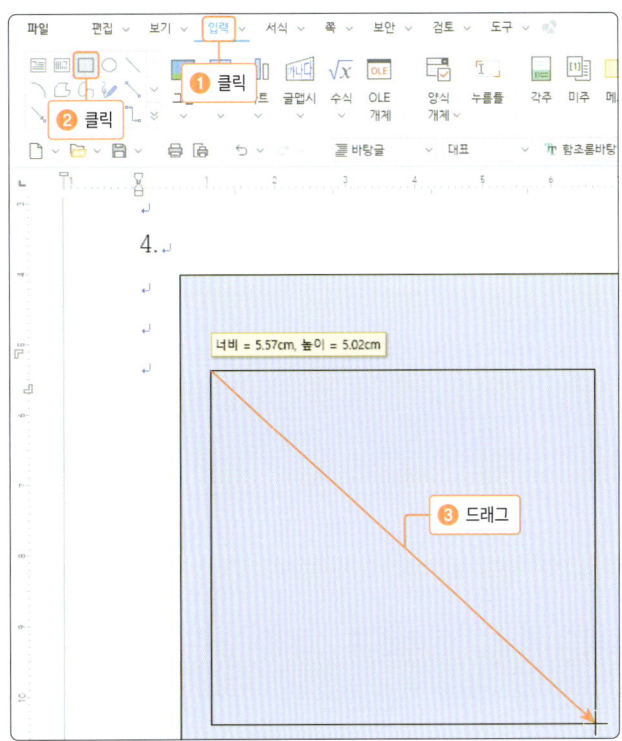
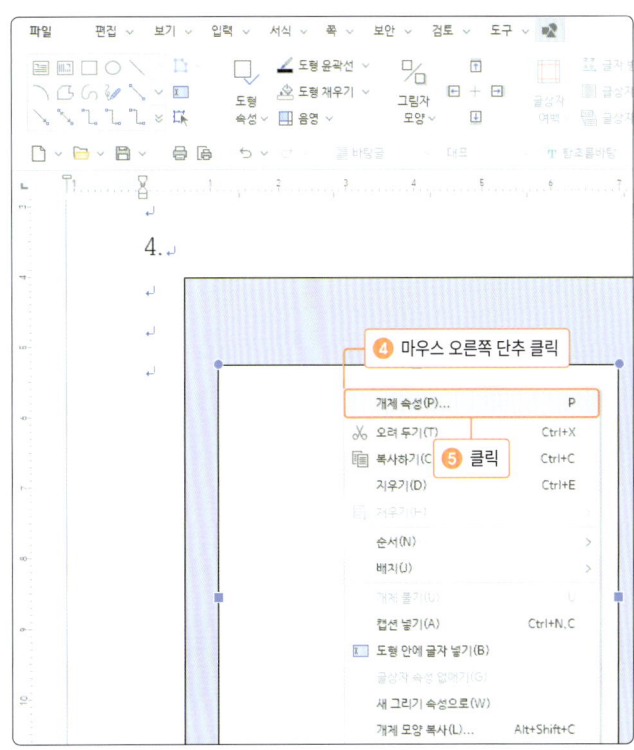

도형의 순서 변경하기

만약 도형이 뒤쪽 배경 도형에 가려 보이지 않을 경우 마우스 오른쪽 단추를 눌러 바로가기 메뉴에서 '순서-맨 앞으로', '배치-글 앞으로'를 지정합니다.

※ 도형(▨) 탭에서 맨 앞으로(▨) 또는 맨 뒤로(▨)를 클릭하여 도형의 순서를 변경할 수도 있습니다.

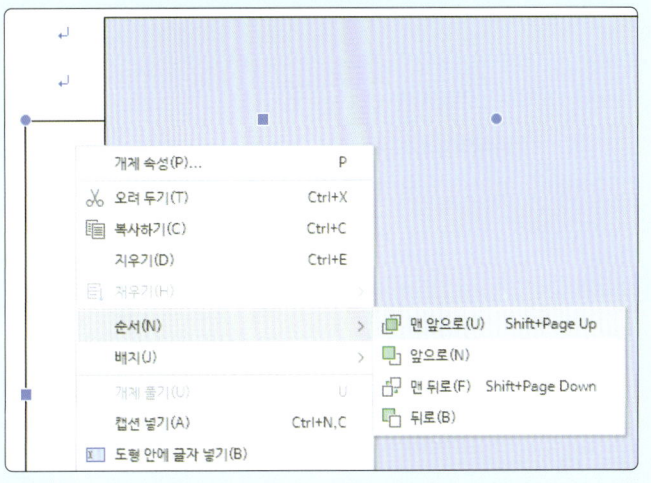

❸ [개체 속성] 대화상자가 나오면 [기본] 탭에서 크기 – 너비(115mm), 높이(50mm)를 입력한 후 크기 고정을 클릭하여 선택(☑)합니다. 이어서, [선] 탭을 클릭합니다.

❹ [선] 탭에서 사각형 모서리 곡률 – 둥근 모양(▢)을 선택한 후 [채우기] 탭을 클릭합니다.

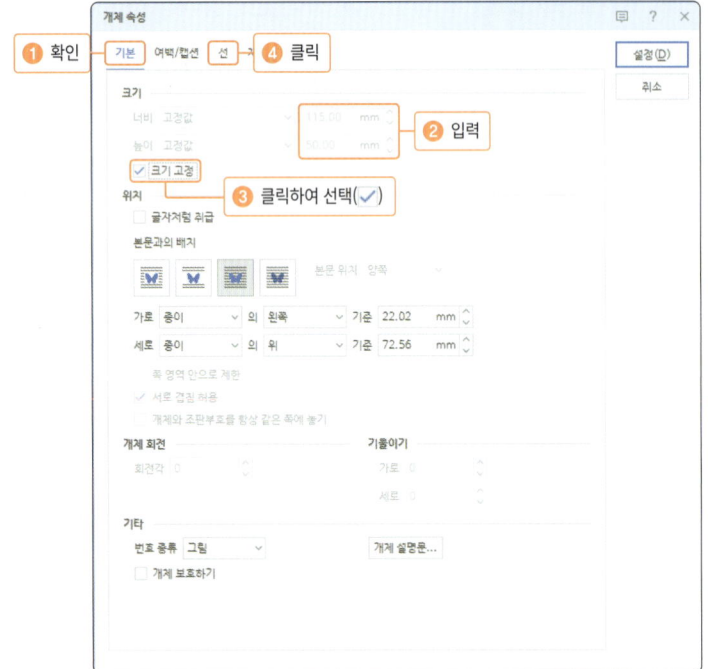
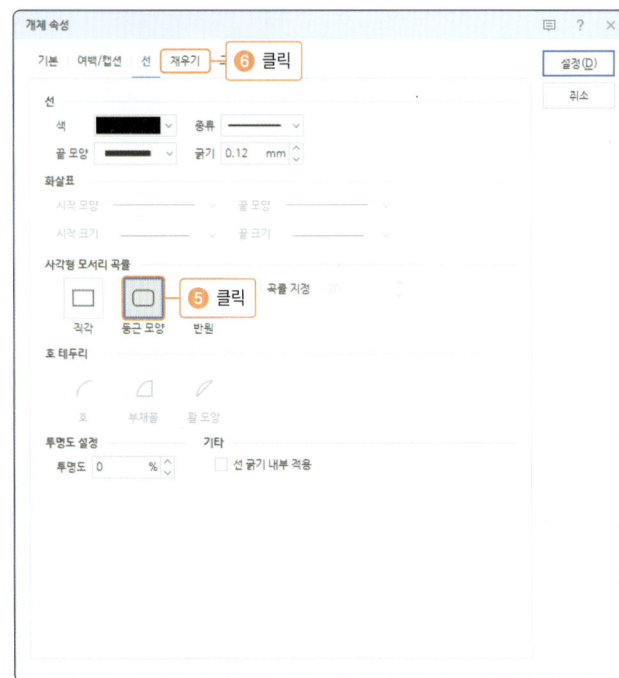

❺ [채우기] 탭에서 색 – '면 색'을 클릭합니다. 이어서, 임의의 색상을 선택한 후 〈설정〉 단추를 클릭합니다.

※ 도형을 만들 때 면 색에 대한 별도의 지시사항이 없으면 [없음]을 제외한 모든 색은 임의의 색(검정색, 하양 제외)으로 지정합니다.

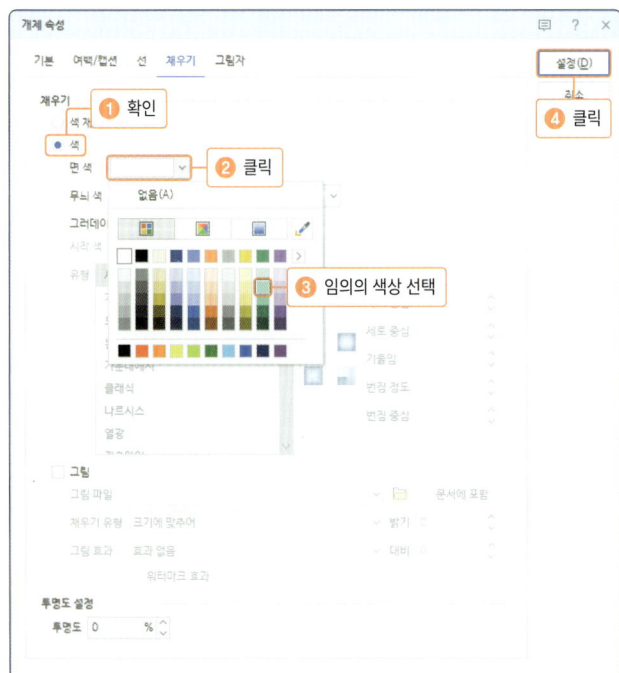

❻ 앞쪽 도형이 완성되면 《출력형태》를 참고하여 도형의 위치를 변경합니다.

※ 도형을 선택한 후 키보드의 방향키(↑, ↓, ←, →)를 눌러 도형의 위치를 세밀하게 조절할 수 있습니다.

❼ 모든 작업이 완료되면 Esc 키를 눌러 선택 상태를 해제합니다.

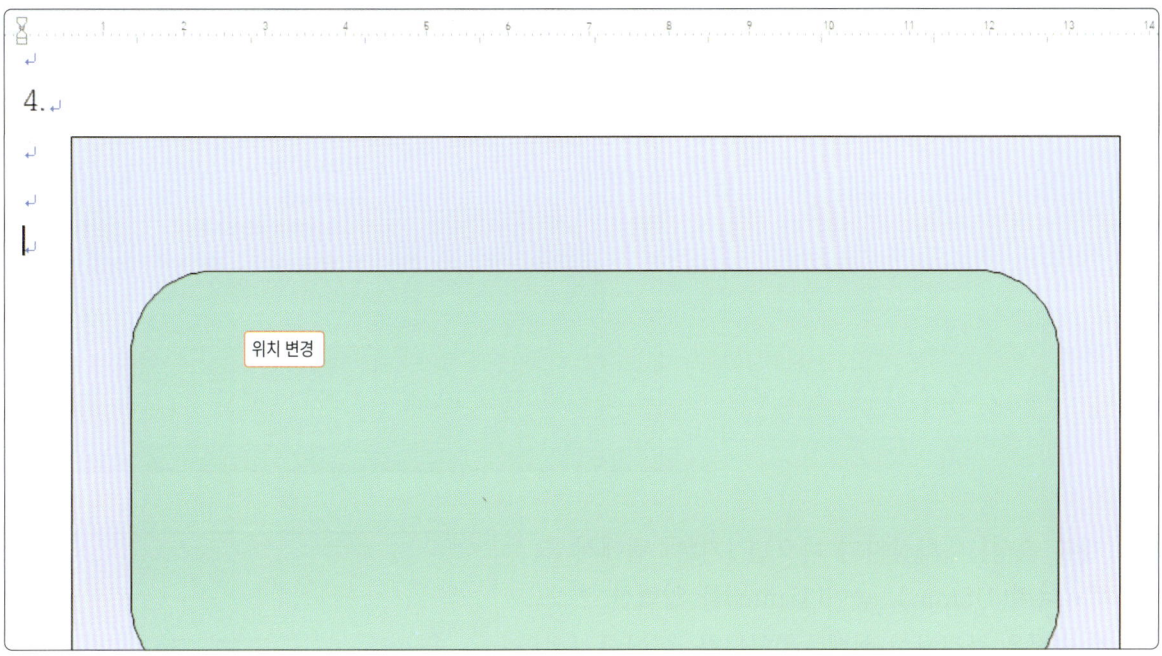

STEP 2 제목 글상자 그리기

글상자 : 크기(115mm×17mm), 면색(파랑),
글꼴(돋움, 22pt, 하양), 정렬(수평·수직−가운데)

❶ 글상자를 입력하기 위해 [입력] 탭에서 가로 글상자( )(또는 Ctrl + N, B)를 클릭합니다.

❷ 마우스 포인터 모양이 +로 변경되면 《출력형태》를 참고하여 다음과 같이 드래그합니다.

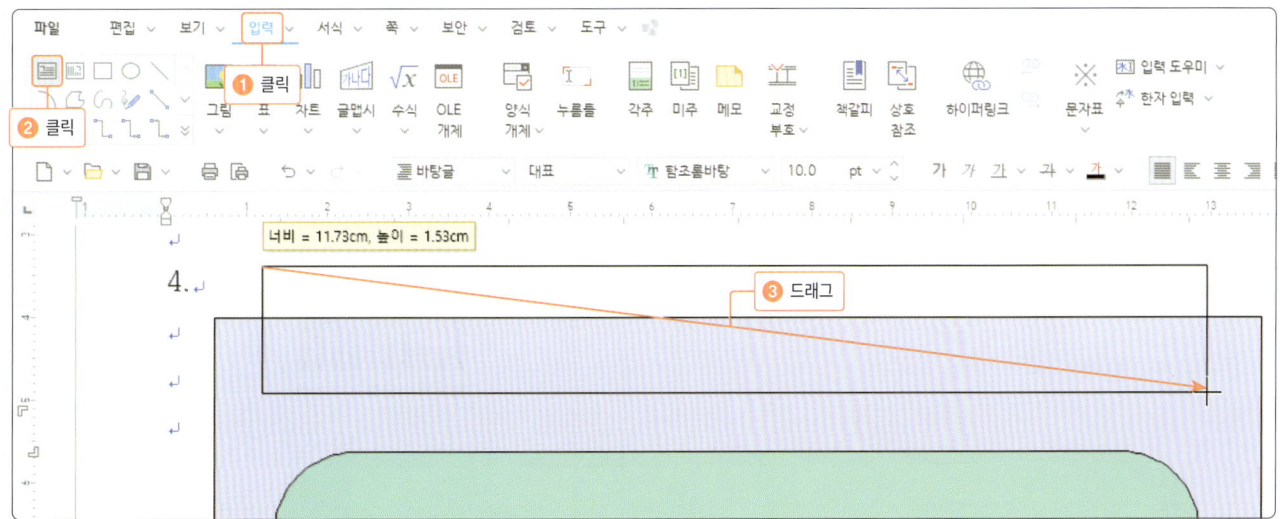

❸ 입력된 글상자 위에서 마우스 오른쪽 단추를 눌러 바로 가기 메뉴가 나오면 [개체 속성]을 클릭합니다.

※ 만약 글상자의 안쪽이 아닌 테두리에서 마우스 오른쪽 단추를 눌러 [개체 속성]을 선택하여 작업을 했다면 글상자 안에 내용을 바로 입력할 수 없습니다.

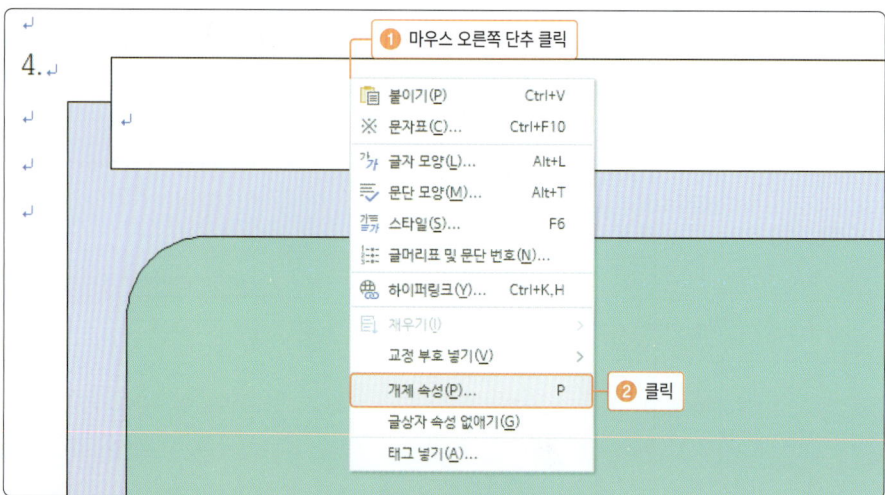

❹ [개체 속성] 대화상자가 나오면 [기본] 탭에서 크기 – 너비(115mm), 높이(17mm)를 입력한 후 크기 고정을 클릭하여 선택(☑)합니다. 이어서, [선] 탭을 클릭합니다.

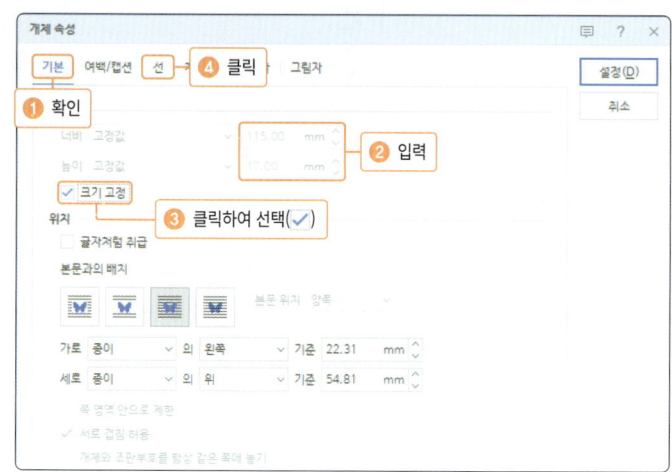

❺ [선] 탭에서 사각형 모서리 곡률 – '반원(◯)'을 선택한 후 [채우기] 탭을 클릭합니다.

❻ [채우기] 탭에서 색 – '면 색'을 클릭합니다. 이어서, 파랑을 선택한 후 〈설정〉 단추를 클릭합니다.

※ 실제 시험에서 지시하는 색상은 하양을 제외하고 모두 [오피스] 색상 테마에서 지정합니다.

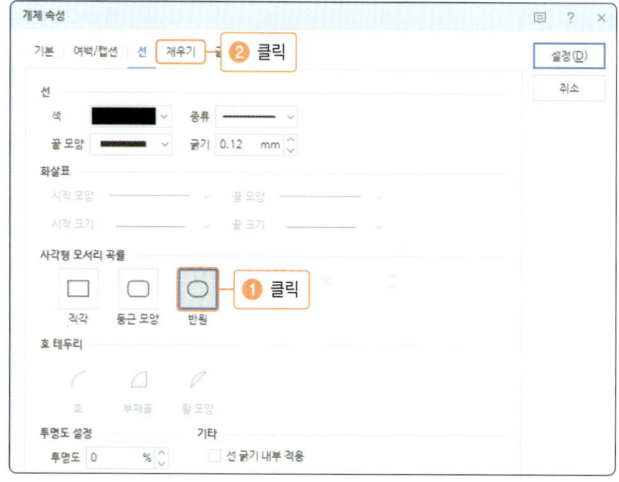 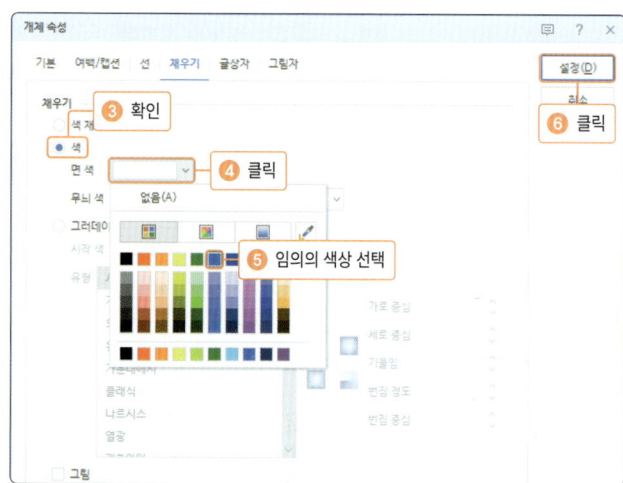

⑦ 속성 지정이 완료되면 '건강하고 행복한 청소년활동'을 입력한 후 글꼴 서식을 변경하기 위해 글상자의 테두리를 클릭합니다.

※ 글상자 안쪽의 텍스트를 블록으로 지정하여 서식 작업을 해도 결과는 동일합니다.

※ 만약 글상자에 텍스트가 바로 입력되지 않을 경우(테두리 선택 후 [개체 속성] 작업을 한 경우)에는 Esc 키를 누른 후 글상자 안쪽을 클릭하여 내용을 입력합니다.

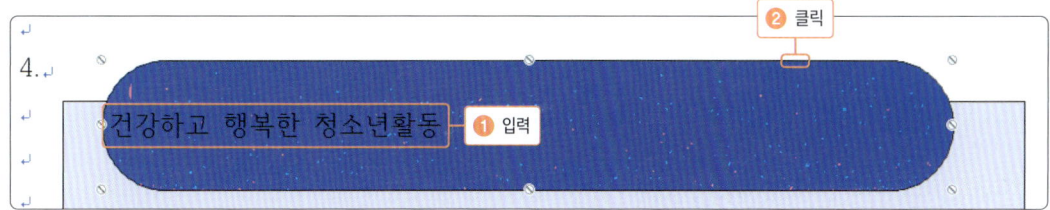

⑧ 서식 도구 상자에서 글꼴(돋움), 글자 크기(22pt), 글자 색(하양), 가운데 정렬(≡)을 지정합니다.

※ 문제지의 지시사항 중 하양은 [기본] 색상 테마의 하양(255, 255, 255)을 선택합니다.

⑨ 모든 작업이 완료되면 《출력형태》를 참고하여 키보드 방향키(↑, ↓, ←, →)로 위치를 변경한 후 Esc 키를 누릅니다.

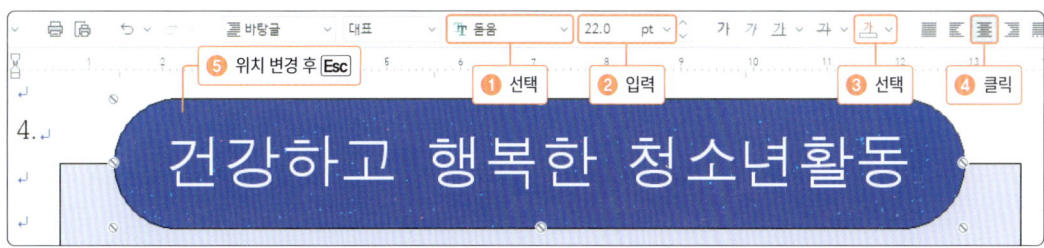

STEP 3 목차 도형 그리기

직사각형 그리기 : 크기(10mm×17mm), 면색(하양을 제외한 임의의 색)

■ 뒤쪽 도형 그리기

① 뒤쪽의 목차 도형을 그리기 위해 [입력] 탭에서 직사각형(□)을 클릭합니다. 이어서, 마우스 포인터 모양이 +로 변경되면 다음과 같이 드래그하여 도형을 그립니다.

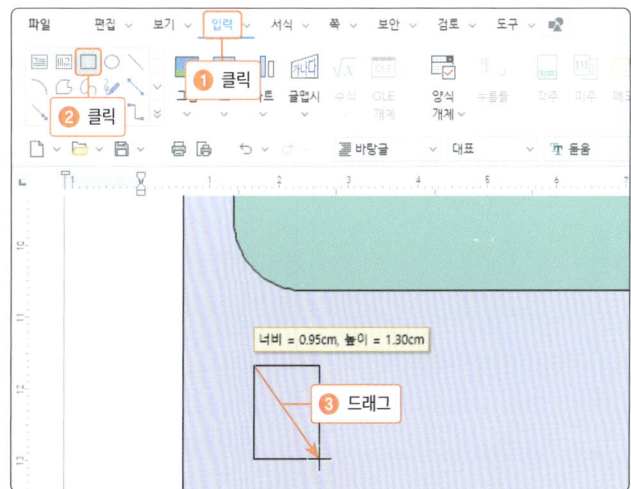

❷ 입력된 도형 위에서 마우스 오른쪽 단추를 눌러 바로 가기 메뉴가 나오면 [개체 속성]을 클릭합니다.

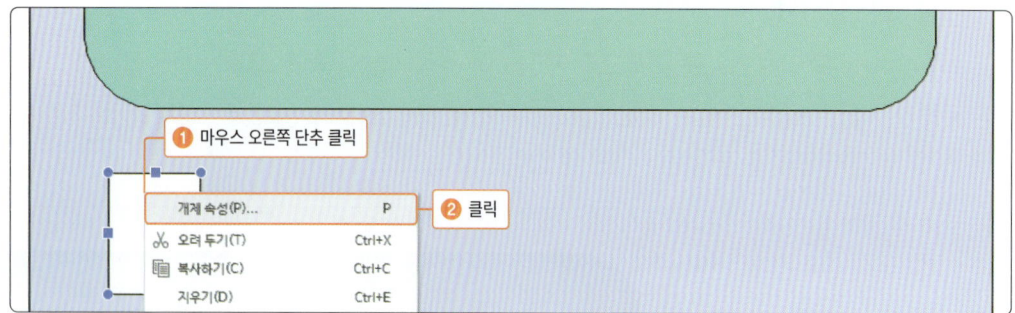

❸ [개체 속성] 대화상자가 나오면 [기본] 탭에서 크기 – 너비(10mm), 높이(17mm)를 입력한 후 크기 고정을 클릭하여 선택(☑)합니다. 이어서, [채우기] 탭을 클릭합니다.

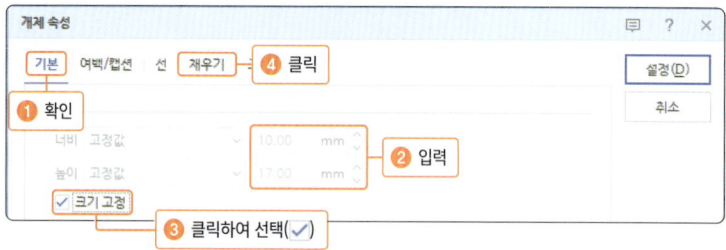

❹ [채우기] 탭에서 색 – 면 색을 클릭합니다. 이어서, 임의의 색상을 선택한 후 〈설정〉 단추를 클릭합니다.

※ 도형을 만들 때 면 색에 대한 별도의 지시사항이 없으면 [없음]을 제외한 모든 색은 임의의 색(검정색, 하양 제외)으로 지정합니다.

❺ 뒤쪽 도형이 완성되면 《출력형태》를 참고하여 키보드 방향키(↑, ↓, ←, →)로 위치를 변경합니다.

■ 앞쪽 도형 그리기

> 직사각형 그리기 : 크기(13mm×13mm), 면색(하양), 글꼴(돋움, 20pt), 정렬(수평 · 수직-가운데)

① 뒤쪽의 목차 도형이 완성되면 똑같은 방법으로 [입력] 탭에서 직사각형(▢)을 클릭합니다. 이어서, 마우스 포인터 모양이 +로 변경되면 다음과 같이 드래그하여 도형을 그립니다.

② 입력된 도형 위에서 마우스 오른쪽 단추를 눌러 바로 가기 메뉴가 나오면 [개체 속성]을 클릭합니다.

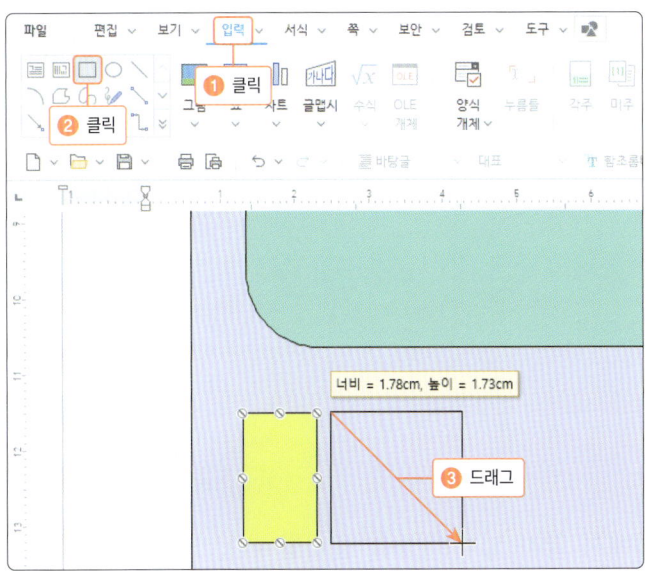 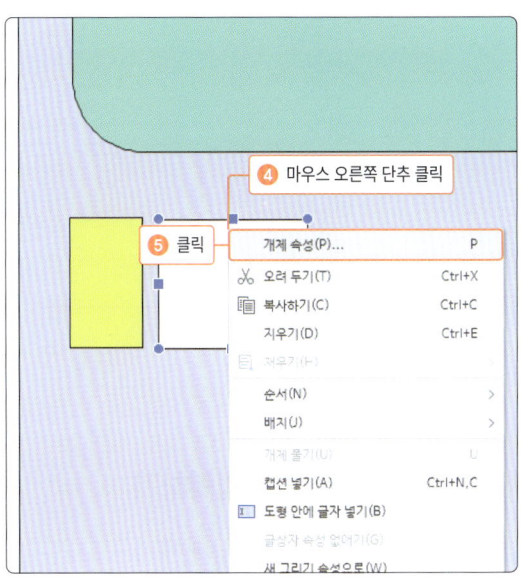

③ [개체 속성] 대화상자가 나오면 [기본] 탭에서 크기 - 너비(13mm), 높이(13mm)를 입력한 후 크기 고정을 클릭하여 선택(☑)합니다. 이어서, [채우기] 탭을 클릭합니다.

④ [채우기] 탭에서 색 - '면 색'을 클릭하여 '하양'을 선택한 후 〈설정〉 단추를 클릭합니다.

※ 문제지의 지시사항 중 하양은 [기본] 색상 테마의 하양(255, 255, 255)을 선택합니다.

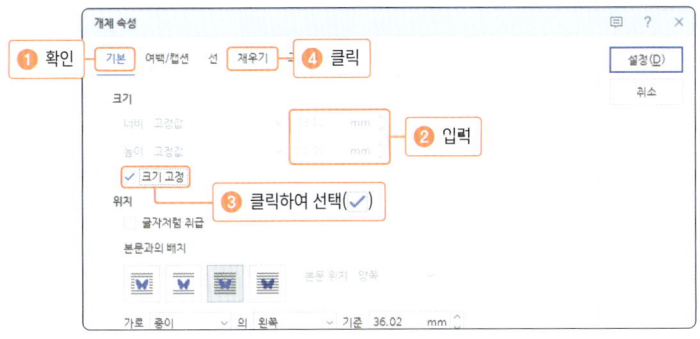 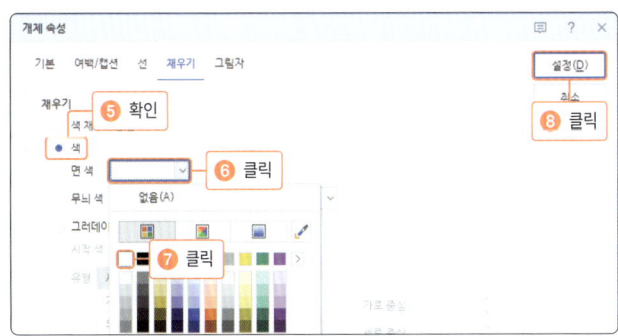

⑤ 앞쪽의 목차 도형이 완성되면 다음과 같이 드래그하여 두 개의 도형을 겹칩니다.

※ 도형을 겹칠 때 《출력형태》를 참고하여 키보드 방향키(↑, ↓, ←, →)로 위치를 세밀하게 조절합니다.

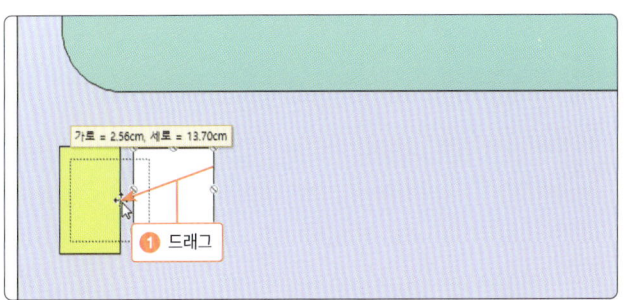 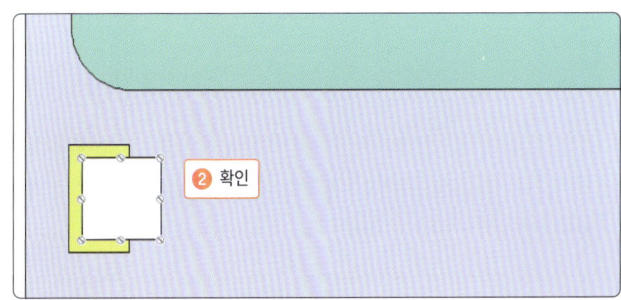

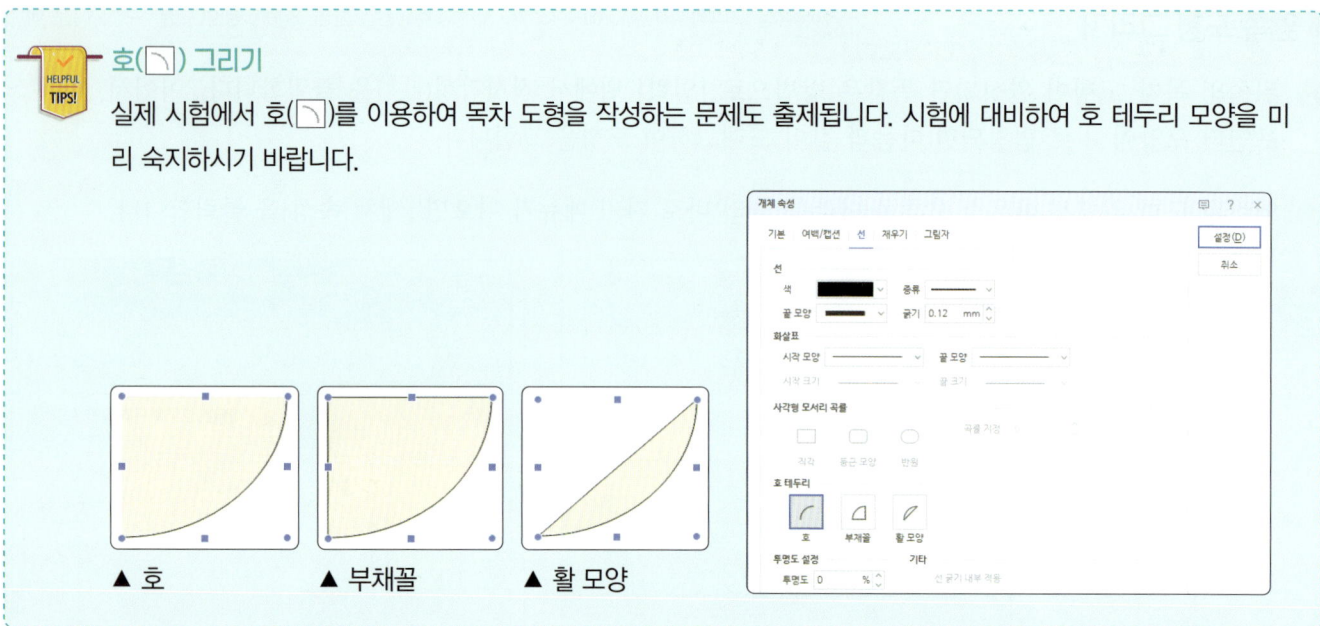

■ 앞쪽 도형에 텍스트 입력하기

글꼴(돋움, 20pt), 정렬(수평 · 수직-가운데)

① 앞쪽 도형이 선택된 상태에서 [도형( )] 탭에서 글자 넣기( )를 클릭합니다. 도형 안쪽에 커서가 활성화 되면 1을 입력한 후 도형의 테두리를 클릭합니다.

   ※ 도형 안쪽의 텍스트를 블록으로 지정하여 서식 작업을 해도 결과는 동일합니다.

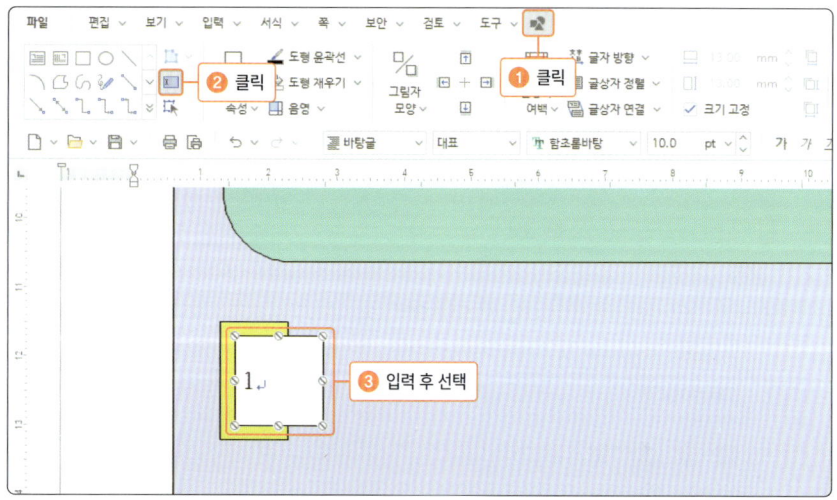

② 서식 도구 상자에서 글꼴(돋움), 글자 크기(20pt), 글자 색(검정), 가운데 정렬( )을 지정합니다.

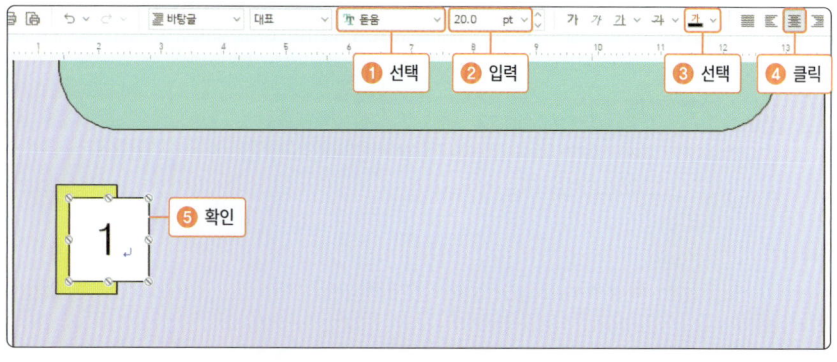

STEP 4 목차 글상자 만들어 복사하기

글상자 이용, 선 종류(점선 또는 파선), 면색(색 없음), 글꼴(궁서, 18pt), 정렬(수평·수직-가운데)

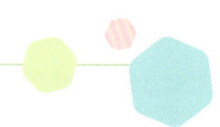

① 목차 글상자를 입력하기 위해 [입력] 탭에서 가로 글상자(▥)(또는 Ctrl+N, B)를 클릭합니다.

② 마우스 포인터 모양이 +로 변경되면 《출력형태》를 참고하여 다음과 같이 드래그합니다.

※ 목차 도형에 사용되는 글상자의 크기는 별도의 지시사항이 없으므로 《출력형태》를 참고하여 조절점으로 글상자의 크기를 조절합니다.

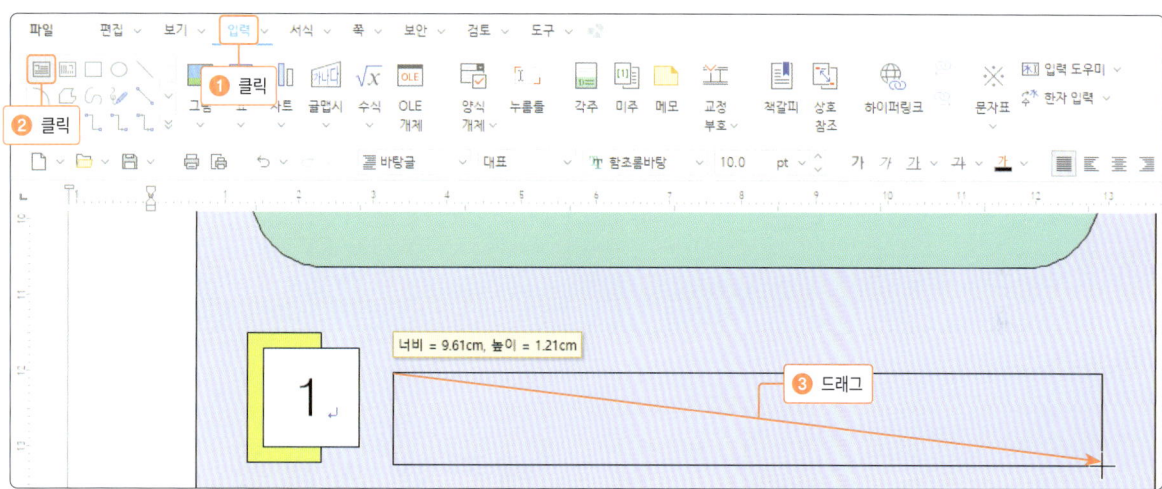

③ 글상자 테두리 위에서 마우스 오른쪽 단추를 눌러 바로 가기 메뉴가 나오면 [개체 속성]을 클릭합니다.

※ 글상자의 테두리를 더블 클릭하여 [개체 속성] 대화상자를 실행할 수도 있습니다.

④ [개체 속성] 대화상자가 나오면 [선] 탭에서 선-종류(파선(- - - -) 또는 점선(·········))를 선택합니다. 이어서, [채우기] 탭을 클릭합니다.

※ 교재에서는 파선을 사용했지만 《출력형태》를 참고하여 파선 또는 점선을 선택합니다.

⑤ [채우기] 탭에서 색-'면 색'을 클릭하여 없음을 선택한 후 〈설정〉 단추를 클릭합니다.

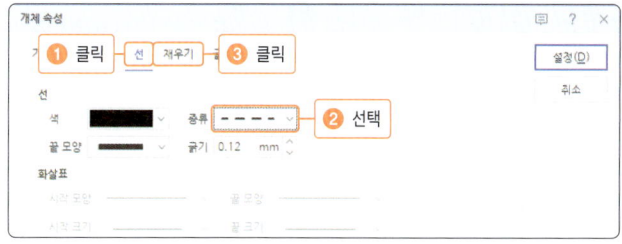
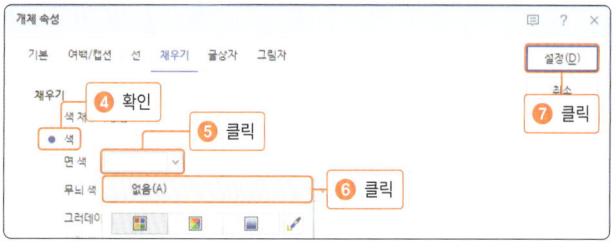

⑥ 속성 지정이 완료되면 Esc 키를 눌러 글상자 선택을 해제한 후 안쪽을 클릭합니다. 이어서, '깨끗한 미래를 위한 활동'을 입력한 후 글상자의 테두리를 클릭합니다.

※ 글상자 안쪽의 텍스트를 블록으로 지정하여 서식 작업을 해도 결과는 동일합니다.

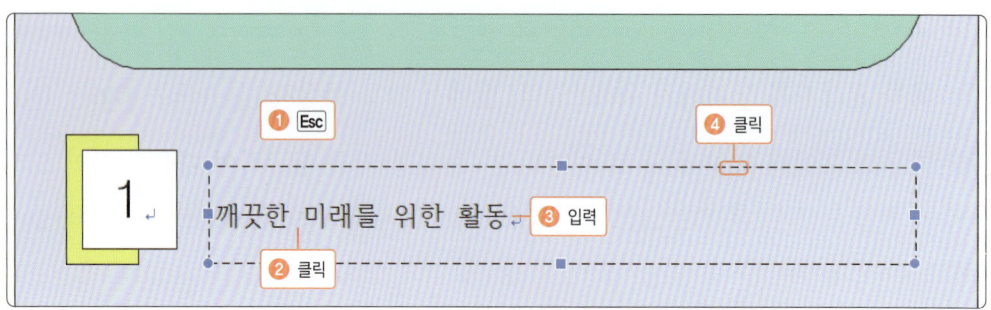

⑦ 서식 도구 상자에서 글꼴(궁서), 글자 크기(18pt), 글자 색(검정), 가운데 정렬(≡)을 지정합니다.

⑧ 모든 작업이 완료되면 《출력형태》를 참고하여 글상자의 크기와 위치를 변경합니다.

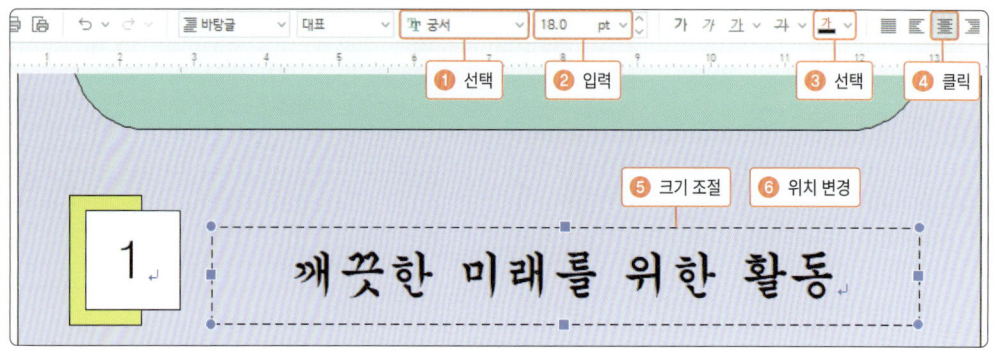

■ 목차 도형과 글상자를 복사하여 내용 수정하기

① 글상자가 선택된 상태에서 [도형(⬚)] 탭에서 개체 선택(⬚)을 클릭합니다. 이어서, 마우스 포인터 모양이 ⬚로 변경되면 다음과 같이 드래그하여 목차 도형과 글상자를 모두 선택합니다.

※ [편집] 탭에서 개체 선택(⬚)을 클릭하여 선택하거나, Shift 키를 누른 채 각각의 도형들을 선택할 수도 있습니다.

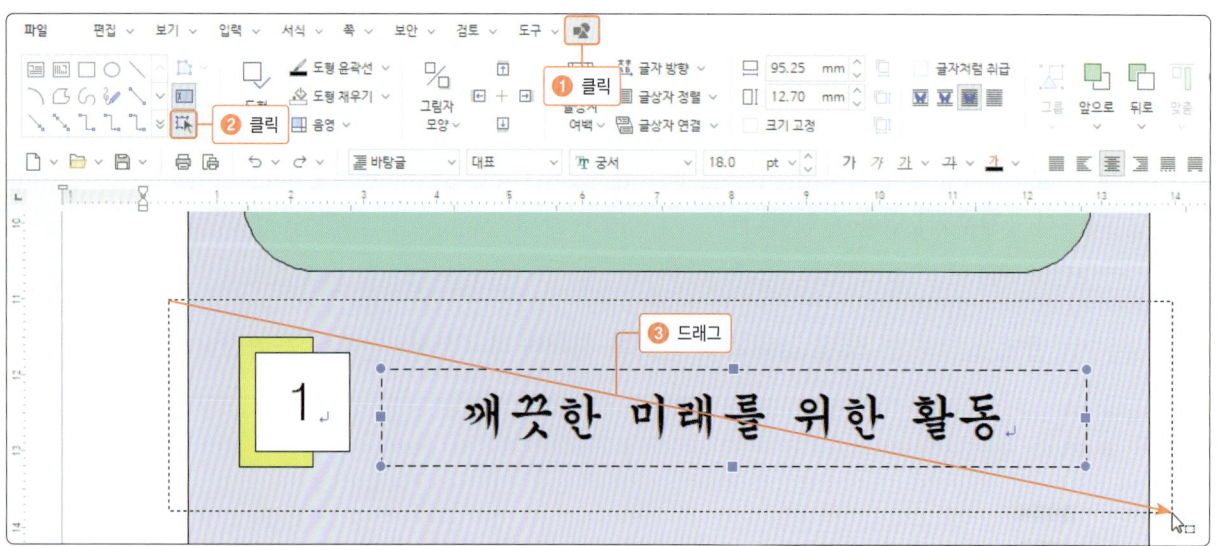

❷ 다음과 같이 도형과 글상자들이 선택되면 Ctrl + Shift 키를 누른 채 아래로 드래그하여 복사합니다.

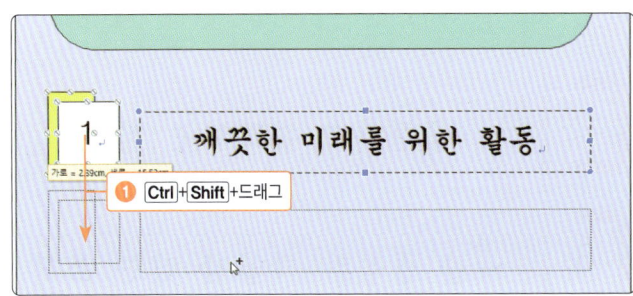 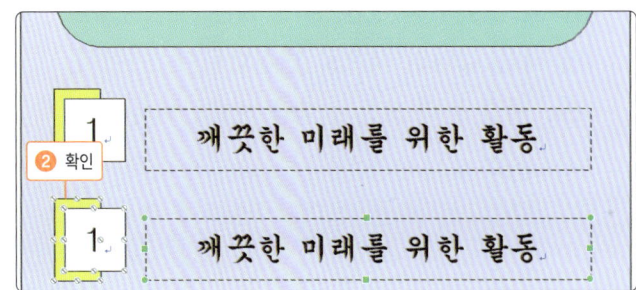

❸ 똑같은 방법으로 Ctrl + Shift 키를 누른 채 아래로 드래그하여 복사합니다. 이어서, 다음과 같이 목차 도형과 글상자 안의 내용을 변경합니다.

※ 내용 수정 : 도형 및 글상자 안쪽의 내용을 블록으로 지정한 후 새로운 내용을 입력합니다.

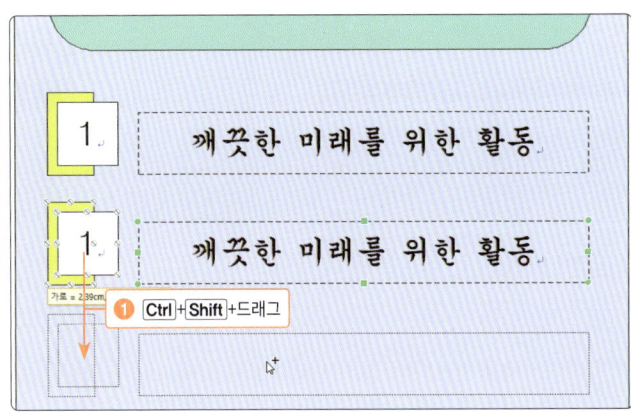 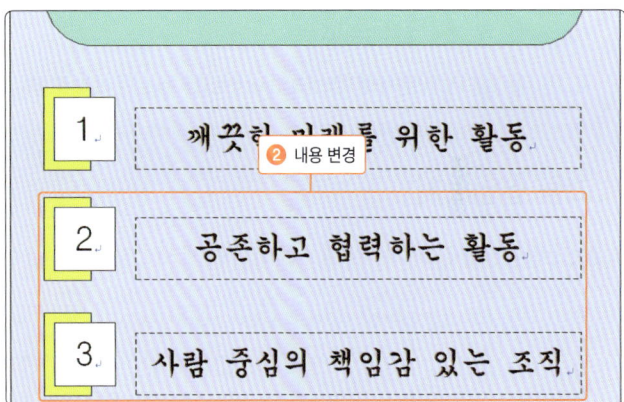

글상자 크기 조절

만약 글상자 안의 내용이 두 줄로 입력되는 경우에는 글상자의 대각선 조절점을 드래그하여 크기(너비 및 높이)를 조절합니다. 크기가 변경되면 나머지 글상자들도 변경된 글상자의 크기에 맞추어 조절합니다.

※ 목차 글상자 중에서 가장 긴 내용을 먼저 입력하여 복사한 후 내용을 수정하면 두 줄로 입력되는 것을 방지할 수 있습니다.

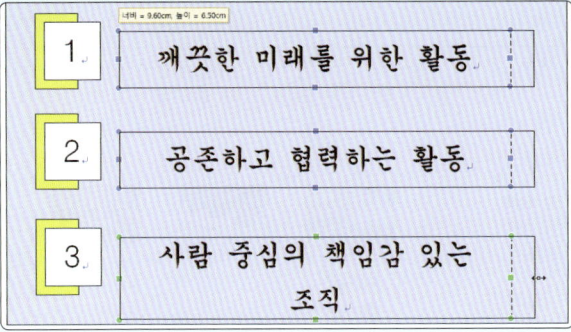 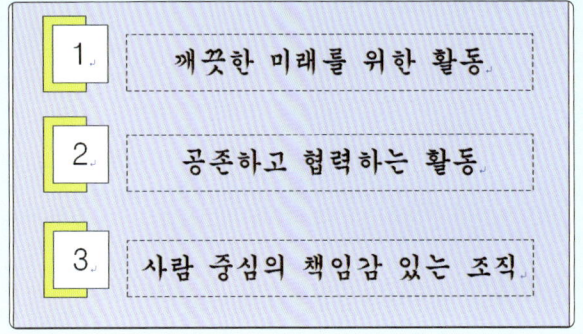

④ 글상자의 내용 수정이 완료되면 《출력형태》를 참고하여 복사된 뒤에 있는 직사각형의 면 색을 임의의 색으로 변경합니다. 이어서, Esc 키를 눌러 모든 선택을 해제합니다.

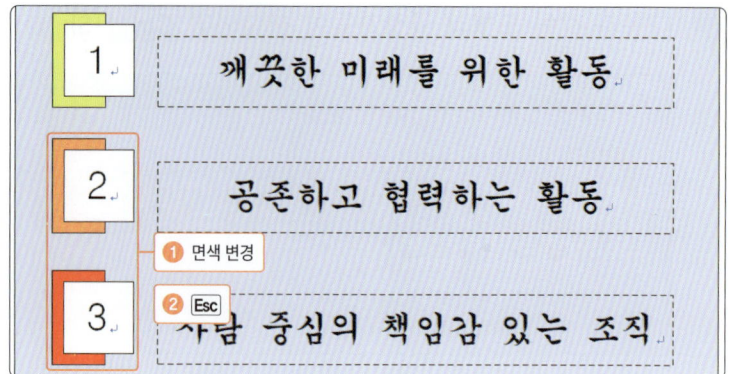

※ 도형의 색상 변경은 [개체 속성] 대화상자-[채우기] 또는 [도형] 탭에서 채우기를 이용하여 변경합니다.

STEP 5 그림 및 글맵시 입력하기

그림위치(내 PC₩문서₩ITQ₩Picture₩로고3.jpg, 문서에 포함), 크기(40mm×30mm), 그림 효과(회색조)

■ 그림 삽입하기

① 그림을 삽입하기 위해 [입력] 탭에서 그림()(또는 Ctrl + N, I)를 클릭합니다.

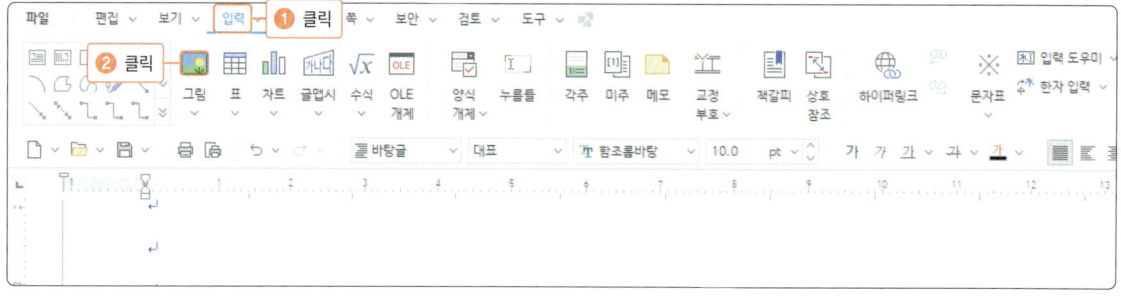

② [그림 넣기] 대화상자가 나오면 [내 PC₩문서₩ITQ₩Picture] 폴더에서 '로고3.jpg' 파일을 선택한 후 〈열기〉 단추를 클릭합니다.

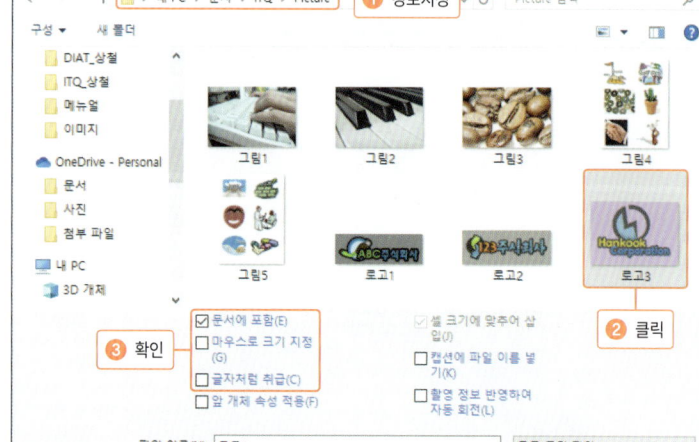

 그림 넣기
'문서에 포함'을 제외한 나머지 '글자처럼 취급'과 '마우스로 크기 지정'이 선택(☑)되어 있다면 선택을 해제합니다.

③ 삽입된 그림 위에서 마우스 오른쪽 단추를 눌러 바로 가기 메뉴가 나오면 [개체 속성]을 클릭합니다.

※ [그림( )] 탭에서 그림 속성( )을 클릭하거나, 그림을 더블 클릭하여 [개체 속성] 대화상자를 실행할 수도 있습니다.

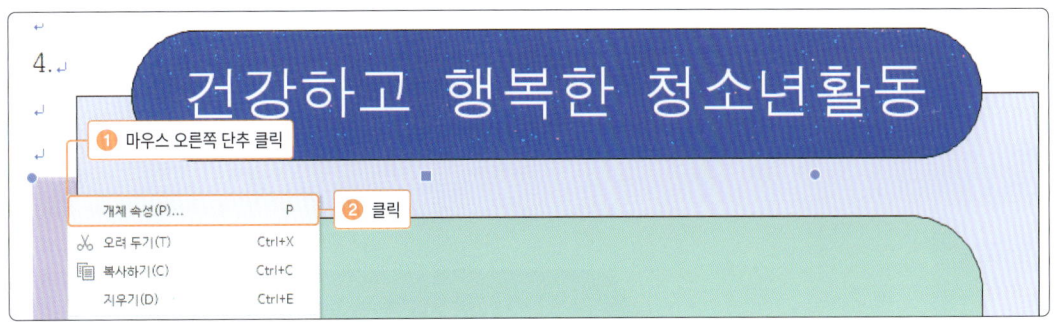

④ [개체 속성] 대화상자가 나오면 [기본] 탭에서 크기 – 너비(40mm), 높이(30mm)를 입력한 후 크기 고정을 클릭하여 선택(✓)합니다. 이어서, 본문과의 배치 – 글 앞으로( )를 선택한 후 [그림] 탭을 클릭합니다.

⑤ [그림] 탭에서 그림 효과 – 회색조( )를 선택한 후 〈설정〉 단추를 클릭합니다.

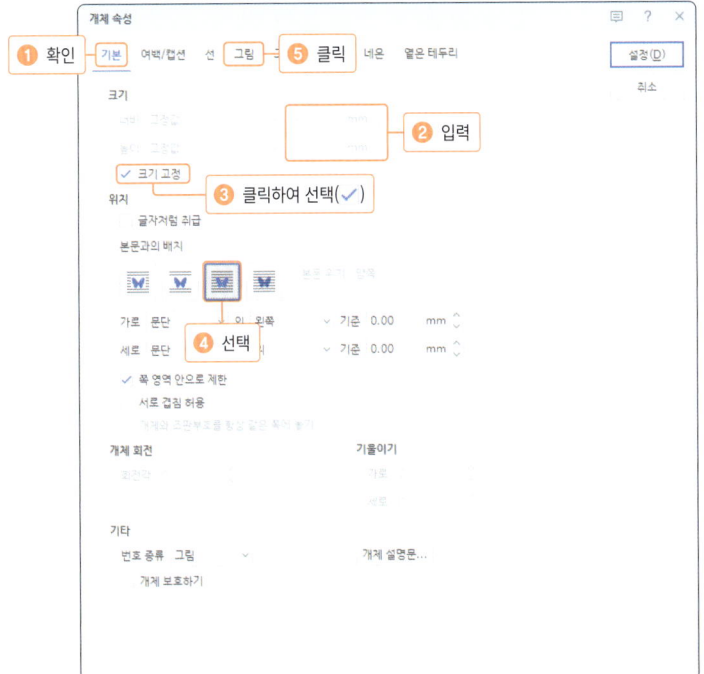

⑥ 속성이 지정되면 《출력형태》를 참고하여 다음과 같이 그림의 위치를 변경한 후 Esc 키를 누릅니다.

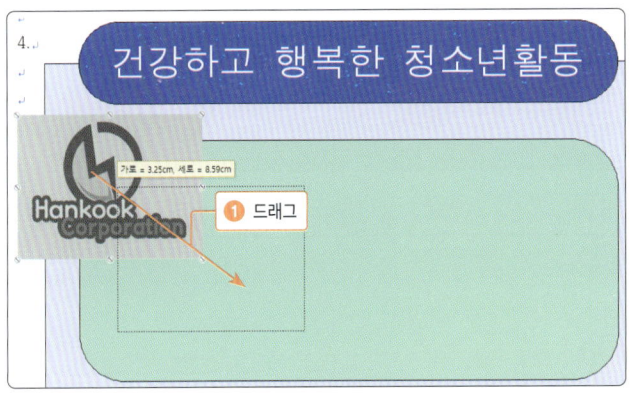
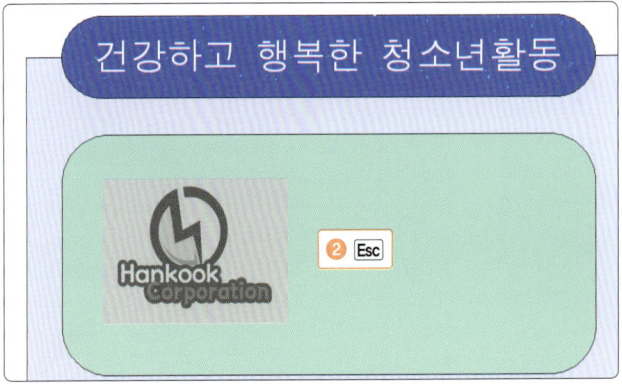

■ 글맵시 입력하기

글맵시 이용(육각형), 크기(50mm×35mm), 글꼴(굴림, 빨강)

① 글맵시를 입력하기 위해 [입력] 탭에서 글맵시(가나다)를 클릭합니다.

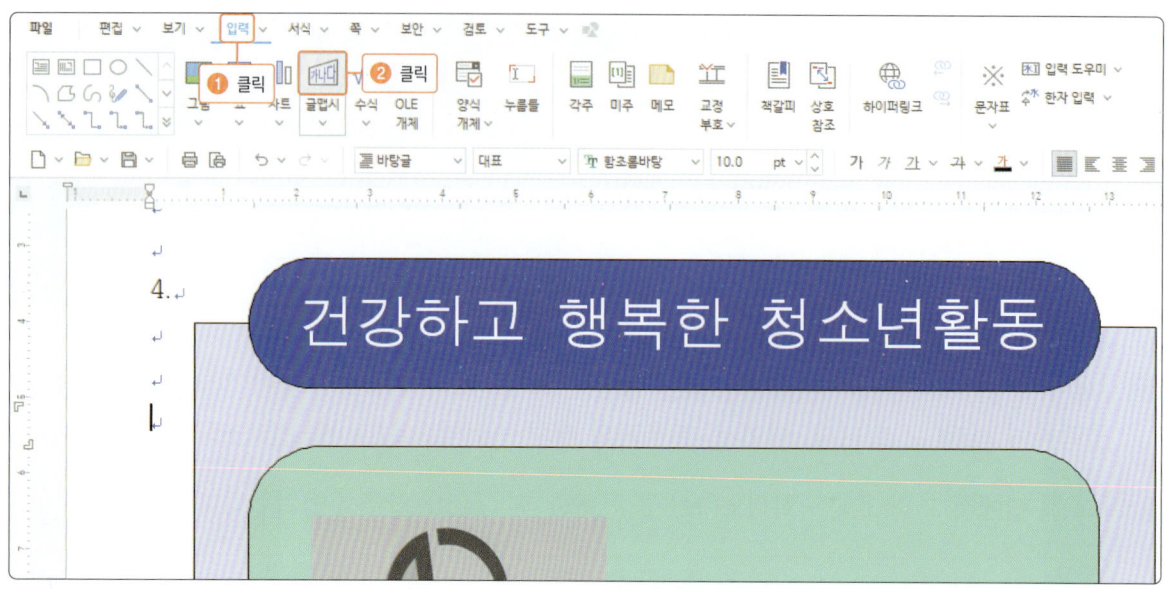

② [글맵시 만들기] 대화상자가 나오면 내용(가치창출), 글꼴(굴림), 글맵시 모양(육각형(⬡))을 입력 및 선택한 후 〈설정〉 단추를 클릭합니다.

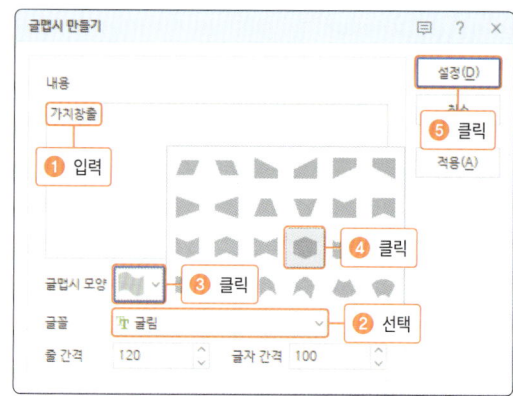

③ 입력된 글맵시 위에서 마우스 오른쪽 단추를 눌러 바로 가기 메뉴가 나오면 [개체 속성]을 클릭합니다.

※ [글맵시(　)] 탭에서 글맵시 속성(　)을 클릭하거나, 입력된 글맵시를 더블 클릭하여 [개체 속성] 대화상자를 실행할 수도 있습니다.

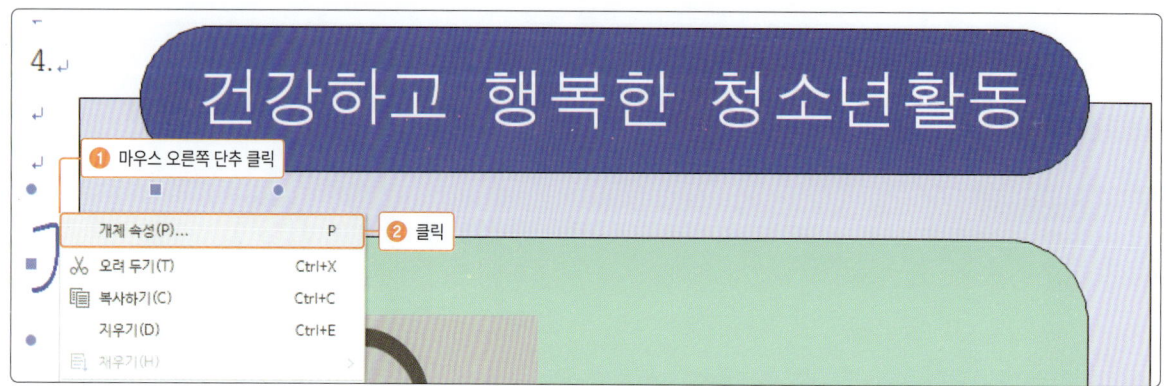

④ [개체 속성] 대화상자가 나오면 [기본] 탭에서 크기 – 너비(50mm), 높이(35mm)를 입력한 후 크기 고정을 클릭하여 선택(☑)합니다. 이어서, 본문과의 배치 – 글 앞으로(▦)를 선택한 후 [채우기] 탭을 클릭합니다.

⑤ [채우기] 탭에서 색 – '면 색'을 클릭하여 파랑을 선택한 후 〈설정〉 단추를 클릭합니다.

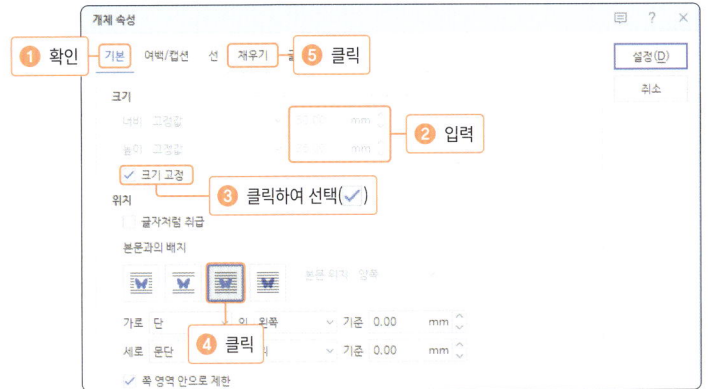 

⑥ 속성이 지정되면 《출력형태》를 참고하여 다음과 같이 글맵시의 위치를 변경한 후 Esc 키를 누릅니다.

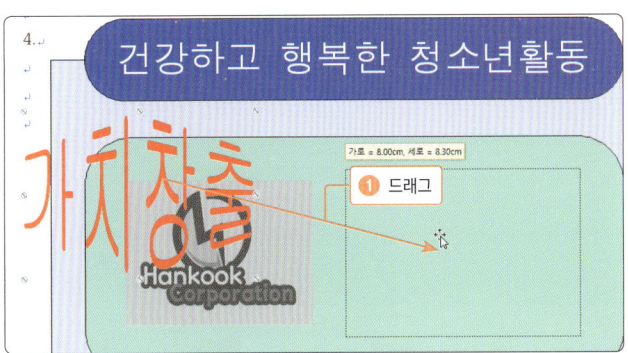 

STEP 6 책갈피 삽입 및 하이퍼링크 지정하기

하이퍼링크 : 문서작성 능력평가의 "**다양한 국가와 청소년 교류사업**" 제목에 설정한 책갈피로 이동

① 3페이지의 첫 번째 줄을 클릭한 후 [문서작성 능력평가]의 제목(다양한 국가와 청소년 교류사업)을 입력합니다. 이어서, 제목의 맨 앞쪽을 클릭하여 커서를 이동한 후 [입력] 탭에서 책갈피(▦)(또는 Ctrl + K, B)를 클릭합니다.

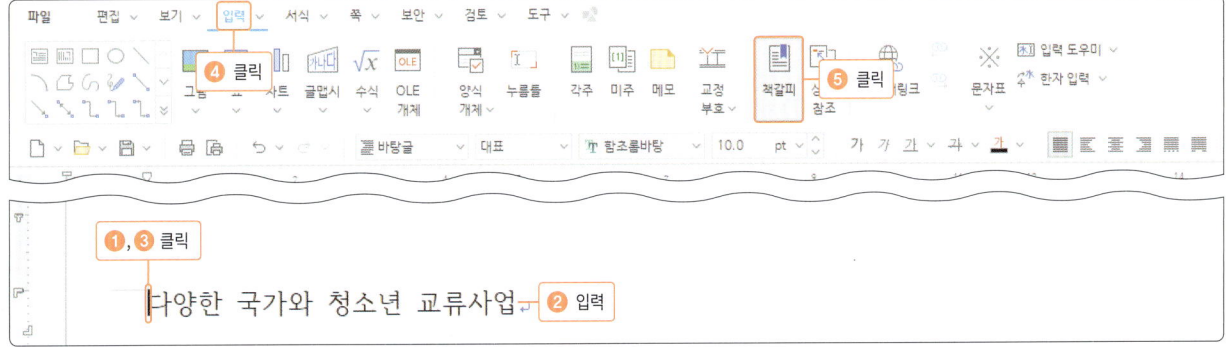

② [책갈피] 대화상자가 나오면 책갈피 이름 입력 칸에 '국제의식'을 입력한 후 〈넣기〉 단추를 클릭합니다.

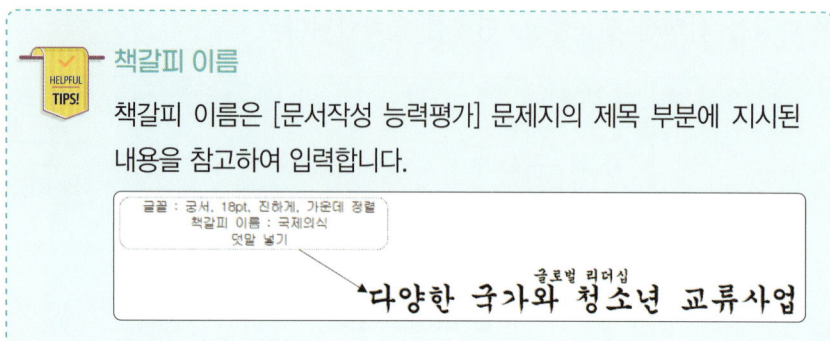
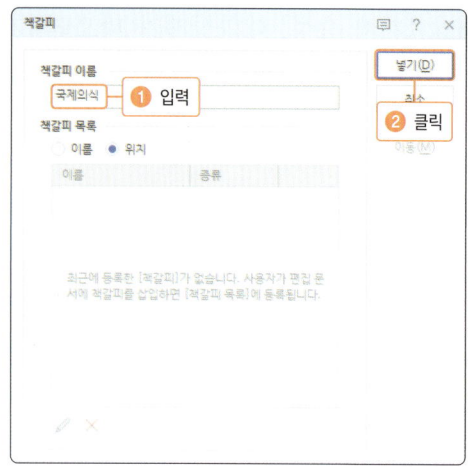

③ 하이퍼링크를 지정하기 위해 2페이지에 삽입한 그림을 선택한 후 [입력] 탭에서 하이퍼링크(🌐)(또는 Ctrl + K, H)를 클릭합니다.

※ 그림 위에서 마우스 오른쪽 단추를 눌러 [하이퍼링크]를 선택할 수도 있습니다.

④ [하이퍼링크] 대화상자가 나오면 연결 대상 – [한글 문서] – [현재 문서] – 책갈피 – '국제의식'을 선택한 후 〈넣기〉 단추를 클릭합니다.

⑤ Esc 키를 눌러 선택을 해제한 후 그림을 Ctrl+클릭을 하면 3페이지의 첫 번째 줄(제목)로 이동하는 것을 확인합니다.

⑥ 이어서, 3페이지에 입력한 '다양한 국가와 청소년 교류사업' 뒤를 클릭한 후 Enter 키를 두 번 누릅니다.

하이퍼링크 해제하기

그림을 선택한 후 그림 위에서 마우스 오른쪽 단추를 눌러 바로 가기 메뉴가 나오면 [하이퍼 링크 고치기]를 선택합니다. [하이퍼링크 고치기] 대화상자가 나오면 '링크 지우기'를 클릭하여 하이퍼링크를 해제할 수 있습니다.

※ 하이퍼링크가 지정된 개체는 Shift 키를 누른 채 클릭하여 선택할 수 있습니다.

⑦ 모든 작업이 완료되면 [파일]-[저장하기](Alt+S) 또는 서식 도구 상자에서 저장하기()를 클릭하여 파일을 저장합니다.

※ 실제 시험을 볼 때 작업 도중에 수시로(10분에 한 번 정도) 저장을 하는 것이 좋습니다.

시험분석 — 도형 그리기

- 글맵시의 모양은 역등변사다리꼴, 나비넥타이, 육각형, 역아래로 계단식, 아래로 계단식 등이 자주 출제되었지만 이외에도 다양한 모양이 출제되고 있습니다.
- 도형의 모양은 직사각형의 테두리 선을 변경하여 반원과 둥근 모양으로 작업하는 유형이 자주 출제되고 있으며, 이외에도 타원과 호를 이용하는 작업이 출제된 적도 있었습니다.
- 도형이나 글맵시, 글상자 등에 지시되어 있는 색상은 반드시 해당 색상으로 변경해야 하지만, 문제지에 색상이 지정되어 있지 않으면 서로 다른 임의의 색상(하양, 검정색 제외)을 선택하여 작업합니다.
- 《출력형태》를 참고하여 도형, 글상자, 글맵시, 그림의 위치를 지정합니다.

출제유형 완전정복

숏츠(Shorts)

01 다음의 《조건》에 따라 《출력형태》와 같이 문서를 작성하시오. (110점)

- 소스 파일 : [출제유형 06]-정복06_문제01.hwpx
- 정답 파일 : [출제유형 06]-정복06_정답01.hwpx

《조건》 (1) 그리기 도구를 이용하여 작성하고, 모든 도형(글맵시, 지정된 그림 포함)을 《출력형태》와 같이 작성하시오.
(2) 도형의 면색은 지시사항이 없으면 색 없음을 제외하고 서로 다르게 임의로 지정하시오.

《출력형태》

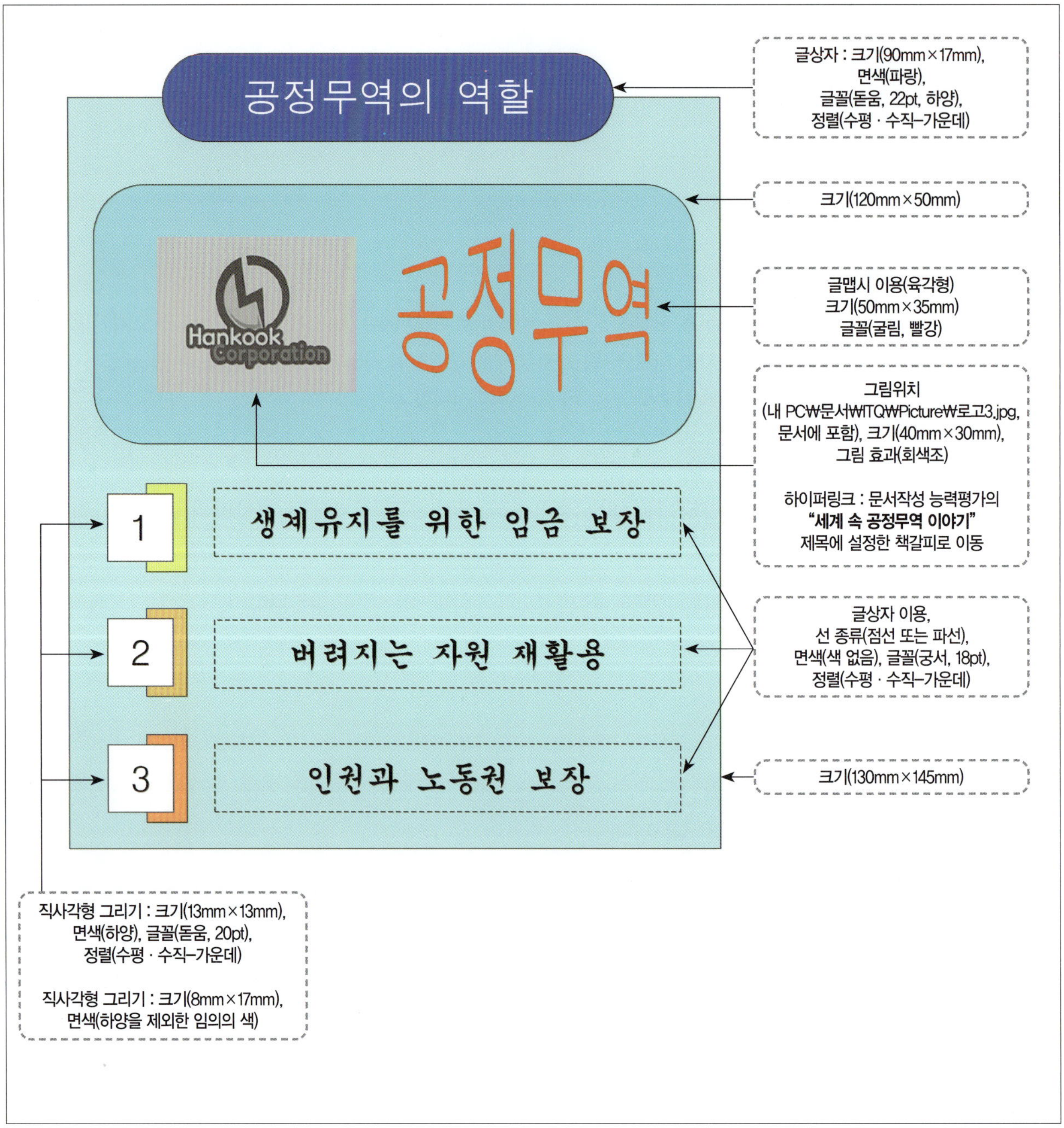

- 글상자 : 크기(90mm×17mm), 면색(파랑), 글꼴(돋움, 22pt, 하양), 정렬(수평·수직-가운데)
- 크기(120mm×50mm)
- 글맵시 이용(육각형) 크기(50mm×35mm) 글꼴(굴림, 빨강)
- 그림위치 (내 PC₩문서₩ITQ₩Picture₩로고3.jpg, 문서에 포함), 크기(40mm×30mm), 그림 효과(회색조)
- 하이퍼링크 : 문서작성 능력평가의 "세계 속 공정무역 이야기" 제목에 설정한 책갈피로 이동
- 글상자 이용, 선 종류(점선 또는 파선), 면색(색 없음), 글꼴(궁서, 18pt), 정렬(수평·수직-가운데)
- 크기(130mm×145mm)
- 직사각형 그리기 : 크기(13mm×13mm), 면색(하양), 글꼴(돋움, 20pt), 정렬(수평·수직-가운데)
- 직사각형 그리기 : 크기(8mm×17mm), 면색(하양을 제외한 임의의 색)

공정무역의 역할

공정무역

1 생계유지를 위한 임금 보장

2 버려지는 자원 재활용

3 인권과 노동권 보장

02 다음의 《조건》에 따라 《출력형태》와 같이 문서를 작성하시오. (110점)

• 소스 파일 : [출제유형 06]-정복06_문제02.hwpx   • 정답 파일 : [출제유형 06]-정복06_정답02.hwpx

《조건》 (1) 그리기 도구를 이용하여 작성하고, 모든 도형(글맵시, 지정된 그림 포함)을 《출력형태》와 같이 작성하시오.
(2) 도형의 면색은 지시사항이 없으면 색 없음을 제외하고 서로 다르게 임의로 지정하시오.

《출력형태》

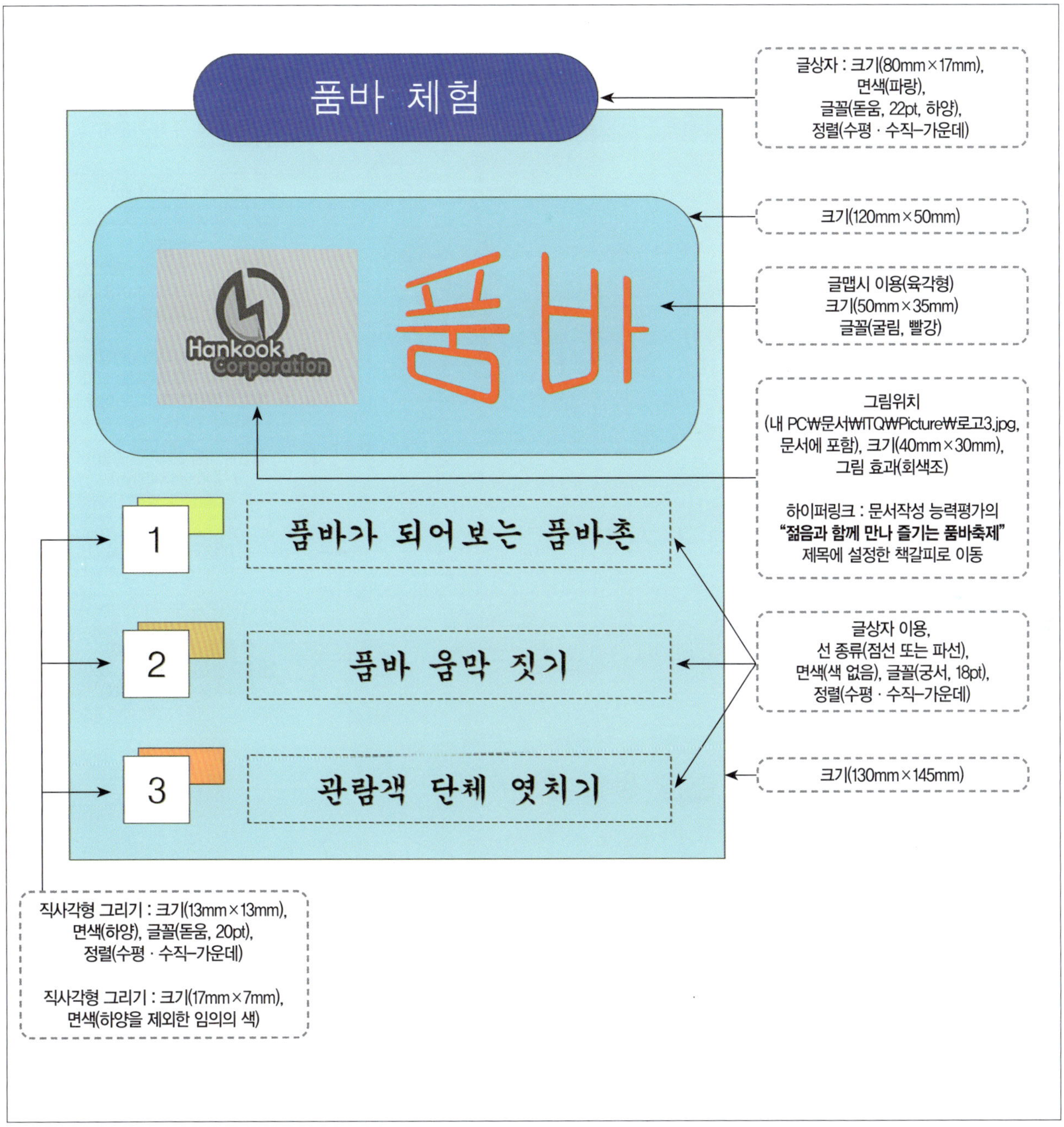

- 글상자 : 크기(80mm×17mm), 면색(파랑), 글꼴(돋움, 22pt, 하양), 정렬(수평·수직-가운데)
- 크기(120mm×50mm)
- 글맵시 이용(육각형) 크기(50mm×35mm) 글꼴(굴림, 빨강)
- 그림위치 (내 PC\문서\ITQ\Picture\로고3.jpg, 문서에 포함), 크기(40mm×30mm), 그림 효과(회색조)
- 하이퍼링크 : 문서작성 능력평가의 **"젊음과 함께 만나 즐기는 품바축제"** 제목에 설정한 책갈피로 이동
- 글상자 이용, 선 종류(점선 또는 파선), 면색(색 없음), 글꼴(궁서, 18pt), 정렬(수평·수직-가운데)
- 크기(130mm×145mm)
- 직사각형 그리기 : 크기(13mm×13mm), 면색(하양), 글꼴(돋움, 20pt), 정렬(수평·수직-가운데)
- 직사각형 그리기 : 크기(17mm×7mm), 면색(하양을 제외한 임의의 색)

숏츠(Shorts)

03 다음의 《조건》에 따라 《출력형태》와 같이 문서를 작성하시오. (110점)

- 소스 파일 : [출제유형 06]-정복06_문제03.hwpx
- 정답 파일 : [출제유형 06]-정복06_정답03.hwpx

《조건》 (1) 그리기 도구를 이용하여 작성하고, 모든 도형(글맵시, 지정된 그림 포함)을 《출력형태》와 같이 작성하시오.
(2) 도형의 면색은 지시사항이 없으면 색 없음을 제외하고 서로 다르게 임의로 지정하시오.

《출력형태》

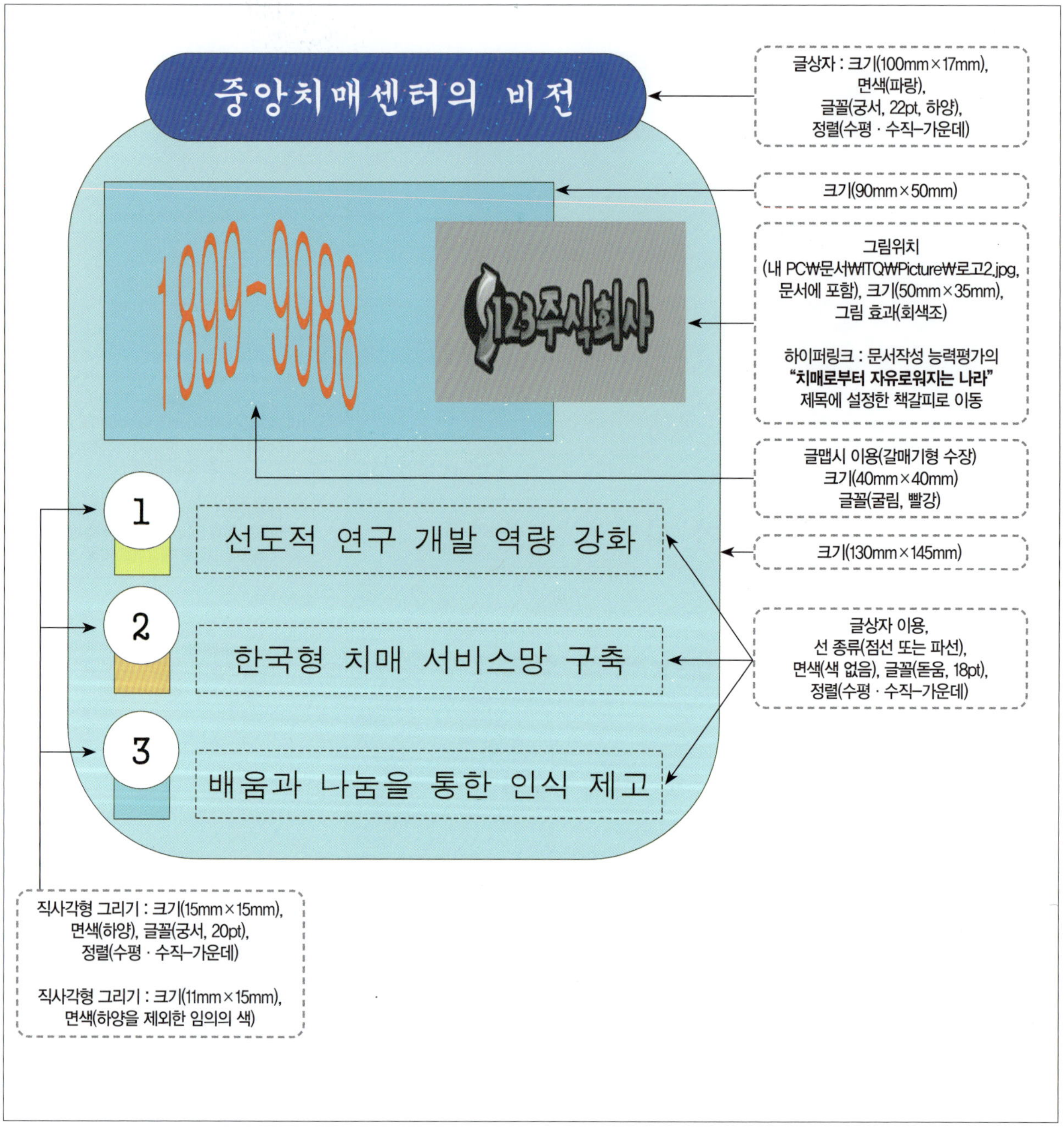

중앙치매센터의 비전
1899-9988
123주식회사
1
선도적 연구 개발 역량 강화
2
한국형 치매 서비스망 구축
3
배움과 나눔을 통한 인식 제고
글상자 : 크기(100mm×17mm), 면색(파랑), 글꼴(궁서, 22pt, 하양), 정렬(수평 · 수직-가운데)
크기(90mm×50mm)
그림위치 (내 PC₩문서₩ITQ₩Picture₩로고2.jpg, 문서에 포함), 크기(50mm×35mm), 그림 효과(회색조)
하이퍼링크 : 문서작성 능력평가의 "치매로부터 자유로워지는 나라" 제목에 설정한 책갈피로 이동
글맵시 이용(갈매기형 수장) 크기(40mm×40mm) 글꼴(굴림, 빨강)
크기(130mm×145mm)
글상자 이용, 선 종류(점선 또는 파선), 면색(색 없음), 글꼴(돋움, 18pt), 정렬(수평 · 수직-가운데)
직사각형 그리기 : 크기(15mm×15mm), 면색(하양), 글꼴(궁서, 20pt), 정렬(수평 · 수직-가운데)
직사각형 그리기 : 크기(11mm×15mm), 면색(하양을 제외한 임의의 색)

숏츠(Shorts)

04 다음의 《조건》에 따라 《출력형태》와 같이 문서를 작성하시오. (110점)

- 소스 파일 : [출제유형 06]-정복06_문제04.hwpx
- 정답 파일 : [출제유형 06]-정복06_정답04.hwpx

《조건》 (1) 그리기 도구를 이용하여 작성하고, 모든 도형(글맵시, 지정된 그림 포함)을 《출력형태》와 같이 작성하시오.
(2) 도형의 면색은 지시사항이 없으면 색 없음을 제외하고 서로 다르게 임의로 지정하시오.

《출력형태》

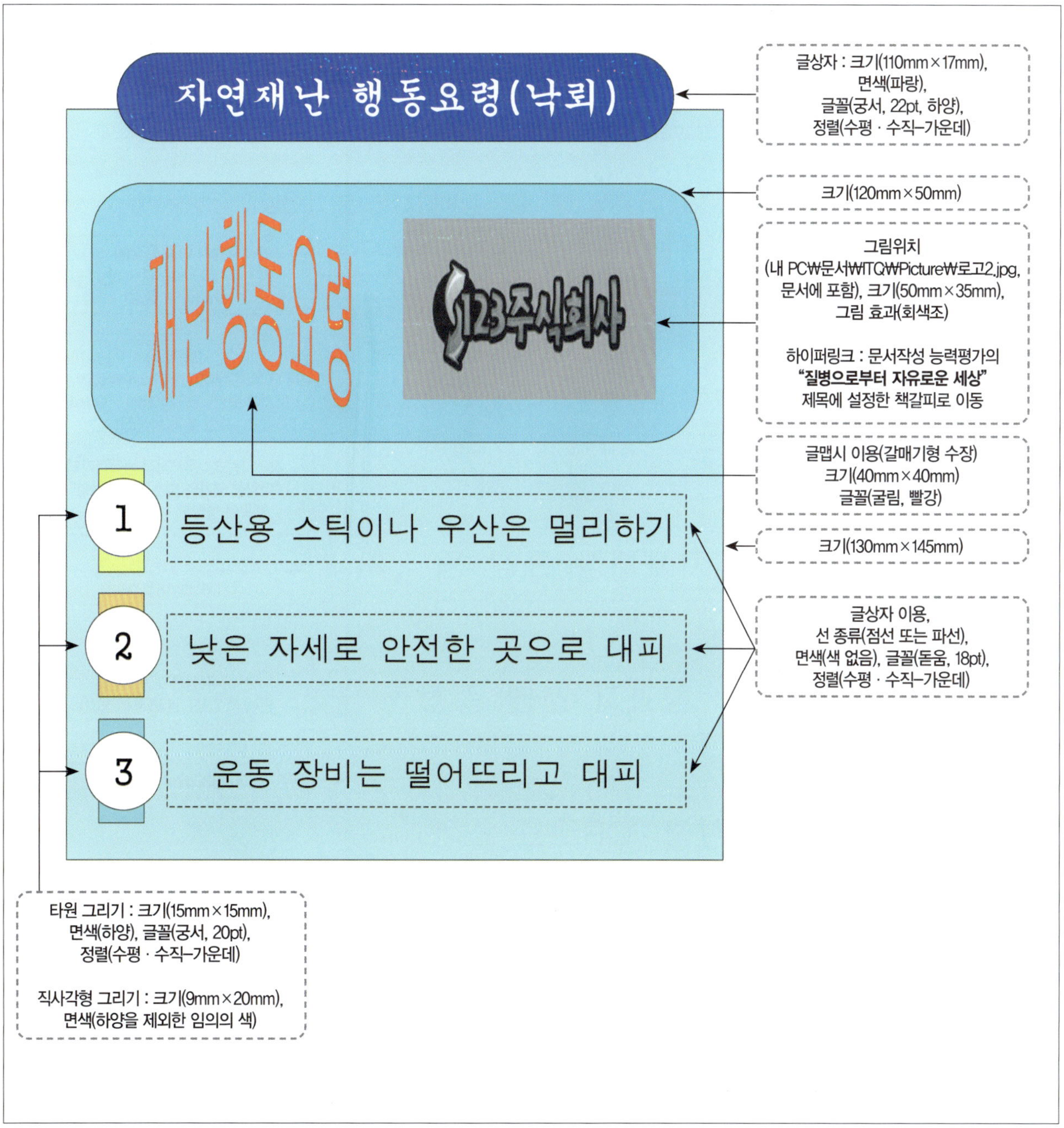

자연재난 행동요령(낙뢰)
재난행동요령
123주식회사
1
등산용 스틱이나 우산은 멀리하기
2
낮은 자세로 안전한 곳으로 대피
3
운동 장비는 떨어뜨리고 대피
글상자 : 크기(110mm×17mm), 면색(파랑), 글꼴(궁서, 22pt, 하양), 정렬(수평 · 수직-가운데)
크기(120mm×50mm)
그림위치 (내 PC₩문서₩ITQ₩Picture₩로고2.jpg, 문서에 포함), 크기(50mm×35mm), 그림 효과(회색조)
하이퍼링크 : 문서작성 능력평가의 **"질병으로부터 자유로운 세상"** 제목에 설정한 책갈피로 이동
글맵시 이용(갈매기형 수장) 크기(40mm×40mm) 글꼴(굴림, 빨강)
크기(130mm×145mm)
글상자 이용, 선 종류(점선 또는 파선), 면색(색 없음), 글꼴(돋움, 18pt), 정렬(수평 · 수직-가운데)
타원 그리기 : 크기(15mm×15mm), 면색(하양), 글꼴(궁서, 20pt), 정렬(수평 · 수직-가운데)
직사각형 그리기 : 크기(9mm×20mm), 면색(하양을 제외한 임의의 색)

05 다음의 《조건》에 따라 《출력형태》와 같이 문서를 작성하시오. (110점)

- 소스 파일 : [출제유형 06]-정복06_문제05.hwpx
- 정답 파일 : [출제유형 06]-정복06_정답05.hwpx

《조건》 (1) 그리기 도구를 이용하여 작성하고, 모든 도형(글맵시, 지정된 그림 포함)을 《출력형태》와 같이 작성하시오.
(2) 도형의 면색은 지시사항이 없으면 색 없음을 제외하고 서로 다르게 임의로 지정하시오.

《출력형태》

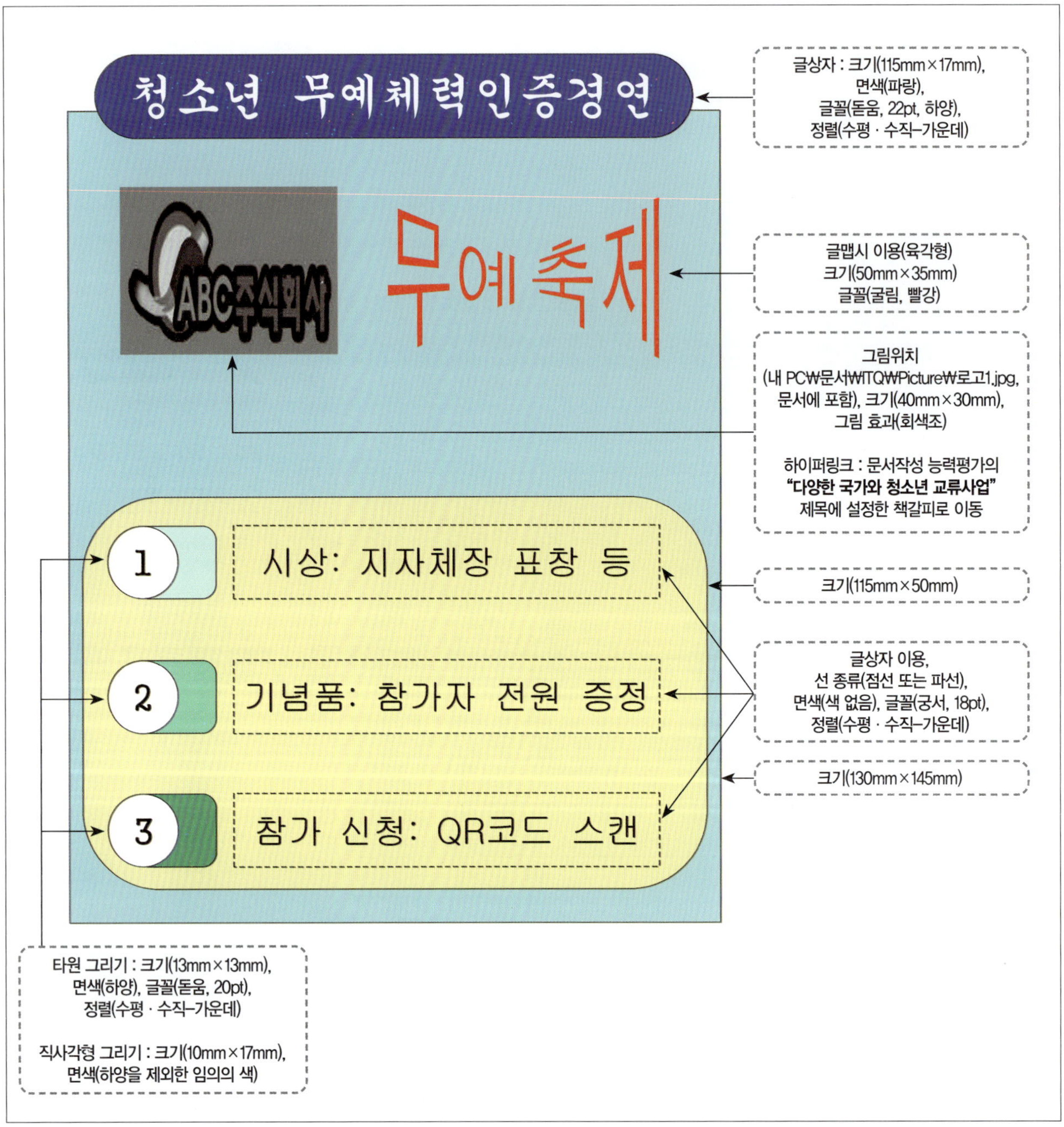

글상자 : 크기(115mm×17mm), 면색(파랑), 글꼴(돋움, 22pt, 하양), 정렬(수평·수직-가운데)

글맵시 이용(육각형) 크기(50mm×35mm) 글꼴(굴림, 빨강)

그림위치 (내 PC₩문서₩ITQ₩Picture₩로고1.jpg, 문서에 포함), 크기(40mm×30mm), 그림 효과(회색조)

하이퍼링크 : 문서작성 능력평가의 "**다양한 국가와 청소년 교류사업**" 제목에 설정한 책갈피로 이동

크기(115mm×50mm)

글상자 이용, 선 종류(점선 또는 파선), 면색(색 없음), 글꼴(궁서, 18pt), 정렬(수평·수직-가운데)

크기(130mm×145mm)

타원 그리기 : 크기(13mm×13mm), 면색(하양), 글꼴(돋움, 20pt), 정렬(수평·수직-가운데)

직사각형 그리기 : 크기(10mm×17mm), 면색(하양을 제외한 임의의 색)

06 다음의 《조건》에 따라 《출력형태》와 같이 문서를 작성하시오. (110점)

- 소스 파일 : [출제유형 06]-정복06_문제06.hwpx
- 정답 파일 : [출제유형 06]-정복06_정답06.hwpx

《조건》 (1) 그리기 도구를 이용하여 작성하고, 모든 도형(글맵시, 지정된 그림 포함)을 《출력형태》와 같이 작성하시오.
(2) 도형의 면색은 지시사항이 없으면 색 없음을 제외하고 서로 다르게 임의로 지정하시오.

《출력형태》

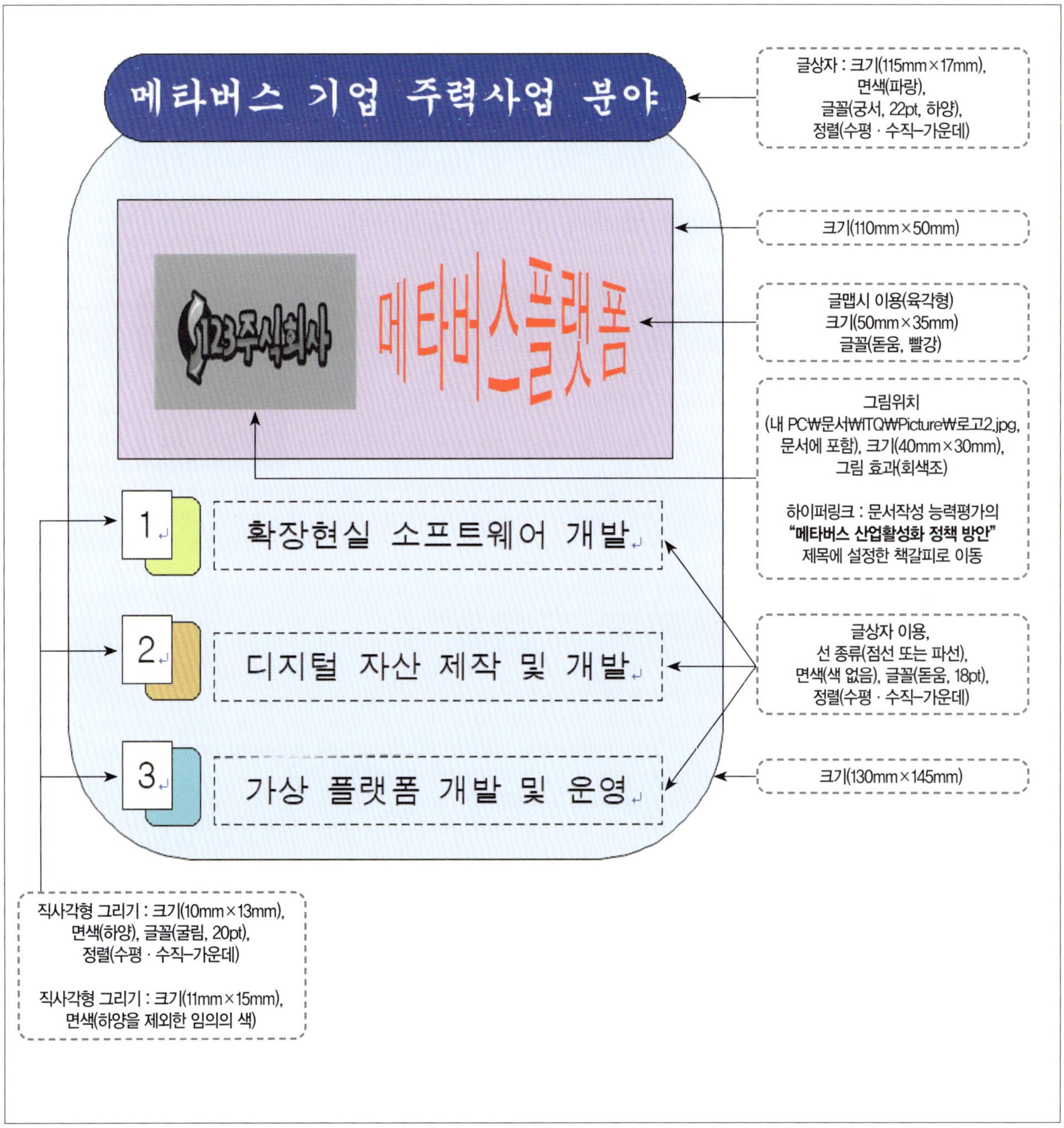

메타버스 기업 주력사업 분야 ← 글상자 : 크기(115mm×17mm), 면색(파랑), 글꼴(궁서, 22pt, 하양), 정렬(수평·수직-가운데)

← 크기(110mm×50mm)

123주식회사   메타버스플랫폼 ← 글맵시 이용(육각형) 크기(50mm×35mm) 글꼴(돋움, 빨강)

← 그림위치 (내 PC₩문서₩ITQ₩Picture₩로고2.jpg, 문서에 포함), 크기(40mm×30mm), 그림 효과(회색조)

하이퍼링크 : 문서작성 능력평가의 **"메타버스 산업활성화 정책 방안"** 제목에 설정한 책갈피로 이동

1. 확장현실 소프트웨어 개발
2. 디지털 자산 제작 및 개발
3. 가상 플랫폼 개발 및 운영

← 글상자 이용, 선 종류(점선 또는 파선), 면색(색 없음), 글꼴(돋움, 18pt), 정렬(수평·수직-가운데)

← 크기(130mm×145mm)

직사각형 그리기 : 크기(10mm×13mm), 면색(하양), 글꼴(굴림, 20pt), 정렬(수평·수직-가운데)

직사각형 그리기 : 크기(11mm×15mm), 면색(하양을 제외한 임의의 색)

문서작성 능력평가

- ☑ 내용 입력 후 제목 및 머리말 편집하기
- ☑ 문자표 입력 및 문단 번호 모양 지정하기
- ☑ 문단 첫 글자 장식 및 각주 입력하기
- ☑ 그림 및 표 입력하기
- ☑ 기관명 및 쪽 번호 입력하기

문제 미리보기

소스 파일 : [출제유형 07]-유형07_문제.hwpx　　정답 파일 : [출제유형 07]-유형07_정답.hwpx

〈문서작성 능력평가〉 (200점)

- 글꼴 : 궁서, 18pt, 진하게, 가운데 정렬
- 책갈피 이름 : 국제의식
- 덧말 넣기

- 머리말 기능
- 굴림, 10pt, 오른쪽 정렬 → 청소년 국제교류

- 그림위치(내 PC\문서\ITQ\Picture\그림4.jpg, 문서에 포함)
- 자르기 기능 이용, 크기(35mm×45mm),
- 바깥 여백 왼쪽 : 2mm

글로벌 리더십
다양한 국가와 청소년 교류사업

- 문단 첫 글자 장식 기능
- 글꼴 : 돋움, 면색 : 노랑

우리 사회가 점점 세계화 되어감에 따라 서로 다른 문화(文化) 배경을 지닌 사람들에 대하여 서로의 문화를 존중하고 공감할 줄 아는 능력이 점차 중요한 사회적 역량으로 대두되고 있다. 특히 청소년(靑少年)들은 우리 사회의 미래를 이끌어 나갈 것이므로 우리의 청소년들이 국제교류 활동을 통하여 국제 감각을 갖춘 글로벌 인재로 성장할 수 있는 환경을 조성하는 일은 더욱 중요한 과제이다. 청소년의 국제 감각 함양 및 글로벌 역량 강화에 대한 중요성은 일찍이 인식되었다.

외교부의 국제교류사업은 매우 방대하며 특정 나이, 대상은 없다. 주로 한국국제협력단ⓐ을 중심으로 이루어지고 있으며 지역이나 주제, 프로그램의 유형별로 기획이 되는데, 그중 청소년과 직접적으로 관련 있는 사업으로는 글로벌 인재 양성 사업이라고 볼 수 있다. 그간 활발히 추진되어 온 청소년 국제교류사업이 최근 들어 나타난 코로나 사태로 인하여 기존의 청소년 국제교류 활동을 위축시키는 결과를 낳았고, 기존의 방식과 같은 교류국 방문 형태의 교류가 사실상 어렵게 됨에 따라, 이에 대한 대응의 차원에서도 새로운 국제교류 운영방안이 필요한 실정이다.

♣ 청소년 교류센터의 역할　← 글꼴 : 굴림, 18pt, 하양 / 음영색 : 빨강

　A. 사업추진 방향
　　ⓐ 청소년의 국제이해 증진 및 세계시민으로서 역량 강화
　　ⓑ 국내외 청소년의 교류 다양화를 통한 상호이해 및 신뢰 증진 등
　B. 주요 기능
　　ⓐ 국제활동 중장기 계획 수립 및 연구
　　ⓑ 국내외 청소년 교류활동 운영 및 협력에 관한 사항 등

- 문단 번호 기능 사용
- 1수준 : 20pt, 오른쪽 정렬,
- 2수준 : 30pt, 오른쪽 정렬,
- 줄 간격 : 180%

♣ *청소년 국제교류사업 개요*　← 글꼴 : 굴림, 18pt, 기울임, 강조점

- 표 전체 글꼴 : 굴림, 10pt, 가운데 정렬
- 셀 배경(그러데이션) : 유형(가로),
- 시작색(하양), 끝색(노랑)

사업명	대상	규모	근거
국가 간 청소년교류	만 16세 - 만 24세	초청 150명, 파견 150명	청소년활동 진흥법 제54조 (국제 청소년교류 활동의 지원)
국제회의 및 행사 파견		33명 내외	
해외지원 봉사단	만 15세 - 만 20세	약 140명	
국제 청소년 포럼	만 18세 - 만 24세	10여 개국 200명	
국제 청소년 캠페스트	초중고 청소년 및 지도자	20여 개국 5,000명	

- 글꼴 : 궁서, 24pt, 진하게
- 장평 105%, 오른쪽 정렬 → **청소년 교류센터**

- 각주 구분선 : 5cm

ⓐ KOICA : 대한민국의 국제개발 사업을 주관하는 외교부 산하 위탁집행형 준정부기관

- 쪽 번호 매기기
- 5로 시작 → ⑤

Part 02 · 출제유형 완전정복　116　Chapter 07 · 문서작성 능력평가

STEP 1 내용 입력 후 편집하기-1 [제목 및 머리말]

글꼴 : 궁서, 18pt, 진하게, 가운데 정렬
책갈피 이름 : 국제의식, 덧말 넣기

■ 내용 입력 및 제목 편집하기

① 한글 2022 프로그램을 실행한 후 [파일]-[불러오기]를 클릭합니다. [불러오기] 대화상자가 나오면 '유형07_문제.hwpx' 파일을 불러옵니다.

② 3페이지의 세 번째 줄을 클릭한 후 문제지를 보면서 다음과 같이 내용을 입력합니다.

> 다양한 국가와 청소년 교류사업
>
> 우리 사회가 점점 세계화 되어감에 따라 서로 다른 문화 배경을 지닌 사람들에 대하여 서로의 문화를 존중하고 공감할 줄 아는 능력이 점차 중요한 사회적 역량으로 대두되고 있다. 특히 청소년들은 우리 사회의 미래를 이끌어 나갈 것이므로 우리의 청소년들이 국제교류 활동을 통하여 국제 감각을 갖춘 글로벌 인재로 성장할 수 있는 환경을 조성하는 일은 더더욱 중요한 과제이다. 청소년의 국제 감각 함양 및 글로벌 역량 강화에 대한 중요성은 일찍이 인식되었다.
>
> 외교부의 국제교류사업은 매우 방대하며 특정 나이, 대상은 없다. 주로 한국국제협력단을 중심으로 이루어지고 있으며 지역이나 주제, 프로그램의 유형별로 기획이 되는데, 그중 청소년과 직접적으로 관련 있는 사업으로는 글로벌 인재 양성 사업이라고 볼 수 있다. 그간 활발히 추진되어 온 청소년 국제교류사업이 최근 들어 나타난 코로나 사태로 인하여 기존의 청소년 국제교류 활동을 위축시키는 결과를 낳았고, 기존의 방식과 같은 교류국 방문 형태의 교류가 사실상 어렵게 됨에 따라, 이에 대한 대응의 차원에서도 새로운 국제교류 운영방안이 필요한 실정이다.

③ 3페이지의 제목인 '다양한 국가와 청소년 교류사업'을 드래그하여 블록으로 지정한 후 서식 도구 상자에서 글꼴(궁서), 글자 크기(18pt), 진하게(가), 가운데 정렬(≡)을 지정합니다.

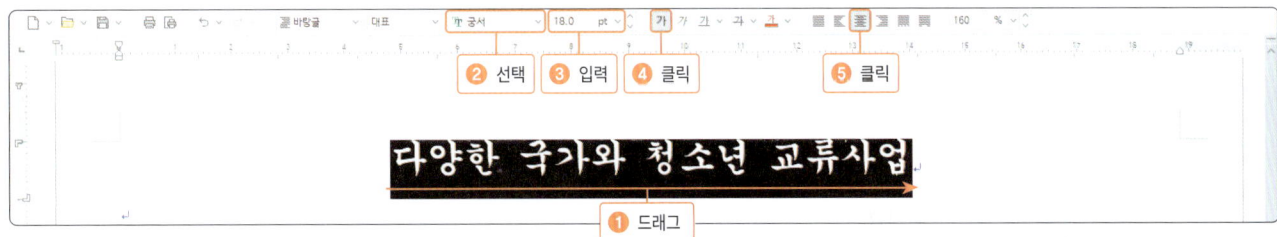

④ [입력] 탭의 목록 단추(▽)-[덧말 넣기]를 클릭합니다.

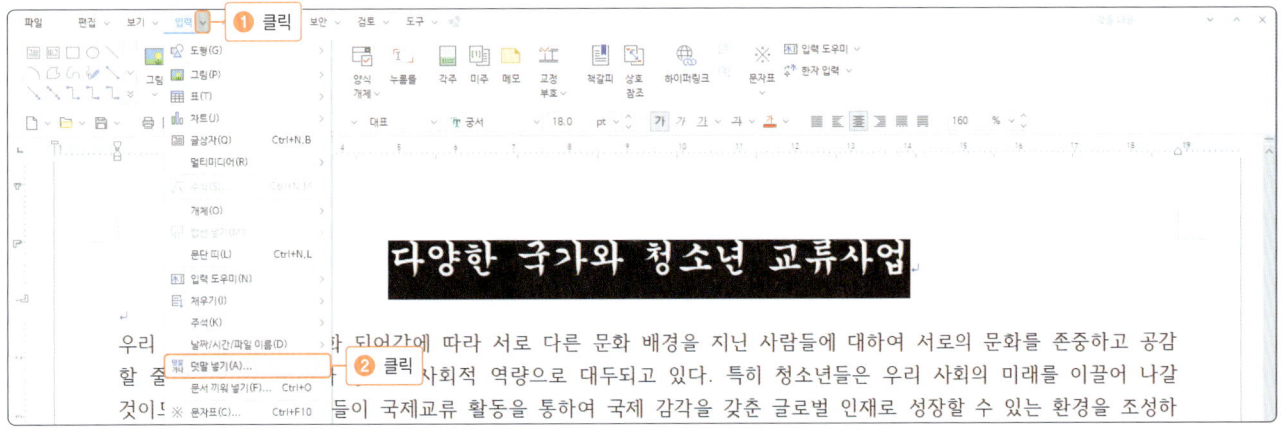

⑤ [덧말 넣기] 대화상자가 나오면 덧말 입력 칸에 '글로벌 리더십'을 입력한 후 〈넣기〉 단추를 클릭합니다.

※ 덧말 위치는《출력형태》를 참고하여 지정합니다.

■ 머리말 입력 및 편집하기

머리말 기능 : 굴림, 10pt, 오른쪽 정렬

① 머리말을 추가하기 위해 [쪽] 탭에서 [머리말(▤)]-[위쪽]-모양 없음(또는 Ctrl + N, H)을 클릭합니다.

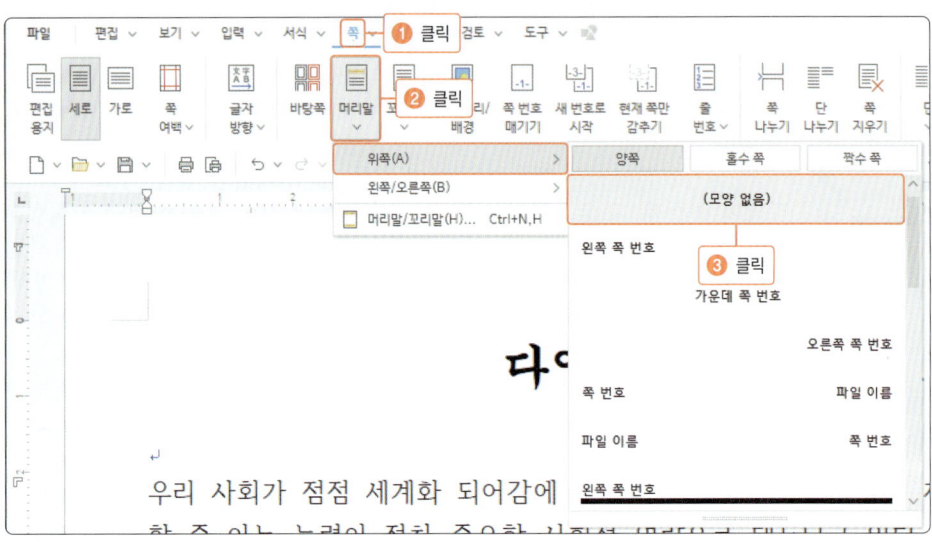

② 머리말 입력 화면을 클릭하여 '청소년 국제교류'를 입력한 후 해당 내용을 블록으로 지정합니다. 이어서, 서식 도구 상자에서 글꼴(굴림), 글자 크기(10pt), 오른쪽 정렬(▤)을 지정합니다.

③ 머리말 입력 작업이 끝나면 [머리말/꼬리말] 탭에서 닫기(⊗)(또는 Shift + Esc)를 클릭합니다.

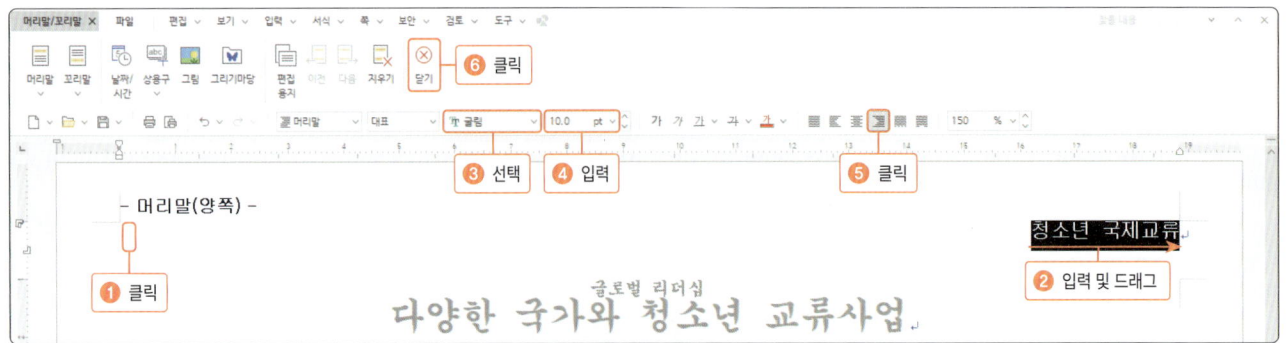

④ 입력된 머리말을 확인합니다.

※ 입력된 머리말 또는 덧말을 더블 클릭하여 해당 내용을 수정할 수 있습니다.

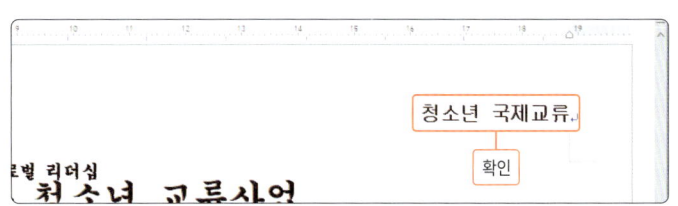

머리말이 보이지 않을 경우

입력한 머리말이 보이지 않을 경우에는 [보기] 탭에서 쪽 윤곽(□)(또는 Ctrl+G, L)을 클릭하여 활성화합니다.

STEP 2 문단 첫 글자 장식, 한자 및 각주 입력하기

문단 첫 글자 장식 기능 – 글꼴 : 돋움, 면색 : 노랑

■ **문단 첫 글자 장식하기**

① 문단 첫 글자 장식을 지정하기 위해 첫 번째 문단 내용 '우리' 앞을 클릭한 후 [서식] 탭에서 문단 첫 글자 장식()을 클릭합니다.

※ [서식] 탭의 목록 단추(▽)를 클릭한 후 [문단 첫 글자 장식]을 선택할 수도 있습니다.

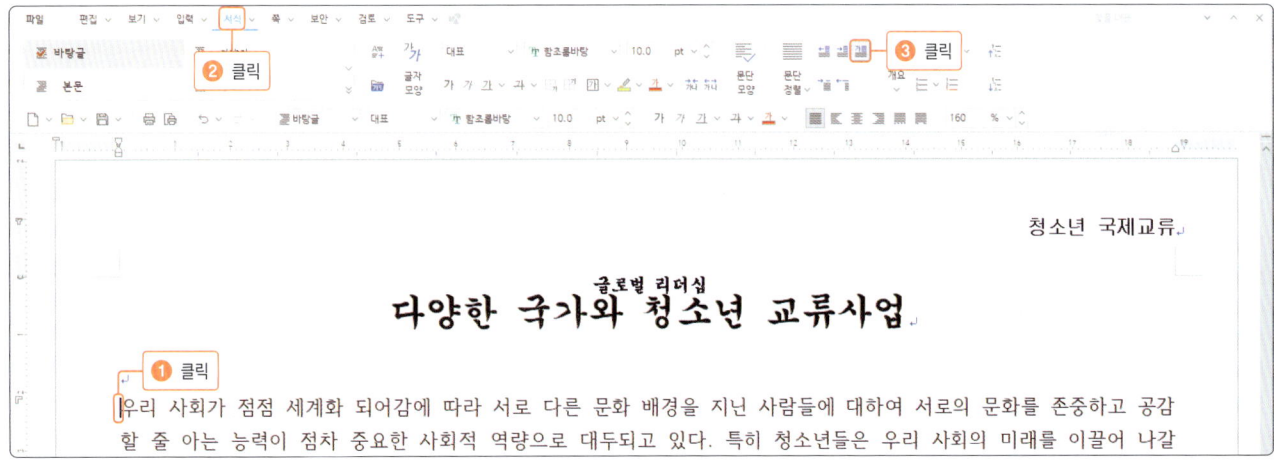

② [문단 첫 글자 장식] 대화상자가 나오면 모양-2줄, 글꼴/테두리-글꼴(돋움), 면 색(노랑)을 선택한 후 〈설정〉 단추를 클릭합니다.

※ 면 색(노랑)은 [오피스] 색상 테마에서 지정합니다.

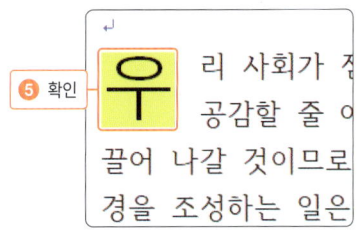
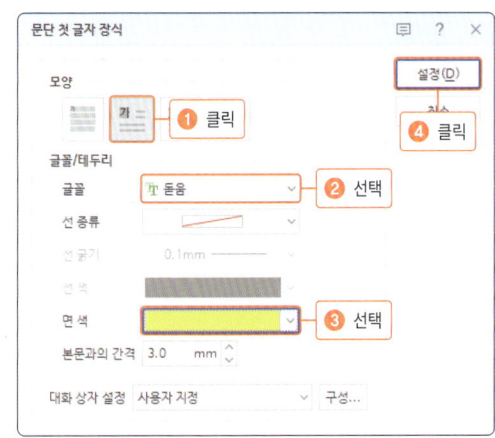

■ 한자 입력하기

① 문제지에서 한자로 변환할 단어(문화, 청소년)를 확인한 후 '문화'을 드래그하여 블록으로 지정합니다. 이어서, [입력] 탭에서 한자 입력( )(또는 F9)을 클릭합니다.

※ 한자로 변환할 단어(문화)를 블록 지정이 아닌 단어의 뒤쪽(화)을 클릭한 후 F9 또는 한자 키를 눌러도 결과는 동일합니다.

② [한자로 바꾸기] 대화상자가 나오면 한자 목록에서 문제지와 일치하는 한자를 찾아서 클릭합니다. 이어서, 입력형식 – '한글(漢字)'를 선택한 후 〈바꾸기〉 단추를 클릭합니다.

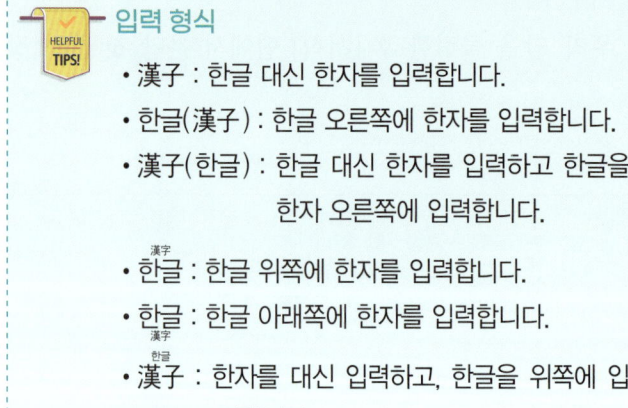

입력 형식

- 漢字 : 한글 대신 한자를 입력합니다.
- 한글(漢字) : 한글 오른쪽에 한자를 입력합니다.
- 漢字(한글) : 한글 대신 한자를 입력하고 한글을 한자 오른쪽에 입력합니다.
- ^{漢字}한글 : 한글 위쪽에 한자를 입력합니다.
- 한글$_{漢字}$: 한글 아래쪽에 한자를 입력합니다.
- 漢字$_{한글}$: 한자를 대신 입력하고, 한글을 위쪽에 입력합니다.
- ^{한글}漢字 : 한자를 대신 입력하고, 한글을 아래쪽에 입력합니다.

한자로 바꾸기

- 실제 시험에서 출제되는 한자 단어의 개수는 대부분 2~3개이므로 문제지에 나오는 한자 단어의 개수를 세어 빠뜨린 부분이 없는지 확인합니다.
- 한자 변환 작업 시 두 개 이상의 단어를 하나로 합치는 문제가 나올 수도 있습니다. 2개의 단어로 구분된 한자를 문제지에 맞게 이어 붙이고 괄호를 지워서 답안을 작성합니다.
  예) 단일체제 → 단일(單一) 체제(體制) → 단일체제(單一體制)

❸ 똑같은 방법으로 문제지를 확인하여 다른 단어들도 한자로 변환합니다.

> 우리 사회가 점점 세계화 되어감에 따라 서로 다른 문화(文化) 배경을 지닌 사람들에 대하여 서로의 문화를 존중하고 공감할 줄 아는 능력이 점차 중요한 사회적 역량으로 대두되고 있다. 특히 청소년(靑少年)들 한자 변환 사회의 미래를 이끌어 나갈 것이므로 우리의 청소년들이 국제교류 활동을 통하여 국제 감각을 갖춘 글로벌 인재로 성장할 수 있는 환경을 조성하는 일은 더더욱 중요한 과제이다. 청소년의 국제 감각 함양 및 글로벌 역량 강화에 대한 중요성은 일찍이 인식되었다.
>
> 외교부의 국제교류사업은 매우 방대하며 특정 나이, 대상은 없다. 주로 한국국제협력단을 중심으로 이루어지고 있으며 지역이나 주제, 프로그램의 유형별로 기획이 되는데, 그중 청소년과 직접적으로 관련 있는 사업으로는 글로벌 인재 양성 사업이라고 볼 수 있다. 그간 활발히 추진되어 온 청소년 국제교류사업이 최근 들어 나타난 코로나 사태로 인하여 기존의 청소년 국제교류 활동을 위축시키는 결과를 낳았고, 기존의 방식과 같은 교류국 방문 형태의 교류가 사실상 어렵게 됨에 따라, 이에 대한 대응의 차원에서도 새로운 국제교류 운영방안이 필요한 실정이다.

■ 각주 입력하기

각주 구분선 : 5cm

❶ 문제지 왼쪽 아래의 각주 내용을 확인하고 각주를 입력할 단어 '한국국제협력단' 뒤를 클릭한 후 [입력] 탭에서 각주(□)(또는 Ctrl + N, N)를 클릭합니다..

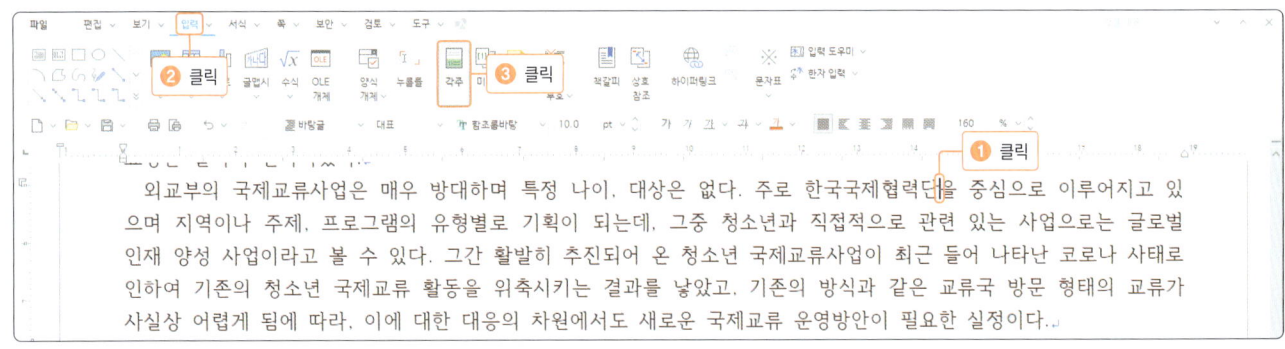

❷ 각주 입력 화면이 나오면 [주석] 탭에서 각주/미주 모양(□)을 클릭합니다.

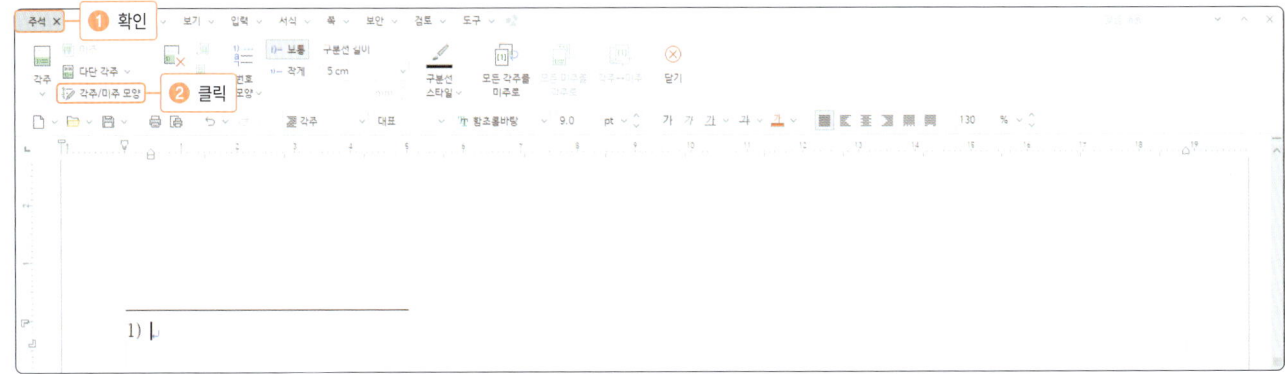

❸ [주석 모양] 대화상자가 나오면 번호 모양 – 'ⓐ, ⓑ, ⓒ'을 선택합니다. 이어서, 구분선 길이(5cm)를 확인한 후 〈설정〉 단추를 클릭합니다.

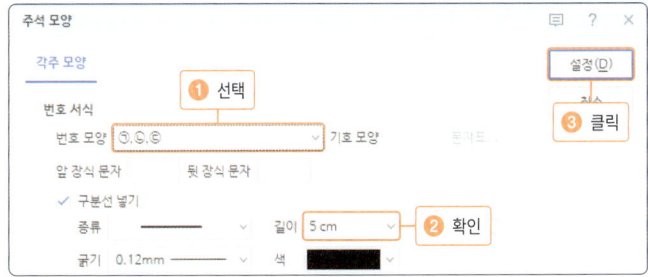

④ 각주 번호 모양이 변경되면 문제지를 보면서 다음과 같이 각주 내용을 입력합니다. 이어서, [주석] 탭에서 닫기(⊗)(또는 Shift + Esc)를 클릭합니다.

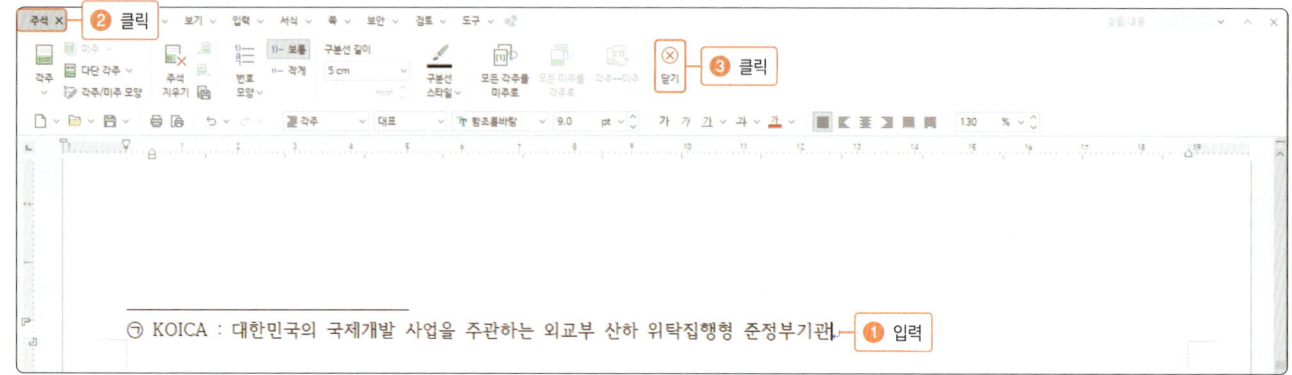

각주
각주란 본문 내용에서 특정 단어의 뜻을 보충 설명하기 위해 문서 아래쪽에 해당 내용을 추가하는 기능으로 ITQ 한글 시험에서는 한 개의 단어에 각주를 지정하는 문제가 출제되고 있습니다.

STEP 3 그림 삽입하기

그림위치(내 PC₩문서₩ITQ₩Picture₩그림4.jpg, 문서에 포함)
자르기 기능 이용, 크기(35mm×45mm), 바깥 여백 왼쪽 :2mm

① 그림을 삽입하기 위해 [입력] 탭에서 그림(🖼)(또는 Ctrl + N, I)을 클릭합니다.

② [그림 넣기] 대화상자가 나오면 [내 PC₩문서₩ITQ₩Picture] 폴더에서 '그림4.jpg' 파일을 선택한 후 〈열기〉 단추를 클릭합니다.

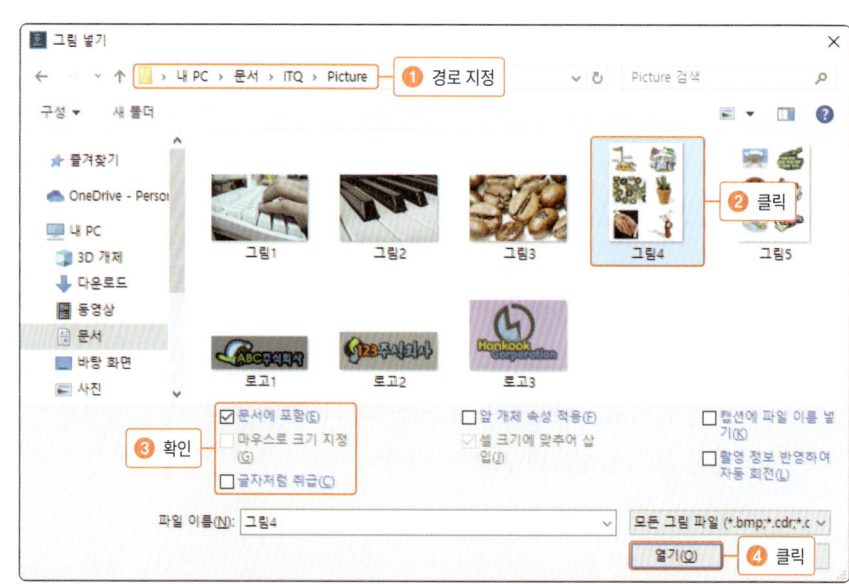

그림 넣기
'문서에 포함'을 제외한 나머지 '글자처럼 취급'과 '마우스로 크기 지정'이 선택(☑)되어 있다면 선택을 해제합니다.

❸ 삽입된 그림을 클릭한 후 Shift 키를 누른 채 조절점(■)을 드래그하여 《출력형태》처럼 그림을 자릅니다.

※ [그림(🌷)] 탭에서 자르기(✂)를 클릭하여 작업할 수 있습니다.

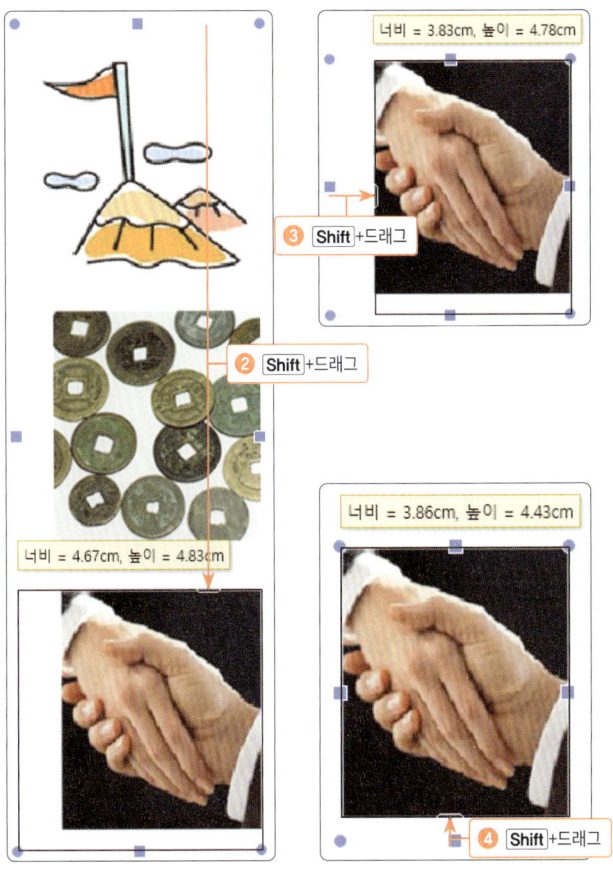

❹ 그림의 속성을 지정하기 위해 그림 위에서 마우스 오른쪽 단추를 눌러 바로 가기 메뉴가 나오면 [개체 속성]을 클릭합니다.

※ 삽입된 그림을 더블 클릭하여 [개체 속성] 대화상자를 실행할 수도 있습니다.

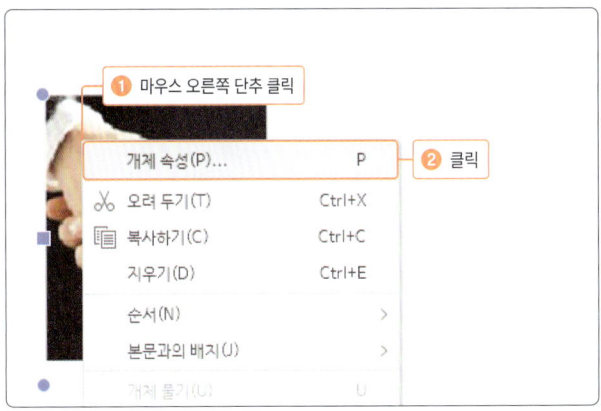

❺ [개체 속성] 대화상자가 나오면 [기본] 탭에서 크기 – 너비(35mm), 높이(45mm)를 입력한 후 크기 고정을 클릭하여 선택(☑)합니다. 이어서, 본문과의 배치 – 어울림(▦)을 선택한 후 [여백/캡션] 탭을 클릭합니다.

❻ [여백/캡션] 탭에서 바깥 여백 – 왼쪽(2mm)을 입력한 후 〈설정〉 단추를 클릭합니다.

 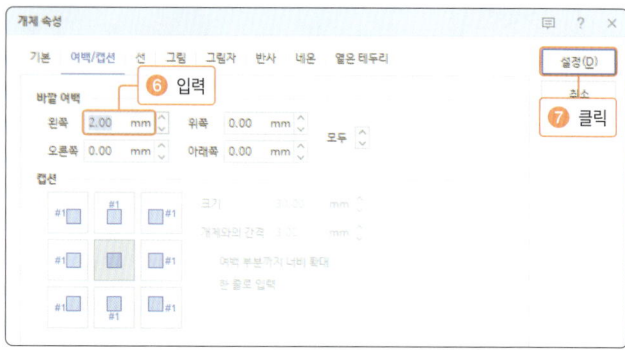

❼ 속성 지정이 완료되면 《출력형태》를 참고하여 다음과 같이 그림의 위치를 변경한 후 문장 오른쪽 끝의 글자들이 《출력형태》와 같은지 확인합니다.

※ 만약 오른쪽 끝 부분의 글자가 《출력형태》와 다를 경우에는 '글자 누락, 오타, 띄어쓰기' 등을 다시 한 번 확인하시기 바랍니다.

우리 사회가 점점 세계화 되어감에 따라 서로 다른 문화(文化) 배경을 지닌 사람들에 대하여 서로의 문화를 존중하고 공감할 줄 아는 능력이 점차 중요한 사회적 역량으로 대두되고 있다. 특히 청소년(靑少年)들은 우리 사회의 미래를 이끌어 나갈 것이므로 우리는 청소년들이 국제교류 활동을 통하여 국제 감각을 갖춘 글로벌 인재로 성장할 수 있는 환경을 조성하는 일은 더더욱 중요한 과제이다. 청소년의 국제 감각 함양 및 글로벌 역량 강화에 대한 중요성은 일찍이 인식되었다.

외교부의 국제교류사업은 매우 방대하며 특정 나이, 대상은 없다. 주로 한국국제협력단을 중심으로 이루어지고 있으며 지역이나 주제, 프로그램의 유형별로 기획이 되는데, 그중 청소년과 직접적으로 관련 있는 사업으로는 글로벌 인재 양성 사업이라고 볼 수 있다. 그간 활발히 추진되어 온 청소년 국제교류사업이 최근 들어 나타난 코로나 사태로 인하여 기존의 청소년 국제교류 활동을 위축시키는 결과를 낳았고. 기존의 방식과 같은 교류국 방문 형태의 교류가 사실상 어렵게 됨에 따라, 이에 대한 대응의 차원에서도 새로운 국제교류 운영방안이 필요한 실정이다.

STEP 4 내용 입력 후 편집하기-2(문자표 및 문단 번호)

■ 내용 입력 및 문자표 입력하기

① 입력한 내용의 마지막 줄 '실정이다.' 뒤쪽을 클릭한 후 Enter 키를 두 번 누릅니다. 이어서, 문제지를 보면서 나머지 내용 및 표를 입력합니다.

② 표 입력은 [입력] 탭에서 표()를 클릭한 후 《출력형태》를 참고하여 표(줄 수 : 6, 칸 수 : 4)를 입력합니다.

※ 표를 작성할 때 '글자처럼 취급'을 지정한 후 표를 만듭니다.

※ 셀 합치기 : 셀을 블록으로 지정한 후 [표] 탭에서 셀 합치기(▦)(또는 M)를 클릭합니다.

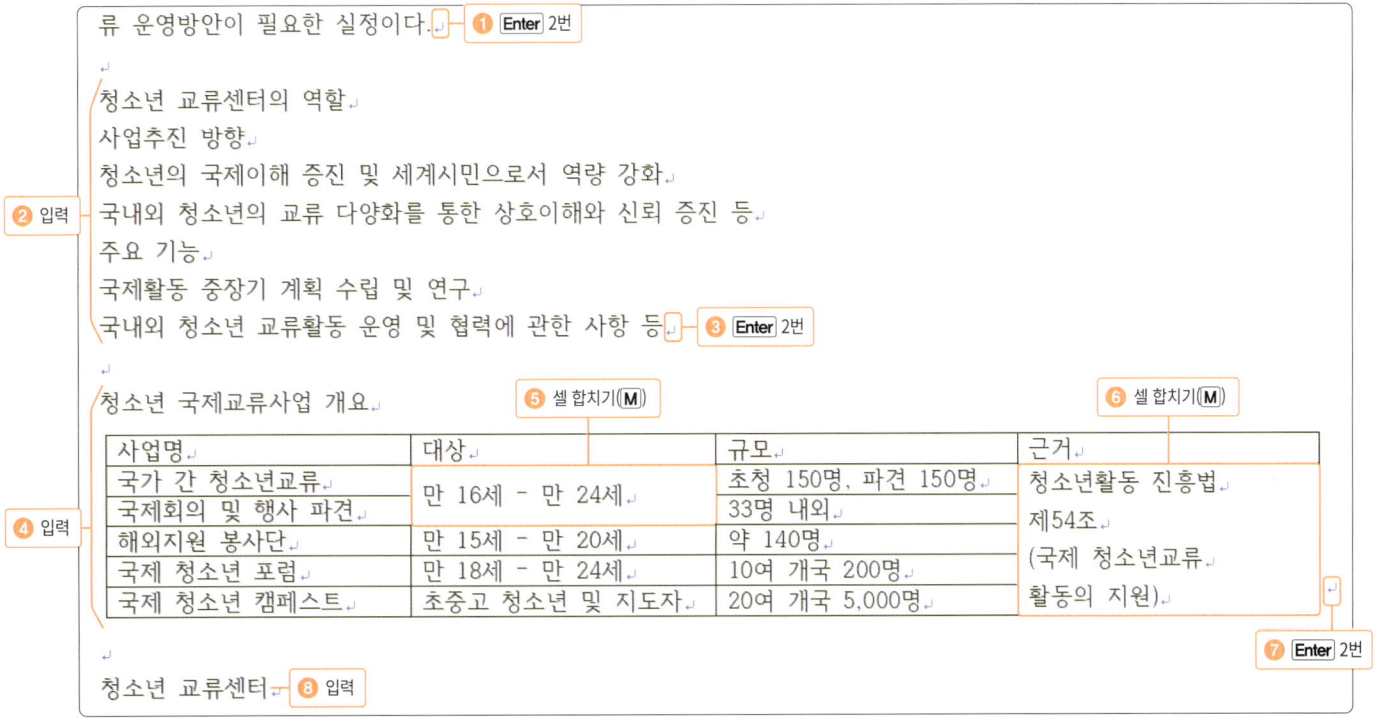

③ 문자표(♣)를 입력하기 위해 '청소년' 글자 앞쪽을 클릭합니다. 이어서, [입력] 탭에서 문자표(※)의 목록 단추(문자표)를 클릭한 후 문자표(Ctrl + F10)를 선택합니다.

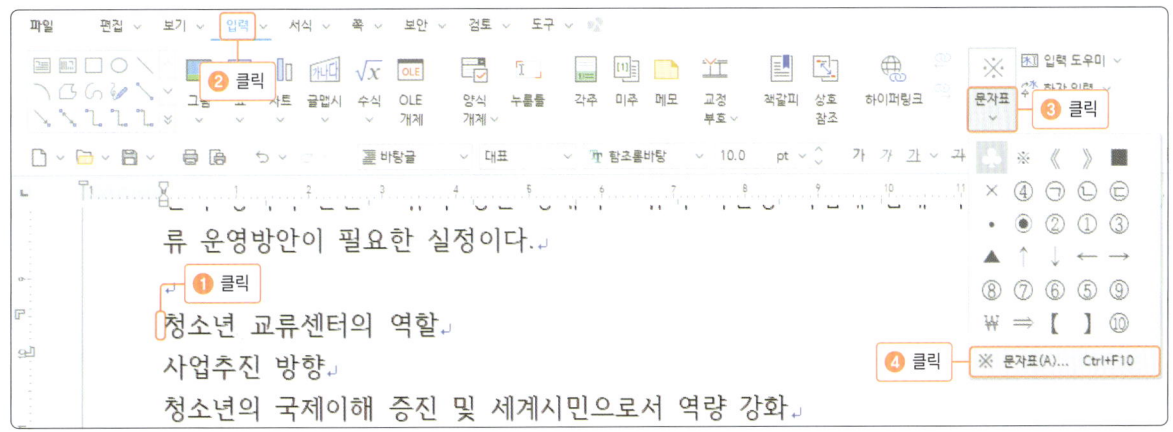

④ [문자표 입력] 대화상자가 나오면 [훈글(HNC) 문자표]-[문자 영역]-[전각 기호(일반)]에서 '♣' 모양을 선택한 후 〈넣기〉 단추를 클릭합니다.

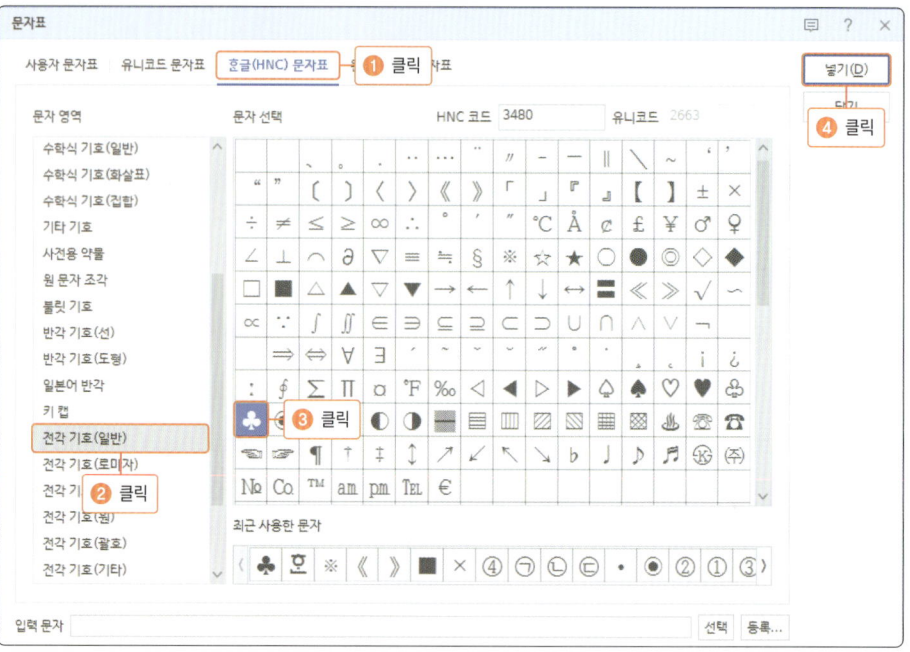

⑤ 문자표가 입력되면 SpaceBar 키를 눌러 한 칸 띄웁니다. 이어서, 똑같은 방법으로 표 제목 앞에 문자표(♣)를 입력합니다.

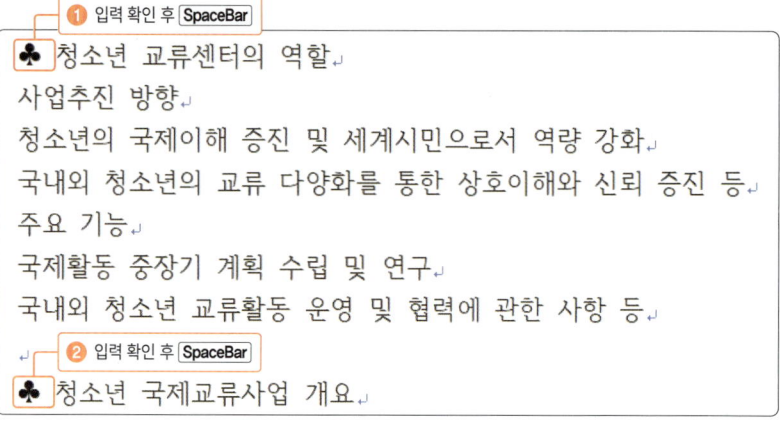

 삽입/수정 전환(Insert)

만약 문자표 입력 후 SpaceBar 키를 눌렀을 때 뒤쪽의 글자가 삭제(수정 상태)되면 Ctrl+Z 키를 눌러 이전 상태로 되돌립니다. 이어서, Insert 키를 눌러 '삽입' 상태로 전환한 후 다음 작업을 진행합니다.

■ 소제목 편집하기

글꼴 : 굴림, 18pt, 하양, 음영색 : 빨강

① '♣ 청소년 교류센터의 역할'을 드래그하여 블록으로 지정한 후 서식 도구 상자에서 글꼴(굴림), 글자 크기(18pt)를 지정합니다.

❷ Esc 키를 눌러 블록 지정을 해제한 후 '청소년 교류센터의 역할'만 드래그하여 블록으로 지정합니다. 이어서, 마우스 오른쪽 단추를 눌러 바로 가기 메뉴가 나오면 [글자 모양]을 클릭합니다.

※ [서식] 탭의 목록 단추(▽)를 클릭한 후 [글자 모양]을 선택하거나, Alt + L 키를 눌러 글자 모양을 지정할 수도 있습니다.

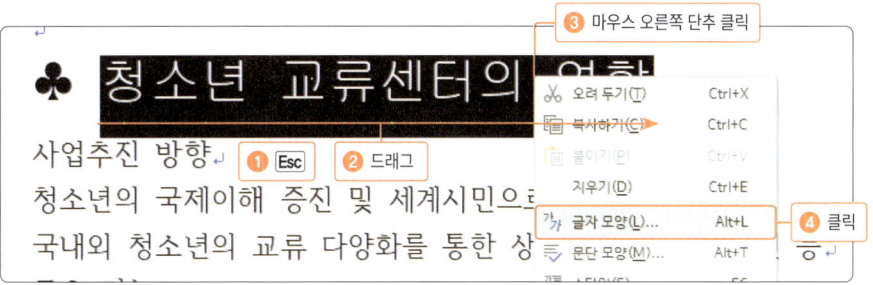

❸ [글자 모양] 대화상자가 나오면 [기본] 탭에서 속성 – 글자 색(하양), 음영 색(빨강)을 지정한 후 〈설정〉 단추를 클릭합니다. 이어서, Esc 키를 눌러 《출력형태》와 같은지 확인합니다.

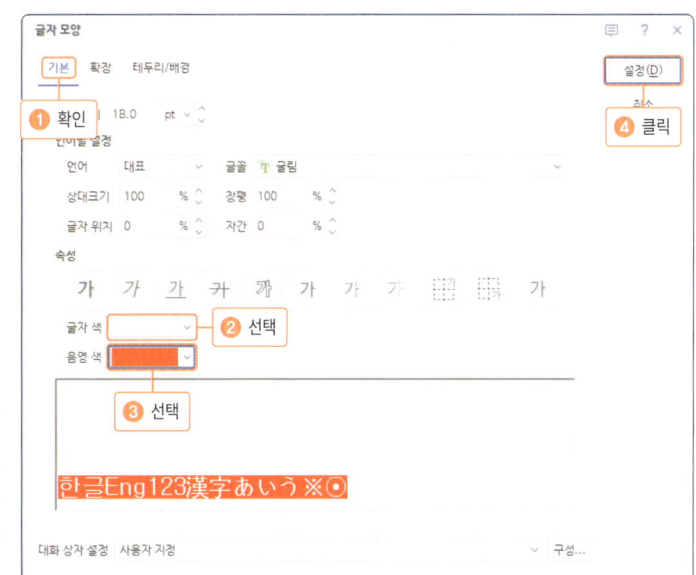

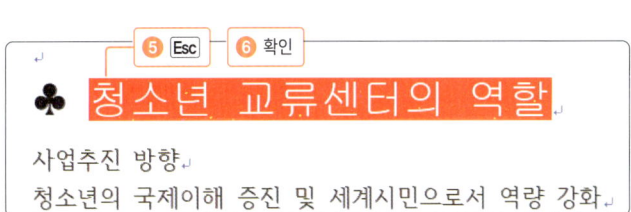

■ 문단 번호 지정하기

문단 번호 기능 사용
1수준 : 20pt, 오른쪽 정렬, 2수준 : 30pt, 오른쪽 정렬, 줄 간격 : 180%

❶ 문단 번호를 지정할 내용을 그림과 같이 드래그하여 블록으로 지정합니다. 이어서, 마우스 오른쪽 단추를 눌러 바로 가기 메뉴가 나오면 [글머리표 및 문단 번호]을 클릭합니다.

※ [서식] 탭의 목록 단추(▽)를 클릭한 후 [글머리표 및 문단 번호]을 선택하거나, Ctrl + K, N 키를 눌러 문단 번호를 지정할 수도 있습니다.

❷ [글머리표 및 문단 번호] 대화상자가 나오면 [문단 번호] 탭에서 《출력형태》를 참고하여 문단 번호 모양을 선택한 후 〈사용자 정의〉 단추를 클릭합니다.

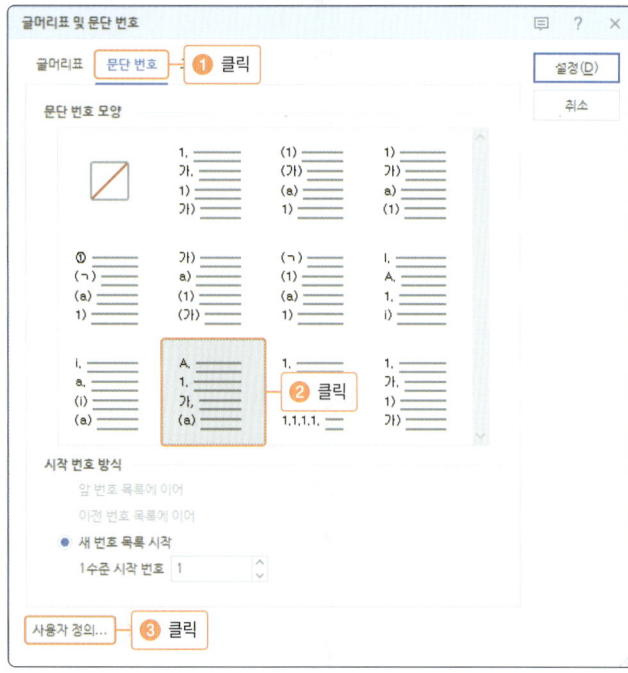

❸ [문단 번호 사용자 정의 모양] 대화상자가 나오면 '1 수준'을 확인합니다. 이어서, 번호 위치에서 너비 조정 – 20pt, 정렬 – 오른쪽으로 지정합니다.

※ 미리 보기 화면을 참고하여 《출력형태》와 같은지 확인합니다.

❹ 1 수준 작업이 끝나면 '2 수준'을 클릭합니다. 이어서, 번호 위치에서 너비 조정 – 30pt, 정렬 – 오른쪽으로 지정하고 〈설정〉 단추를 클릭합니다.
- 번호 서식 : 번호 뒤에 아무 것도 없기 때문에 '.'을 삭제합니다.
- 번호 모양 : '번호 모양'을 클릭하여 'ⓐ,ⓑ,ⓒ'를 선택합니다.

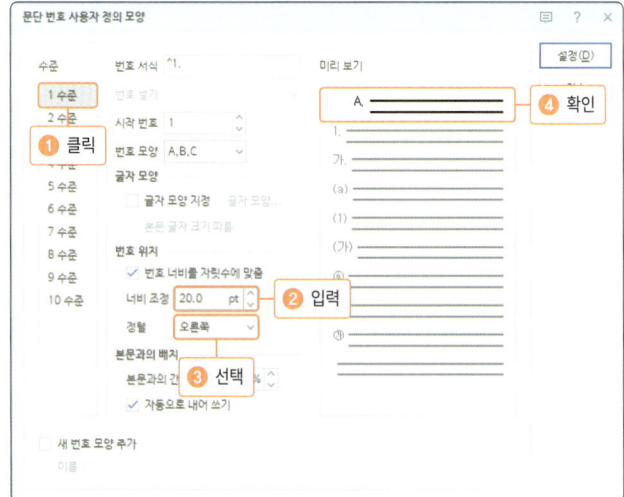
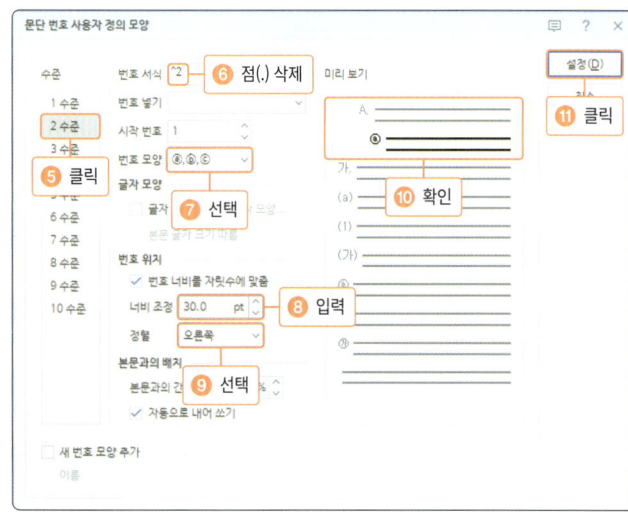

❺ [글머리표 및 문단 번호] 대화상자가 다시 나오면 적용된 문단 번호 모양을 확인한 후 〈설정〉 단추를 클릭합니다. 이어서, Esc 키를 눌러 블록 지정을 해제합니다.

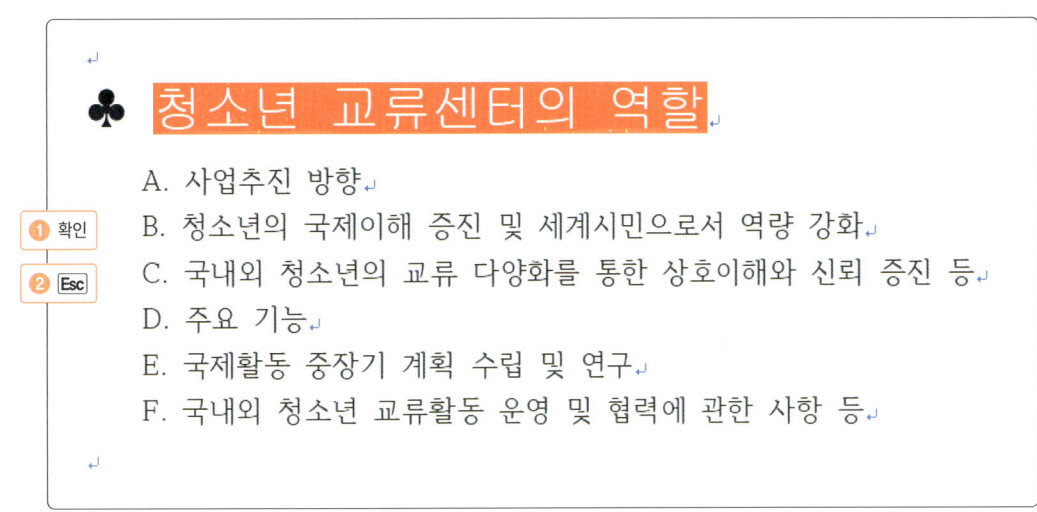

❻ 문단 번호가 지정되면 한 수준을 감소하기 위해 다음과 같이 드래그하여 블록으로 지정한 후 [서식] 탭에서 한 수준 감소(   )를 클릭합니다.

※ [서식] 탭의 목록 단추( )를 클릭한 후 [한 수준 감소]를 선택하거나, Ctrl +숫자 키패드 + 키를 눌러 문단 번호 수준을 낮출 수도 있습니다.

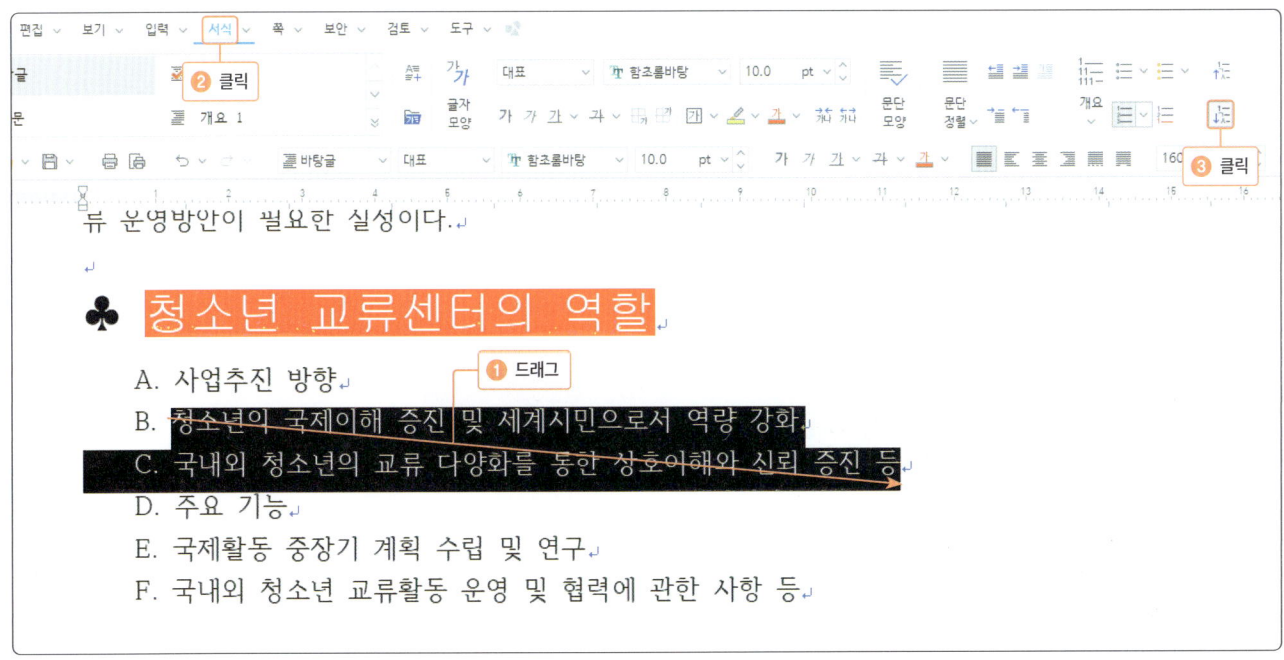

❼ 이어서, 똑같은 방법으로 그림과 같이 문단 번호 수준을 한 수준 감소시킵니다.

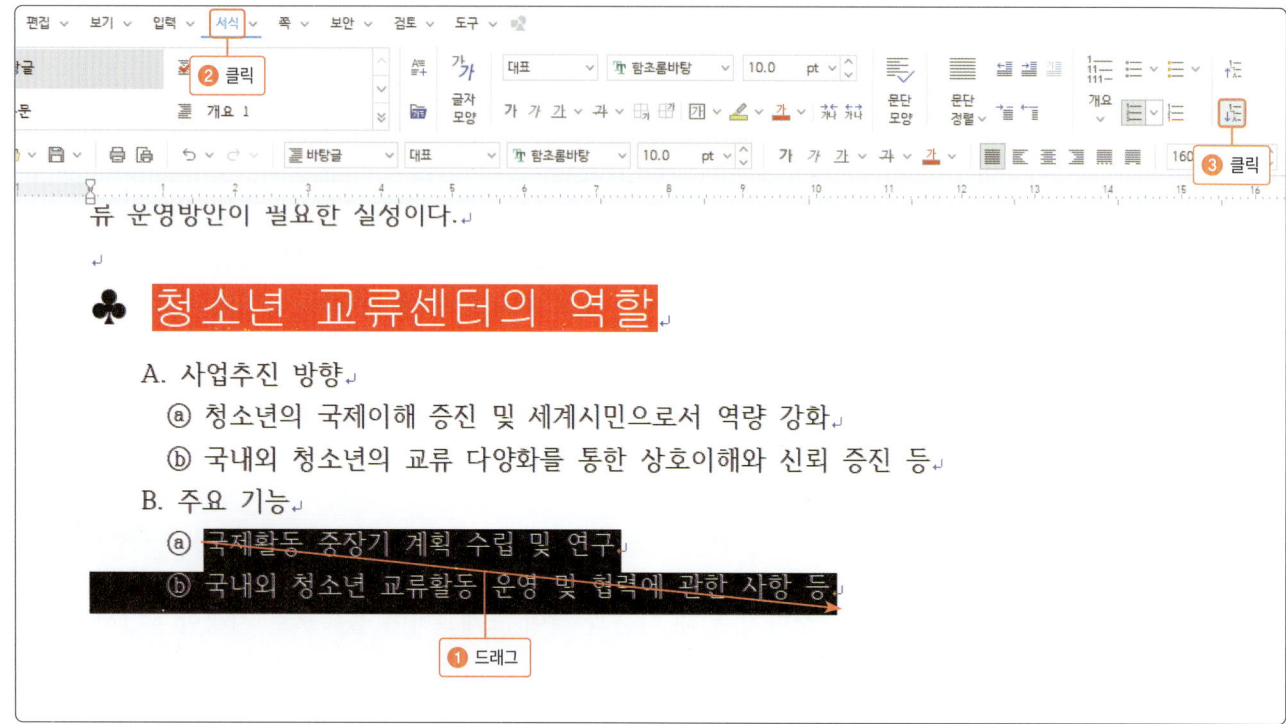

❽ 줄 간격을 지정하기 위해 다음과 같이 드래그하여 블록으로 지정한 후 서식 도구 상자에서 줄 간격(180%)을 선택합니다. 이어서, Esc 키를 눌러 블록 지정을 해제합니다.

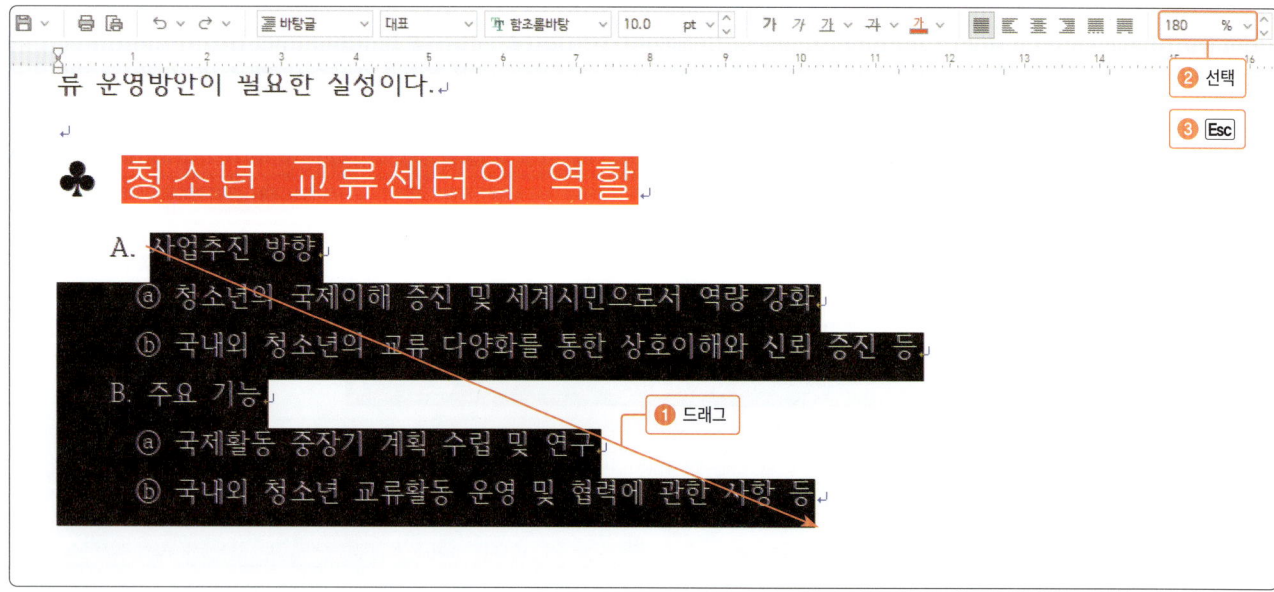

문단 번호 모양 직접 만들기

《출력형태》에서 제시한 번호 모양이 없는 경우에는 〈사용자 정의〉 단추를 클릭하여 직접 문단 번호 모양을 만들 수 있습니다.

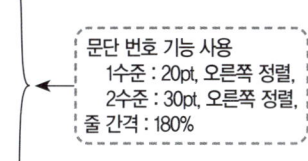

❶ 문단 번호 기능을 지정할 전체 내용을 블록으로 지정한 후 마우스 오른쪽 단추를 눌러 바로 가기 메뉴가 나오면 [글머리표 및 문단 번호]을 클릭합니다.

❷ [글머리표 및 문단 번호] 대화상자가 나오면 《출력형태》와 1수준이 같은 모양을 선택한 후 〈사용자 정의〉 단추를 클릭합니다.

  ※ 임의의 문단 번호 모양을 선택할 때 1수준과 같은 모양 번호를 우선으로 선택합니다. 만약, 1수준과 같은 모양이 없을 경우에는 임의의 모양을 선택합니다.

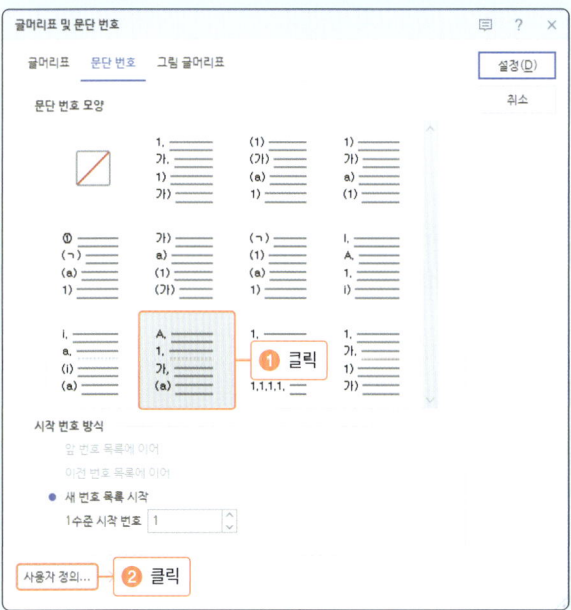

❸ [문단 번호 사용자 정의 모양] 대화상자가 나오면 《출력형태》를 참고하여 1 수준의 번호 서식과 번호 모양을 확인한 후 너비 조정(20pt) 및 정렬(오른쪽 정렬)을 지정합니다.
  (※ 1수준의 번호 서식과 번호 모양이 동일하기 때문에 너비 조정과 정렬만 지정합니다.)
  – 번호 서식(^1.) : 만약 1 수준 번호 서식이 'A.'가 아닌 'A)'라면 '.'을 삭제한 후 ')'를 입력합니다. → 예 : ^A)
  – 번호 모양(A, B, C) : 만약 1 수준 번호 모양이 'A'가 아닌 'Ⓐ'라면 '번호 모양'을 클릭하여 'Ⓐ,Ⓑ,Ⓒ'를 선택합니다.

❹ 2 수준을 클릭하여 번호 서식과 번호 모양을 변경한 후 너비 조정(30pt) 및 정렬(오른쪽 정렬)을 지정합니다.
  – 번호 서식 : 번호 뒤에 아무 것도 없기 때문에 '.'을 삭제합니다.
  – 번호 모양 : '번호 모양'을 클릭하여 'ⓐ,ⓑ,ⓒ'를 선택합니다.

문단 번호 모양 직접 만들기

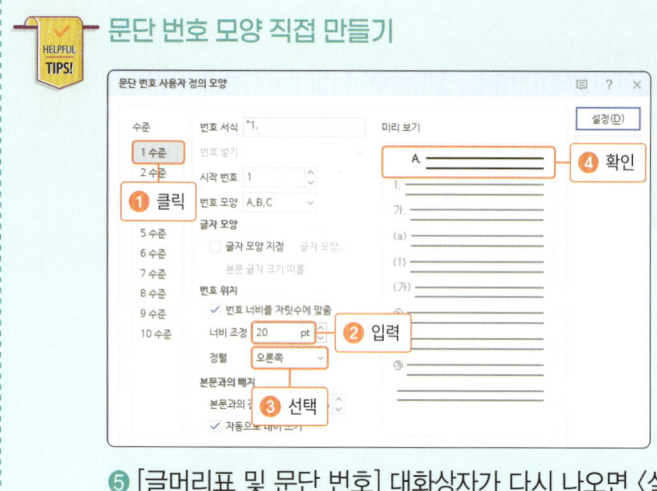 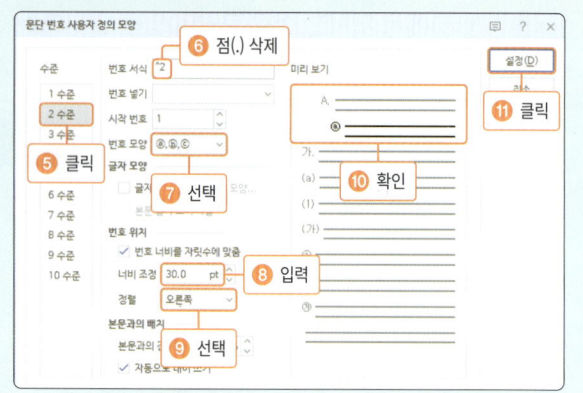

❺ [글머리표 및 문단 번호] 대화상자가 다시 나오면 〈설정〉 단추를 클릭합니다.

❻ 2 수준으로 변경할 내용을 블록으로 설정한 후 [서식] 탭에서 한 수준 감소(📋)(또는 Ctrl+숫자 키패드 + 키)를 클릭합니다.

STEP 5 표 제목 및 표 편집하기

글꼴 : 굴림, 18pt, 기울임, 강조점

■ 표 제목 편집하기

❶ '♣ 청소년 국제교류사업 개요'를 드래그하여 블록으로 지정한 후 서식 도구 상자에서 글꼴(굴림), 글자 크기(18pt)를 지정합니다. 이어서, Esc 키를 눌러 블록 지정을 해제합니다.

❷ '청소년 국제교류사업 개요'만 드래그하여 블록으로 지정한 후 서식 도구 상자에서 기울임(가)을 클릭합니다. 이어서, Esc 키를 눌러 블록 지정을 해제합니다.

❸ '청소년'을 드래그하여 블록으로 지정한 후 마우스 오른쪽 단추를 눌러 바로 가기 메뉴가 나오면 [글자 모양]을 클릭합니다.

※ [서식] 탭의 목록 단추(∨)를 클릭한 후 [글자 모양]을 클릭하거나, Alt + L 키를 눌러 글자 모양을 지정할 수도 있습니다.

❹ [글자 모양] 대화상자가 나오면 [확장] 탭에서 기타-강조점(⋮)을 선택한 후 〈설정〉 단추를 클릭합니다. 이어서, 똑같은 방법으로 '개요' 단어에도 강조점을 지정합니다.

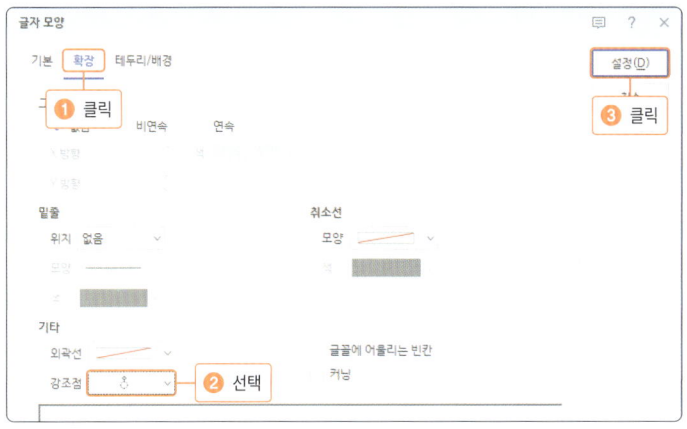

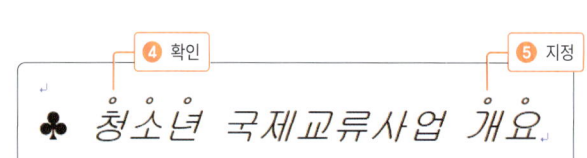

■ 표 편집하기

표 전체 글꼴 : 돋움, 10pt, 가운데 정렬

❶ 표 안의 내용을 드래그하여 블록으로 지정한 후 서식 도구 상자에서 글꼴(돋움), 글자 크기(10pt), 가운데 정렬(≡)을 지정합니다.

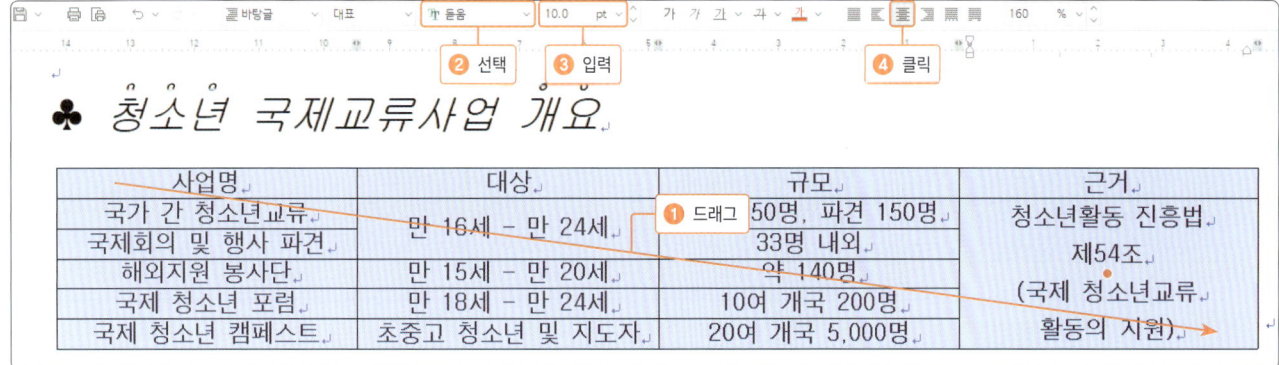

❷ 다음 그림을 참고하여 아래(③~⑥)와 같이 칸의 너비 및 행의 높이를 조절합니다.

사업명	대상	규모	근거
국가 간 청소년교류	만 16세 - 만 24세	초청 150명, 파견 150명	청소년활동 진흥법 제54조 (국제 청소년교류 활동의 지원)
국제회의 및 행사 파견		33명 내외	
해외지원 봉사단	만 15세 - 만 20세	약 140명	
국제 청소년 포럼	만 18세 - 만 24세	10여 개국 200명	
국제 청소년 캠페스트	초중고 청소년 및 지도자	20여 개국 5,000명	

③ 첫 번째 열을 블록으로 지정한 후 Alt 키를 누른 채 ← 키를 눌러 칸의 너비를 조절합니다.

※ '사업명'과 '대상' 열 사이의 경계선을 마우스로 드래그하여 칸의 너비를 조절할 수도 있습니다.

사업명	대상
국가 간 청소년교류	만 16세 - 만 24세
국제회의 및 행사 파견	
해외지원 봉사단	만 15세 - 만 20세
국제 청소년 포럼	만 18세 - 만 24세
국제 청소년 캠페스트	초중고 청소년 및 지도자

① 드래그   ② Alt + ←

사업명	대상
국가 간 청소년교류	만 16세 - 만 24세
국제회의 및 행사 파견	
해외지원 봉사단	만 15세 - 만 20세
국제 청소년 포럼	만 18세 - 만 24세
국제 청소년 캠페스트	초중고 청소년 및 지도자

④ 두 번째 열을 블록으로 지정한 후 Alt 키를 누른 채 ← 키를 눌러 칸의 너비를 조절합니다.

※ Alt 키를 이용하여 칸의 너비를 조절할 때는 열 전체가 아닌 해당 열의 특정 셀만 블록으로 지정해도 결과는 동일합니다.

사업명	대상
국가 간 청소년교류	만 16세 - 만 24세
국제회의 및 행사 파견	
해외지원 봉사단	만 15세 - 만 20세
국제 청소년 포럼	만 18세 - 만 24세
국제 청소년 캠페스트	초중고 청소년 및 지도자

① 드래그   ② Alt + ←

사업명	대상
국가 간 청소년교류	만 16세 - 만 24세
국제회의 및 행사 파견	
해외지원 봉사단	만 15세 - 만 20세
국제 청소년 포럼	만 18세 - 만 24세
국제 청소년 캠페스트	초중고 청소년 및 지도자

⑤ 똑같은 방법으로 나머지 칸의 너비를 조절합니다. 단, '세 번째 열(규모)'은 Alt 키를 누른 채 → 키를 눌러 칸의 너비를 조절합니다.

사업명	대상	규모	근거
국가 간 청소년교류	만 16세 - 만 24세	초청 150명, 파견 150명	청소년활동 진흥법 제54조 (국제 청소년교류 활동의 지원)
국제회의 및 행사 파견		33명 내외	
해외지원 봉사단	만 15세 - 만 20세	약 140명	
국제 청소년 포럼	만 18세 - 만 24세	10여 개국 200명	
국제 청소년 캠페스트	초중고 청소년 및 지도자	20여 개국 5,000명	

① 드래그   ② Alt + →

⑥ 행의 높이를 변경하기 위해 아래 그림처럼 블록을 지정한 후 Ctrl 키를 누른 채 ↓ 키를 두 번 누릅니다.

사업명	대상	규모	근거
국가 간 청소년교류	만 16세 - 만 24세	초청 150명, 파견 150명	청소년활동 진흥법 제54조 (국제 청소년교류 활동의 지원)
국제회의 및 행사 파견		33명 내외	
해외지원 봉사단	만 15세 - 만 20세	약 140명	
국제 청소년 포럼	만 18세 - 만 24세	10여 개국 200명	
국제 청소년 캠페스트	초중고 청소년 및 지도자	20여 개국 5,000명	

① 드래그   ② Ctrl + ↓ 2번

사업명	대상	규모	근거
국가 간 청소년교류	만 16세 - 만 24세	초청 150명, 파견 150명	청소년활동 진흥법 제54조 (국제 청소년교류 활동의 지원)
국제회의 및 행사 파견		33명 내외	
해외지원 봉사단	만 15세 - 만 20세	약 140명	
국제 청소년 포럼	만 18세 - 만 24세	10여 개국 200명	
국제 청소년 캠페스트	초중고 청소년 및 지도자	20여 개국 5,000명	

셀 합치기/나누기

① 셀 합치기

두 개 이상의 셀을 블록으로 지정한 상태에서 [표 레이아웃(▦)] 탭에서 셀 합치기(▦)를 클릭하거나, M 키를 눌러 하나의 셀로 합칠 수 있습니다.

※ '문서작성 능력평가' 부분에서 표를 만들 때 셀 합치기 기능이 자주 사용되기 때문에 반드시 숙지해야 합니다.

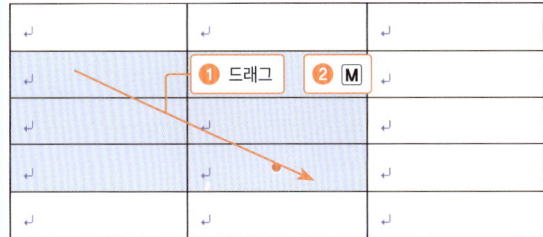

② 셀 나누기

한 개 이상의 셀을 블록으로 지정한 상태에서 [표 레이아웃(▦)] 탭에서 셀 나누기(▦)를 클릭하거나, S 키를 누릅니다. [셀 나누기] 대화상자가 나오면 줄 수와 칸 수를 입력하여 셀을 나눌 수 있습니다.

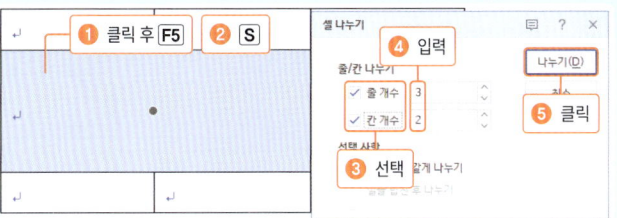
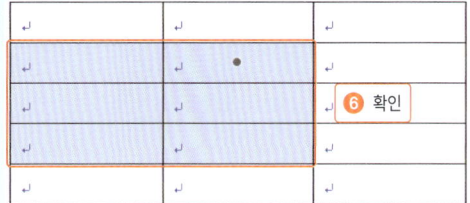

블록 지정

① F5 키 한 번 : 현재 커서 위치에 블록을 지정합니다. 방향키를 이용하여 블록으로 지정된 셀을 변경할 수 있습니다.

② F5 키 두 번 : 현재 커서 위치를 블록으로 지정한 후 방향키를 이용해 다른 연결된 셀들을 블록으로 지정할 수 있습니다.

③ F5 키 세 번 : 전체 셀을 블록으로 지정합니다. 방향키를 이용하여 블록으로 지정된 셀의 범위를 줄일 수 있습니다.

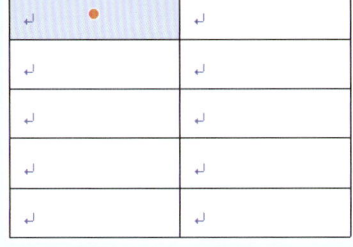

▲ F5 키 한 번　　　　▲ F5 키 두 번　　　　▲ F5 키 세 번

표의 높이 및 너비 조절

※ '문서작성 능력평가' 부분에서 표를 만들 때 표의 높이 및 너비를 조절하는 기능이 자주 사용되기 때문에 반드시 숙지해야 합니다.

❶ 키보드를 이용한 조절 방법
- Ctrl+방향키 : 너비를 조절할 부분을 블록(F5)으로 지정한 후 Ctrl 키를 누른 채 방향키(↑, ↓, ←, →)를 누르면 표 전체 크기를 기준으로 칸의 높이 및 너비를 조절할 수 있습니다.

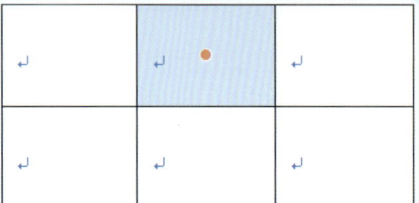 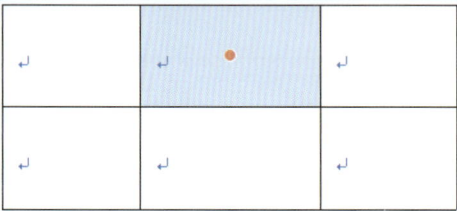

▲ Ctrl+→ 키를 눌러 칸의 너비를 조절

- Alt+방향키 : 너비를 조절할 부분을 블록(F5)으로 지정한 후 Alt 키를 누른 채 방향키(↑, ↓, ←, →)를 누르면 해당 행의 높이 또는 열의 너비를 조절할 수 있습니다.
- Shift+방향키 : 너비를 조절할 부분을 블록(F5)으로 지정한 후 Shift 키를 누른 채 방향키(↑, ↓, ←, →)를 누르면 해당 셀 높이 및 너비를 조절할 수 있습니다.

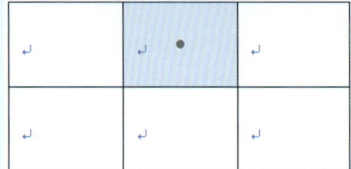 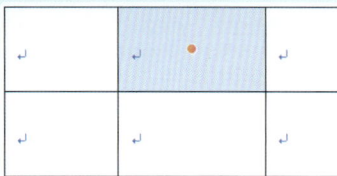 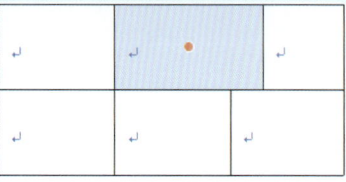

▲ Alt+→ 키를 눌러 열의 너비를 조절　　▲ Alt+→ 키를 눌러 열의 너비를 조절

❷ 마우스를 이용한 조절 방법
- 조절점 드래그 : 표의 테두리를 클릭하여 조절점이 나오면 해당 조절점을 드래그하여 표의 전체 크기를 조절할 수 있습니다.

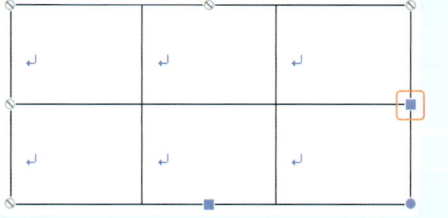 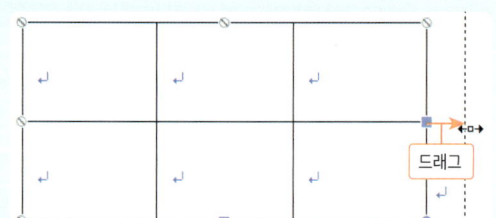

▲ 오른쪽 조절점을 마우스로 드래그하여 표의 전체 크기를 조절

- 칸 너비 : 특정 칸의 테두리에 마우스 포인터를 위치시킨 후 좌-우로 드래그하여 너비를 조절할 수 있습니다.

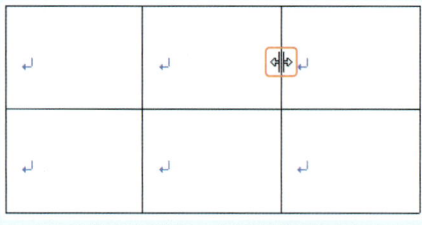 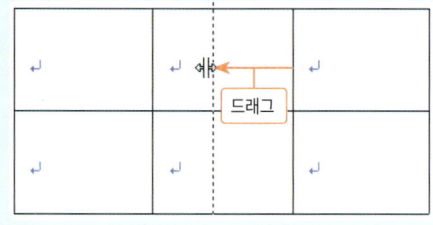

▲ 표 안쪽 테두리를 왼쪽으로 드래그하여 특정 열의 너비를 조절

■ 셀 테두리 및 배경색 지정   셀 배경(그러데이션) : 유형(가로), 시작색(하양), 끝색(노랑)

❶ 셀 테두리 및 배경색을 지정하기 위해 첫 번째 행을 드래그하여 블록으로 지정한 후 마우스 오른쪽 단추를 눌러 바로 가기 메뉴가 나오면 [셀 테두리/배경] – [각 셀마다 적용](또는 L)을 클릭합니다.

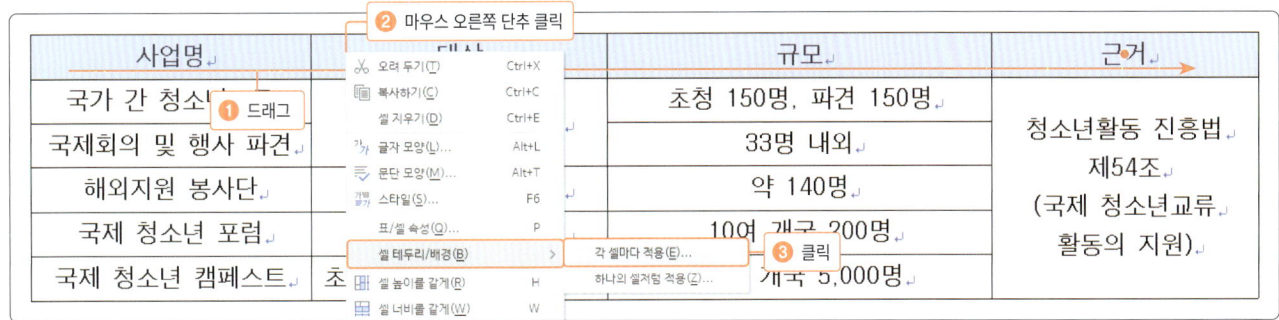

❷ [셀 테두리/배경] 대화상자가 나오면 [테두리] 탭에서 종류 – 이중 실선( ), 위( ), 아래( )를 선택한 후 [배경] 탭을 클릭합니다.

※ 표의 셀 테두리 지정은 《출력형태》를 참고하여 작업합니다.

❸ [배경] 탭에서 그러데이션을 클릭합니다. 이어서, 시작 색(하양), 끝 색(노랑), 유형 – 가로를 선택한 후 〈설정〉 단추를 클릭합니다.

※ Esc 키를 눌러 블록 지정을 해제한 후 그러데이션을 확인합니다.

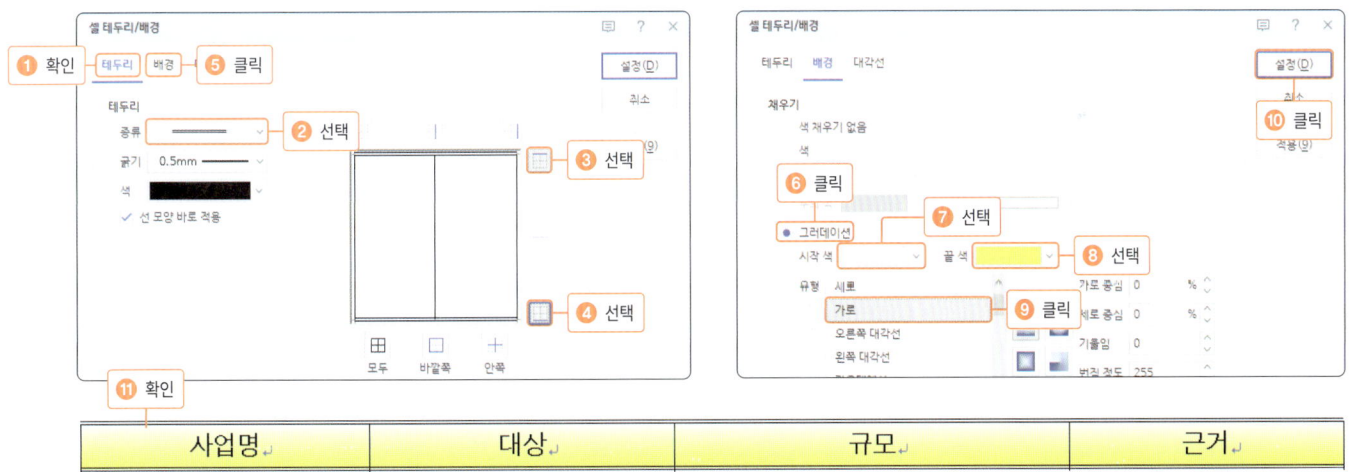

❹ 배경색이 지정되면 표 전체를 드래그하여 블록으로 지정한 후 마우스 오른쪽 단추를 눌러 바로 가기 메뉴가 나오면 [셀 테두리/배경] – [각 셀마다 적용](또는 L)을 클릭합니다.

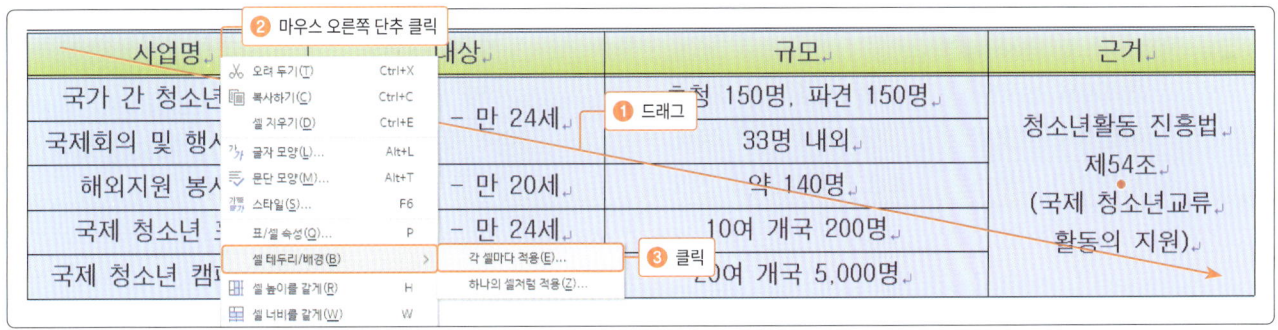

❺ [셀 테두리/배경] 대화상자가 나오면 [테두리] 탭에서 종류-이중 실선(▭), 아래(▯)를 선택한 후 〈설정〉 단추를 클릭합니다.

※ Esc 키를 눌러 블록 지정을 해제한 후 테두리를 확인합니다.

사업명	대상	규모	근거
국가 간 청소년교류	만 16세 – 만 24세	초청 150명, 파견 150명	청소년활동 진흥법 제54조 (국제 청소년교류 활동의 지원)
국제회의 및 행사 파견		33명 내외	
해외지원 봉사단	만 15세 – 만 20세	약 140명	
국제 청소년 포럼	만 18세 – 만 24세	10여 개국 200명	
국제 청소년 캠페스트	초중고 청소년 및 지도자	20여 개국 5,000명	

❻ 다시 표 전체를 블록으로 지정한 후 마우스 오른쪽 단추를 눌러 바로 가기 메뉴가 나오면 [셀 테두리/배경] – [각 셀마다 적용](또는 L)을 클릭합니다.

❼ [셀 테두리/배경] 대화상자가 나오면 [테두리] 탭에서 종류 없음, 왼쪽(▯), 오른쪽(▯)을 선택한 후 〈설정〉 단추를 클릭합니다.

※ Esc 키를 눌러 블록 지정을 해제한 후 테두리를 확인합니다.

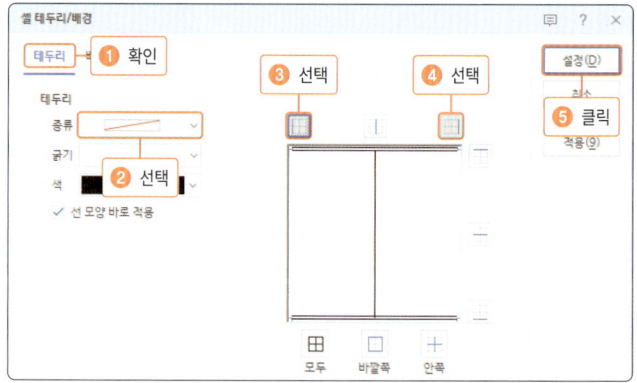

❽ 모든 작업이 끝나면 《출력형태》와 같은지 확인합니다.

사업명	대상	규모	근거
국가 간 청소년교류	만 16세 – 만 24세	초청 150명, 파견 150명	청소년활동 진흥법 제54조 (국제 청소년교류 활동의 지원)
국제회의 및 행사 파견		33명 내외	
해외지원 봉사단	만 15세 – 만 20세	약 140명	
국제 청소년 포럼	만 18세 – 만 24세	10여 개국 200명	
국제 청소년 캠페스트	초중고 청소년 및 지도자	20여 개국 5,000명	

STEP 6 기관명 편집 및 쪽 번호 입력하기

글꼴 : 궁서, 24pt, 진하게, 장평 105%, 오른쪽 정렬

■ 기관명 편집하기

① 기관명인 '청소년 교류센터'를 드래그하여 블록으로 지정한 후 서식 도구 상자에서 오른쪽 정렬(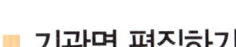)을 지정합니다.

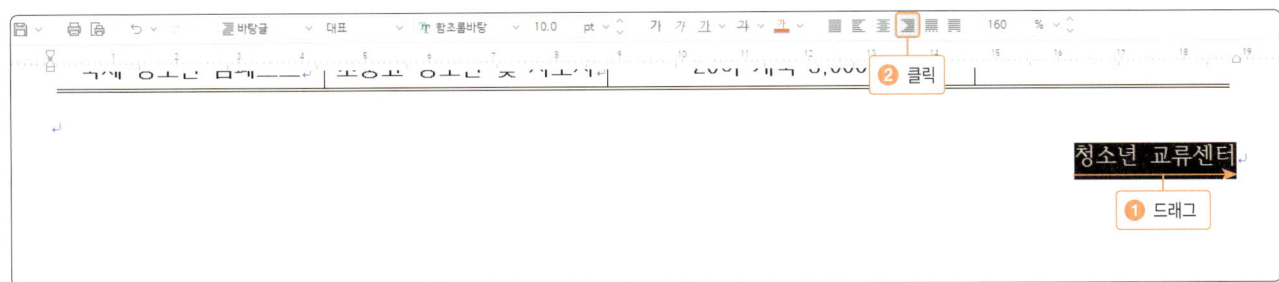

② 이어서, 마우스 오른쪽 단추를 눌러 바로 가기 메뉴가 나오면 [글자 모양]을 클릭합니다.

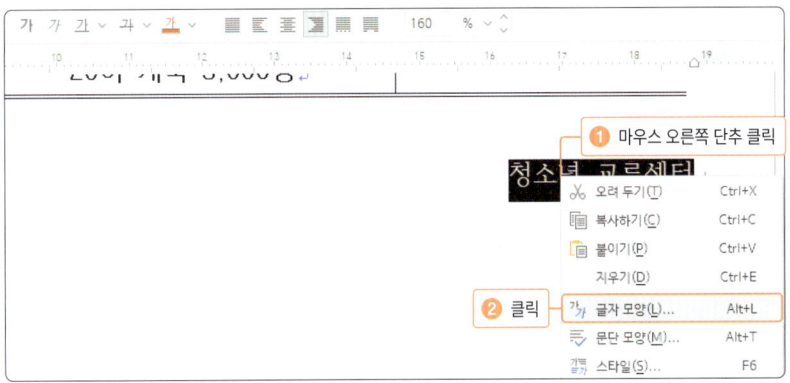

③ [글자 모양] 대화상자가 나오면 [기본] 탭에서 기준 크기(24pt), 언어별 설정 – 글꼴(궁서), 장평(105%), 속성 – 진하게(가)를 지정한 후 〈설정〉 단추를 클릭합니다. 이어서, Esc 키를 눌러 블록 지정을 해제합니다.

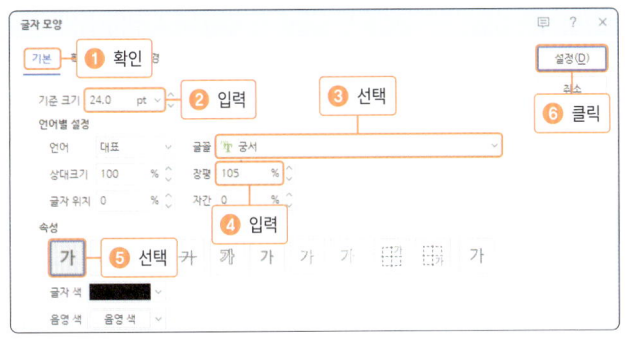
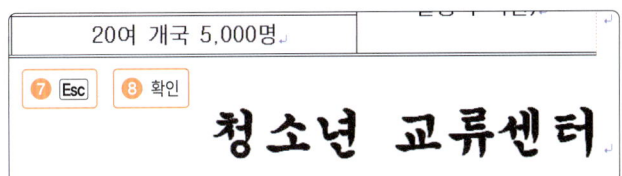

■ 쪽 번호 입력하기

쪽 번호 매기기 : 5로 시작

① 쪽 번호를 입력하기 위해 [쪽] 탭에서 쪽 번호 매기기( )(또는 Ctrl + N, P)를 클릭합니다.

※ 쪽 번호 삽입은 반드시 3페이지가 선택된 상태에서 작업합니다.

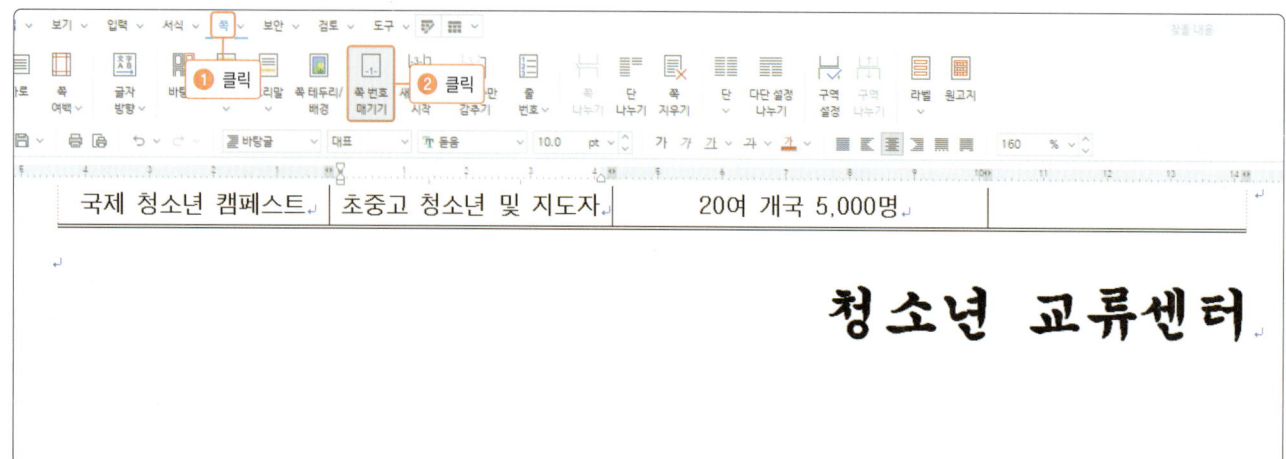

② [쪽 번호 매기기] 대화상자가 나오면 번호 위치－오른쪽 아래, 번호 모양－'①,②,③', 시작 번호－5로 지정합니다. 이어서, 줄표 넣기의 선택( )을 해제한 후 〈넣기〉 단추를 클릭합니다.

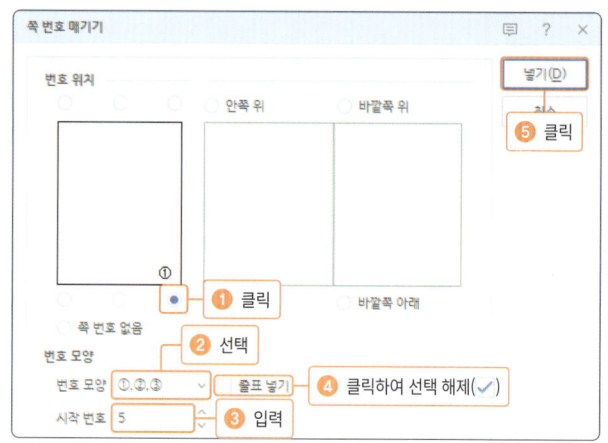

③ 삽입된 쪽 번호가 《출력형태》와 같은지 확인합니다.

※ 답안을 작성하기 전에 '구역 나누기'로 페이지를 구분하였기 때문에 3페이지에만 쪽 번호가 입력됩니다.

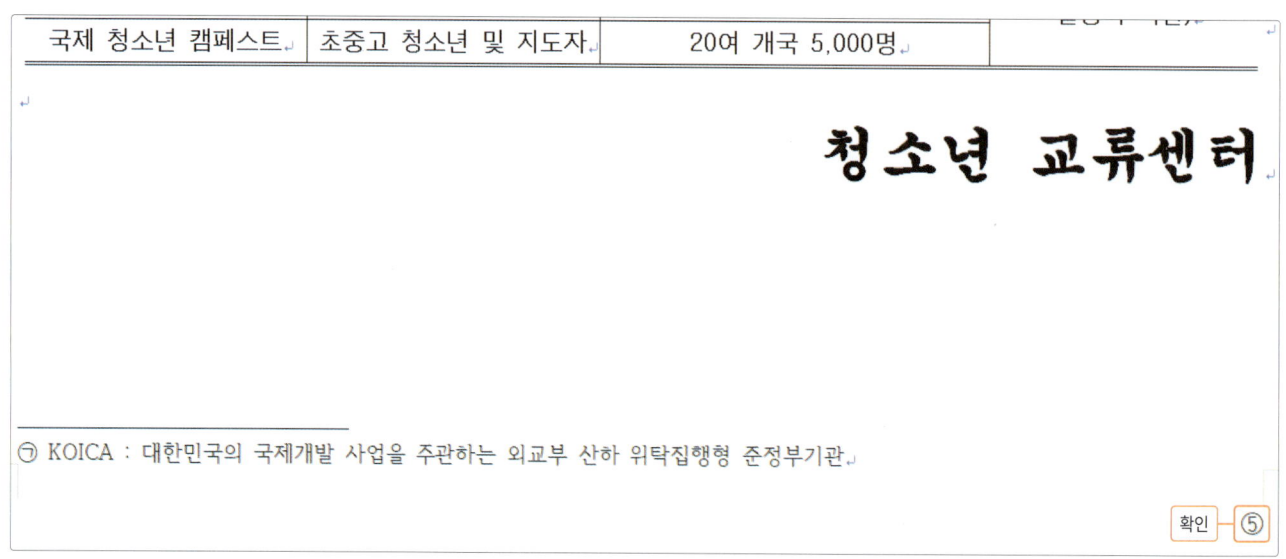

❹ 모든 작업이 완료되면 [파일]-[저장하기]([Alt]+[S]) 또는 서식 도구 상자에서 저장하기(💾)를 클릭하여 파일을 저장합니다.

※ 실제 시험을 볼 때 작업 도중에 수시로(10분에 한 번 정도) 저장을 하는 것이 좋습니다.

> **시험분석 | 문서작성 능력평가**
> - 각주 모양은 Ⓐ, ⓐ, ㉮, ① 등 다양한 모양이 출제됩니다.
> - 문자표 모양은 ※, ★, ■, ◆, ♠, ♣ 등 다양한 모양으로 출제되지만 대부분의 모양은 [문자표 입력] 대화상자의 [훈글(HNC) 문자표]-[전각 기호(일반)]에서 찾을 수 있습니다.
> - [문단 번호/글머리표] 대화상자에서《출력형태》와 같은 문단 번호 모양이 없을 경우에는 〈사용자 지정〉 단추를 클릭하여 모양을 직접 만들어 지정할 수 있습니다.
> - 표의 크기와 너비는 별도의 지시사항이 없으므로《출력형태》를 참고하여 크기를 조절합니다.
> - 그러데이션 유형은 가로, 세로, 가운데에서 자주 출제되지만 완전정복을 통해 여러 그러데이션 유형을 연습하여 실제 시험에 대비합니다.

출제유형 완전정복

01 다음의 지시사항 및 세부조건을 참고하여 출력형태에 알맞게 작성하시오. (200점)

- 소스 파일 : [출제유형 06]-정복07_문제01.hwpx
- 정답 파일 : [출제유형 06]-정복07_정답01.hwpx

글꼴 : 궁서, 18pt, 진하게, 가운데 정렬
책갈피 이름 : 공정무역
덧말 넣기

머리말 기능
굴림, 10pt, 오른쪽 정렬 → 지속가능한 발전

세계 속 공정무역 이야기
(더 공정하게)

그림위치(내 PC\문서\ITQ\Picture\
그림4.jpg, 문서에 포함)
자르기 기능 이용, 크기(35mm×40mm),
바깥 여백 왼쪽 : 2mm

문단 첫 글자 장식 기능
글꼴 : 돋움, 면색 : 노랑

각주

공정무역은 공정한 가격을 지불하도록 촉진하기 위한 윤리적 소비 운동의 일환으로 추진되고 있는 국제적 사회운동이다. 매해 5월 세계 공정무역의 날은 WFTO⑦에서 추진하는 사업으로 공정무역을 널리 알리고 활발한 참여를 촉구하기 위해 전 세계에서 다양한 캠페인을 벌이는 날이다. 1994년 유럽 15개국 3,000여 상점 협회로 설립(設立)한 유럽세계상점 네트워크에서 1995년에 공정무역 상품 판촉행사가 열린 것을 계기로 1999년 일본에서도 공정무역 행사가 개최되었다. 2001년 국제공정무역연합 회의에서 세계적인 운동으로 발전시키기로 합의(合意)하면서 매년 5월 둘째 주 토요일을 세계 공정무역의 날로 지정하였다.

세계 공정무역의 날에는 전 세계 곳곳에서 공정무역 아침 식사 모임, 제품 시식 및 품평회, 세미나, 강의, 커피나 차를 마시며 대화하기, 음악회, 패션쇼, 마라톤, 축구 경기, 가장행렬 등을 통해 더 많은 생산자와 소비자들에게 무역 정의와 지속 가능한 지구환경 보호를 위한 공정무역에 관한 생각을 서로 나눈다. 영국 등 유럽에서는 공정무역 재료로 만든 아침 식사 모임을 갖고 이를 인터넷으로 생중계하며 미국에서는 공정무역 활동에 공헌한 사업체 및 비영리 단체를 선정하여 '최고 공정무역상'을 시상한다.

◆ 공정무역 핵심원칙
글꼴 : 굴림, 18pt, 하양
음영색 : 빨강

가) 취약한 생산자들을 위한 시장 접근성
　　a) 기존 시장에서 배제된 생산자들과 거래
　　b) 무역사슬을 짧게 하여 생산자들의 최대 이익
나) 지속가능하고 공정한 무역관계
　　a) 생산자와 소비자의 파트너십을 통한 비용 책임
　　b) 장기적인 무역 관계를 통해 정보 공유 및 계획

문단 번호 기능 사용
1수준 : 20pt, 오른쪽정렬,
2수준 : 30pt, 오른쪽정렬
줄 간격 : 180%

◆ 공정무역 제품 소개
글꼴 : 굴림, 18pt, 기울임, 강조점

표 전체 글꼴 : 돋움, 10pt, 가운데 정렬
셀 배경(그러데이션) : 유형(가로),
시작색(하양), 끝색(노랑)

품목	제품 이름	원산지	제품에 관한 이야기
볼가 바구니	라운드 바구니 체크믹스	가나	가나의 북동부에 위치한 볼가라고 불리는 볼가탄가 지역의 이름을 딴 바구니
	라운드 바구니 블루마린		
행복한 장난감	노랑 스쿨버스	스리랑카	수공예로 만든 천연 목재 제품
	행복한 우리 집		무독성 페인트 사용, 물기와 직사광선 주의
패션 소품	꽃장식 장갑	페루	생산자 : 타이페 가족과 공동 그룹, 뜨개질 제품

글꼴 : 궁서, 24pt, 진하게
장평 : 105%, 오른쪽 정렬 → **한국공정무역협의회**

각주 구분선 : 5cm

⑦ 1989년에 발족한 세계 공정무역기구로 73개국에 450여 개 조직을 대표함

쪽 번호 매기기
8로 시작 → ⑧

젊음과 함께 만나 즐기는 품바축제

품바축제의 근간은 거지 성자로 불리는 최귀동 할아버지의 숭고한 삶에서 비롯되었다. 일제 강점기 때 심한 고문으로 장애를 얻은 그는 자신도 오갈 데 없는 처지임에도 불구하고 금왕읍 무극리 일대를 돌며 동냥으로 얻어 온 음식을 거동조차 힘든 다른 걸인들에게 나누어 주었다고 한다.

품바라는 낱말이 처음 등장한 역사적 문헌(文獻)은 신재효㉮의 한국 판소리 전집에 수록된 변강쇠가인데, 여기에서는 타령의 장단을 맞추는 소리라 하여 입장고로 기술되어 있다. 품바에 대한 설은 이외에도 다양한 형태로 전해지고 있다. 각설이 타령의 후렴구에 사용되는 일종의 장단 구실을 하는 의성어로 풀이되기도 하였으나 현재는 걸인들의 대명사로 일반화되었다. 품바를 현대적으로 해석하자면 '사랑을 베푼 자만이 희망을 가질 수 있다'라는 의미를 함축하고 있다. 이러한 뜻에 걸맞게 2000년부터 음성예총에서는 새 천년을 맞아 최귀동 할아버지의 숭고한 뜻을 본받고자 품바축제를 개최하게 되었다. 물질만능주의와 이기주의로 풍요 속 빈곤(貧困)을 겪고 있는 현대인들으 삶에 해학과 풍자를 통한 따뜻한 사랑의 나눔 정신을 심어 주고자 품바축제가 탄생하게 된 것이다.

◆ **2024 음성품바축제**

　가) 기간 및 장소
　　1. 기간 : 2024. 5. 22(수) - 5. 26(일) 5일간
　　2. 장소 : 음성 설성공원 및 꽃동네 일원
　나) 공연 프로그램
　　1. 품바 플래시몹, 전국 품바 길놀이 퍼레이드
　　2. 관광객과 함께하는 품바라이브 공연, 품바 뮤지컬

◆ *품바공연단 및 공연 일정*

공연단명	단원	참여공연 축제명	장소
깐돌이공연단	깐돌이, 칠봉이, 꽃나비	토속음식축제	강원도
금빛예술단	순심이, 하늘이, 허야	정선 아리랑 축제	
꾼품바공연단	청이, 금왕수, 방글이	무안 해넘이맞이공연	전라남도
뉴스토리공연단	나출세, 팔순이, 월매, 이기둥	장성 황룡강노란꽃잔치	
산적품바	산적, 최민, 고구마, 혜미	양산 삼량 및 문화축전	경상남도

품바축제위원회

―――――――――――――
㉮ 조선 고종 때의 판소리 작가로 광대 소리를 통일하여 판소리 사설을 정리한 인물

치매 전문 상담

치매로부터 자유로워지는 나라

급속한 고령화로 치매 규모는 더 커져 2024년에는 100만 명을 넘어설 것으로 추정된다. 1인 가구는 확대되고 노인은 더욱 가난해졌다. 돌봄의 위기에 치매는 더욱 혹독한 재난이 된다. 치매(癡呆)는 개인, 가족, 지역 공동체를 넘어 국가가 풀어야 하는 현대사회의 가장 치명적 문제의 하나이다. 치매는 정상적으로 생활해오던 사람에게 후천적인 다양한 원인으로 기억력을 비롯한 여러 가지 인지기능으 장애가 나타나 일상생활을 혼자 하기 어려울 정도로 심한 영향을 주는 상태를 말한다. 어떤 하나의 질병명이 아니라 특정한 조건에서 여러 증상이 함께 나타나는 증상들의 묶음이다. 이러한 치매 상태를 유발할 수 있는 질환 중 가장 대표적인 것이 알츠하이머ⓐ병과 혈관성 치매이며 그 외 루이체 치매, 전두측두엽 치매 등이 있다.

정부는 최근 전국에 걸쳐 256개 치매안심센터를 열고 예방부터 돌봄까지 환자 중심의 치매 관리 시스템을 구축하였다. 동시에 누구도 경험하지 못한 치매 환경의 변화(變化)에 대응하기 위해서 더 유연하면서도 일사불란하게 움직이는 국가 체계, 전국 치매 기관 간의 유기적 연계와 협력 체계도 강화되어야 한다.

◆ 노인복지시설 종류

1. 여가 및 재가 노인 시설
   ① 여가시설 : 노인복지회관, 경로당, 노인 교실
   ② 재가시설 : 방문 요양, 방문 목욕, 방문 간호, 주야간 보호 등
2. 노인 주거 및 의료 시설
   ① 주거시설 : 양로시설, 노인 공동생활 가정, 노인복지주택
   ② 의료시설 : 노인요양시설, 노인 요양 공동생활 가정

◆ 노인의 사회 활동 기반 조성

구분	유형	주요 내용	예산지원	활동 성격
공공성	공익활동 / 재능 나눔	자기만족과 성취감 / 지역 재능봉사	지자체 / 민간	봉사
	사회 서비스형	지역사회 돌봄, 안전 관련 서비스 일자리	지자체	근로
민간형	고령자 친화 기업	고령자를 고용하는 기업 설립 지원	민간	
	시니어 인턴십	기업에 인건비를 지원 / 계속 고용을 유도		

중앙치매센터

ⓐ 치매를 일으키는 가장 흔한 퇴행성 뇌질환으로 매우 서서히 발병하여 점진적으로 진행

질병으로부터 자유로운 세상
인류와 미래를 위한

국립보건연구원은 질병을 예방하고 극복하는데 필요한 지식과 기술을 창출하고 보건 정책에 필요한 과학적 근거를 제공(提供)하며 보건의료 연구자에게 과제와 연구자원을 지원하여 보건의료 연구를 활성화 시키고 궁극적으로는 국민 건강을 보호하고 증진하는데 기여하는 국가 연구기관이다. 국립보건연구원은 1945년 9월에 설립된 조선방역연구소를 모태로 시작하여, 1963년 12월에 국립방역연구소, 국립화학연구소, 국립생약시험소를 통합하여 국립보건원으로 발족하였다. 이후 세계적으로 유행한 사스 등에 효과적으로 대응하기 위해 2004년 1월 질병관리본부로 확대 개편되면서 본 연구원은 국가질병연구기관으로서의 중추적 역할을 강화하고 있다.

감염병 연구개발을 통해 감염병 발생 시 신속한 대응(對應)을 위한 수단과 과학적 근거를 마련하기 위하여 주요 감염병 극복을 위한 진단체, 치료제, 백신 개발 연구를 추진하고 있다. 인구 고령화에 따라 만성질환 유병률과 함께 사회, 경제적 부담이 증가 하고 있으며 주요 만성질환⊙에 대응하기 위한 조사연구와 진단, 치료, 예방을 위한 기술개발 연구를 수행하고 있다.

◆ 감염병 예방을 위한 행동요령

　A. 생활안전 행동요령
　　1. 비누 또는 세정제 등을 사용하여 흐르는 물에 30초 이상 손을 씻는다.
　　2. 기침, 재채기를 할 때는 휴지나 옷소매로 입과 코를 가린다.
　B. 증상이 나타날 때 행동요령
　　1. 설사, 발열 및 호흡기 증상 시 문의 후 의료기관을 방문한다.
　　2. 해외 여행객은 귀국 시 발열, 호흡기 증상이 있으면 신고해야 한다.

◆ 연구기술 역량 확보

구분	기반	추진내용	비고
추진전략	미션기반	질병관리 과학적 근거기반 마련	미해결 감염병 연구개발 지속 추진 확보
	수요기반	공익가치 지향 기초기반 연구	진단, 치료, 백신 등 현장 대응형 연구
	미래대비	미래 질병위험 대응 기술개발	신종 변종 및 원인불명 감염병 대응기술 확보
기대효과		국가 보건의료 정책 방향 설정 및 협력체계 구축	보건의료 R&D 연구 활성화 기반 마련

국립보건연구원

⊙ 보통 6개월 혹은 1년 이상 계속되는 질환을 말하며, 급성질환과 구분함

05 다음의 지시사항 및 세부조건을 참고하여 출력형태에 알맞게 작성하시오. (200점)

- 소스 파일 : [출제유형 07]-정복07_문제05.hwpx
- 정답 파일 : [출제유형 07]-정복07_정답05.hwpx

무예의 고장, 충주

세계 무예인들이 한 자리에

충주에서 '2023 국제연무®대회'가 열린다. 충주세계무술축제를 이어가는 국제연무대회는 지난 2022년부터는 조선 무과시험 및 전통놀이를 기반으로 개발된 '청소년 무예체력인증 경연' 종목이 추가 도입됨에 따라, 2세대 국제연무대회로 거듭났다. 대회 첫날에는 전 세계 무예인들이 한 자리에 모여 무예(武藝) 기량을 뽐내는 세계무예퍼포먼스 국가 대표 대항전이 열린다. 부흐(몽골), 주르카네(이란), 펜칵실랏(인도네시아), 치다오바(조지아), 보카토(캄보디아) 등 6개국 무예 퍼포먼스팀과 가나, 베트남, 싱가포르, 우즈베키스탄, 인도, 카자흐스탄, 필리핀 무예 대표팀 등이 참가한다. 2019년과 2022년 문화체육관광부 장관상을 수상한 대한민국 태권도 팀도 참가해 15개국 전통무예 팀들의 화려한 연무(演武) 경연을 관람할 수 있다.

대회 둘째 날과 셋째 날에는 '청소년 무예체력인증경연'이 진행된다. 무예를 재해석하여 무예를 통해 체력을 측정하는 방식이다. 개인전은 조선 무과시험을 응용하여 개발된 손쓰기, 발쓰기, 무기쓰기, 힘쓰고 달리기 4종목이다. 특히 '힘쓰고 달리기' 종목은 조선 시대 호랑이 잡는 무사인 '착호갑사'에서 착안해 개발된 종목이다.

♥ 2023 국제연무대회 개요

1. 기간 및 장소
   가. 기간 : 2023. 8. 16(수) - 8. 20(일)
   나. 장소 : 충주시 (구)실내체육관
2. 대회 운영
   가. 주최/주관 : 유네스코 국제무예센터, 세계무술연맹
   나. 후원 : 문화체육관광부, 국민체육진흥공단, 충주시 등

♥ 청소년 무예체력인증경연

종목		내용	각 종목 시상
개인전	손쓰기, 발쓰기, 무기쓰기	제한 시간 안에 미션 완수, 기록 측정	장원(1등)
	힘쓰고 달리기	무거운 호랑이 인형 메고 달리기	아원(2등)
단체전	놋다리 쏘기	우리 전통놀이 놋다리와 활쏘기를 기반으로 개발	탐화(3등)
		8명 놋다리 만들어 이동하기, 다트 명중시키기	참가상

세계무술연맹사무국

ⓐ 무예를 단련한다는 뜻으로 수원 연무동과 논산 훈련소 연무대도 여기서 따온 이름

메타버스 산업육성

메타버스 산업활성화 정책 방안

서울연구원

메타버스 산업활성화를 견인(牽引)하는 정책 거버넌스 확립을 위해 다원화된 주체가 참여하고 다양한 부문의 기업이 연계(連繫)하는 메타버스와 같은 산업에서는 산업발전을 선도하는 거버넌스가 긴요하다. 다양한 가치와 이해관계를 지닌 다수의 주체가 메타버스 세계에 참여해 콘텐츠 및 서비스 생산과 활용, 소비와 거래에 관여한다. 민관협력체계를 구축하여 메타버스 산업 활성화에 기여하고자 정부 주도의 메타버스 관련 거버넌스 기구로 '메타버스 얼라이언스'⊙가 설치되어 운영 중이다.

메타버스 얼라이언스는 운영위원회와 분과 및 프로젝트 그룹 운영 등을 통해 기업의 의견수렴과 신규과제 발굴, 협력활동을 지원하는 등의 역할을 수행한다. 메타버스 산업의 중심성 및 선도성을 지닌 서울시도 산업발전을 견인할 수 있는 자체적인 정책 거버넌스 확립이 필요하다. 다양한 정책 방안을 추진하기 위해서는 메타버스 산업육성 및 활성화를 뒷받침하는 조례의 마련, 메타버스 이용 활성화를 위한 제도적 환경의 재정비이다. 메타버스 이용을 제약할 수 있는 불합리한 요소를 최소화하고 이용을 촉진할 수 있는 적극적 환경을 조성하기 위한 관련 조례 제정, 법률 및 제도 정비, 공용플랫폼의 건전한 이용 환경 조성이 있다.

◆ 서울시 메타버스 산업 전략적 방안

　　가. 산업생태계 육성 및 기업 경쟁력 강화
　　　　㉠ 생태계에 속한 부문이나 업종의 균형적 성장
　　　　㉡ 기업들의 경쟁력 강화 지원
　　나. 메타버스 우수 인적자원 개발 지원
　　　　㉠ 메타버스 크리에이터 양성과정 설치 운영
　　　　㉡ 교육 훈련 과정을 이수한 인적자원 DB 구축

◆ *조사분석에 활용한 자료원*

자료원	보유기관	자료원의 설명	기업 수
메타버스	얼라이언스	2021년 5월에 출범, 프로젝트 단위로 기업과 유관기관 참여 중	654개
	산업협회	가상현실산업협회와 모바일산업협회 공동 출범으로 회원사 모집	약 80개
	허브 입주기업	콘텐츠, 플랫폼, 디바이스 솔루션 기업 인큐베이팅 공간 입주	46개
스타트업	혁신의 숲	'메타버스/AR/VR' 관련 사업 등록된 스타트업 데이터베이스 활용	148개
	서울경제진흥원	유관기관 협력을 통해 서울XR실증센터 운영	39개

경제연구실

―――――――――――――――――
⊙ 정부 주도 민관협력체계 구축, 메타버스 산업 활성화 기여하고자 출범한 기구

MEMO

PART 03

출제예상 모의고사

제 01 회 정보기술자격(ITQ) 출제예상 모의고사

과목	코드	문제유형	시험시간	수험번호	성명
아래한글	1111	A	60분		

한컴 오피스

수험자 유의사항

- 수험자는 문제지를 받는 즉시 문제지와 **수험표상의 시험과목(프로그램)이 동일한지 반드시 확인**하여야 합니다.
- 파일명은 본인의 "수험번호-성명"으로 입력하여 답안폴더(내 PC₩문서₩ITQ)에 하나의 파일로 저장해야 하며, 답안문서 파일명이 "수험번호-성명"과 일치하지 않거나, 답안파일을 전송하지 않아 미제출로 처리될 경우 실격 처리합니다(예: 12345678-홍길동.hwpx).
- 답안 작성을 마치면 파일을 저장하고, '답안 전송' 버튼을 선택하여 감독위원 PC로 답안을 전송하십시오. 수험생 정보와 저장한 파일명이 다를 경우 전송되지 않으므로 주의하시기 바랍니다.
- 답안 작성 중에도 **주기적으로 저장하고, '답안 전송'**하여야 문제 발생을 줄일 수 있습니다. 작업한 내용을 저장하지 않고 전송할 경우 이전에 저장된 내용이 전송되오니 이점 유의하시기 바랍니다.
- 답안문서는 지정된 경로 외의 다른 보조기억장치에 저장하는 경우, 지정된 시험 시간 외에 작성된 파일을 활용할 경우, 기타 통신수단(이메일, 메신저, 네트워크 등)을 이용하여 타인에게 전달 또는 외부 반출하는 경우는 부정 처리합니다.
- 시험 중 부주의 또는 고의로 시스템을 파손한 경우는 수험자가 변상해야 하며, 〈수험자 유의사항〉에 기재된 방법대로 이행하지 않아 생기는 불이익은 수험생 당사자의 책임임을 알려 드립니다.
- 문제의 조건은 한컴오피스 2022 버전으로 설정되어 있으니 유의하시기 바랍니다.
- 시험을 완료한 수험자는 답안파일이 전송되었는지 확인한 후 감독위원의 지시에 따라 문제지를 제출하고 퇴실합니다.

답안 작성요령

- 온라인 답안 작성 절차
  수험자 등록 ⇒ 시험 시작 ⇒ 답안파일 저장 ⇒ 답안 전송 ⇒ 시험 종료
- 공통 부문
  - 글꼴에 대한 기본설정은 함초롬바탕, 10포인트, 검정, 줄간격 160%, 양쪽정렬로 합니다.
  - 색상은 조건의 색을 적용하고 색의 구분이 안 될 경우에는 RGB 값을 적용하십시오.
    (빨강 255, 0, 0 / 파랑 0, 0, 255 / 노랑 255, 255, 0).
  - 각 문항에 주어진 ≪조건≫에 따라 작성하고 언급하지 않은 조건은 ≪출력형태≫와 같이 작성합니다.
  - 용지여백은 왼쪽·오른쪽 11mm, 위쪽·아래쪽·머리말·꼬리말 10mm, 제본 0mm로 합니다.
  - 그림 삽입 문제의 경우 「내 PC₩문서₩ITQ₩Picture」 폴더에서 지정된 파일을 선택하여 삽입하십시오.
  - 삽입한 그림은 반드시 문서에 포함하여 저장해야 합니다(미포함 시 감점 처리).
  - 각 항목은 지정된 페이지에 출력형태와 같이 정확히 작성하시기 바라며, 그렇지 않을 경우에 해당 항목은 0점 처리됩니다.
    ※ 페이지구분 : 1페이지 - 기능평가 I (문제번호 표시 : 1. 2.),
                   2페이지 - 기능평가 II (문제번호 표시 : 3. 4.),
                   3페이지 - 문서작성 능력평가
- 기능평가
  - 문제와 ≪조건≫은 입력하지 않으며 문제번호와 답(≪출력형태≫)만 작성합니다.
  - 4번 문제는 묶기를 했을 경우 0점 처리됩니다.
- 문서작성 능력평가
  - A4 용지(210mm×297mm) 1매 크기, 세로 서식 문서로 작성합니다.
  - ( ) 표시는 문서작성에 대한 지시사항이므로 작성하지 않습니다.

kpc 한국생산성본부

기능평가 I　　　150점

1. 다음의 ≪조건≫에 따라 스타일 기능을 적용하여 ≪출력형태≫와 같이 작성하시오. (50점)

≪조건≫ (1) 스타일 이름 - platform
　　　　(2) 문단 모양 - 왼쪽 여백 : 15pt, 문단 아래 간격 : 10pt
　　　　(3) 글자 모양 - 글꼴 : 한글(굴림)/영문(돋움), 크기 : 10pt, 장평 : 95%, 자간 : 5%

≪출력형태≫

Online PACK is the business Online platform for the makers, suppliers and specialists in packaging, cosmetic, pharmaceutical, bio industries from all over the world.

온라인 국제포장기자재전-국제제약 화장품위크는 전 세계의 포장, 화장품, 제약, 바이오산업의 제조업체, 공급업체와 전문가를 위한 비즈니스 온라인 플랫폼이다.

2. 다음의 ≪조건≫에 따라 ≪출력형태≫와 같이 표와 차트를 작성하시오. (100점)

≪표 조건≫ (1) 표 전체(표, 캡션) - 돋움, 10pt
　　　　　(2) 정렬 - 문자 : 가운데 정렬, 숫자 : 오른쪽 정렬
　　　　　(3) 셀 배경(면색) : 노랑
　　　　　(4) 한글의 계산 기능을 이용하여 빈칸에 합계를 구하고, 캡션 기능 사용할 것
　　　　　(5) 선 모양은 ≪출력형태≫와 동일하게 처리할 것

≪출력형태≫

국제물류산업대전 관람객 현황(단위 : 천 명)

구분	10회	11회	12회	13회	합계
1일차	7.4	8.1	7.9	8.5	
2일차	12.2	13.7	12.8	13.1	
3일차	10.1	10.5	11.2	11.9	
4일차	4.8	5.2	5.7	6.2	

≪차트 조건≫ (1) 차트 데이터는 표 내용에서 횟수별 1일차, 2일차, 3일차의 값만 이용할 것
　　　　　　(2) 종류 - 〈묶은 세로 막대형〉으로 작업할 것
　　　　　　(3) 제목 - 글꼴 : 굴림, 진하게, 12pt,
　　　　　　　　　　　 속성 : 채우기(밝은 색 : 하양), 테두리, 그림자(바깥쪽 : 대각선 오른쪽 아래)
　　　　　　(4) 제목 이외의 전체 글꼴 - 굴림, 보통, 10pt
　　　　　　(5) 축제목과 범례는 ≪출력형태≫와 동일하게 처리할 것

≪출력형태≫

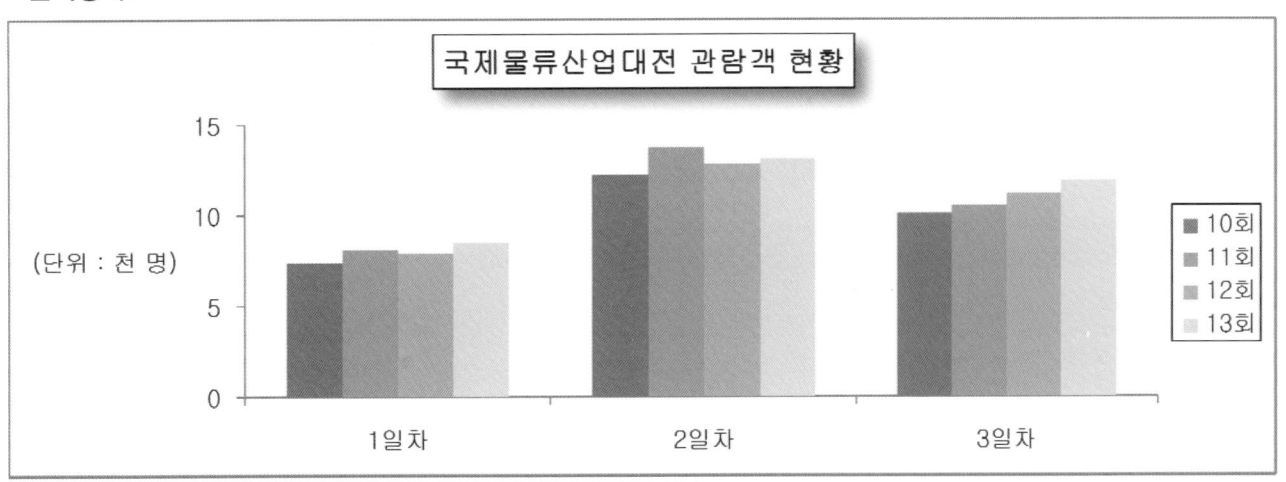

기능평가 II   150점

3. 다음 (1), (2)의 수식을 수식 편집기로 각각 입력하시오. (40점)

≪출력형태≫

(1) $Q = \lim_{\Delta t \to 0} \frac{\Delta s}{\Delta t} = \frac{d^2 s}{dt^2} + 1$

(2) $\int_a^b x f(x) dx = \frac{1}{b-a} \int_a^b x dx = \frac{a+b}{2}$

4. 다음의 ≪조건≫에 따라 ≪출력형태≫와 같이 문서를 작성하시오. (110점)

≪조건≫

(1) 그리기 도구를 이용하여 작성하고, 모든 도형(글맵시, 지정된 그림 포함)을 ≪출력형태≫와 같이 작성하시오.
(2) 도형의 면색은 지시사항이 없으면 색 없음을 제외하고 서로 다르게 임의로 지정하시오.

≪출력형태≫

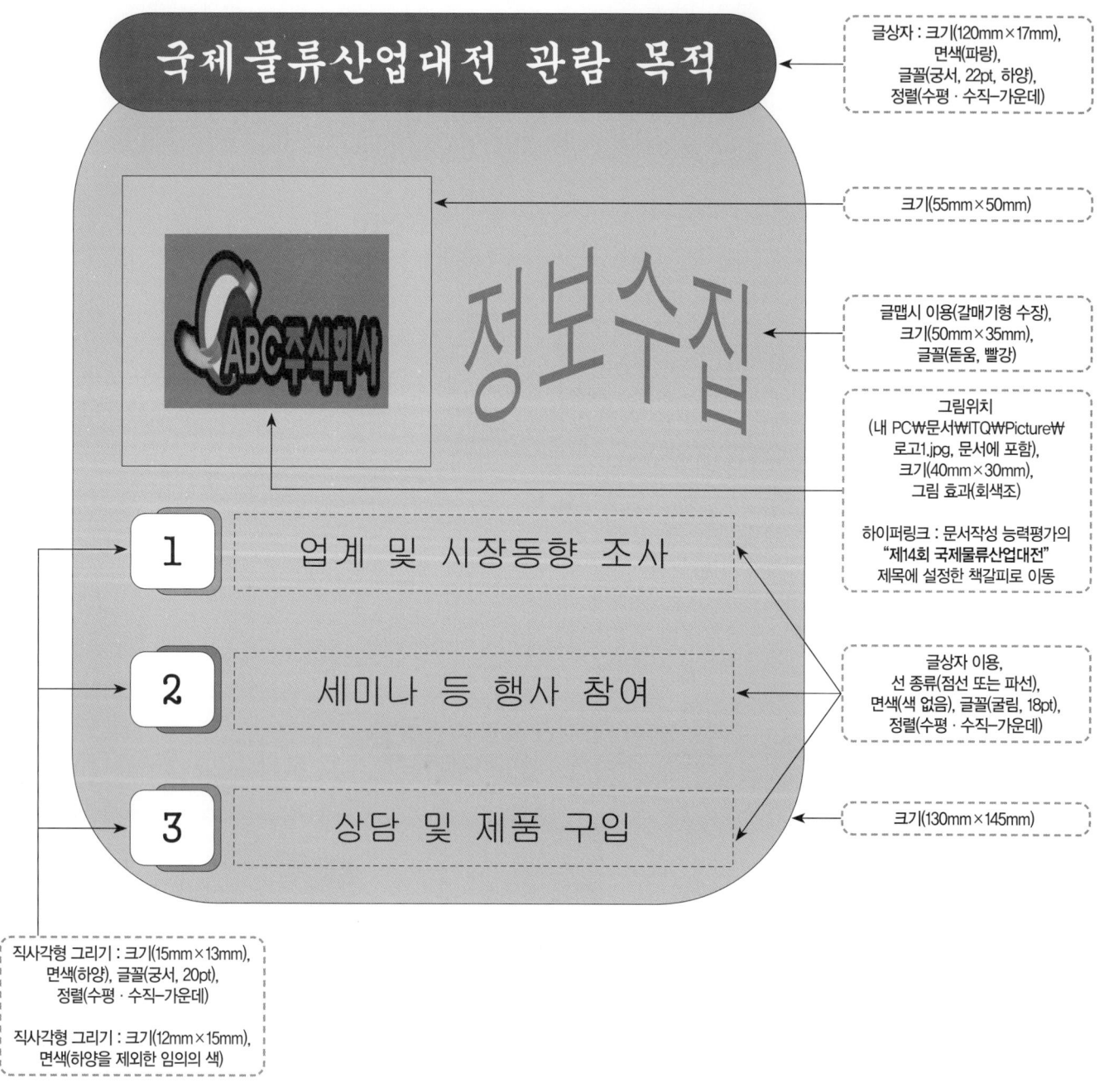

미래 물류 기술

제14회 국제물류산업대전

국제물류산업대전은 한국통합물류협회가 주최하고 국토교통부가 후원하는 운송, 서비스, 보관, 물류설비 분야를 아우르는 국내 최대 규모의 물류 전시회이다. 국제물류산업대전에서는 물류 IT, 물류 자동화 시스템, 유통 솔루션 및 기기, 콜드체인 솔루션 등 산업의 디지털 전환(轉換)을 이끌어가고 있는 국내외 기업들이 참가하여 제품 및 솔루션을 전시하고 물류산업의 트렌드를 한눈에 살펴볼 수 있는 자리이다.

이번 전시회에서는 물류 서비스 및 물류 스타트업⑦ 전용관을 통해 분야별 물류 전문가와의 만남의 장을 마련하고 글로벌 경쟁력을 갖춘 국내 화주(貨主) 및 물류기업의 해외 진출 지원을 위한 해외 투자 환경 정보 제공과 글로벌 네트워크 확보 기회를 제공한다. 별도로 마련된 국토교통 연구개발 홍보관과 스타트업관에서는 국가 물류 연구개발 사업에 관한 내용을 확인하고 물류 분야 창업 기업들을 만나볼 수 있으며, 전시회 방문 기업을 대상으로 스마트물류센터 인증제도 관련 설명회와 상담도 진행한다. 스마트물류센터 인증제도는 인공지능 기반 화물 처리와 물류센터 자동화 등 스마트 물류 기술을 활용하는 물류 시설에 투자비의 일부를 지원하는 제도이다.

♣ 제14회 국제물류산업대전 개요

가. 기간 및 장소
　① 기간 : 2024. 4. 23 - 26, 4일간
　② 장소 : 킨텍스 제2전시장
나. 주최 및 후원
　① 주최 : 한국통합물류협회, 산업전문전시회
　② 후원 : 국토교통부, 경기도

♣ 물류 분야 및 콜드체인 분야 세미나

분야	일자	발표 주제	장소
물류 분야	2024. 4. 23	물류 분야 글로벌 환경 세미나	제2전시장 205호
	2024. 4. 24	물류산업 변화, 물류 기술 혁신과 안전	제2전시장 212호
		다채널 물류센터의 도전과 미래지향적 자동화 솔루션	제2전시장 210호
	2024. 4. 25	모빌리티 혁신	제2전시장 212호
콜드체인 분야	2024. 4. 26	콜드체인 고도화를 위한 신기술 세미나	

국제물류산업대전사무국

---
⑦ 혁신적인 기술 또는 아이디어를 가진 신생 창업 기업들을 의미

Ⅵ

제 02 회 정보기술자격(ITQ) 출제예상 모의고사

과목	코드	문제유형	시험시간	수험번호	성명
아래한글	1111	A	60분		

한컴 오피스

수험자 유의사항

- 수험자는 문제지를 받는 즉시 문제지와 **수험표상의 시험과목(프로그램)이 동일한지 반드시 확인**하여야 합니다.
- 파일명은 본인의 "수험번호-성명"으로 입력하여 답안폴더(내 PC₩문서₩ITQ)에 하나의 파일로 저장해야 하며, 답안문서 파일명이 "수험번호-성명"과 일치하지 않거나, 답안파일을 전송하지 않아 미제출로 처리될 경우 실격 처리합니다(예: 12345678-홍길동.hwpx).
- 답안 작성을 마치면 파일을 저장하고, '답안 전송' 버튼을 선택하여 감독위원 PC로 답안을 전송하십시오. 수험생 정보와 저장한 파일명이 다를 경우 전송되지 않으므로 주의하시기 바랍니다.
- 답안 작성 중에도 **주기적으로 저장하고, '답안 전송'**하여야 문제 발생을 줄일 수 있습니다. 작업한 내용을 저장하지 않고 전송할 경우 이전에 저장된 내용이 전송되오니 이점 유의하시기 바랍니다.
- 답안문서는 지정된 경로 외의 다른 보조기억장치에 저장하는 경우, 지정된 시험 시간 외에 작성된 파일을 활용할 경우, 기타 통신수단(이메일, 메신저, 네트워크 등)을 이용하여 타인에게 전달 또는 외부 반출하는 경우는 부정 처리합니다.
- 시험 중 부주의 또는 고의로 시스템을 파손한 경우는 수험자가 변상해야 하며, 〈수험자 유의사항〉에 기재된 방법대로 이행하지 않아 생기는 불이익은 수험생 당사자의 책임임을 알려 드립니다.
- 문제의 조건은 한컴오피스 2022 버전으로 설정되어 있으니 유의하시기 바랍니다.
- 시험을 완료한 수험자는 답안파일이 전송되었는지 확인한 후 감독위원의 지시에 따라 문제지를 제출하고 퇴실합니다.

답안 작성요령

- 온라인 답안 작성 절차
  수험자 등록 ⇒ 시험 시작 ⇒ 답안파일 저장 ⇒ 답안 전송 ⇒ 시험 종료
- 공통 부문
  - 글꼴에 대한 기본설정은 함초롬바탕, 10포인트, 검정, 줄간격 160%, 양쪽정렬로 합니다.
  - 색상은 조건의 색을 적용하고 색의 구분이 안 될 경우에는 RGB 값을 적용하십시오.
    (빨강 255, 0, 0 / 파랑 0, 0, 255 / 노랑 255, 255, 0).
  - 각 문항에 주어진 ≪조건≫에 따라 작성하고 언급하지 않은 조건은 ≪출력형태≫와 같이 작성합니다.
  - 용지여백은 왼쪽·오른쪽 11mm, 위쪽·아래쪽·머리말·꼬리말 10mm, 제본 0mm로 합니다.
  - 그림 삽입 문제의 경우 「내 PC₩문서₩ITQ₩Picture」 폴더에서 지정된 파일을 선택하여 삽입하십시오.
  - 삽입한 그림은 반드시 문서에 포함하여 저장해야 합니다(미포함 시 감점 처리).
  - 각 항목은 지정된 페이지에 출력형태와 같이 정확히 작성하시기 바라며, 그렇지 않을 경우에 해당 항목은 0점 처리됩니다.
    ※ 페이지구분 : 1페이지 - 기능평가 I (문제번호 표시 : 1. 2.),
      2페이지 - 기능평가 II (문제번호 표시 : 3. 4.),
      3페이지 - 문서작성 능력평가
- 기능평가
  - 문제와 ≪조건≫은 입력하지 않으며 문제번호와 답(≪출력형태≫)만 작성합니다.
  - 4번 문제는 묶기를 했을 경우 0점 처리됩니다.
- 문서작성 능력평가
  - A4 용지(210mm×297mm) 1매 크기, 세로 서식 문서로 작성합니다.
  - (··········) 표시는 문서작성에 대한 지시사항이므로 작성하지 않습니다.

kpc 한국생산성본부

기능평가 I 150점

1. 다음의 ≪조건≫에 따라 스타일 기능을 적용하여 ≪출력형태≫와 같이 작성하시오. (50점)

≪조건≫ (1) 스타일 이름 – expo
(2) 문단 모양 – 왼쪽 여백 : 15pt, 문단 아래 간격 : 10pt
(3) 글자 모양 – 글꼴 : 한글(굴림)/영문(돋움), 크기 : 10pt, 장평 : 95%, 자간 : 5%

≪출력형태≫

K-SAFETY EXPO 2024 is the largest market place of safety industry in Korea to introduce advanced technologies in safety industry of Korea to public.

대한민국 안전산업박람회는 우리나라의 선진안전산업을 선보이고 국내외 공공 바이어와 민간 바이어가 한자리에 모이는 국내 최대의 안전산업 마켓 플레이스이다.

2. 다음의 ≪조건≫에 따라 ≪출력형태≫와 같이 표와 차트를 작성하시오. (100점)

≪표 조건≫ (1) 표 전체(표, 캡션) – 돋움, 10pt
(2) 정렬 – 문자 : 가운데 정렬, 숫자 : 오른쪽 정렬
(3) 셀 배경(면색) : 노랑
(4) 한글의 계산 기능을 이용하여 빈칸에 합계를 구하고, 캡션 기능 사용할 것
(5) 선 모양은 ≪출력형태≫와 동일하게 처리할 것

≪출력형태≫

연도별 안전산업박람회 참관객(단위 : 천 명)

구분	2020년	2021년	2022년	2023년	합계
20대	5.6	7.5	8.4	15.4	
30대	7.3	13.6	12.2	14.8	
40대	14.5	12.8	14.6	16.4	
50대 이상	6.2	7.4	9.2	11.7	

≪차트 조건≫ (1) 차트 데이터는 표 내용에서 연도별 20대, 30대, 40대의 값만 이용할 것
(2) 종류 – 〈묶은 세로 막대형〉으로 작업할 것
(3) 제목 – 글꼴 : 굴림, 진하게, 12pt,
속성 : 채우기(밝은 색 : 하양), 테두리, 그림자(바깥쪽 : 대각선 오른쪽 아래)
(4) 제목 이외의 전체 글꼴 – 굴림, 보통, 10pt
(5) 축제목과 범례는 ≪출력형태≫와 동일하게 처리할 것

≪출력형태≫

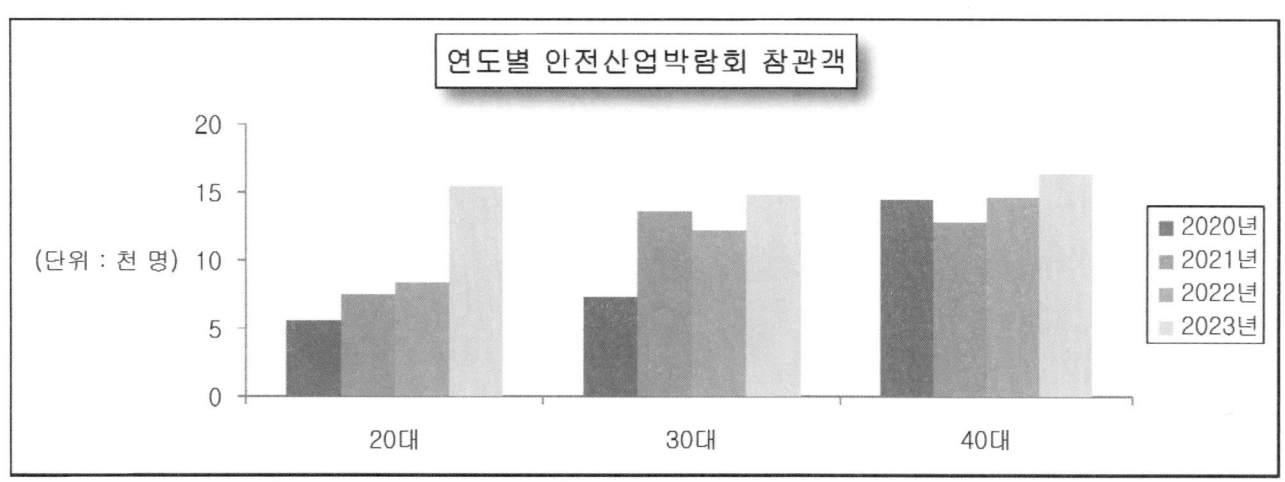

기능평가 II 150점

3. 다음 (1), (2)의 수식을 수식 편집기로 각각 입력하시오. (40점)

≪출력형태≫

(1) $\int_a^b A(x-a)(x-b)dx = -\frac{A}{6}(b-a)^3$
(2) $A^3 + \sqrt{\frac{gL}{2\pi}} = \frac{gT}{2\pi}$

4. 다음의 ≪조건≫에 따라 ≪출력형태≫와 같이 문서를 작성하시오. (110점)

≪조건≫
(1) 그리기 도구를 이용하여 작성하고, 모든 도형(글맵시, 지정된 그림 포함)을 ≪출력형태≫와 같이 작성하시오.
(2) 도형의 면색은 지시사항이 없으면 색 없음을 제외하고 서로 다르게 임의로 지정하시오.

≪출력형태≫

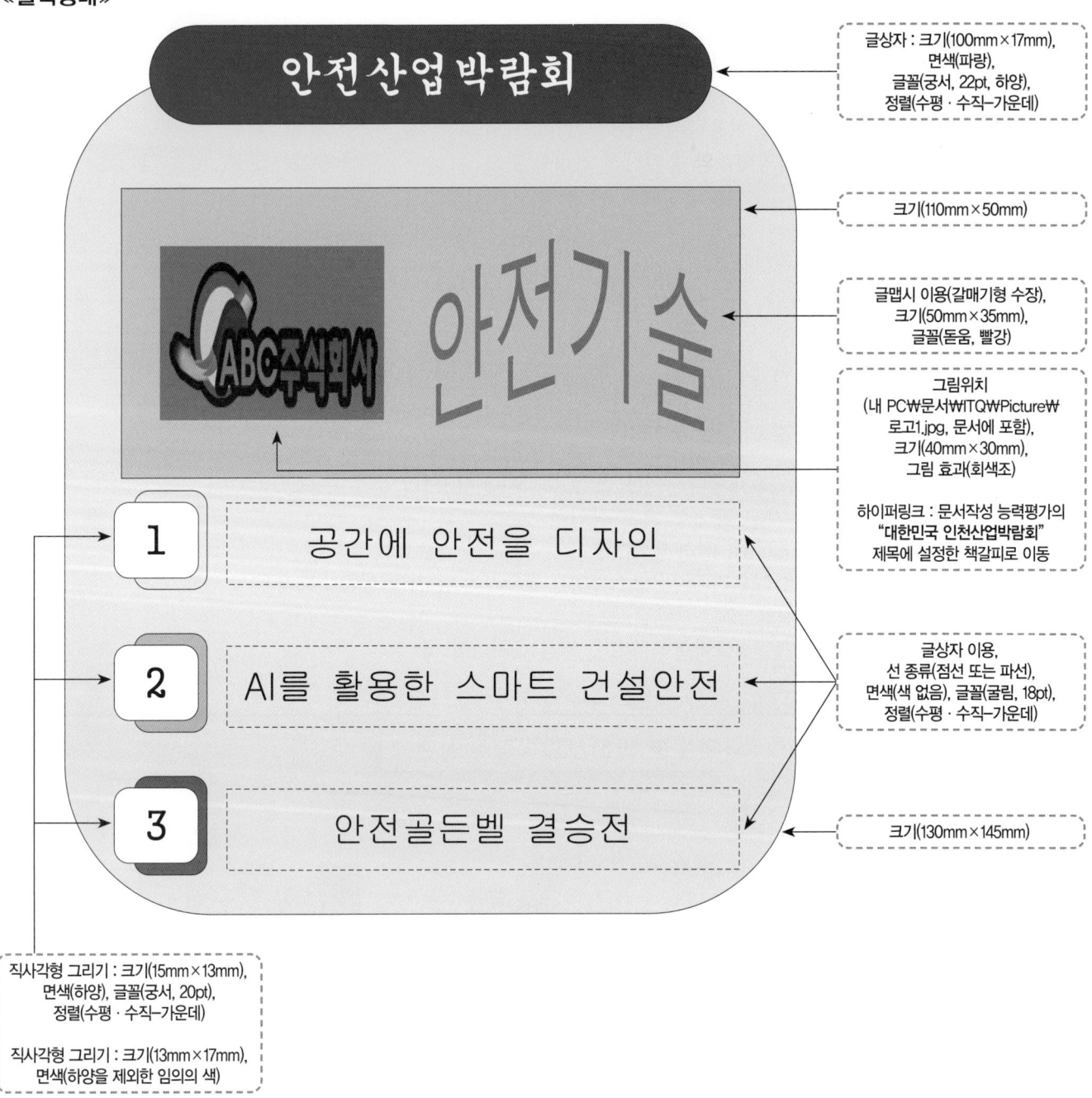

대한민국 안전산업박람회

4차 산업혁명이 세계적인 흐름으로 이어지면서 안전산업 분야에도 태풍, 지진 등의 자연재해 예측(豫測)부터 화재, 추락 등의 산업 안전사고 대비까지 이전에는 없었던 새로운 방향의 기술이 등장해 접목되고 있다. 4차 산업혁명 기술을 접목한 첨단 안전제품들을 한자리에서 볼 수 있는 대한민국 안전산업박람회는 안전관련 정부부처, 지자체, 공공기관이 참여하여 범정부적으로 추진되는 국내 최대 규모의 안전산업 종합박람회로 부처별 안전관련 사업 정책, R&D, 콘퍼런스 등을 연계하여 전시회를 개최한다.

첨단기술을 활용한 혁신(革新) 안전제품을 선보이며 사회 전반의 안전에 대한 경각심을 고취하고 안전관련 기업의 판로를 지원하는 대한민국 안전산업박람회는 로봇, 무인기, 생체인식, 인공지능, 사물인터넷 등의 다양한 신기술이 접목된 제품이 선보여지는 혁신성장관과 방재, 산업, 생활, 교통, 치안 등 분야별 안전제품을 볼 수 있는 안전제품관으로 나뉘어 진행된다. 또한 안전산업 관련 기관 및 기업들의 수출상담회를 통해 양질의 해외 바이어를 만날 수 있는 비즈니스존과 VR㉮, AR 등을 활용한 지진체험, 항공기 안전체험 등을 할 수 있는 안전체험마을 등을 부대행사로 운영한다.

♥ 대한민국 안전산업박람회 개요

가. 기간 및 장소
　① 기간 : 2024. 1. 8 - 1. 11. 4일간
　② 장소 : 킨텍스 제1전시장
나. 주최 및 프로그램
　① 주최 : 행정안전부, 산업통상자원부, 경기도
　② 프로그램 : 전시, 컨퍼런스, 안전체험마을 등

♥ 국민안전체험관 체험안내

안전체험	세부코너	체험인원	체험연령
산악안전	바위타기-흔들다리건너기-계곡횡단하기	20명	초등생 이상
호우안전	침수공간탈출-침수계단탈출-침수차량탈출-수난구조체험		
지진안전	지진VR-지진붕괴대피-72시간생존		
응급안전	영유아 심폐소생술 및 기도폐쇄처치, 생활응급처치	30명	미취학 아동
키즈안전	지진대피-가정 내 안전사고-화재 대피-119신고-차량안전		

안전산업박람회사무국

㉮ 현실이 아닌데도 실제처럼 생각하고 보이게 하는 가상현실

제 03 회 정보기술자격(ITQ) 출제예상 모의고사

과목	코드	문제유형	시험시간	수험번호	성명
아래한글	1111	A	60분		

한컴 오피스

수험자 유의사항

- 수험자는 문제지를 받는 즉시 문제지와 **수험표상의 시험과목(프로그램)이 동일한지 반드시 확인**하여야 합니다.
- 파일명은 본인의 "수험번호-성명"으로 입력하여 답안폴더(내 PC₩문서₩ITQ)에 하나의 파일로 저장해야 하며, 답안문서 파일명이 "수험번호-성명"과 일치하지 않거나, 답안파일을 전송하지 않아 미제출로 처리될 경우 실격 처리합니다(예: 12345678-홍길동.hwpx).
- 답안 작성을 마치면 파일을 저장하고, '답안 전송' 버튼을 선택하여 감독위원 PC로 답안을 전송하십시오. 수험생 정보와 저장한 파일명이 다를 경우 전송되지 않으므로 주의하시기 바랍니다.
- 답안 작성 중에도 **주기적으로 저장하고, '답안 전송'**하여야 문제 발생을 줄일 수 있습니다. 작업한 내용을 저장하지 않고 전송할 경우 이전에 저장된 내용이 전송되오니 이점 유의하시기 바랍니다.
- 답안문서는 지정된 경로 외의 다른 보조기억장치에 저장하는 경우, 지정된 시험 시간 외에 작성된 파일을 활용할 경우, 기타 통신수단(이메일, 메신저, 네트워크 등)을 이용하여 타인에게 전달 또는 외부 반출하는 경우는 부정 처리합니다.
- 시험 중 부주의 또는 고의로 시스템을 파손한 경우는 수험자가 변상해야 하며, 〈수험자 유의사항〉에 기재된 방법대로 이행하지 않아 생기는 불이익은 수험생 당사자의 책임임을 알려 드립니다.
- 문제의 조건은 한컴오피스 2022 버전으로 설정되어 있으니 유의하시기 바랍니다.
- 시험을 완료한 수험자는 답안파일이 전송되었는지 확인한 후 감독위원의 지시에 따라 문제지를 제출하고 퇴실합니다.

답안 작성요령

- 온라인 답안 작성 절차
  수험자 등록 ⇒ 시험 시작 ⇒ 답안파일 저장 ⇒ 답안 전송 ⇒ 시험 종료
- 공통 부문
  - 글꼴에 대한 기본설정은 함초롬바탕, 10포인트, 검정, 줄간격 160%, 양쪽정렬로 합니다.
  - 색상은 조건의 색을 적용하고 색의 구분이 안 될 경우에는 RGB 값을 적용하십시오.
    (빨강 255, 0, 0 / 파랑 0, 0, 255 / 노랑 255, 255, 0).
  - 각 문항에 주어진 ≪조건≫에 따라 작성하고 언급하지 않은 조건은 ≪출력형태≫와 같이 작성합니다.
  - 용지여백은 왼쪽·오른쪽 11mm, 위쪽·아래쪽·머리말·꼬리말 10mm, 제본 0mm로 합니다.
  - 그림 삽입 문제의 경우 「내 PC₩문서₩ITQ₩Picture」 폴더에서 지정된 파일을 선택하여 삽입하십시오.
  - 삽입한 그림은 반드시 문서에 포함하여 저장해야 합니다(미포함 시 감점 처리).
  - 각 항목은 지정된 페이지에 출력형태와 같이 정확히 작성하시기 바라며, 그렇지 않을 경우에 해당 항목은 0점 처리됩니다.
  - ※ 페이지구분 : 1페이지 - 기능평가 I (문제번호 표시 : 1. 2.),
    2페이지 - 기능평가 II (문제번호 표시 : 3. 4.),
    3페이지 - 문서작성 능력평가
- 기능평가
  - 문제와 ≪조건≫은 입력하지 않으며 문제번호와 답(≪출력형태≫)만 작성합니다.
  - 4번 문제는 묶기를 했을 경우 0점 처리됩니다.
- 문서작성 능력평가
  - A4 용지(210mm×297mm) 1매 크기, 세로 서식 문서로 작성합니다.
  - (   ) 표시는 문서작성에 대한 지시사항이므로 작성하지 않습니다.

kpc 한국생산성본부

기능평가 I 150점

1. 다음의 ≪조건≫에 따라 스타일 기능을 적용하여 ≪출력형태≫와 같이 작성하시오. (50점)

≪조건≫ (1) 스타일 이름 – tourism
(2) 문단 모양 – 왼쪽 여백 : 15pt, 문단 아래 간격 : 10pt
(3) 글자 모양 – 글꼴 : 한글(굴림)/영문(돋움), 크기 : 10pt, 장평 : 95%, 자간 : 5%

≪출력형태≫

Korea is a country visited by many travelers every year. With a long history of culture and tradition, this country has a lot to offer travelers.

관광자원은 자연과 인간의 상호작용의 결과로 개발을 통해서 관광대상이 된다. 개발 방법을 구체적으로 분류하면 교통수단의 건설, 숙박 시설의 건설, 제반 부대시설의 건설, 홍보 및 광고 등이 있다.

2. 다음의 ≪조건≫에 따라 ≪출력형태≫와 같이 표와 차트를 작성하시오. (100점)

≪표 조건≫ (1) 표 전체(표, 캡션) – 돋움, 10pt
(2) 정렬 – 문자 : 가운데 정렬, 숫자 : 오른쪽 정렬
(3) 셀 배경(면색) : 노랑
(4) 한글의 계산 기능을 이용하여 빈칸에 합계를 구하고, 캡션 기능 사용할 것
(5) 선 모양은 ≪출력형태≫와 동일하게 처리할 것

≪출력형태≫

외래 관광객 현황(단위 : 천 명)

구분	2018년	2019년	2020년	2021년	합계
프랑스	89.4	90.9	41.7	48.4	
그리스	30.1	31.3	7.4	14.7	
이탈리아	61.6	64.5	25.2	26.9	
스위스	11.7	11.8	3.7	4.4	

≪차트 조건≫ (1) 차트 데이터는 표 내용에서 연도별 프랑스, 그리스, 이탈리아의 값만 이용할 것
(2) 종류 – 〈묶은 세로 막대형〉으로 작업할 것
(3) 제목 – 글꼴 : 굴림, 진하게, 12pt,
속성 : 채우기(밝은 색 : 하양), 테두리, 그림자(바깥쪽 : 대각선 오른쪽 아래)
(4) 제목 이외의 전체 글꼴 – 굴림, 보통, 10pt
(5) 축제목과 범례는 ≪출력형태≫와 동일하게 처리할 것

≪출력형태≫

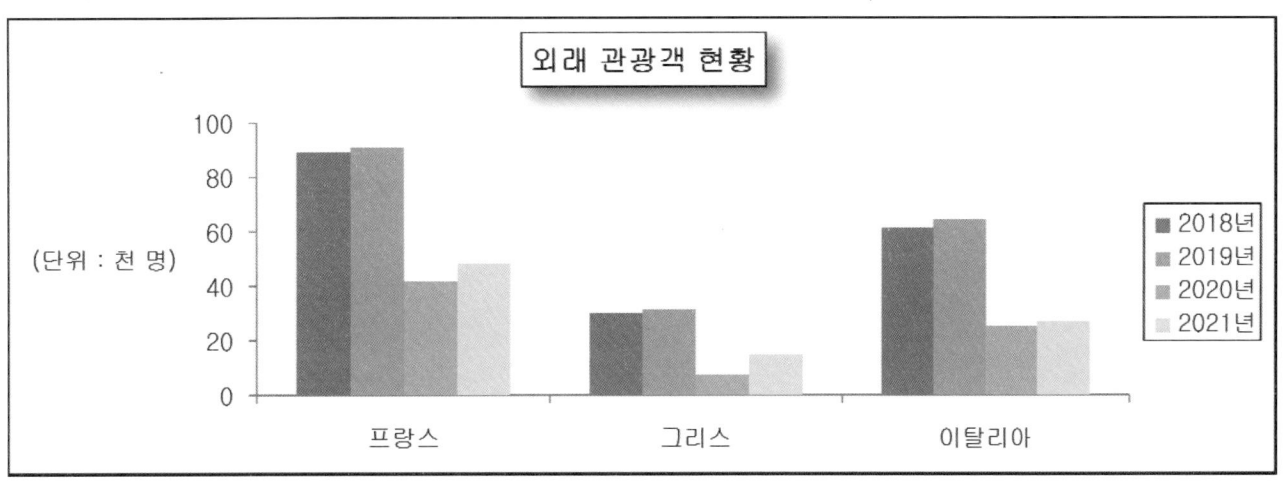

기능평가 II (150점)

3. 다음 (1), (2)의 수식을 수식 편집기로 각각 입력하시오. (40점)

≪출력형태≫

(1) $h = \sqrt{k^2 - r^2}, M = \frac{1}{3}\pi r^2 h$

(2) $m = \frac{\Delta P}{K_a} = \frac{\Delta t_b}{K_b} = \frac{\Delta t_f}{K_f}$

4. 다음의 ≪조건≫에 따라 ≪출력형태≫와 같이 문서를 작성하시오. (110점)

≪조건≫

(1) 그리기 도구를 이용하여 작성하고, 모든 도형(글맵시, 지정된 그림 포함)을 ≪출력형태≫와 같이 작성하시오.
(2) 도형의 면색은 지시사항이 없으면 색 없음을 제외하고 서로 다르게 임의로 지정하시오.

≪출력형태≫

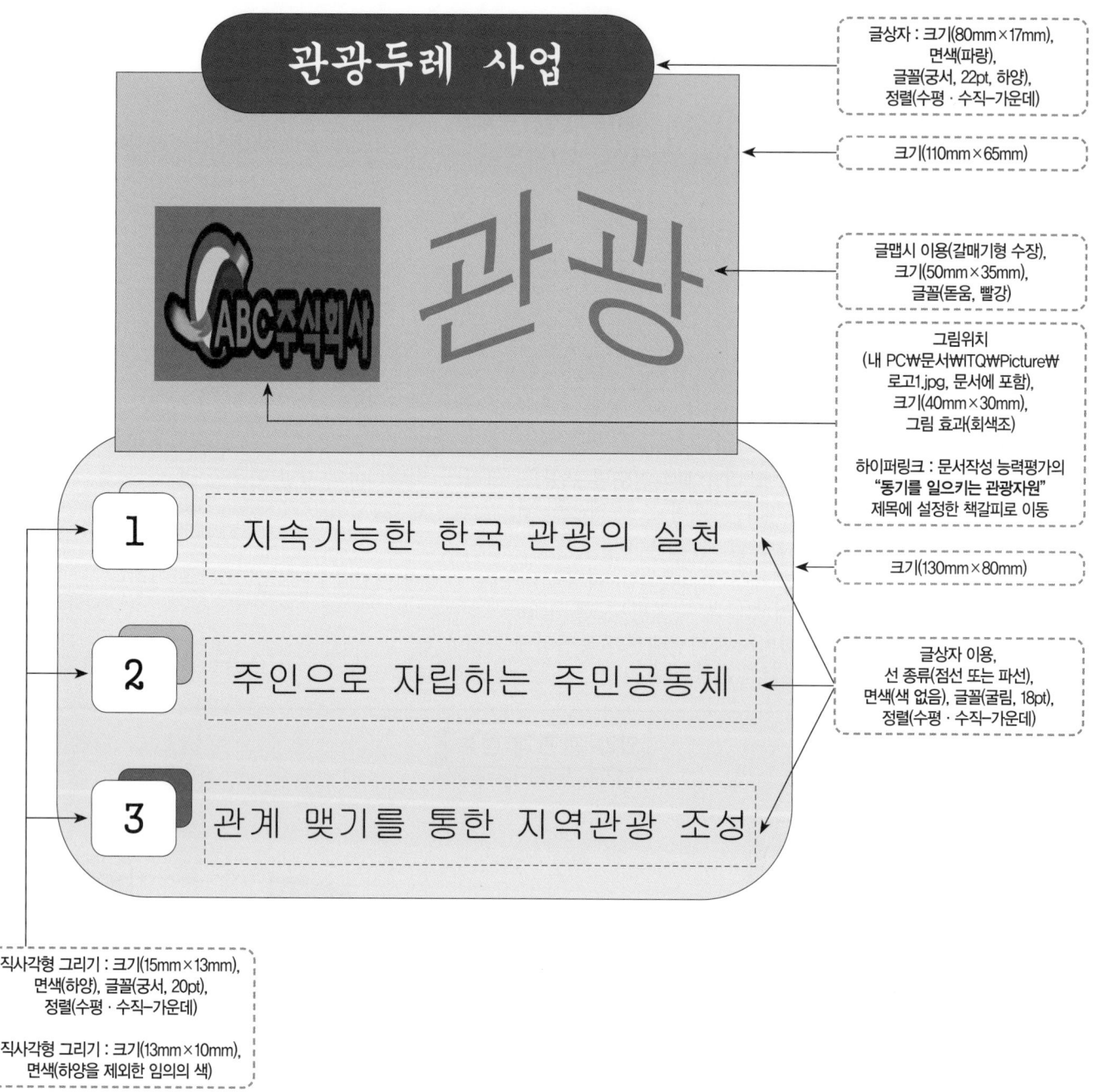

동기를 일으키는 관광자원

관광자원은 본래 그 자체로서 관광가치를 지니고 있으나 개발(開發)이라는 인공적 수단을 거쳐 보다 유용한 관광대상이 된다. 선진국들은 이미 오래전부터 지역 축제 등을 통해 관광객을 유치하여 지역 소득에 기여함은 물론 고용 효과까지 창출하고 있다. 우리나라도 그동안의 경제 성장과 국민의 소득 증가에 따른 일반 대중의 관광수요를 충족시키는 한편 1980년대에 들어와서 국제 관광지로서의 위상 확립과 외래 관광객의 증가에 대비하여 관광자원 사업을 적극 추진해 왔다.

관광자원 개발 사업은 현재 외래 관광객의 수용 시설이 서울을 비롯한 대도시에 편중되면서 빚어지는 불균형을 시정하는 한편 관광시설을 전국적으로 균형 있게 분산(分散)시켜 관광대상지를 확장하고 관광객의 체재 기간을 연장시켜 소비를 높이는 데 그 목적을 두고 있다. 이에 따른 균형 있는 국토의 개발과 주민 소득의 증대, 고용의 확대, 자연 및 문화재의 보전이라는 파급 효과도 기대할 수 있다. 정부는 국제 수준의 관광시설 확보와 함께 수려한 자연과 반만년의 역사를 배경으로 한 고유문화ⓐ의 보호라는 양면성을 조화시키면서 국토 개발 계획, 문화재 보존 계획 등과 상충되지 않는 방향으로 본 사업을 추진하고 있다.

★ 관광자원 분류의 필요성

    가. 분류 작업의 필요성
        ① 각각의 연구들을 단순하게 취급할 수 있도록 도움 제공
        ② 분류에 따른 속성의 이해를 명확하게 함
    나. 관광자원 분류의 목적
        ① 관광자원의 역할과 가치를 평가
        ② 관광자원의 합리적 이용, 관리, 보호를 위한 기초자료

★ 관광자원의 2분류 체계

1분류	2분류	이용시기
문화	인물	출생지, 생가, 유배지, 기념비, 묘, 문학비, 영정, 문학/영화/드라마 배경지, 기타
	축조물	누(정), 서원, 향고, 사찰, 궁궐, 성곽, 탑, 불상, 고궁, 고가옥, 사당, 칠성각
자연 및 생태환경	동/식물	희귀종, 자생지, 조류서식지, 번식지, 철새도래지, 방품림, 기타
	자연경관	산, 강, 폭포, 고개, 동굴, 화석지, 갯벌, 분화구, 8경, 오름 등

한국관광공사

ⓐ 어떠한 나라 민족이 본래 가지고 있는 독특한 문화

제 04 회 정보기술자격(ITQ) 출제예상 모의고사

과목	코드	문제유형	시험시간	수험번호	성명
아래한글	1111	A	60분		

한컴 오피스

수험자 유의사항

- 수험자는 문제지를 받는 즉시 문제지와 **수험표상의 시험과목(프로그램)이 동일한지 반드시 확인**하여야 합니다.
- 파일명은 본인의 "수험번호-성명"으로 입력하여 답안폴더(내 PC\문서\ITQ)에 하나의 파일로 저장해야 하며, 답안문서 파일명이 "수험번호-성명"과 일치하지 않거나, 답안파일을 전송하지 않아 미제출로 처리될 경우 실격 처리합니다(예: 12345678-홍길동.hwpx).
- 답안 작성을 마치면 파일을 저장하고, '답안 전송' 버튼을 선택하여 감독위원 PC로 답안을 전송하십시오. 수험생 정보와 저장한 파일명이 다를 경우 전송되지 않으므로 주의하시기 바랍니다.
- 답안 작성 중에도 **주기적으로 저장하고, '답안 전송'**하여야 문제 발생을 줄일 수 있습니다. 작업한 내용을 저장하지 않고 전송할 경우 이전에 저장된 내용이 전송되오니 이점 유의하시기 바랍니다.
- 답안문서는 지정된 경로 외의 다른 보조기억장치에 저장하는 경우, 지정된 시험 시간 외에 작성된 파일을 활용할 경우, 기타 통신수단(이메일, 메신저, 네트워크 등)을 이용하여 타인에게 전달 또는 외부 반출하는 경우는 부정 처리합니다.
- 시험 중 부주의 또는 고의로 시스템을 파손한 경우는 수험자가 변상해야 하며, 〈수험자 유의사항〉에 기재된 방법대로 이행하지 않아 생기는 불이익은 수험생 당사자의 책임임을 알려 드립니다.
- 문제의 조건은 한컴오피스 2022 버전으로 설정되어 있으니 유의하시기 바랍니다.
- 시험을 완료한 수험자는 답안파일이 전송되었는지 확인한 후 감독위원의 지시에 따라 문제지를 제출하고 퇴실합니다.

답안 작성요령

- 온라인 답안 작성 절차
  수험자 등록 ⇒ 시험 시작 ⇒ 답안파일 저장 ⇒ 답안 전송 ⇒ 시험 종료
- 공통 부문
  - 글꼴에 대한 기본설정은 함초롬바탕, 10포인트, 검정, 줄간격 160%, 양쪽정렬로 합니다.
  - 색상은 조건의 색을 적용하고 색의 구분이 안 될 경우에는 RGB 값을 적용하십시오.
    (빨강 255, 0, 0 / 파랑 0, 0, 255 / 노랑 255, 255, 0).
  - 각 문항에 주어진 ≪조건≫에 따라 작성하고 언급하지 않은 조건은 ≪출력형태≫와 같이 작성합니다.
  - 용지여백은 왼쪽·오른쪽 11mm, 위쪽·아래쪽·머리말·꼬리말 10mm, 제본 0mm로 합니다.
  - 그림 삽입 문제의 경우 「내 PC\문서\ITQ\Picture」 폴더에서 지정된 파일을 선택하여 삽입하십시오.
  - 삽입한 그림은 반드시 문서에 포함하여 저장해야 합니다(미포함 시 감점 처리).
  - 각 항목은 지정된 페이지에 출력형태와 같이 정확히 작성하시기 바라며, 그렇지 않을 경우에 해당 항목은 0점 처리됩니다.
    ※ 페이지구분 : 1페이지 – 기능평가 I (문제번호 표시 : 1. 2.),
          2페이지 – 기능평가 II (문제번호 표시 : 3. 4.),
          3페이지 – 문서작성 능력평가
- 기능평가
  - 문제와 ≪조건≫은 입력하지 않으며 문제번호와 답(≪출력형태≫)만 작성합니다.
  - 4번 문제는 묶기를 했을 경우 0점 처리됩니다.
- 문서작성 능력평가
  - A4 용지(210mm×297mm) 1매 크기, 세로 서식 문서로 작성합니다.
  - ┌┄┄┄┄┄┐ 표시는 문서작성에 대한 지시사항이므로 작성하지 않습니다.

kpc 한국생산성본부

기능평가 I

150점

1. 다음의 ≪조건≫에 따라 스타일 기능을 적용하여 ≪출력형태≫와 같이 작성하시오. (50점)

≪조건≫ (1) 스타일 이름 - mascot
(2) 문단 모양 - 왼쪽 여백 : 15pt, 문단 아래 간격 : 10pt
(3) 글자 모양 - 글꼴 : 한글(돋움)/영문(궁서), 크기 : 10pt, 장평 : 95%, 자간 : -5%

≪출력형태≫

Ever since Shuss, a red, white and blue mascot on skis, appeared at the Olympic Winter Games Grenoble 1968, mascots have been fun and festive ambassadors of the Olympic Movement.

1968년 동계 올림픽 그르노블에서 스키를 탄 빨간색, 흰색, 파란색 마스코트 슈스가 등장한 이래로 마스코트는 재미있고 축제 같은 올림픽 운동의 홍보대사였다.

2. 다음의 ≪조건≫에 따라 ≪출력형태≫와 같이 표와 차트를 작성하시오. (100점)

≪표 조건≫ (1) 표 전체(표, 캡션) - 돋움, 10pt
(2) 정렬 - 문자 : 가운데 정렬, 숫자 : 오른쪽 정렬
(3) 셀 배경(면색) : 노랑
(4) 한글의 계산 기능을 이용하여 빈칸에 합계를 구하고, 캡션 기능 사용할 것
(5) 선 모양은 ≪출력형태≫와 동일하게 처리할 것

≪출력형태≫

한국 하계올림픽 특정 종목 역대 메달 현황(단위: 개)

종목	레슬링	양궁	유도	태권도	근대 5종
금메달	11	27	11	12	0
은메달	11	9	17	3	0
동메달	14	7	18	7	1
합계					

≪차트 조건≫ (1) 차트 데이터는 표 내용에서 메달별 레슬링, 양궁, 유도, 태권도의 값만 이용할 것
(2) 종류 - 〈묶은 세로 막대형〉으로 작업할 것
(3) 제목 - 글꼴 : 굴림, 진하게, 12pt,
속성 : 채우기(밝은 색 : 하양), 테두리, 그림자(바깥쪽 : 대각선 오른쪽 아래)
(4) 제목 이외의 전체 글꼴 - 굴림, 보통, 10pt
(5) 축제목과 범례는 ≪출력형태≫와 동일하게 처리할 것

≪출력형태≫

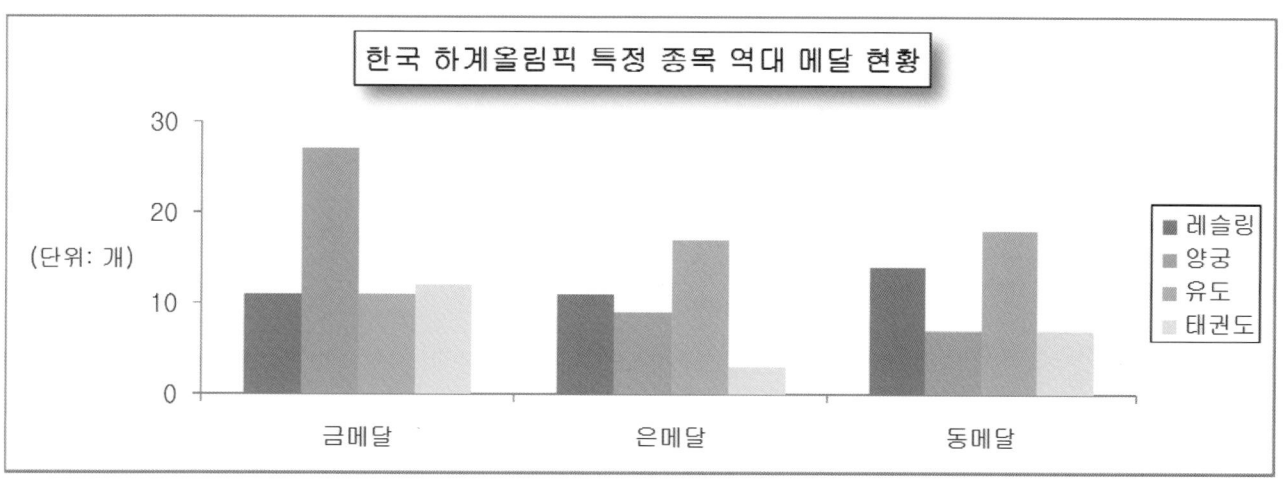

기능평가 II 150점

3. 다음 (1), (2)의 수식을 수식 편집기로 각각 입력하시오. (40점)

≪출력형태≫

(1) $\overline{AB} = \sqrt{(x_2 - x_1)^2 + (y_2 - y_1)^2}$

(2) $G = 2 \int_{\frac{a}{2}}^{a} \frac{b\sqrt{a^2 - x^2}}{a} dx$

4. 다음의 ≪조건≫에 따라 ≪출력형태≫와 같이 문서를 작성하시오. (110점)

≪조건≫
(1) 그리기 도구를 이용하여 작성하고, 모든 도형(글맵시, 지정된 그림 포함)을 ≪출력형태≫와 같이 작성하시오.
(2) 도형의 면색은 지시사항이 없으면 색 없음을 제외하고 서로 다르게 임의로 지정하시오.

≪출력형태≫

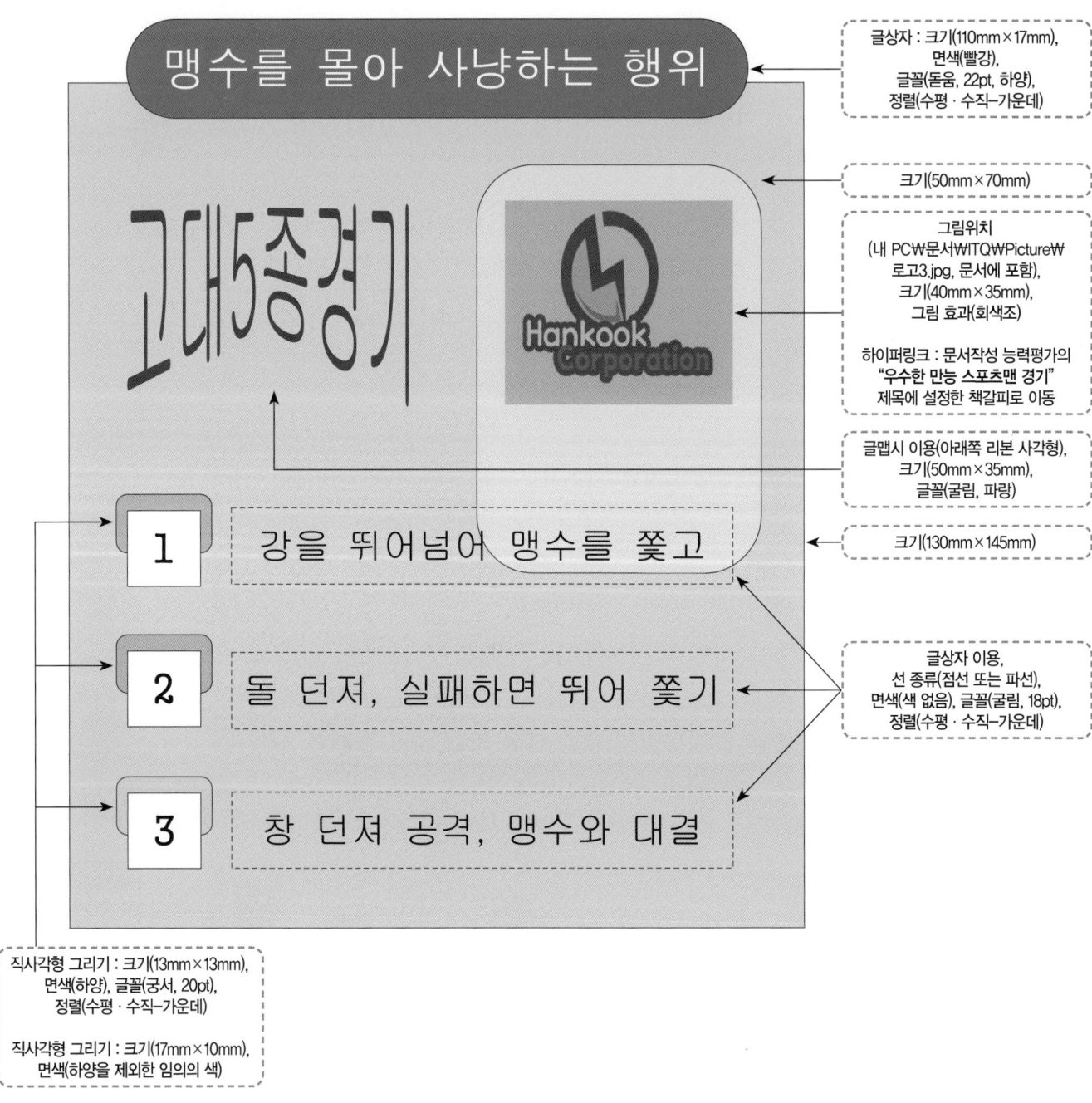

우수한 만능 스포츠맨 경기

철학자 아리스토텔레스는 '가장 완벽한 스포츠인은 5종 경기를 하는 사람이다. 체력과 스피드가 경기인의 신체 속에 가장 아름다운 조화를 이루게 하는 경기이기 때문이다.'라고 5종 경기를 찬미 한 바 있다. 한 선수가 체력, 체능, 체격조건과 기술요건이 서로 다른 5가지 경기종목을 섭렵한다는 것은 가장 뛰어난 신체 능력과 정신력을 발휘함으로써 가능하며, 그러한 선수만이 올림픽 선수의 칭호를 받을 만하다는 피에르 쿠베르탱 남작의 말은 바로 완전한 인간을 추구한다는 올림픽의 진정한 이념을 반영한 것이다.

현대사회는 모든 분야(分野)에서 급속도의 변화를 가져오고 있다. 현대사회는 인간이 각기 전문성을 갖도록 강요하고 있다. 따라서 인간은 생존(生存)을 위하여 그렇게 되지 않을 수 없는 상황에 처해 있으며 몸과 마음의 조화가 갖는 아름다움을 스스로 파기하고 있다. 정신적, 육체적으로 조화를 이룬 인간개발을 목표로 쿠베르탱 남작에 의해 개발되고 올림픽 스포츠로 발전해온 근대 5종경기㉮는 성장기의 청소년에게 정신과 육체의 균형을 갖춘 인격체로서 성장할 수 있도록 도와주고 그들의 미래가 여러 분야에서 조화를 이룰 수 있도록 창안되었다.

◆ 근대5종 세부종목 안내

  i. 펜싱 및 수영 소개
     a. 펜싱: 참가선수 전원이 1분 단판으로 풀 리그를 펼침
     b. 수영: 200m 자유형이나 어떠한 영법을 사용해도 무방함
  ii. 승마 및 복합경기 소개
     a. 승마: 350-450m 코스에서 12개의 장애물을 넘는 경기
     b. 복합경기(육상+사격): 핸디캡 스타트 방식

◆ 근대5종 경기 일정(2023년)

국내 대회	대회 기간	장소	세계 대회	대회 기간	장소
선수권대회	06.21 - 06.27	강원(홍천)	U17	07.12 - 07.30	이집트 튀르키예
문체부대회	08.10 - 08.15	전남(해남)	U19		
대한체육회장배	09.07 - 09.12	강원(인제)	세계선수권대회	08.21 - 08.28	영국
전국체육대회	10.13 - 10.19	전라남도	주니어대회	09.12 - 09.17	리투아니아

대한근대5종연맹

㉮ 한 경기자가 펜싱, 수영, 승마, 복합(사격, 육상) 등의 5종목을 각각 겨루는 경기

제05회 정보기술자격(ITQ) 출제예상 모의고사

과목	코드	문제유형	시험시간	수험번호	성명
아래한글	1111	A	60분		

한컴 오피스

수험자 유의사항

- 수험자는 문제지를 받는 즉시 문제지와 **수험표상의 시험과목(프로그램)이 동일한지 반드시 확인**하여야 합니다.
- 파일명은 본인의 "수험번호-성명"으로 입력하여 답안폴더(내 PC₩문서₩ITQ)에 하나의 파일로 저장해야 하며, 답안문서 파일명이 "수험번호-성명"과 일치하지 않거나, 답안파일을 전송하지 않아 미제출로 처리될 경우 실격 처리합니다(예: 12345678-홍길동.hwpx).
- 답안 작성을 마치면 파일을 저장하고, '답안 전송' 버튼을 선택하여 감독위원 PC로 답안을 전송하십시오. 수험생 정보와 저장한 파일명이 다를 경우 전송되지 않으므로 주의하시기 바랍니다.
- 답안 작성 중에도 **주기적으로 저장하고, '답안 전송'**하여야 문제 발생을 줄일 수 있습니다. 작업한 내용을 저장하지 않고 전송할 경우 이전에 저장된 내용이 전송되오니 이점 유의하시기 바랍니다.
- 답안문서는 지정된 경로 외의 다른 보조기억장치에 저장하는 경우, 지정된 시험 시간 외에 작성된 파일을 활용할 경우, 기타 통신수단(이메일, 메신저, 네트워크 등)을 이용하여 타인에게 전달 또는 외부 반출하는 경우는 부정 처리합니다.
- 시험 중 부주의 또는 고의로 시스템을 파손한 경우는 수험자가 변상해야 하며, 〈수험자 유의사항〉에 기재된 방법대로 이행하지 않아 생기는 불이익은 수험생 당사자의 책임임을 알려 드립니다.
- 문제의 조건은 한컴오피스 2022 버전으로 설정되어 있으니 유의하시기 바랍니다.
- 시험을 완료한 수험자는 답안파일이 전송되었는지 확인한 후 감독위원의 지시에 따라 문제지를 제출하고 퇴실합니다.

답안 작성요령

- 온라인 답안 작성 절차
  수험자 등록 ⇒ 시험 시작 ⇒ 답안파일 저장 ⇒ 답안 전송 ⇒ 시험 종료
- 공통 부문
  - 글꼴에 대한 기본설정은 함초롬바탕, 10포인트, 검정, 줄간격 160%, 양쪽정렬로 합니다.
  - 색상은 조건의 색을 적용하고 색의 구분이 안 될 경우에는 RGB 값을 적용하십시오.
    (빨강 255, 0, 0 / 파랑 0, 0, 255 / 노랑 255, 255, 0).
  - 각 문항에 주어진 ≪조건≫에 따라 작성하고 언급하지 않은 조건은 ≪출력형태≫와 같이 작성합니다.
  - 용지여백은 왼쪽·오른쪽 11mm, 위쪽·아래쪽·머리말·꼬리말 10mm, 제본 0mm로 합니다.
  - 그림 삽입 문제의 경우「내 PC₩문서₩ITQ₩Picture」폴더에서 지정된 파일을 선택하여 삽입하십시오.
  - 삽입한 그림은 반드시 문서에 포함하여 저장해야 합니다(미포함 시 감점 처리).
  - 각 항목은 지정된 페이지에 출력형태와 같이 정확히 작성하시기 바라며, 그렇지 않을 경우에 해당 항목은 0점 처리됩니다.
    ※ 페이지구분 : 1페이지 - 기능평가 I (문제번호 표시 : 1. 2.),
    　　　　　　　　2페이지 - 기능평가 II (문제번호 표시 : 3. 4.),
    　　　　　　　　3페이지 - 문서작성 능력평가
- 기능평가
  - 문제와 ≪조건≫은 입력하지 않으며 문제번호와 답(≪출력형태≫)만 작성합니다.
  - 4번 문제는 묶기를 했을 경우 0점 처리됩니다.
- 문서작성 능력평가
  - A4 용지(210mm×297mm) 1매 크기, 세로 서식 문서로 작성합니다.
  - ( ) 표시는 문서작성에 대한 지시사항이므로 작성하지 않습니다.

kpc 한국생산성본부

기능평가 I (150점)

1. 다음의 ≪조건≫에 따라 스타일 기능을 적용하여 ≪출력형태≫와 같이 작성하시오. (50점)

≪조건≫ (1) 스타일 이름 - dementia
(2) 문단 모양 - 왼쪽 여백 : 15pt, 문단 아래 간격 : 10pt
(3) 글자 모양 - 글꼴 : 한글(돋움)/영문(궁서), 크기 : 10pt, 장평 : 95%, 자간 : -5%

≪출력형태≫

They may lose their ability to solve problems or control their emotions. Their personalities may change. They may become agitated or see things that are not there.

치매 질환은 정상적인 지적 능력을 유지하던 사람이 다양한 원인으로 뇌기능의 기질성 손상으로 지적 능력이 감퇴하거나 소실하여 사회적 또는 직업적 기능장애를 가져오는 경우를 통칭한다.

2. 다음의 ≪조건≫에 따라 ≪출력형태≫와 같이 표와 차트를 작성하시오. (100점)

≪표 조건≫ (1) 표 전체(표, 캡션) - 돋움, 10pt
(2) 정렬 - 문자 : 가운데 정렬, 숫자 : 오른쪽 정렬
(3) 셀 배경(면색) : 노랑
(4) 한글의 계산 기능을 이용하여 빈칸에 평균(소수점 두 자리)을 구하고, 캡션 기능 사용할 것
(5) 선 모양은 ≪출력형태≫와 동일하게 처리할 것

≪출력형태≫

치매 환자수 및 유병률 추이(단위: 만 명, %)

구분	2020년	2030년	2040년	2050년	평균
남성	31	55	90	126	
여성	68	107	162	225	
고령자 합계	812	163	252	351	
치매 유병률	12.3	12.6	14.7	18.5	

≪차트 조건≫ (1) 차트 데이터는 표 내용에서 연도별 남성, 여성, 고령자 합계의 값만 이용할 것
(2) 종류 - 〈묶은 세로 막대형〉으로 작업할 것
(3) 제목 - 글꼴 : 굴림, 진하게, 12pt,
속성 : 채우기(밝은 색 : 하양), 테두리, 그림자(바깥쪽 : 대각선 오른쪽 아래)
(4) 제목 이외의 전체 글꼴 - 굴림, 보통, 10pt
(5) 축제목과 범례는 ≪출력형태≫와 동일하게 처리할 것

≪출력형태≫

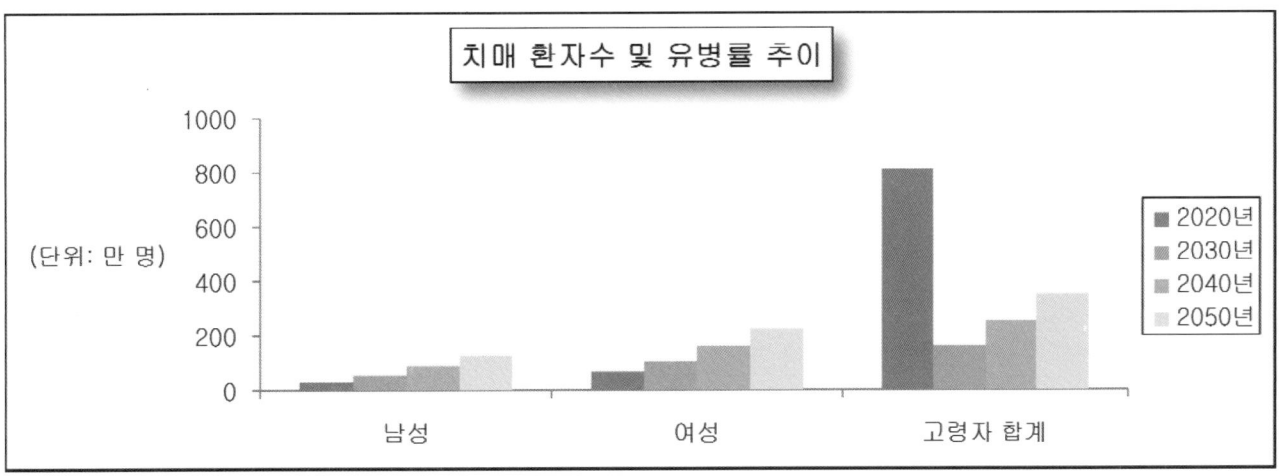

기능평가 II 150점

3. 다음 (1), (2)의 수식을 수식 편집기로 각각 입력하시오. (40점)

≪출력형태≫

(1) $h = \sqrt{k^2 - r^2}, M = \dfrac{1}{3}\pi r^2 h$

(2) $\sum_{k=1}^{n}(k^4+1) - \sum_{k=3}^{n}(k^4+1) = 19$

4. 다음의 ≪조건≫에 따라 ≪출력형태≫와 같이 문서를 작성하시오. (110점)

≪조건≫
(1) 그리기 도구를 이용하여 작성하고, 모든 도형(글맵시, 지정된 그림 포함)을 ≪출력형태≫와 같이 작성하시오.
(2) 도형의 면색은 지시사항이 없으면 색 없음을 제외하고 서로 다르게 임의로 지정하시오.

≪출력형태≫

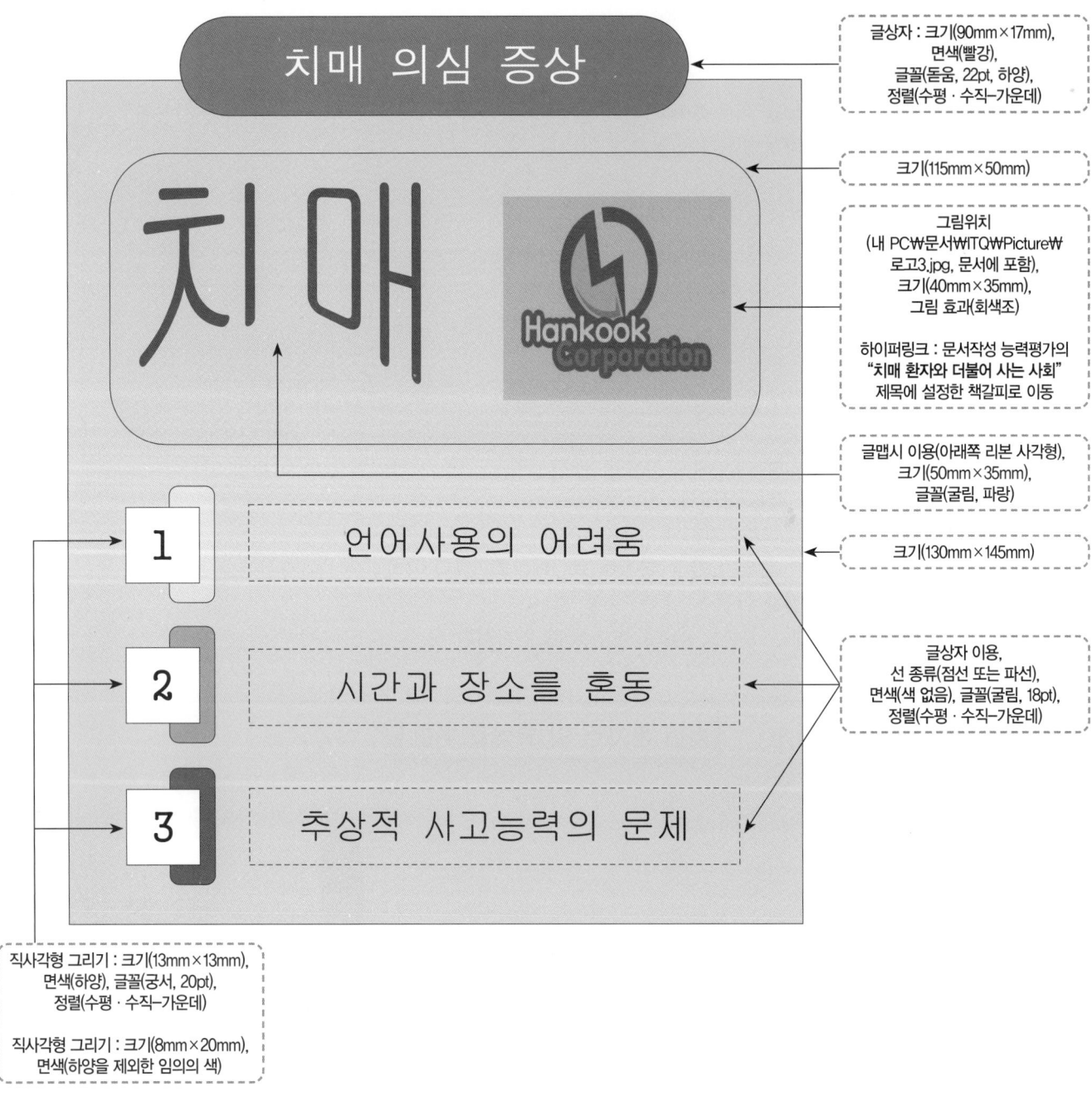

치매 환자와 더불어 사는 사회

한국 65세 이상 노인 인구 중 치매⑦로 추정되는 환자는 66만명에 달하며 2024년에는 100만 명, 2041년에는 200만 명을 넘어설 것으로 예상(豫想)된다. 치매는 최근의 기억부터 잃기 시작해 나중에는 가족도 알아보지 못하고 대소변도 가리지 못해 혼자 일상생활을 하기가 어려워진다. 흔히 건망증과 치매를 혼동하는데, 열쇠를 어디에 뒀는지 모르면 건망증이고 열쇠를 보고도 열쇠인 줄 모르면 치매이다. 뻔히 아는 것조차 잊어버리면 치매 증상이라는 것이다.

치매 예방에 가장 좋은 것은 시속 6킬로미터 이상 속도로 빠르게 걷는 것이다. 땀내가 살짝 나는 꾸준한 걷기가 뇌 혈류를 개선하고 기억 중추(中樞)인 해마를 활성화한다. 고혈압, 고혈당, 고지혈증을 모두 낮추니 일석삼조이다. 치매 예방을 위해 고스톱을 치라는 속설이 있는데 이는 엄밀히 말해 과학적 방법이 아니다. 반복적인 것보다 평소 뇌가 쓰이지 않던 새로운 것을 자주 해야 한다. 그런 의미에서 전문가들은 외국어 공부가 치매 예방에 가장 좋다고 말한다. 뇌의 가용 용량을 다양하게 늘려 놓으면 설사 치매로 일부 뇌세포가 손상되더라도 그것을 보충해 줄 뇌 기능의 여유분이 있기 때문에 치매 증상이 상당히 줄어든다고 한다.

★ 치매의 종류 및 증상

　A. 루이소체 치매
　　1. 루이체가 뇌 겉질에 축적되면 치매, 중뇌에 축적되면 파킨슨병
　　2. 행동이 느려짐, 뻣뻣한 움직임, 손의 떨림, 종종걸음 등
　B. 알코올성 치매
　　1. 신경세포에 부정적인 영향을 주며 장기간 과음 시 치매로 진행
　　2. 작화증, 눈 움직임의 문제, 비틀거리는 걸음걸이, 기억력 저하

★ 영국의 치매 돌봄 서비스 제공 지표

평가영역	구분	지표명
종사자들의 적절한 교육훈련	구조	치매 관련 종사자를 위한 지역사회 치매 교육 프로그램 제공
	과정	전체 치매 관련 종사자들 중 최신 보수교육을 이수 받은 사람들의 비율
평가 및 개인별 맞춤형 케어 플랜 수립	구조	환자 개인별 맞춤형 서비스 제공을 위한 준비
	과정1	치매 환자 중 케어 플랜이 수립된 환자 비율
	과정2	치매 환자 중 보건 및 복지 서비스 코디네이터 할당된 환자 비율

치매안심센터

---
⑦ 2030년 치매인구는 전 세계적으로 6,600만 명으로 늘어날 것으로 예상

제 06 회 정보기술자격(ITQ) 출제예상 모의고사

과목	코드	문제유형	시험시간	수험번호	성명
아래한글	1111	A	60분		

한컴 오피스

수험자 유의사항

- 수험자는 문제지를 받는 즉시 문제지와 **수험표상의 시험과목(프로그램)이 동일한지 반드시 확인**하여야 합니다.
- 파일명은 본인의 "수험번호-성명"으로 입력하여 답안폴더(내 PC\문서\ITQ)에 하나의 파일로 저장해야 하며, 답안문서 파일명이 "수험번호-성명"과 일치하지 않거나, 답안파일을 전송하지 않아 미제출로 처리될 경우 실격 처리합니다(예: 12345678-홍길동.hwpx).
- 답안 작성을 마치면 파일을 저장하고, '답안 전송' 버튼을 선택하여 감독위원 PC로 답안을 전송하십시오. 수험생 정보와 저장한 파일명이 다를 경우 전송되지 않으므로 주의하시기 바랍니다.
- 답안 작성 중에도 **주기적으로 저장하고, '답안 전송'**하여야 문제 발생을 줄일 수 있습니다. 작업한 내용을 저장하지 않고 전송할 경우 이전에 저장된 내용이 전송되오니 이점 유의하시기 바랍니다.
- 답안문서는 지정된 경로 외의 다른 보조기억장치에 저장하는 경우, 지정된 시험 시간 외에 작성된 파일을 활용할 경우, 기타 통신수단(이메일, 메신저, 네트워크 등)을 이용하여 타인에게 전달 또는 외부 반출하는 경우는 부정 처리합니다.
- 시험 중 부주의 또는 고의로 시스템을 파손한 경우는 수험자가 변상해야 하며, 〈수험자 유의사항〉에 기재된 방법대로 이행하지 않아 생기는 불이익은 수험생 당사자의 책임임을 알려 드립니다.
- 문제의 조건은 한컴오피스 2022 버전으로 설정되어 있으니 유의하시기 바랍니다.
- 시험을 완료한 수험자는 답안파일이 전송되었는지 확인한 후 감독위원의 지시에 따라 문제지를 제출하고 퇴실합니다.

답안 작성요령

- 온라인 답안 작성 절차
  수험자 등록 ⇒ 시험 시작 ⇒ 답안파일 저장 ⇒ 답안 전송 ⇒ 시험 종료
- 공통 부문
  - 글꼴에 대한 기본설정은 함초롬바탕, 10포인트, 검정, 줄간격 160%, 양쪽정렬로 합니다.
  - 색상은 조건의 색을 적용하고 색의 구분이 안 될 경우에는 RGB 값을 적용하십시오.
    (빨강 255, 0, 0 / 파랑 0, 0, 255 / 노랑 255, 255, 0).
  - 각 문항에 주어진 ≪조건≫에 따라 작성하고 언급하지 않은 조건은 ≪출력형태≫와 같이 작성합니다.
  - 용지여백은 왼쪽·오른쪽 11㎜, 위쪽·아래쪽·머리말·꼬리말 10㎜, 제본 0㎜로 합니다.
  - 그림 삽입 문제의 경우 「내 PC\문서\ITQ\Picture」 폴더에서 지정된 파일을 선택하여 삽입하십시오.
  - 삽입한 그림은 반드시 문서에 포함하여 저장해야 합니다(미포함 시 감점 처리).
  - 각 항목은 지정된 페이지에 출력형태와 같이 정확히 작성하시기 바라며, 그렇지 않을 경우에 해당 항목은 0점 처리됩니다.
    ※ 페이지구분 : 1페이지 - 기능평가 I (문제번호 표시 : 1. 2.),
    　　　　　　　 2페이지 - 기능평가 II (문제번호 표시 : 3. 4.),
    　　　　　　　 3페이지 - 문서작성 능력평가
- 기능평가
  - 문제와 ≪조건≫은 입력하지 않으며 문제번호와 답(≪출력형태≫)만 작성합니다.
  - 4번 문제는 묶기를 했을 경우 0점 처리됩니다.
- 문서작성 능력평가
  - A4 용지(210㎜×297㎜) 1매 크기, 세로 서식 문서로 작성합니다.
  - ┌┄┄┄┄┄┄┐ 표시는 문서작성에 대한 지시사항이므로 작성하지 않습니다.

kpc 한국생산성본부

기능평가 I   150점

1. 다음의 ≪조건≫에 따라 스타일 기능을 적용하여 ≪출력형태≫와 같이 작성하시오. (50점)

≪조건≫ (1) 스타일 이름 - library
(2) 문단 모양 - 왼쪽 여백 : 15pt, 문단 아래 간격 : 10pt
(3) 글자 모양 - 글꼴 : 한글(돋움)/영문(궁서), 크기 : 10pt, 장평 : 95%, 자간 : -5%

≪출력형태≫

The collection of resources is done through submission of documents, and through the purchase, donation, and international exchanges of publications.

독서는 단순한 문자 판독이 아니라, 글쓴이와 읽는 이와의 간접적 만남이며 그 만남은 책이라는 작품을 매개로 하여 이루어지는 것이기 때문에 의사소통 행위라고 할 수 있다.

2. 다음의 ≪조건≫에 따라 ≪출력형태≫와 같이 표와 차트를 작성하시오. (100점)

≪표 조건≫ (1) 표 전체(표, 캡션) - 돋움, 10pt
(2) 정렬 - 문자 : 가운데 정렬, 숫자 : 오른쪽 정렬
(3) 셀 배경(면색) : 노랑
(4) 한글의 계산 기능을 이용하여 빈칸에 평균(소수점 두 자리)을 구하고, 캡션 기능 사용할 것
(5) 선 모양은 ≪출력형태≫와 동일하게 처리할 것

≪출력형태≫

지역별 도서관 현황(단위: 십만 권, 천 종, 관)

구분	부산	대구	인천	광주	평균
총 도서	63	47	49	26	
전자자료	99	535	743	258	
연속간행물	8	7	3	4	
도서관	47	44	55	24	

≪차트 조건≫ (1) 차트 데이터는 표 내용에서 지역별 총 도서, 전자자료, 연속간행물의 값만 이용할 것
(2) 종류 - 〈묶은 세로 막대형〉으로 작업할 것
(3) 제목   글꼴 : 굴림, 진하게, 12pt,
        속성 : 채우기(밝은 색 : 하양), 테두리, 그림자(바깥쪽 : 대각선 오른쪽 아래)
(4) 제목 이외의 전체 글꼴 - 굴림, 보통, 10pt
(5) 축제목과 범례는 ≪출력형태≫와 동일하게 처리할 것

≪출력형태≫

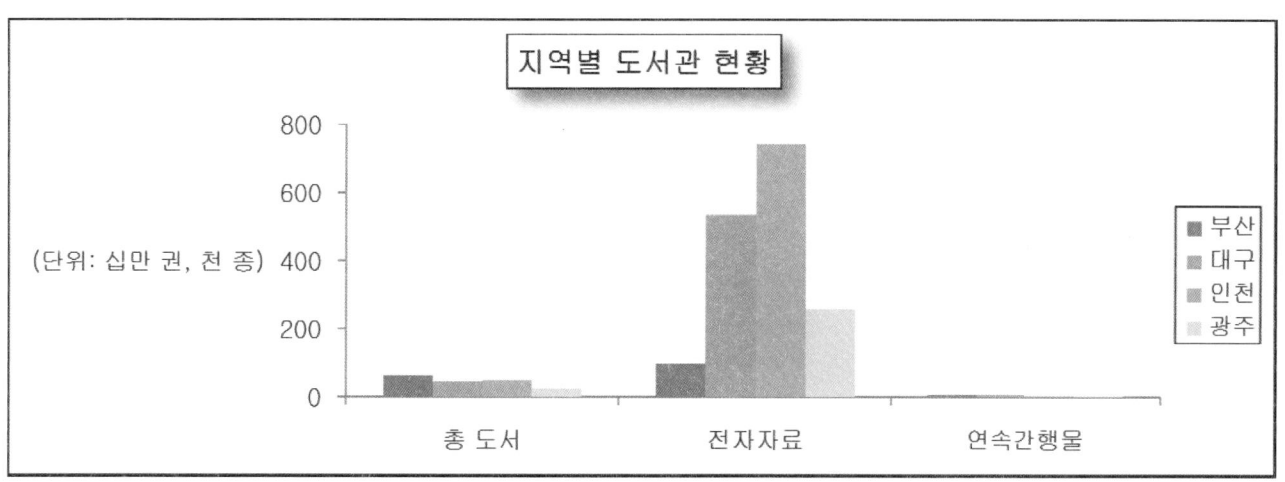

기능평가 II 150점

3. 다음 (1), (2)의 수식을 수식 편집기로 각각 입력하시오. (40점)

≪출력형태≫

(1) $\lambda = \dfrac{h}{mh} = \dfrac{h}{\sqrt{2meV}}$

(2) $\dfrac{F}{h_2} = t_2 k_1 \dfrac{t_1}{d} = 2 \times 10^{-7} \dfrac{t_1 t_2}{d}$

4. 다음의 ≪조건≫에 따라 ≪출력형태≫와 같이 문서를 작성하시오. (110점)

≪조건≫
(1) 그리기 도구를 이용하여 작성하고, 모든 도형(글맵시, 지정된 그림 포함)을 ≪출력형태≫와 같이 작성하시오.
(2) 도형의 면색은 지시사항이 없으면 색 없음을 제외하고 서로 다르게 임의로 지정하시오.

≪출력형태≫

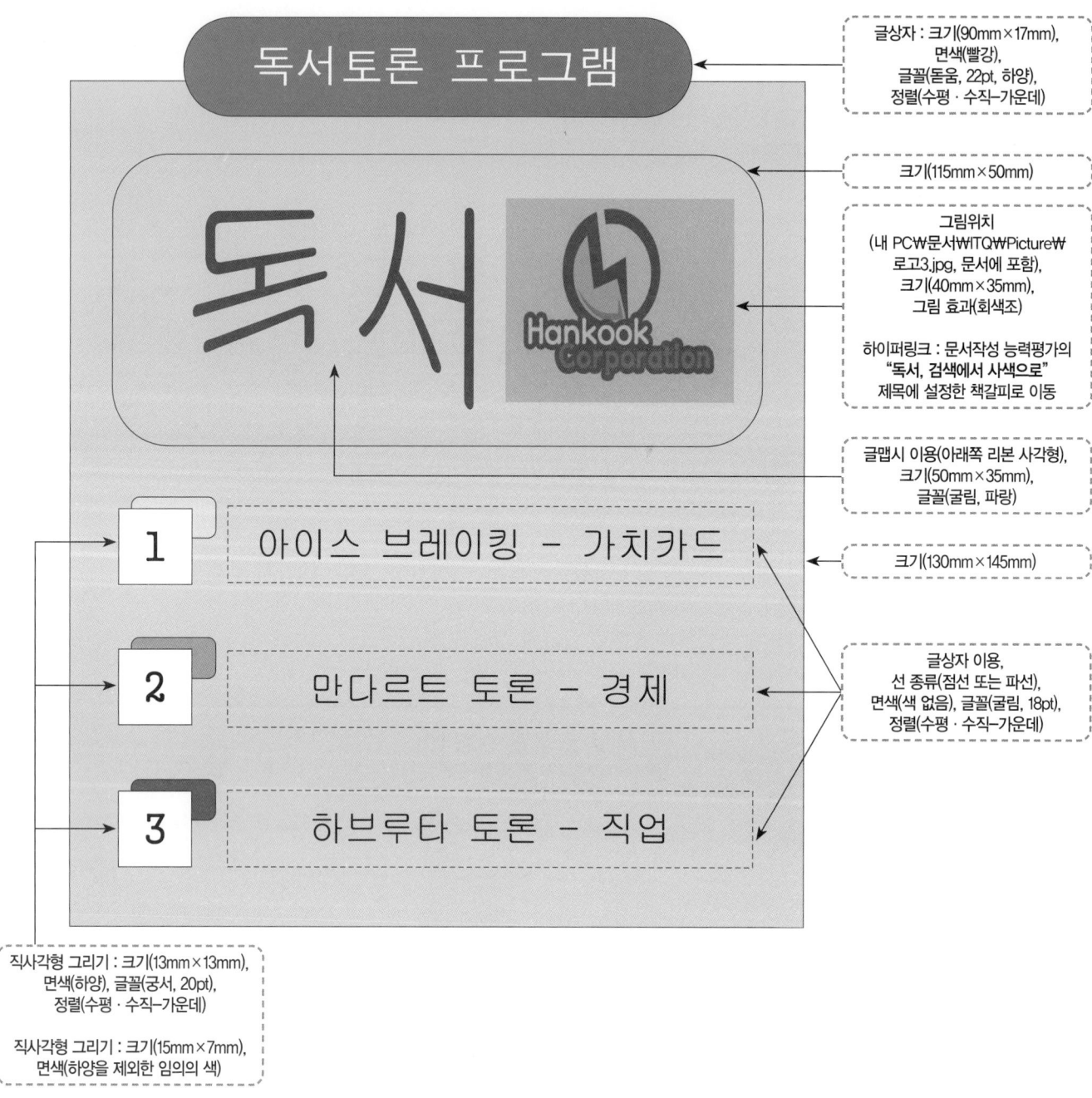

독서, 검색에서 사색으로

사람은 무의식적으로 여러 정보를 접하면서 본인이 마음에 들어 하는 것은 택하고 그렇지 않은 것은 버리는 취사선택을 한다. 어릴 때부터 바른 정서와 바람직한 행동을 하기 위해서는 교육적인 책을 통해서 좋은 정보를 접할 수 있도록 하는 것이 중요하다. 특히 현대 사회처럼 급변(急變)하는 변화의 물결 속에서 숨 가쁘게 돌아가는 시대에는 더욱 그렇다. 이러한 변화는 발전과 성장이라는 긍정적 성과의 원동력이기는 하나 그 이면에는 무한 경쟁과 물질 만능주의로 인한 인간성 상실의 위기 속에서 희망을 잃어버린 사람들이 늘어나고 있다는 부정적 측면 또한 외면할 수 없는 현실이다.

잃어버린 희망을 되찾고 올바른 가치관을 재정립하여 건전한 상식이 통용(通用)되는 사회를 이루기 위해서는 각 개인이 주체적 존재로서 삶의 주인이 되어야 한다. 책은 사고력 및 창조성 등 개인의 능력 계발과 적극성 및 추진력 등 바람직한 성격 형성에도 지대한 영향을 미쳐 전인교육의 바탕을 이루는 필수 요소라 할 수 있다. 풍요 속 빈곤의 시대를 살아가는 고독한 현대인들의 생활에 촉촉한 단비가 되어 줄 양서ⓐ를 널리 보급하고 책 읽기 운동을 적극 전개하여 풍요로운 삶을 실현하고 문화 변혁을 이루어 인간 중심의 따뜻한 미래를 앞당겨야 할 것이다.

♥ e-Book(전자책) 챌린지 공모전

 i. 참여도서 및 주제
　　a. 참여도서 : 도서관 사이트에 탑재된 전자책
　　b. 주제 : 전자책을 읽고 다양한 미디어를 활용한 독후소감
 ii. 참여기간 및 대상
　　a. 참여기간 : 2023.11.13 - 12.8
　　b. 대상 : 초등(4-6학년), 중학생, 고등학생, 학교 밖 청소년

♥ 독서교육종합지원시스템

구분	내용	비고
도서관 업무지원	자료대출, 반납 처리 등의 업무 처리	디지털자료실지원센터 (표준화된 학교 도서관 정보시스템)
도서관 업무지원	도서관 운영과 관련된 각종 통계 자료 및 보고서 작성	디지털자료실지원센터 (표준화된 학교 도서관 정보시스템)
자료구축/공유	도서, 비도서, 전자 자료 등의 목록 시스템 구축 및 공유	디지털자료실지원센터 (표준화된 학교 도서관 정보시스템)
자료구축/공유	디지털 원문자료(e-Book, 온라인 도감 등)의 공동 활용 지원	디지털자료실지원센터 (표준화된 학교 도서관 정보시스템)
독서교육	교과활용 방안을 이용한 교사 및 학생의 교수-학습 활동 지원	디지털자료실지원센터 (표준화된 학교 도서관 정보시스템)

디지털자료실지원센터

ⓐ 내용이 건전하거나 교훈적이어서 생활에 지침이 될 만한 좋은 책

제07회 정보기술자격(ITQ) 출제예상 모의고사

과목	코드	문제유형	시험시간	수험번호	성명
아래한글	1111	A	60분		

한컴 오피스

수험자 유의사항

- 수험자는 문제지를 받는 즉시 문제지와 **수험표상의 시험과목(프로그램)이 동일한지 반드시 확인**하여야 합니다.
- 파일명은 본인의 "수험번호-성명"으로 입력하여 답안폴더(내 PC\문서\ITQ)에 하나의 파일로 저장해야 하며, 답안문서 파일명이 "수험번호-성명"과 일치하지 않거나, 답안파일을 전송하지 않아 미제출로 처리될 경우 실격 처리합니다(예: 12345678-홍길동.hwpx).
- 답안 작성을 마치면 파일을 저장하고, '답안 전송' 버튼을 선택하여 감독위원 PC로 답안을 전송하십시오. 수험생 정보와 저장한 파일명이 다를 경우 전송되지 않으므로 주의하시기 바랍니다.
- 답안 작성 중에도 **주기적으로 저장하고, '답안 전송'**하여야 문제 발생을 줄일 수 있습니다. 작업한 내용을 저장하지 않고 전송할 경우 이전에 저장된 내용이 전송되오니 이점 유의하시기 바랍니다.
- 답안문서는 지정된 경로 외의 다른 보조기억장치에 저장하는 경우, 지정된 시험 시간 외에 작성된 파일을 활용할 경우, 기타 통신수단(이메일, 메신저, 네트워크 등)을 이용하여 타인에게 전달 또는 외부 반출하는 경우는 부정 처리합니다.
- 시험 중 부주의 또는 고의로 시스템을 파손한 경우는 수험자가 변상해야 하며, 〈수험자 유의사항〉에 기재된 방법대로 이행하지 않아 생기는 불이익은 수험생 당사자의 책임임을 알려 드립니다.
- 문제의 조건은 한컴오피스 2022 버전으로 설정되어 있으니 유의하시기 바랍니다.
- 시험을 완료한 수험자는 답안파일이 전송되었는지 확인한 후 감독위원의 지시에 따라 문제지를 제출하고 퇴실합니다.

답안 작성요령

- 온라인 답안 작성 절차
  수험자 등록 ⇒ 시험 시작 ⇒ 답안파일 저장 ⇒ 답안 전송 ⇒ 시험 종료
- 공통 부문
  • 글꼴에 대한 기본설정은 함초롬바탕, 10포인트, 검정, 줄간격 160%, 양쪽정렬로 합니다.
  • 색상은 조건의 색을 적용하고 색의 구분이 안 될 경우에는 RGB 값을 적용하십시오.
    (빨강 255, 0, 0 / 파랑 0, 0, 255 / 노랑 255, 255, 0).
  • 각 문항에 주어진 ≪조건≫에 따라 작성하고 언급하지 않은 조건은 ≪출력형태≫와 같이 작성합니다.
  • 용지여백은 왼쪽·오른쪽 11mm, 위쪽·아래쪽·머리말·꼬리말 10mm, 제본 0mm로 합니다.
  • 그림 삽입 문제의 경우「내 PC\문서\ITQ\Picture」폴더에서 지정된 파일을 선택하여 삽입하십시오.
  • 삽입한 그림은 반드시 문서에 포함하여 저장해야 합니다(미포함 시 감점 처리).
  • 각 항목은 지정된 페이지에 출력형태와 같이 정확히 작성하시기 바라며, 그렇지 않을 경우에 해당 항목은 0점 처리됩니다.
  ※ 페이지구분 : 1페이지 - 기능평가Ⅰ(문제번호 표시 : 1. 2.),
  　　　　　　　 2페이지 - 기능평가Ⅱ(문제번호 표시 : 3. 4.),
  　　　　　　　 3페이지 - 문서작성 능력평가
- 기능평가
  • 문제와 ≪조건≫은 입력하지 않으며 문제번호와 답(≪출력형태≫)만 작성합니다.
  • 4번 문제는 묶기를 했을 경우 0점 처리됩니다.
- 문서작성 능력평가
  • A4 용지(210mm×297mm) 1매 크기, 세로 서식 문서로 작성합니다.
  • ( ) 표시는 문서작성에 대한 지시사항이므로 작성하지 않습니다.

kpc 한국생산성본부

기능평가 I [150점]

1. 다음의 ≪조건≫에 따라 스타일 기능을 적용하여 ≪출력형태≫와 같이 작성하시오. (50점)

≪조건≫ (1) 스타일 이름 – exhibition
(2) 문단 모양 – 왼쪽 여백 : 15pt, 문단 아래 간격 : 10pt
(3) 글자 모양 – 글꼴 : 한글(돋움)/영문(굴림), 크기 : 10pt, 장평 : 95%, 자간 : 5%

≪출력형태≫

WSCE 2023 is the largest Smart City related technology exhibition in Asia where more than 20,000 visitors from 60 countries 200 cities gather together to build 'People-centered' smart cities.

2023 월드 스마트시티 엑스포는 60개국 200개 도시 2만여 명의 관람객이 모여 '사람 중심' 스마트시티를 구축하는 아시아 최대 규모의 스마트시티 관련 기술 전시회이다.

2. 다음의 ≪조건≫에 따라 ≪출력형태≫와 같이 표와 차트를 작성하시오. (100점)

≪표 조건≫ (1) 표 전체(표, 캡션) – 굴림, 10pt
(2) 정렬 – 문자 : 가운데 정렬, 숫자 : 오른쪽 정렬
(3) 셀 배경(면색) : 노랑
(4) 한글의 계산 기능을 이용하여 빈칸에 합계를 구하고, 캡션 기능 사용할 것
(5) 선 모양은 ≪출력형태≫와 동일하게 처리할 것

≪출력형태≫

월드 스마트시티 엑스포 참관객 연령별 현황(단위 : 백 명)

구분	3회	4회	5회	6회	합계
20대	42	51	54	60	
30대	55	69	72	79	
40대	98	113	118	123	
50대 이상	23	34	36	41	

≪차트 조건≫ (1) 차트 데이터는 표 내용에서 횟수별 20대, 30대, 40대의 값만 이용할 것
(2) 종류 – 〈묶은 세로 막대형〉으로 작업할 것
(3) 제목 – 글꼴 : 돋움, 진하게, 12pt,
속성 : 채우기(밝은 색 : 하양), 테두리, 그림자(바깥쪽 : 대각선 오른쪽 아래)
(4) 제목 이외의 전체 글꼴 – 돋움, 보통, 10pt
(5) 축제목과 범례는 ≪출력형태≫와 동일하게 처리할 것

≪출력형태≫

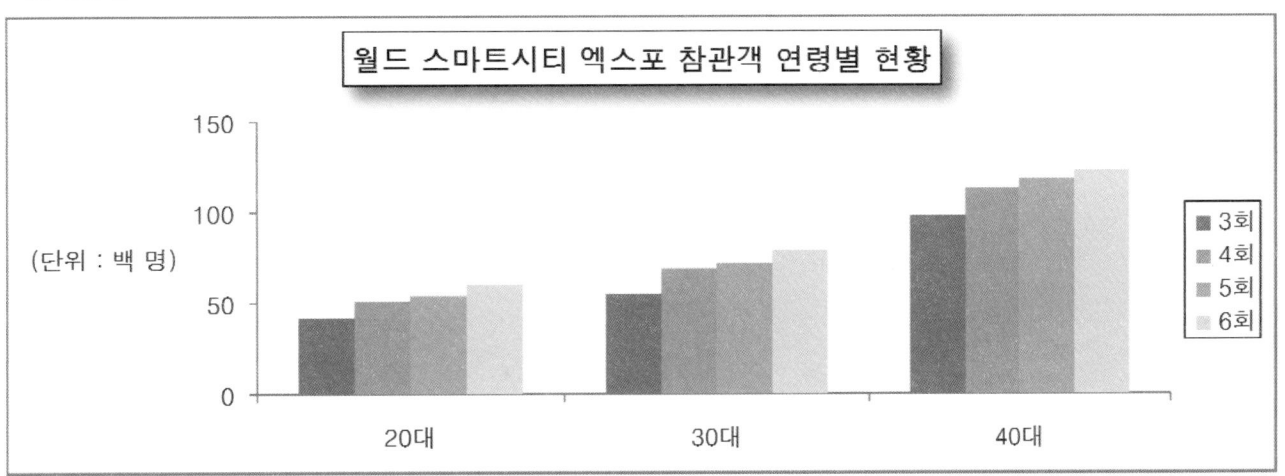

기능평가 II 150점

3. 다음 (1), (2)의 수식을 수식 편집기로 각각 입력하시오. (40점)

≪출력형태≫

(1) $G = 2 \int_{\frac{a}{2}}^{a} \frac{b\sqrt{a^2 - x^2}}{a} dx$

(2) $L = \frac{m+M}{m} V = \frac{m+M}{m} \sqrt{2gh}$

4. 다음의 ≪조건≫에 따라 ≪출력형태≫와 같이 문서를 작성하시오. (110점)

≪조건≫
(1) 그리기 도구를 이용하여 작성하고, 모든 도형(글맵시, 지정된 그림 포함)을 ≪출력형태≫와 같이 작성하시오.
(2) 도형의 면색은 지시사항이 없으면 색 없음을 제외하고 서로 다르게 임의로 지정하시오.

≪출력형태≫

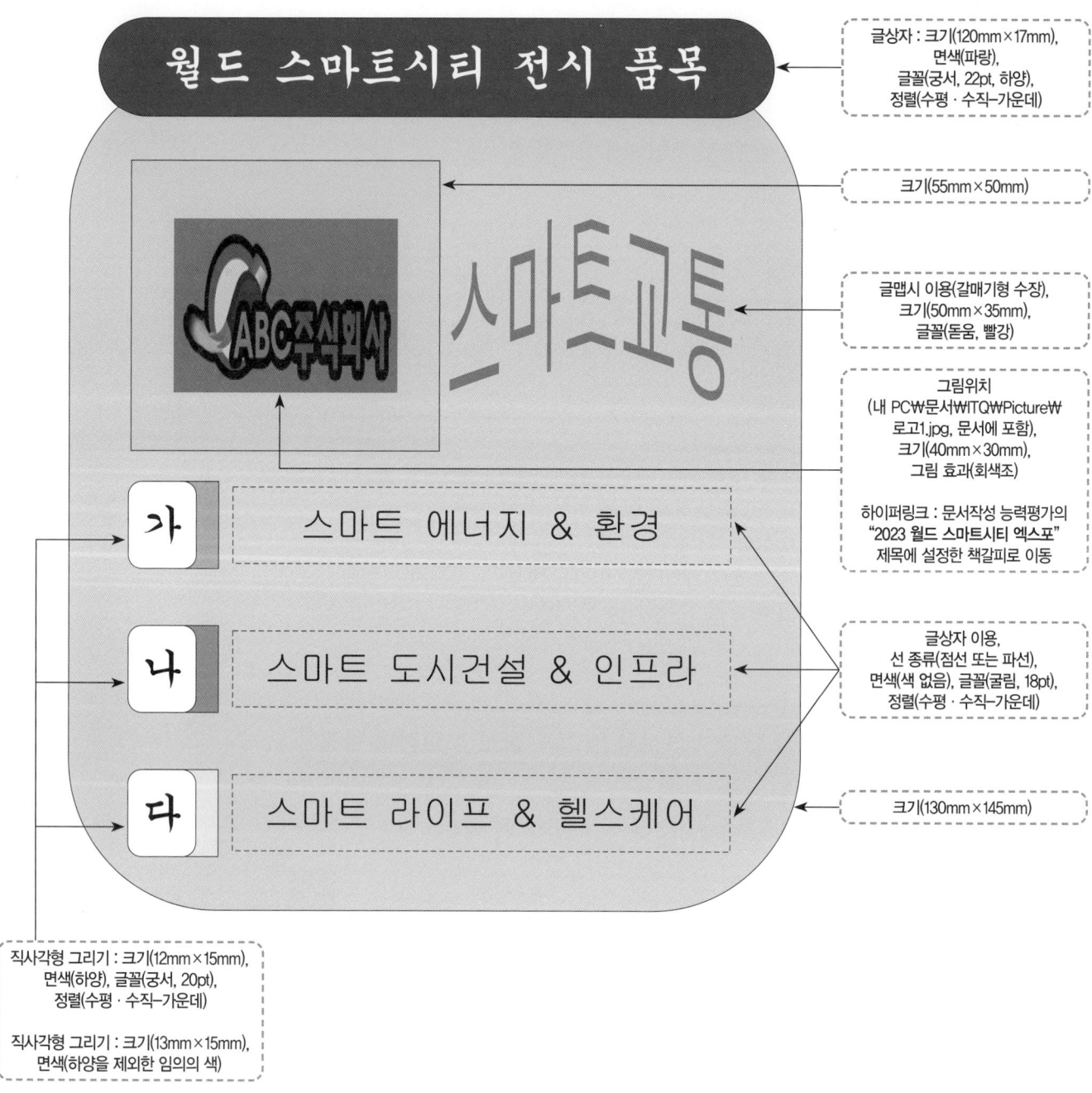

2023 월드 스마트시티 엑스포

국토교통부와 과학기술정보통신부는 도시문제 해결과 시민들의 삶의 질을 제고하기 위해 첨단기술(尖端技術)을 활용하는 스마트 도시의 오늘과 내일을 한 곳에서 체험할 수 있는 2023 월드 스마트시티 엑스포를 개최한다. 스마트시티 분야의 전 세계 정부, 기업, 전문가들이 함께 모여 미래의 도시를 그려 나가는 아시아태평양 지역의 스마트시티 행사로 사람을 품고, 미래를 열고, 세계를 잇는 2023 월드 스마트시티 엑스포에서 상상 속 미래의 도시를 현실로 만들어가고 있다.

2017년부터 시작되어 올해로 7번째로 개최되는 2023 월드 스마트시티 엑스포는 UFI㉮로부터 국제인증을 획득하였으며, 전세계 스마트시티 관계자에 기술과 서비스를 홍보할 수 있는 아태지역 최대 플랫폼이자 스마트시티 민관합작투자 플랫폼 실현과 글로벌 스마트시티 리더들과 함께하는 비즈니스 상담의 장이다. 또한 ICT 전문가와 정부관계자들로부터 직접 최신 기술동향을 습득하고 스마트시티 기술 발전을 위한 아이디어를 공유(共有)하고 기업설명회를 통해 국내외 유력 바이어를 대상으로 전시 참가사가 기업 및 제품을 홍보할 수 있는 자리가 마련된다.

◆ 2023 월드 스마트시티 엑스포 개요

가. 일시 및 장소
　Ⓐ 일시 : 2023년 9월 6일(수) - 9월 8일(금)
　Ⓑ 장소 : 킨텍스 제1전시장 2-5홀
나. 주최 및 주관
　Ⓐ 주최 : 국토교통부, 과학기술정보통신부
　Ⓑ 주관 : 한국토지주택공사, 한국수자원공사

◆ 월드 스마트시티 주요 참가 품목

분야	영역	내용
스마트 라이프	생활	스마트 가전/홈, 스마트 생활편의 서비스, 스마트 공원 조성
헬스케어	헬스케어	의료정보/원격의료 시스템, 클라우드 기반 원스톱 의료서비스
스마트 경제	일자리	창업인큐베이팅센터, 창업과 스타트업 지원, 도시 해외수출
	물류	물류센터 및 물동량 현황 관리, 모바일 POS, 지능형 드론 배송
스마트 정부	소통/참여/현장형 행정	스마트 기반 현장행정, 공공분야 온라인 투표 시스템
	데이터 기반 거버넌스	공공 빅데이터 통합 저장소 구축, 민관 공동 빅데이터 플랫폼 구축

국토교통부 도시경제과

㉮ 국제전시연맹으로 세계 전시산업 분야에서 최고 권위를 자랑하는 국제기구

제 08 회 정보기술자격(ITQ) 출제예상 모의고사

과목	코드	문제유형	시험시간	수험번호	성명
아래한글	1111	A	60분		

한컴 오피스

수험자 유의사항

- 수험자는 문제지를 받는 즉시 문제지와 **수험표상의 시험과목(프로그램)이 동일한지 반드시 확인**하여야 합니다.
- 파일명은 본인의 "수험번호-성명"으로 입력하여 답안폴더(내 PC\문서\ITQ)에 하나의 파일로 저장해야 하며, 답안문서 파일명이 "수험번호-성명"과 일치하지 않거나, 답안파일을 전송하지 않아 미제출로 처리될 경우 실격 처리합니다(예: 12345678-홍길동.hwpx).
- 답안 작성을 마치면 파일을 저장하고, '답안 전송' 버튼을 선택하여 감독위원 PC로 답안을 전송하십시오. 수험생 정보와 저장한 파일명이 다를 경우 전송되지 않으므로 주의하시기 바랍니다.
- 답안 작성 중에도 **주기적으로 저장하고, '답안 전송'**하여야 문제 발생을 줄일 수 있습니다. 작업한 내용을 저장하지 않고 전송할 경우 이전에 저장된 내용이 전송되오니 이점 유의하시기 바랍니다.
- 답안문서는 지정된 경로 외의 다른 보조기억장치에 저장하는 경우, 지정된 시험 시간 외에 작성된 파일을 활용할 경우, 기타 통신수단(이메일, 메신저, 네트워크 등)을 이용하여 타인에게 전달 또는 외부 반출하는 경우는 부정 처리합니다.
- 시험 중 부주의 또는 고의로 시스템을 파손한 경우는 수험자가 변상해야 하며, 〈수험자 유의사항〉에 기재된 방법대로 이행하지 않아 생기는 불이익은 수험생 당사자의 책임임을 알려 드립니다.
- 문제의 조건은 한컴오피스 2022 버전으로 설정되어 있으니 유의하시기 바랍니다.
- 시험을 완료한 수험자는 답안파일이 전송되었는지 확인한 후 감독위원의 지시에 따라 문제지를 제출하고 퇴실합니다.

답안 작성요령

- 온라인 답안 작성 절차
  수험자 등록 ⇒ 시험 시작 ⇒ 답안파일 저장 ⇒ 답안 전송 ⇒ 시험 종료
- 공통 부문
  - 글꼴에 대한 기본설정은 함초롬바탕, 10포인트, 검정, 줄간격 160%, 양쪽정렬로 합니다.
  - 색상은 조건의 색을 적용하고 색의 구분이 안 될 경우에는 RGB 값을 적용하십시오.
    (빨강 255, 0, 0 / 파랑 0, 0, 255 / 노랑 255, 255, 0).
  - 각 문항에 주어진 ≪조건≫에 따라 작성하고 언급하지 않은 조건은 ≪출력형태≫와 같이 작성합니다.
  - 용지여백은 왼쪽·오른쪽 11mm, 위쪽·아래쪽·머리말·꼬리말 10mm, 제본 0mm로 합니다.
  - 그림 삽입 문제의 경우 「내 PC\문서\ITQ\Picture」 폴더에서 지정된 파일을 선택하여 삽입하십시오.
  - 삽입한 그림은 반드시 문서에 포함하여 저장해야 합니다(미포함 시 감점 처리).
  - 각 항목은 지정된 페이지에 출력형태와 같이 정확히 작성하시기 바라며, 그렇지 않을 경우에 해당 항목은 0점 처리됩니다.
    ※ 페이지구분 : 1페이지 - 기능평가Ⅰ(문제번호 표시 : 1. 2.),
    　　　　　　　 2페이지 - 기능평가Ⅱ(문제번호 표시 : 3. 4.),
    　　　　　　　 3페이지 - 문서작성 능력평가
- 기능평가
  - 문제와 ≪조건≫은 입력하지 않으며 문제번호와 답(≪출력형태≫)만 작성합니다.
  - 4번 문제는 묶기를 했을 경우 0점 처리됩니다.
- 문서작성 능력평가
  - A4 용지(210mm×297mm) 1매 크기, 세로 서식 문서로 작성합니다.
  - ( ) 표시는 문서작성에 대한 지시사항이므로 작성하지 않습니다.

kpc 한국생산성본부

기능평가 I 150점

1. 다음의 ≪조건≫에 따라 스타일 기능을 적용하여 ≪출력형태≫와 같이 작성하시오. (50점)

≪조건≫ (1) 스타일 이름 - intelligence
(2) 문단 모양 - 왼쪽 여백 : 15pt, 문단 아래 간격 : 10pt
(3) 글자 모양 - 글꼴 : 한글(돋움)/영문(굴림), 크기 : 10pt, 장평 : 95%, 자간 : 5%

≪출력형태≫

Current artificial intelligence is considered as life and culture, beyond the industry. Discussing life in the future will be impossible without mentioning artificial intelligence.

현재의 인공지능은 산업을 넘어 삶과 문화로 여겨지고 있다. 미래의 삶에 대한 논의는 인공지능에 대한 언급 없이는 불가능할 것이다.

2. 다음의 ≪조건≫에 따라 ≪출력형태≫와 같이 표와 차트를 작성하시오. (100점)

≪표 조건≫ (1) 표 전체(표, 캡션) - 굴림, 10pt
(2) 정렬 - 문자 : 가운데 정렬, 숫자 : 오른쪽 정렬
(3) 셀 배경(면색) : 노랑
(4) 한글의 계산 기능을 이용하여 빈칸에 합계를 구하고, 캡션 기능 사용할 것
(5) 선 모양은 ≪출력형태≫와 동일하게 처리할 것

≪출력형태≫

SW 신기술 인공지능 분야 활용 현황(단위 : %)

산업분류	서비스 개선	프로세스 관리	업무 효율화	고객 관리	합계
정보통신업	54.2	50.2	45.8	21.5	
금융 및 보험업	57.5	68.3	49.5	26.0	
광업 및 제조업	50.6	49.3	46.8	49.7	
건설업	79.9	94.1	20.1	4.8	

≪차트 조건≫ (1) 차트 데이터는 표 내용에서 분야별 정보통신업, 금융 및 보험업, 광업 및 제조업의 값만 이용할 것
(2) 종류 - 〈묶은 세로 막대형〉으로 작업할 것
(3) 제목 - 글꼴 : 돋움, 진하게, 12pt,
속성 : 채우기(밝은 색 : 하양), 테두리, 그림자(바깥쪽 : 대각선 오른쪽 아래)
(4) 제목 이외의 전체 글꼴 - 돋움, 보통, 10pt
(5) 축제목과 범례는 ≪출력형태≫와 동일하게 처리할 것

≪출력형태≫

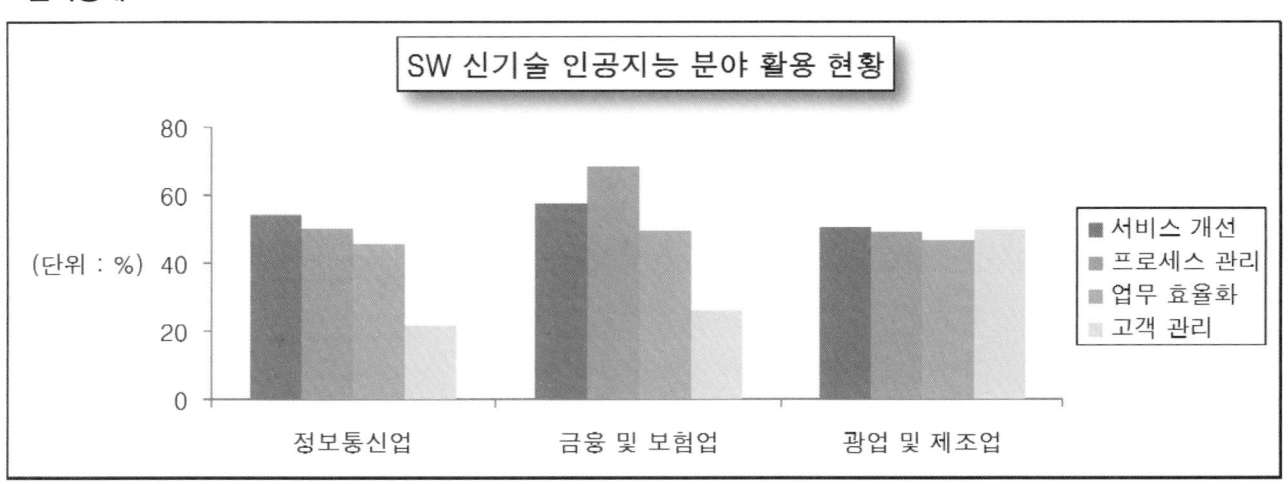

기능평가 II　　150점

3. 다음 (1), (2)의 수식을 수식 편집기로 각각 입력하시오. (40점)

≪출력형태≫

(1) $\vec{F} = -\dfrac{4\pi^2 m}{T^2} + \dfrac{m}{T^3}$

(2) $\overline{AB} = \sqrt{(x_2 - x_1)^2 + (y_2 - y_1)^2}$

4. 다음의 ≪조건≫에 따라 ≪출력형태≫와 같이 문서를 작성하시오. (110점)

≪조건≫
(1) 그리기 도구를 이용하여 작성하고, 모든 도형(글맵시, 지정된 그림 포함)을 ≪출력형태≫와 같이 작성하시오.
(2) 도형의 면색은 지시사항이 없으면 색 없음을 제외하고 서로 다르게 임의로 지정하시오.

≪출력형태≫

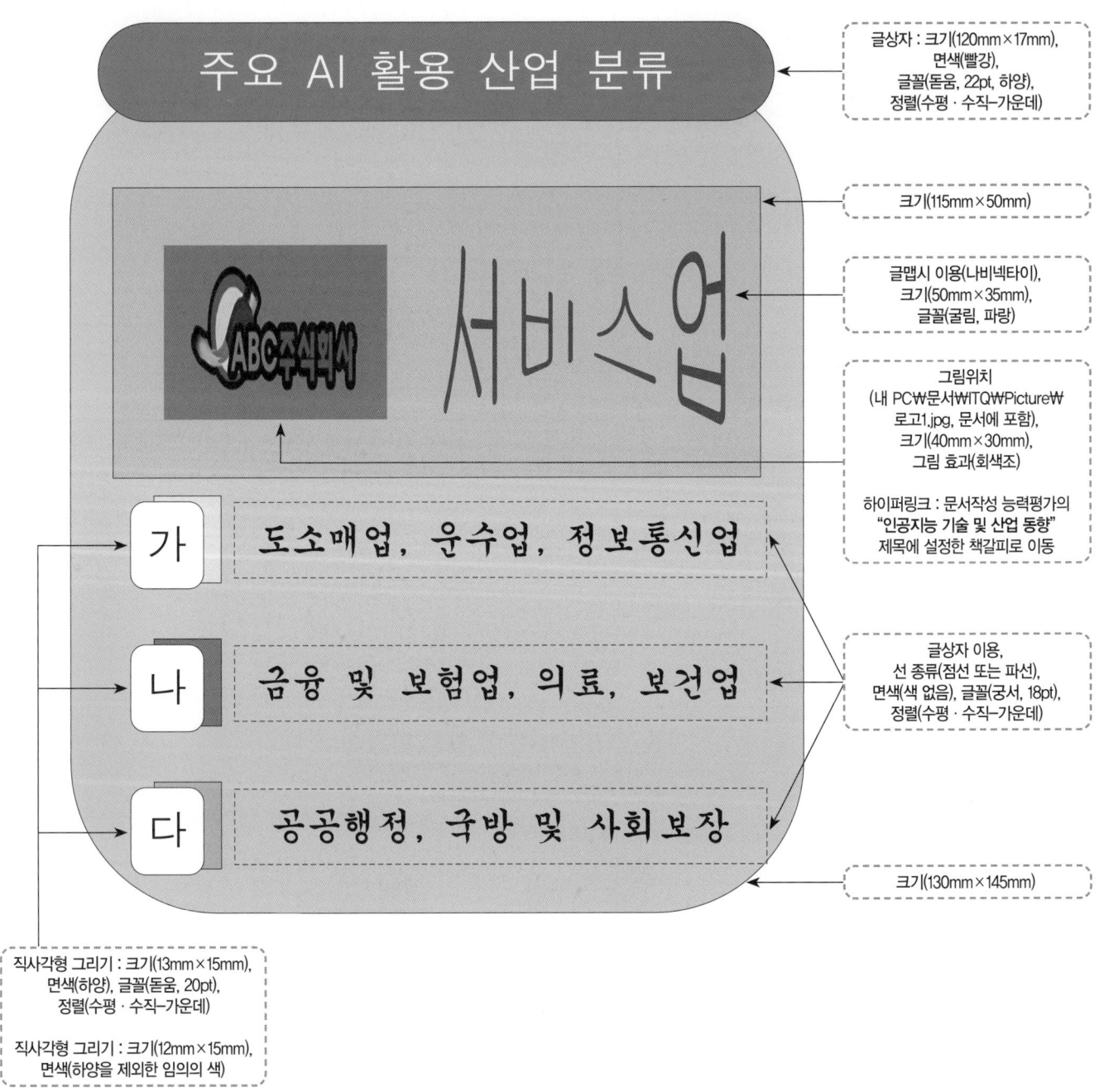

인공지능 기술 및 산업 동향

미국의 오픈AI는 GPT-3으로 불리는 초거대 인공지능을 공개하며 많은 관심을 받았다. 특정 상황이 아닌 범용적으로 사용이 가능한 인공 일반지능을 목표로 국내외 기업들의 초거대 인공지능(人工知能) 개발 경쟁이 지속되고 있다.

네이버의 경우 자체 개발한 초대규모 인공지능 하이퍼클로바의 성능을 향상시키고 있으며, 음성검색, 번역뿐만 아니라 서비스 범위를 확대해 가고 있다. LG AI 연구원은 엑사원을 통해 6,000억 개 이상의 말뭉치, 텍스트와 결합된 고해상도 이미지 2억 5,000만 장 이상을 학습하여 제조, 연구, 교육, 통신, 금융 등 전 산업 분야에서 최고 전문가의 지능 확보를 목표로 하고 있다. 카카오브레인은 2021년 11월 GPT-3 모델의 한국어 초거대 인공지능 언어모델 KoGPT를 공개했다. 긴 문장 요약, 문장 추론을 통한 결론 예측, 질문 문맥(文脈) 이해 등 모든 종류의 언어 과제 수행이 가능하며, 오픈소스ⓐ로 개방함으로써 접근성을 높이고자 하였다. KT도 초거대 인공지능 컴퓨팅 인프라를 클라우드 기반으로 구성하고 주요 인공지능 모델을 원클릭으로 손쉽게 구성하고 활용이 가능하도록 서비스하고 있다.

◆ 해외 주요국의 분야별 AI 적용 사례

가. 미국
   ⓐ 우즈홀 해양학 연구소 : 자율주행 로봇을 통한 심층 해양 탐사
   ⓑ 국립암연구소 : 암 영상 검사를 위한 AI 연구
나. 독일
   ⓐ 막스 플랑크 지능시스템 연구소 : AI 기반 로봇 터치 감지 개선
   ⓑ 드레스덴 대학 연구팀 : 질병 조기 발견 및 치료를 위한 이식형 AI 시스템

◆ OECD의 주요 AI 적용 산업 및 영역

구분	산업분류	주요 AI 적용 영역	핵심 내용
1	정보통신업	광고, AR, VR, 네트워크 보안, 소프트웨어 생산	
2	건설업	3D 빌딩 정보 모델링, 건물 시뮬레이터	OECD(2022) 정책 관점에서 AI 시스템 평가를 위한 도구 개발
3	제조업	제품 조립, 공급망 관리 및 계획	
4	교육	AI를 활용한 개인 학습, 챗봇, 시험 또는 채점 구성	
5	숙박 및 음식점업	AI 기반 챗봇, 고객 피드백 데이터 분석	

한국지능정보사회진흥원

ⓐ 소스 프로그램이 공개되어 자유롭게 수정하고 재배포할 수 있는 프로그램

제09회 정보기술자격(ITQ) 출제예상 모의고사

과목	코드	문제유형	시험시간	수험번호	성명
아래한글	1111	A	60분		

한컴 오피스

수험자 유의사항

- 수험자는 문제지를 받는 즉시 문제지와 **수험표상의 시험과목(프로그램)이 동일한지 반드시 확인**하여야 합니다.
- 파일명은 본인의 "수험번호-성명"으로 입력하여 답안폴더(내 PC₩문서₩ITQ)에 하나의 파일로 저장해야 하며, 답안문서 파일명이 "수험번호-성명"과 일치하지 않거나, 답안파일을 전송하지 않아 미제출로 처리될 경우 실격 처리합니다(예: 12345678-홍길동.hwpx).
- 답안 작성을 마치면 파일을 저장하고, '답안 전송' 버튼을 선택하여 감독위원 PC로 답안을 전송하십시오. 수험생 정보와 저장한 파일명이 다를 경우 전송되지 않으므로 주의하시기 바랍니다.
- 답안 작성 중에도 **주기적으로 저장하고, '답안 전송'**하여야 문제 발생을 줄일 수 있습니다. 작업한 내용을 저장하지 않고 전송할 경우 이전에 저장된 내용이 전송되오니 이점 유의하시기 바랍니다.
- 답안문서는 지정된 경로 외의 다른 보조기억장치에 저장하는 경우, 지정된 시험 시간 외에 작성된 파일을 활용할 경우, 기타 통신수단(이메일, 메신저, 네트워크 등)을 이용하여 타인에게 전달 또는 외부 반출하는 경우는 부정 처리합니다.
- 시험 중 부주의 또는 고의로 시스템을 파손한 경우는 수험자가 변상해야 하며, 〈수험자 유의사항〉에 기재된 방법대로 이행하지 않아 생기는 불이익은 수험생 당사자의 책임임을 알려 드립니다.
- 문제의 조건은 한컴오피스 2022 버전으로 설정되어 있으니 유의하시기 바랍니다.
- 시험을 완료한 수험자는 답안파일이 전송되었는지 확인한 후 감독위원의 지시에 따라 문제지를 제출하고 퇴실합니다.

답안 작성요령

- 온라인 답안 작성 절차
  수험자 등록 ⇒ 시험 시작 ⇒ 답안파일 저장 ⇒ 답안 전송 ⇒ 시험 종료
- 공통 부문
  • 글꼴에 대한 기본설정은 함초롬바탕, 10포인트, 검정, 줄간격 160%, 양쪽정렬로 합니다.
  • 색상은 조건의 색을 적용하고 색의 구분이 안 될 경우에는 RGB 값을 적용하십시오.
    (빨강 255, 0, 0 / 파랑 0, 0, 255 / 노랑 255, 255, 0).
  • 각 문항에 주어진 ≪조건≫에 따라 작성하고 언급하지 않은 조건은 ≪출력형태≫와 같이 작성합니다.
  • 용지여백은 왼쪽·오른쪽 11mm, 위쪽·아래쪽·머리말·꼬리말 10mm, 제본 0mm로 합니다.
  • 그림 삽입 문제의 경우「내 PC₩문서₩ITQ₩Picture」폴더에서 지정된 파일을 선택하여 삽입하십시오.
  • 삽입한 그림은 반드시 문서에 포함하여 저장해야 합니다(미포함 시 감점 처리).
  • 각 항목은 지정된 페이지에 출력형태와 같이 정확히 작성하시기 바라며, 그렇지 않을 경우에 해당 항목은 0점 처리됩니다.
    ※ 페이지구분 : 1페이지 – 기능평가Ⅰ(문제번호 표시 : 1. 2.),
              2페이지 – 기능평가Ⅱ(문제번호 표시 : 3. 4.),
              3페이지 – 문서작성 능력평가
- 기능평가
  • 문제와 ≪조건≫은 입력하지 않으며 문제번호와 답(≪출력형태≫)만 작성합니다.
  • 4번 문제는 묶기를 했을 경우 0점 처리됩니다.
- 문서작성 능력평가
  • A4 용지(210mm×297mm) 1매 크기, 세로 서식 문서로 작성합니다.
  • ┈┈┈┈┈ 표시는 문서작성에 대한 지시사항이므로 작성하지 않습니다.

kpc 한국생산성본부

기능평가 I 150점

1. 다음의 ≪조건≫에 따라 스타일 기능을 적용하여 ≪출력형태≫와 같이 작성하시오. (50점)

≪조건≫ (1) 스타일 이름 - exhibition
(2) 문단 모양 - 왼쪽 여백 : 15pt, 문단 아래 간격 : 10pt
(3) 글자 모양 - 글꼴 : 한글(돋움)/영문(굴림), 크기 : 10pt, 장평 : 95%, 자간 : 5%

≪출력형태≫

Home table deco fair is an exhibition that the greatest number of industry professionals in the field of home living get together providing a wide range of business opportunities with a nationwide networking.

홈테이블데코페어는 리빙 분야의 관계자들이 가장 많이 모이는 전시회이자 전국적인 네트워킹을 갖춘 리빙 전시회로서 광범위한 비즈니스 기회를 제공한다.

2. 다음의 ≪조건≫에 따라 ≪출력형태≫와 같이 표와 차트를 작성하시오. (100점)

≪표 조건≫ (1) 표 전체(표, 캡션) - 굴림, 10pt
(2) 정렬 - 문자 : 가운데 정렬, 숫자 : 오른쪽 정렬
(3) 셀 배경(면색) : 노랑
(4) 한글의 계산 기능을 이용하여 빈칸에 평균(소수점 두 자리)을 구하고, 캡션 기능 사용할 것
(5) 선 모양은 ≪출력형태≫와 동일하게 처리할 것

≪출력형태≫

지역별 홈테이블데코페어 방문 목적(단위 : %)

방문 목적	부산	수원	대구	서울	평균
시장 및 제품조사	49.2	41.5	39.6	57.8	
인테리어 산업조사	27.2	27.4	29.9	23.4	
제품거래	16.8	19.8	14.2	19.2	
신규거래처 발굴	15.3	13.8	11.6	12.7	

≪차트 조건≫ (1) 차트 데이터는 표 내용에서 지역별 시장 및 제품조사, 인테리어 산업조사, 제품거래의 값만 이용할 것
(2) 종류 - 〈묶은 세로 막대형〉으로 작업할 것
(3) 제목 - 글꼴 : 돋움, 진하게, 12pt,
속성 : 채우기(밝은 색 : 하양), 테두리, 그림자(바깥쪽 : 대각선 오른쪽 아래)
(4) 제목 이외의 전체 글꼴 - 돋움, 보통, 10pt
(5) 축제목과 범례는 ≪출력형태≫와 동일하게 처리할 것

≪출력형태≫

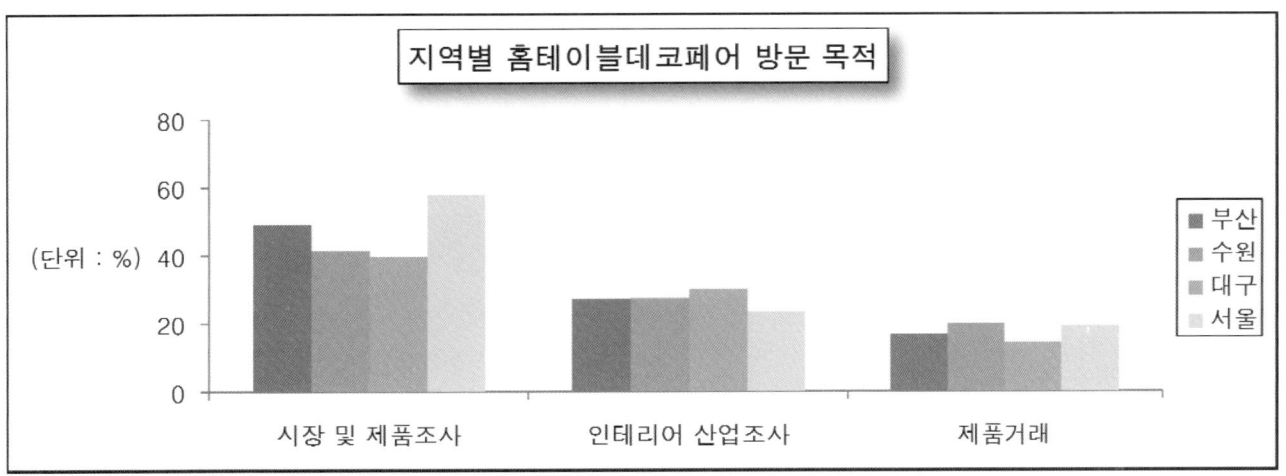

기능평가 II 150점

3. 다음 (1), (2)의 수식을 수식 편집기로 각각 입력하시오. (40점)

≪출력형태≫

(1) $\dfrac{V_2}{V_1} = \dfrac{0.90 \times 10^3}{1.0 \times 10^3} = 0.80$

(2) $\sqrt{a+b+2\sqrt{ab}} = \sqrt{a} + \sqrt{b}\,(a>0, b>0)$

4. 다음의 ≪조건≫에 따라 ≪출력형태≫와 같이 문서를 작성하시오. (110점)

≪조건≫

(1) 그리기 도구를 이용하여 작성하고, 모든 도형(글맵시, 지정된 그림 포함)을 ≪출력형태≫와 같이 작성하시오.
(2) 도형의 면색은 지시사항이 없으면 색 없음을 제외하고 서로 다르게 임의로 지정하시오.

≪출력형태≫

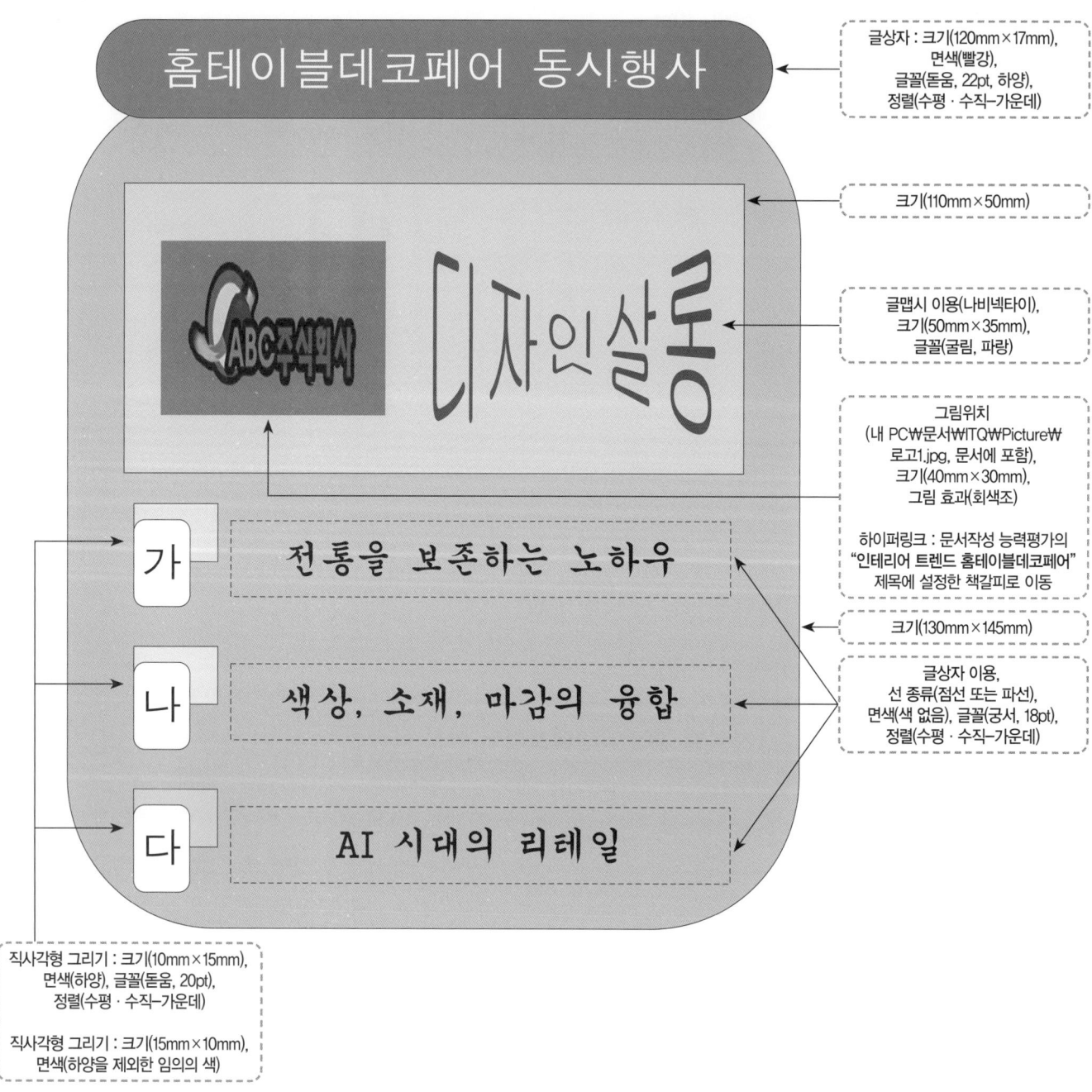

인테리어 트렌드 홈테이블데코페어

홈테이블데코페어는 인테리어 트렌드ⓐ와 감각적인 리빙 브랜드를 한 곳에서 소개하는 프리미엄 홈스타일링 전시회이다. 2019년에는 서울, 부산, 대구, 제주 4개의 도시에서 약 20만 명의 참관객들이 홈테이블데코페어를 방문하는 성과를 이루며 리빙 업계의 발전을 이끌어가는 비즈니스 전시회로 자리매김하고 있다. 2020년에는 수원 홈테이블데코페어를 새롭게 론칭하여 더욱 더 다양한 관람객이 방문할 기회를 제공한다. 관람객과 바이어 그리고 참가업체 모두를 만족시키는 홈테이블데코페어에서는 다양한 분야의 바이어들과 참관객들에게 브랜드를 알리고 전국적인 범위의 네트워크를 구축하는 장이 마련된다.

리빙 인테리어 시장에서도 독창적이며 트렌디한 작품을 찾는 소비자들은 예술(藝術), 디자인, 리빙, 공예의 경계를 무너뜨리기를 원한다. 이런 변화의 중심에 있는 공예는 테이블에서 공간(空間) 전체로 이동하여 공간에 예술성을 불어넣고자 한다. 홈테이블데코페어는 이러한 키친, 다이닝, 수면 공간의 변화를 주도하고 제안하고 있다. 또한 이번 페어에서는 기후 이상 변화와 감염병의 확산으로 친환경을 넘어 지구환경의 지속가능성을 추구하는 기획관도 운영된다.

♥ 2024 서울 홈테이블데코페어

가) 장소 및 일정
  a) 장소 : 서울 코엑스 A, B홀
  b) 일정 : 2024. 2. 8(목)-11(일)
나) 관람시간 및 동시개최
  a) 관람시간 : 목/금(10:00-18:00), 토/일(10:00-19:00)
  b) 동시개최 : 경기도자페어, 디자인 살롱

♥ 주요 컨퍼런스 프로그램 안내

구분	주제	시간	강연자	내용
1일차	글로벌 디자인 트렌드	11:00 - 11:50	사빈 마르셀리스	소재 탐구와 산업 연계를 통한 새로운 비전
		12:00 - 12:50	폴 코넷	건축과 디자인의 현재
		17:00 - 17:50	톰 딕슨	글로벌 브랜드의 구축 과정
2일차	라이프스타일, 인테리어 트렌드	10:30 - 11:30	이현주	2023/2024 트렌드 스트림
		15:00 - 15:50	이정민	2024 리테일 트렌드

홈테이블데코페어사무국

ⓐ 사상이나 행동 또는 어떤 현상에서 나타나는 일정한 방향

제 10 회 정보기술자격(ITQ) 출제예상 모의고사

과목	코드	문제유형	시험시간	수험번호	성명
아래한글	1111	A	60분		

한컴 오피스

수험자 유의사항

- 수험자는 문제지를 받는 즉시 문제지와 **수험표상의 시험과목(프로그램)이 동일한지 반드시 확인**하여야 합니다.
- 파일명은 본인의 "수험번호-성명"으로 입력하여 답안폴더(내 PC₩문서₩ITQ)에 하나의 파일로 저장해야 하며, 답안문서 파일명이 "수험번호-성명"과 일치하지 않거나, 답안파일을 전송하지 않아 미제출로 처리될 경우 실격 처리합니다(예: 12345678-홍길동.hwpx).
- 답안 작성을 마치면 파일을 저장하고, '답안 전송' 버튼을 선택하여 감독위원 PC로 답안을 전송하십시오. 수험생 정보와 저장한 파일명이 다를 경우 전송되지 않으므로 주의하시기 바랍니다.
- 답안 작성 중에도 **주기적으로 저장하고, '답안 전송'**하여야 문제 발생을 줄일 수 있습니다. 작업한 내용을 저장하지 않고 전송할 경우 이전에 저장된 내용이 전송되오니 이점 유의하시기 바랍니다.
- 답안문서는 지정된 경로 외의 다른 보조기억장치에 저장하는 경우, 지정된 시험 시간 외에 작성된 파일을 활용할 경우, 기타 통신수단(이메일, 메신저, 네트워크 등)을 이용하여 타인에게 전달 또는 외부 반출하는 경우는 부정 처리합니다.
- 시험 중 부주의 또는 고의로 시스템을 파손한 경우는 수험자가 변상해야 하며, 〈수험자 유의사항〉에 기재된 방법대로 이행하지 않아 생기는 불이익은 수험생 당사자의 책임임을 알려 드립니다.
- 문제의 조건은 한컴오피스 2022 버전으로 설정되어 있으니 유의하시기 바랍니다.
- 시험을 완료한 수험자는 답안파일이 전송되었는지 확인한 후 감독위원의 지시에 따라 문제지를 제출하고 퇴실합니다.

답안 작성요령

- 온라인 답안 작성 절차
  수험자 등록 ⇒ 시험 시작 ⇒ 답안파일 저장 ⇒ 답안 전송 ⇒ 시험 종료
- 공통 부문
  - 글꼴에 대한 기본설정은 함초롬바탕, 10포인트, 검정, 줄간격 160%, 양쪽정렬로 합니다.
  - 색상은 조건의 색을 적용하고 색의 구분이 안 될 경우에는 RGB 값을 적용하십시오.
    (빨강 255, 0, 0 / 파랑 0, 0, 255 / 노랑 255, 255, 0).
  - 각 문항에 주어진 ≪조건≫에 따라 작성하고 언급하지 않은 조건은 ≪출력형태≫와 같이 작성합니다.
  - 용지여백은 왼쪽·오른쪽 11mm, 위쪽·아래쪽·머리말·꼬리말 10mm, 제본 0mm로 합니다.
  - 그림 삽입 문제의 경우 「내 PC₩문서₩ITQ₩Picture」 폴더에서 지정된 파일을 선택하여 삽입하십시오.
  - 삽입한 그림은 반드시 문서에 포함하여 저장해야 합니다(미포함 시 감점 처리).
  - 각 항목은 지정된 페이지에 출력형태와 같이 정확히 작성하시기 바라며, 그렇지 않을 경우에 해당 항목은 0점 처리됩니다.
    ※ 페이지구분 : 1페이지 - 기능평가Ⅰ(문제번호 표시 : 1. 2.),
      2페이지 - 기능평가Ⅱ(문제번호 표시 : 3. 4.),
      3페이지 - 문서작성 능력평가
- 기능평가
  - 문제와 ≪조건≫은 입력하지 않으며 문제번호와 답(≪출력형태≫)만 작성합니다.
  - 4번 문제는 묶기를 했을 경우 0점 처리됩니다.
- 문서작성 능력평가
  - A4 용지(210mm×297mm) 1매 크기, 세로 서식 문서로 작성합니다.
  - ( ) 표시는 문서작성에 대한 지시사항이므로 작성하지 않습니다.

kpc 한국생산성본부

기능평가 I　　　150점

1. 다음의 ≪조건≫에 따라 스타일 기능을 적용하여 ≪출력형태≫와 같이 작성하시오. (50점)

≪조건≫ (1) 스타일 이름 - education
　　　　(2) 문단 모양 - 왼쪽 여백 : 15pt, 문단 아래 간격 : 10pt
　　　　(3) 글자 모양 - 글꼴 : 한글(돋움)/영문(굴림), 크기 : 10pt, 장평 : 95%, 자간 : 5%

≪출력형태≫

　　Lifelong education is the "ongoing, voluntary, and self-motivated" pursuit of knowledge and this is being recognized by traditional schools.

　　평생교육은 개인 또는 직업적인 이유를 위해 "지속적, 자발적, 자기 동기부여"로 지식을 추구하는 것으로, 학교에서도 인정받고 있으며 국가는 평생교육을 진흥하고 있다.

2. 다음의 ≪조건≫에 따라 ≪출력형태≫와 같이 표와 차트를 작성하시오. (100점)

≪표 조건≫ (1) 표 전체(표, 캡션) - 굴림, 10pt
　　　　　(2) 정렬 - 문자 : 가운데 정렬, 숫자 : 오른쪽 정렬
　　　　　(3) 셀 배경(면색) : 노랑
　　　　　(4) 한글의 계산 기능을 이용하여 빈칸에 평균(소수점 두 자리)을 구하고, 캡션 기능 사용할 것
　　　　　(5) 선 모양은 ≪출력형태≫와 동일하게 처리할 것

≪출력형태≫

지역별 학급당 학생수(단위 : 명)

구분	유치원	초등학교	중학교	고등학교	평균
부산	17	21	24	20	
대구	19	21	23	22	
인천	17	21	25	22	
광주	17	20	23	23	

≪차트 조건≫ (1) 차트 데이터는 표 내용에서 구분별 부산, 대구, 인천의 값만 이용할 것
　　　　　　(2) 종류 - 〈묶은 세로 막대형〉으로 작업할 것
　　　　　　(3) 제목 - 글꼴 : 돋움, 진하게, 12pt,
　　　　　　　　　　　속성 : 채우기(밝은 색 : 하양), 테두리, 그림자(바깥쪽 : 대각선 오른쪽 아래)
　　　　　　(4) 제목 이외의 전체 글꼴 - 돋움, 보통, 10pt
　　　　　　(5) 축제목과 범례는 ≪출력형태≫와 동일하게 처리할 것

≪출력형태≫

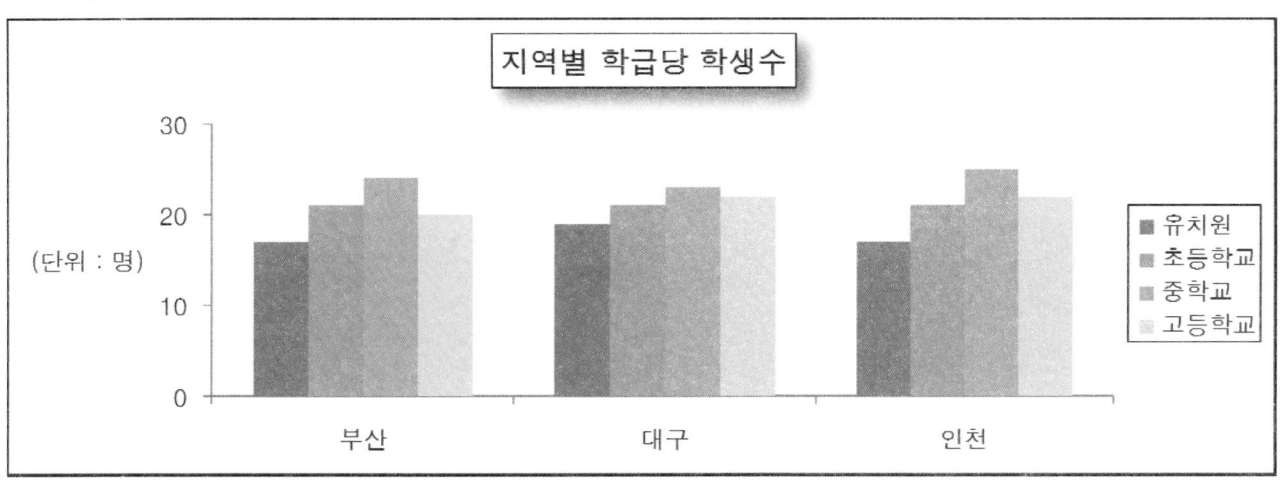

기능평가 II   150점

3. 다음 (1), (2)의 수식을 수식 편집기로 각각 입력하시오. (40점)

≪출력형태≫

(1) $\dfrac{h_1}{h_2} = (\sqrt{a})^{M_2-M_1} \fallingdotseq 2.5^{M_2-M_1}$

(2) $h = \sqrt{k^2-r^2}, M = \dfrac{1}{3}\pi r^2 h$

4. 다음의 ≪조건≫에 따라 ≪출력형태≫와 같이 문서를 작성하시오. (110점)

≪조건≫

(1) 그리기 도구를 이용하여 작성하고, 모든 도형(글맵시, 지정된 그림 포함)을 ≪출력형태≫와 같이 작성하시오.
(2) 도형의 면색은 지시사항이 없으면 색 없음을 제외하고 서로 다르게 임의로 지정하시오.

≪출력형태≫

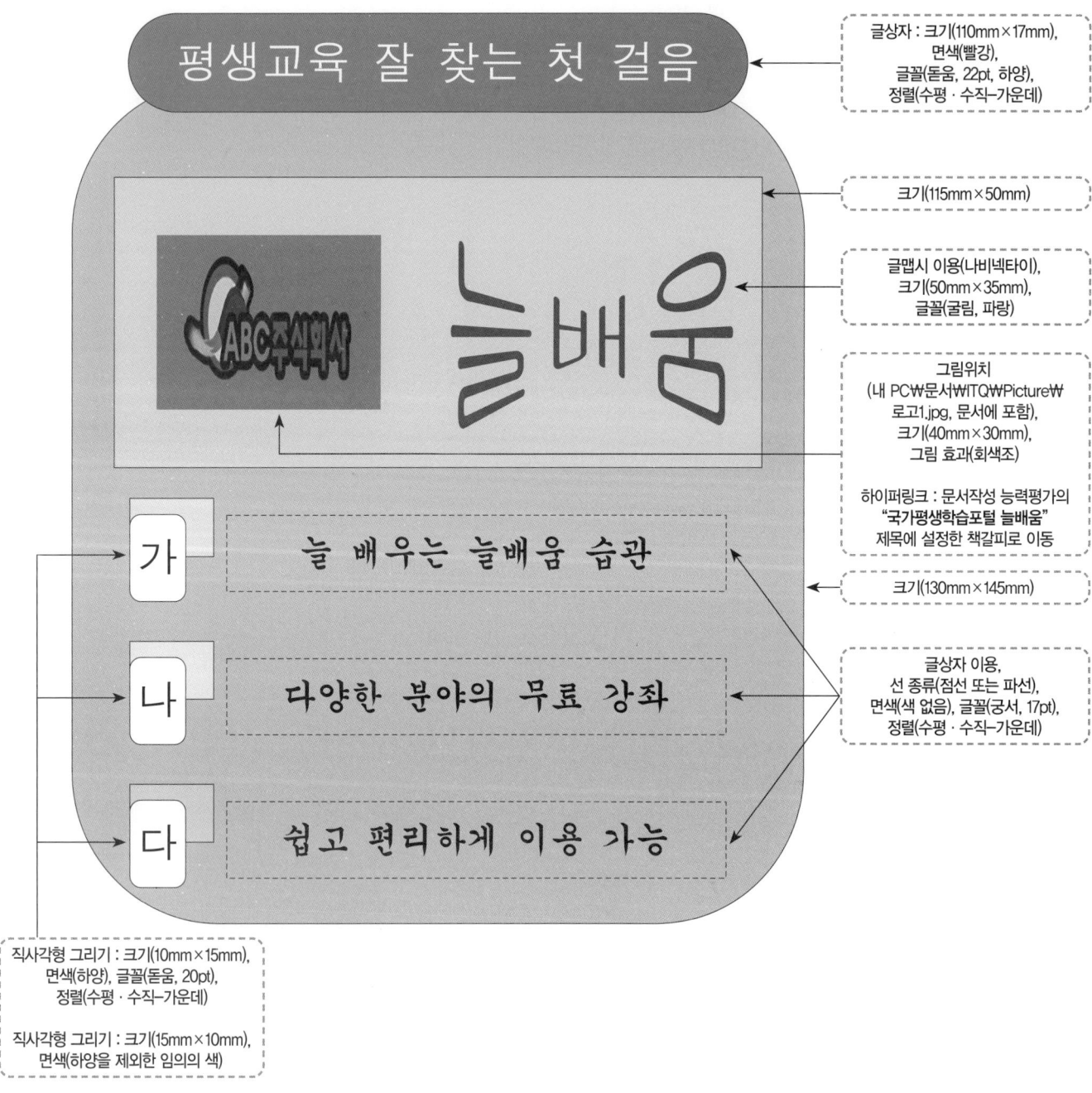

배움의 기회

국가평생학습포털 늘배움

미래 한국의 연령별 인구분포도는 절벽 형상이다. 절벽 형상의 인구분포는 이미 일부 군지역에서는 선명하게 드러난다. 지역적으로 학령인구 감소가 뚜렷했던 30여 년 전 대응책은 학교 통폐합이었다. 2018년 기준 면 소재 초등학교 수는 1,552개교로 면당 1.3개 초등학교가 있는 셈인데, 더 이상 학교를 줄일 수 없는 한계 상황에 직면(直面)하였다. 양질의 학습권 보장의 관점에서 필요한 학교 운영 체제의 변화 등 문제에 대한 관점과 접근 방식의 근본적인 검토가 필요하다. 인구감소로 거주지로서 의미를 상실하고 있는 지역은 농촌으로 분류되는 지역에 집중되어 있다는 점도 간과(看過)할 수 없다.

학생 수가 급감하는 시기에 지역을 기반으로 공공성을 강화한 유연하고 개방적인 평생학습체제를 수립하는 기회로 삼아야 할 것이다. 이제는 제4차 산업혁명, 초연결사회, 인구절벽의 시대 격변기를 맞아 교육 현실을 혁신적으로 바꿔나가는 시대적 과제를 해결해야 한다. 한국교육개발원Ⓐ은 교육에 대한 국가적 책임을 다하고, 공유성장을 통해 미래 교육을 선도하는 교육 정책 연구의 핵심 기관이 되도록 차별적 연구 역량을 강화하도록 할 것이다.

♣ 국가평생학습포털 개요

A. 추진배경
　1. 시간적 지리적 제약으로 참여하는데 어려운 불편함 해소
　2. 평생학습 정보의 개방, 공유, 평생학습 원스톱 서비스 지원
B. 중점과제
　1. 포털, 모바일 등을 활용하여 평생학습 활성화 기반 마련
　2. 평생학습 빅데이터 데이터베이스(DB) 구축

♣ 방송통신학교 입학설명회 일정

시간	2월 8일	2월 9일	2월 10일	장소
09:00-10:00	등록 및 일정 안내	평생교육론	방송통신 수업 연구	대강당
10:20-12:00	방송통신고 입학 안내	이러닝 교수학습 방법	협동 수업 워크숍	
12:00-13:00	중식			
13:00-16:00	방송통신대 입학 안내	방송통신 수업의 실제	내용 정리 및 폐회	종합강의동

한국교육개발원

―――――――――――
Ⓐ 1972년 정부 출연금으로 설립한 교육 연구 기관으로 평생교육을 담당

제11회 정보기술자격(ITQ) 출제예상 모의고사

과목	코드	문제유형	시험시간	수험번호	성명
아래한글	1111	A	60분		

한컴 오피스

수험자 유의사항

- 수험자는 문제지를 받는 즉시 문제지와 **수험표상의 시험과목(프로그램)이 동일한지 반드시 확인**하여야 합니다.
- 파일명은 본인의 "수험번호-성명"으로 입력하여 답안폴더(내 PC₩문서₩ITQ)에 하나의 파일로 저장해야 하며, 답안문서 파일명이 "수험번호-성명"과 일치하지 않거나, 답안파일을 전송하지 않아 미제출로 처리될 경우 실격 처리합니다(예 : 12345678-홍길동.hwpx).
- 답안 작성을 마치면 파일을 저장하고, '답안 전송' 버튼을 선택하여 감독위원 PC로 답안을 전송하십시오. 수험생 정보와 저장한 파일명이 다를 경우 전송되지 않으므로 주의하시기 바랍니다.
- 답안 작성 중에도 **주기적으로 저장하고, '답안 전송'**하여야 문제 발생을 줄일 수 있습니다. 작업한 내용을 저장하지 않고 전송할 경우 이전에 저장된 내용이 전송되오니 이점 유의하시기 바랍니다.
- 답안문서는 지정된 경로 외의 다른 보조기억장치에 저장하는 경우, 지정된 시험 시간 외에 작성된 파일을 활용할 경우, 기타 통신수단(이메일, 메신저, 네트워크 등)을 이용하여 타인에게 전달 또는 외부 반출하는 경우는 부정 처리합니다.
- 시험 중 부주의 또는 고의로 시스템을 파손한 경우는 수험자가 변상해야 하며, 〈수험자 유의사항〉에 기재된 방법대로 이행하지 않아 생기는 불이익은 수험생 당사자의 책임임을 알려 드립니다.
- 문제의 조건은 한컴오피스 2022 버전으로 설정되어 있으니 유의하시기 바랍니다.
- 시험을 완료한 수험자는 답안파일이 전송되었는지 확인한 후 감독위원의 지시에 따라 문제지를 제출하고 퇴실합니다.

답안 작성요령

- 온라인 답안 작성 절차
  수험자 등록 ⇒ 시험 시작 ⇒ 답안파일 저장 ⇒ 답안 전송 ⇒ 시험 종료
- 공통 부문
  - 글꼴에 대한 기본설정은 함초롬바탕, 10포인트, 검정, 줄간격 160%, 양쪽정렬로 합니다.
  - 색상은 조건의 색을 적용하고 색의 구분이 안 될 경우에는 RGB 값을 적용하십시오.
    (빨강 255, 0, 0 / 파랑 0, 0, 255 / 노랑 255, 255, 0).
  - 각 문항에 주어진 ≪조건≫에 따라 작성하고 언급하지 않은 조건은 ≪출력형태≫와 같이 작성합니다.
  - 용지여백은 왼쪽·오른쪽 11mm, 위쪽·아래쪽·머리말·꼬리말 10mm, 제본 0mm로 합니다.
  - 그림 삽입 문제의 경우「내 PC₩문서₩ITQ₩Picture」폴더에서 지정된 파일을 선택하여 삽입하십시오.
  - 삽입한 그림은 반드시 문서에 포함하여 저장해야 합니다(미포함 시 감점 처리).
  - 각 항목은 지정된 페이지에 출력형태와 같이 정확히 작성하시기 바라며, 그렇지 않을 경우에 해당 항목은 0점 처리됩니다.
    ※ 페이지구분 : 1페이지 - 기능평가Ⅰ(문제번호 표시 : 1. 2.),
    　　　　　　　 2페이지 - 기능평가Ⅱ(문제번호 표시 : 3. 4.),
    　　　　　　　 3페이지 - 문서작성 능력평가
- 기능평가
  - 문제와 ≪조건≫은 입력하지 않으며 문제번호와 답(≪출력형태≫)만 작성합니다.
  - 4번 문제는 묶기를 했을 경우 0점 처리됩니다.
- 문서작성 능력평가
  - A4 용지(210㎜×297㎜) 1매 크기, 세로 서식 문서로 작성합니다.
  - ( ) 표시는 문서작성에 대한 지시사항이므로 작성하지 않습니다.

kpc 한국생산성본부

기능평가 I `150점`

1. 다음의 ≪조건≫에 따라 스타일 기능을 적용하여 ≪출력형태≫와 같이 작성하시오. (50점)

≪조건≫ (1) 스타일 이름 – ict
(2) 문단 모양 – 왼쪽 여백 : 10pt, 문단 아래 간격 : 10pt
(3) 글자 모양 – 글꼴 : 한글(궁서)/영문(돋움), 크기 : 10pt, 장평 : 95%, 자간 : -5%

≪출력형태≫

Companies are using ICT technology as a key tool for digital transformation, and the demand for SW manpower is rapidly increasing not only in ICT companies but also in general companies.

기업은 ICT 기술을 활용하는 수준을 넘어서 디지털 전환의 핵심 도구로 활용하고 있으며, 이에 따른 SW 인력의 수요는 ICT 기업뿐만 아니라 일반 기업에서도 급증하고 있다.

2. 다음의 ≪조건≫에 따라 ≪출력형태≫와 같이 표와 차트를 작성하시오. (100점)

≪표 조건≫ (1) 표 전체(표, 캡션) – 돋움, 10pt
(2) 정렬 – 문자 : 가운데 정렬, 숫자 : 오른쪽 정렬
(3) 셀 배경(면색) : 노랑
(4) 한글의 계산 기능을 이용하여 빈칸에 합계를 구하고, 캡션 기능 사용할 것
(5) 선 모양은 ≪출력형태≫와 동일하게 처리할 것

≪출력형태≫

2020-2024 디지털 신기술 인력 수요 전망(단위 : 천 명)

구분	인공지능	빅데이터	5G	IoT	클라우드
고급	18.1	16.3	19.9	10.3	1.9
중급	20.6	28.8	22.5	7.5	13.2
초급	6.3	11.7	3.7	2.2	2.2
합계					

≪차트 조건≫ (1) 차트 데이터는 표 내용에서 구분별 인공지능, 빅데이터, 5G, IoT의 값만 이용할 것
(2) 종류 – 〈묶은 세로 막대형〉으로 작업할 것
(3) 제목 – 글꼴 : 굴림, 진하게, 12pt,
속성 : 채우기(밝은 색 : 하양), 테두리, 그림자(바깥쪽 : 대각선 오른쪽 아래)
(4) 제목 이외의 전체 글꼴 – 굴림, 보통, 10pt
(5) 축제목과 범례는 ≪출력형태≫와 동일하게 처리할 것

≪출력형태≫

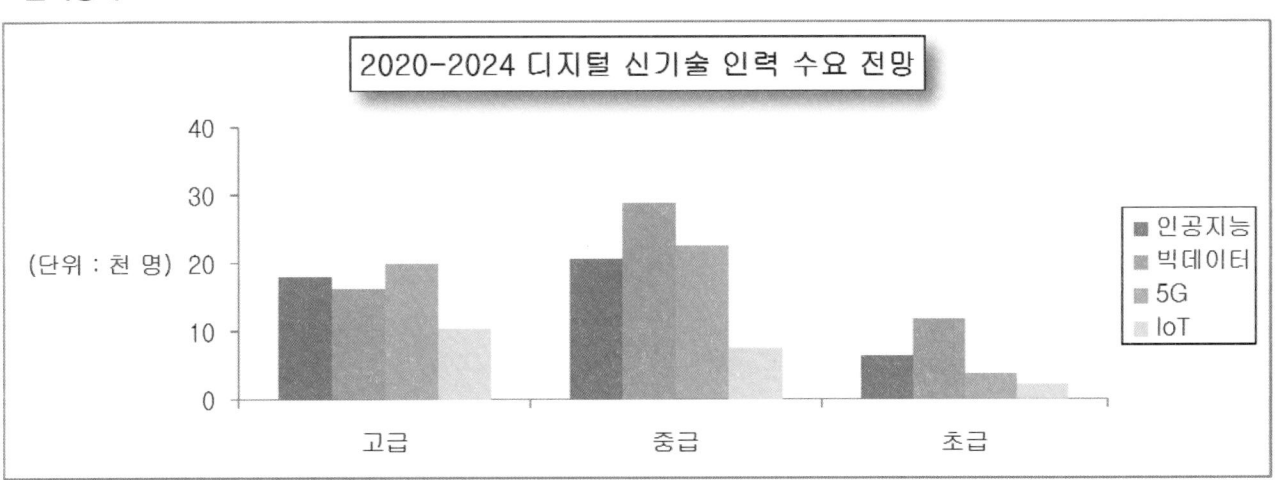

기능평가 II 150점

3. 다음 (1), (2)의 수식을 수식 편집기로 각각 입력하시오. (40점)

≪출력형태≫

(1) $Q = \lim_{\Delta t \to 0} \dfrac{\Delta s}{\Delta t} = \dfrac{d^2 s}{dt^2} + 1$

(2) $\int_a^b xf(x)dx = \dfrac{1}{b-a}\int_a^b xdx = \dfrac{a+b}{2}$

4. 다음의 ≪조건≫에 따라 ≪출력형태≫와 같이 문서를 작성하시오. (110점)

≪조건≫
(1) 그리기 도구를 이용하여 작성하고, 모든 도형(글맵시, 지정된 그림 포함)을 ≪출력형태≫와 같이 작성하시오.
(2) 도형의 면색은 지시사항이 없으면 색 없음을 제외하고 서로 다르게 임의로 지정하시오.

≪출력형태≫

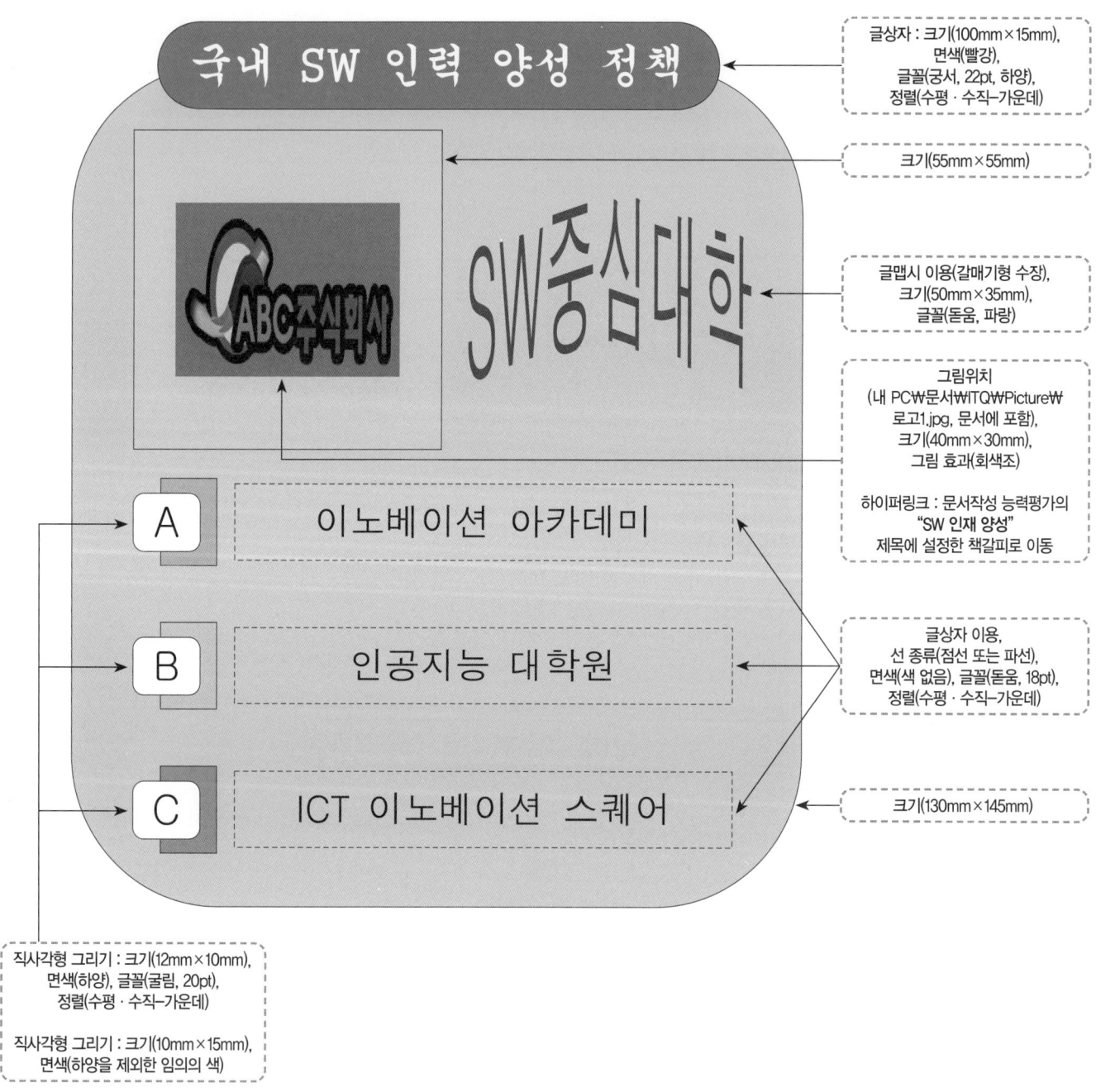

SW 인재 양성

최근 디지털 대전환이 가속화되는 가운데 정부는 SW 인재 양성을 위해 국가 차원의 정책을 마련하고 있다. 2021년 3월에 발표된 빅3+인공지능 인재 양성 방안은 미래차, 바이오 헬스, 시스템 반도체 등 빅3와 인공지능 인재 양성을 위해 인재 양성 제도 개선을 주요 내용으로 담고 있다. 혁신공유대학 사업을 신설하여 정규 교육과정에서의 학과, 학교 간 진입 장벽을 낮추고 범부처 인재 양성을 통합 관리하는 사업 틀을 구축(構築)하여 인재 양성을 효과적으로 지원하고 있다. 또한 디지털 전환 가속화로 인해 늘고 있는 SW 인재 수요를 충족시키기 위한 단기 및 중장기 인재 양성 대책도 마련하였다.

2021년 6월에 발표한 민관 협력 기반의 소프트웨어 인재 양성 대책에 따라 단기적으로는 기업 주도의 단기 훈련 과정을 확대하여 당장 필요한 인재 2만 1천 명을 2022년 상반기까지 양성하여 중소, 벤처기업ⓐ의 인재난 해소(解消)를 지원했다. 중장기적으로는 SW 전공자 양성을 위해 SW 중심 대학을 확대하고, 전문 인재 양성을 위한 기업과 대학 간 협력모델을 구축하여 4년간 6만 8천 명을 양성한다. 이를 통해 최근 폭증하고 있는 SW 인재 수급난을 해소하고 청년들에게 양질의 일자리 제공을 확대하고 있다.

■ 국내외 SW 인재 양성 정책

 I. 국내 SW 인재 양성 정책
  a) 이노베이션 아카데미(비정규 교육과정) 개설 및 운영
  b) 이노베이션 스퀘어 전국 4개 권역에 확대 및 설치
 II. 국외 SW 인재 양성 정책
  a) 미국 : 5개년 교육 전략 계획 수립
  b) 유럽 : 2030 디지털 나침반 발표

■ SW 중심대학 트랙별 지원 내용

지원유형	일반 트랙	특화형 트랙
선정규모	7개교 내외	2개교 내외
지원금액	대학당 연 20억 원 내외(1년 차 9.5억)	대학당 연 10억 원 내외(1년 차 4.75억)
지원기간	최장 8년(4+2+2년)	최장 6년(4+2년)
	기존 대학 선정 시 6년(4+2년)	
신청요건	SW학과 100명 이상 정원 유지	재학생 1만 명 미만 중, 소규모 대학
	SW학과 대학원 과정 설치 및 운영	

한국지능정보사회진흥원

ⓐ 고도의 전문 지식과 새로운 기술을 가지고 창조적, 모험적 경영을 전개하는 중소기업

제 12 회 정보기술자격(ITQ) 출제예상 모의고사

과목	코드	문제유형	시험시간	수험번호	성명
아래한글	1111	A	60분		

한컴 오피스

수험자 유의사항

- 수험자는 문제지를 받는 즉시 문제지와 **수험표상의 시험과목(프로그램)이 동일한지 반드시 확인**하여야 합니다.
- 파일명은 본인의 "수험번호-성명"으로 입력하여 답안폴더(내 PC₩문서₩ITQ)에 하나의 파일로 저장해야 하며, 답안문서 파일명이 "수험번호-성명"과 일치하지 않거나, 답안파일을 전송하지 않아 미제출로 처리될 경우 실격 처리합니다(예: 12345678-홍길동.hwpx).
- 답안 작성을 마치면 파일을 저장하고, '답안 전송' 버튼을 선택하여 감독위원 PC로 답안을 전송하십시오. 수험생 정보와 저장한 파일명이 다를 경우 전송되지 않으므로 주의하시기 바랍니다.
- 답안 작성 중에도 **주기적으로 저장하고, '답안 전송'**하여야 문제 발생을 줄일 수 있습니다. 작업한 내용을 저장하지 않고 전송할 경우 이전에 저장된 내용이 전송되오니 이점 유의하시기 바랍니다.
- 답안문서는 지정된 경로 외의 다른 보조기억장치에 저장하는 경우, 지정된 시험 시간 외에 작성된 파일을 활용할 경우, 기타 통신수단(이메일, 메신저, 네트워크 등)을 이용하여 타인에게 전달 또는 외부 반출하는 경우는 부정 처리합니다.
- 시험 중 부주의 또는 고의로 시스템을 파손한 경우는 수험자가 변상해야 하며, 〈수험자 유의사항〉에 기재된 방법대로 이행하지 않아 생기는 불이익은 수험생 당사자의 책임임을 알려 드립니다.
- 문제의 조건은 한컴오피스 2022 버전으로 설정되어 있으니 유의하시기 바랍니다.
- 시험을 완료한 수험자는 답안파일이 전송되었는지 확인한 후 감독위원의 지시에 따라 문제지를 제출하고 퇴실합니다.

답안 작성요령

- 온라인 답안 작성 절차
  수험자 등록 ⇒ 시험 시작 ⇒ 답안파일 저장 ⇒ 답안 전송 ⇒ 시험 종료
- 공통 부문
  - 글꼴에 대한 기본설정은 함초롬바탕, 10포인트, 검정, 줄간격 160%, 양쪽정렬로 합니다.
  - 색상은 조건의 색을 적용하고 색의 구분이 안 될 경우에는 RGB 값을 적용하십시오.
    (빨강 255, 0, 0 / 파랑 0, 0, 255 / 노랑 255, 255, 0).
  - 각 문항에 주어진 ≪조건≫에 따라 작성하고 언급하지 않은 조건은 ≪출력형태≫와 같이 작성합니다.
  - 용지여백은 왼쪽·오른쪽 11mm, 위쪽·아래쪽·머리말·꼬리말 10mm, 제본 0mm로 합니다.
  - 그림 삽입 문제의 경우 「내 PC₩문서₩ITQ₩Picture」 폴더에서 지정된 파일을 선택하여 삽입하십시오.
  - 삽입한 그림은 반드시 문서에 포함하여 저장해야 합니다(미포함 시 감점 처리).
  - 각 항목은 지정된 페이지에 출력형태와 같이 정확히 작성하시기 바라며, 그렇지 않을 경우에 해당 항목은 0점 처리됩니다.
    ※ 페이지구분 : 1페이지 - 기능평가 I (문제번호 표시 : 1. 2.),
                      2페이지 - 기능평가 II (문제번호 표시 : 3. 4.),
                      3페이지 - 문서작성 능력평가
- 기능평가
  - 문제와 ≪조건≫은 입력하지 않으며 문제번호와 답(≪출력형태≫)만 작성합니다.
  - 4번 문제는 묶기를 했을 경우 0점 처리됩니다.
- 문서작성 능력평가
  - A4 용지(210mm×297mm) 1매 크기, 세로 서식 문서로 작성합니다.
  - ( ) 표시는 문서작성에 대한 지시사항이므로 작성하지 않습니다.

kpc 한국생산성본부

기능평가 I 150점

1. 다음의 ≪조건≫에 따라 스타일 기능을 적용하여 ≪출력형태≫와 같이 작성하시오. (50점)

≪조건≫ (1) 스타일 이름 - cio
(2) 문단 모양 - 왼쪽 여백 : 10pt, 문단 아래 간격 : 10pt
(3) 글자 모양 - 글꼴 : 한글(궁서)/영문(돋움), 크기 : 10pt, 장평 : 95%, 자간 : -5%

≪출력형태≫

As information technology and systems have become more important, the CIO has come to be viewed in many organizations as a key contributor.

최고정보관리책임자란 기업 활동에서 기업 전략으로서의 정보 시스템을 어떻게 활용할 것인가를 입안, 실행하는 정보 자원 관리의 책임을 지는 사람을 말한다.

2. 다음의 ≪조건≫에 따라 ≪출력형태≫와 같이 표와 차트를 작성하시오. (100점)

≪표 조건≫ (1) 표 전체(표, 캡션) - 돋움, 10pt
(2) 정렬 - 문자 : 가운데 정렬, 숫자 : 오른쪽 정렬
(3) 셀 배경(면색) : 노랑
(4) 한글의 계산 기능을 이용하여 빈칸에 평균(소수점 두 자리)을 구하고, 캡션 기능 사용할 것
(5) 선 모양은 ≪출력형태≫와 동일하게 처리할 것

≪출력형태≫

최고정보관리책임자 채용 현황(단위 : %)

구분	2014년	2015년	2016년	2017년	평균
정보기술	37.2	28.6	57.4	69.6	
정보통신	46.8	59.3	70.8	75.1	
금융기관	32.1	45.3	40.6	76.3	
제조업	22.6	35.3	46.2	49.7	

≪차트 조건≫ (1) 차트 데이터는 표 내용에서 연도별 정보기술, 정보통신, 금융기관의 값만 이용할 것
(2) 종류 - 〈묶은 세로 막대형〉으로 작업할 것
(3) 제목 - 글꼴 : 굴림, 진하게, 12pt,
속성 : 채우기(밝은 색 : 하양), 테두리, 그림자(바깥쪽 : 대각선 오른쪽 아래)
(4) 제목 이외의 전체 글꼴 - 굴림, 보통, 10pt
(5) 축제목과 범례는 ≪출력형태≫와 동일하게 처리할 것

≪출력형태≫

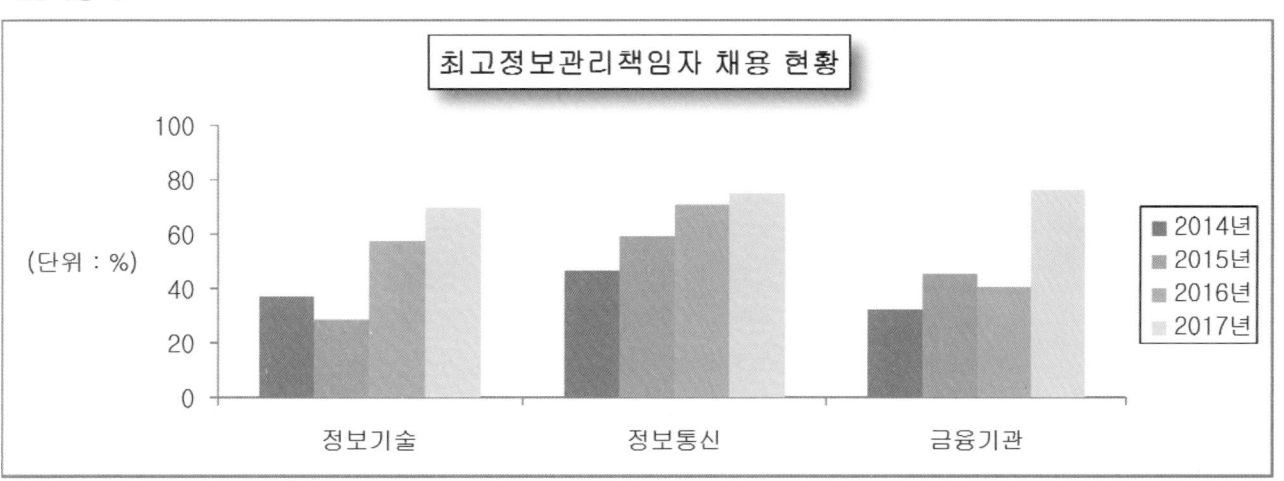

기능평가 II 150점

3. 다음 (1), (2)의 수식을 수식 편집기로 각각 입력하시오. (40점)

≪출력형태≫

(1) $G = 2\int_{\frac{a}{2}}^{a} \frac{b\sqrt{a^2-x^2}}{a} dx$

(2) $L = \frac{m+M}{m} V = \frac{m+M}{m} \sqrt{2gh}$

4. 다음의 ≪조건≫에 따라 ≪출력형태≫와 같이 문서를 작성하시오. (110점)

≪조건≫

(1) 그리기 도구를 이용하여 작성하고, 모든 도형(글맵시, 지정된 그림 포함)을 ≪출력형태≫와 같이 작성하시오.
(2) 도형의 면색은 지시사항이 없으면 색 없음을 제외하고 서로 다르게 임의로 지정하시오.

≪출력형태≫

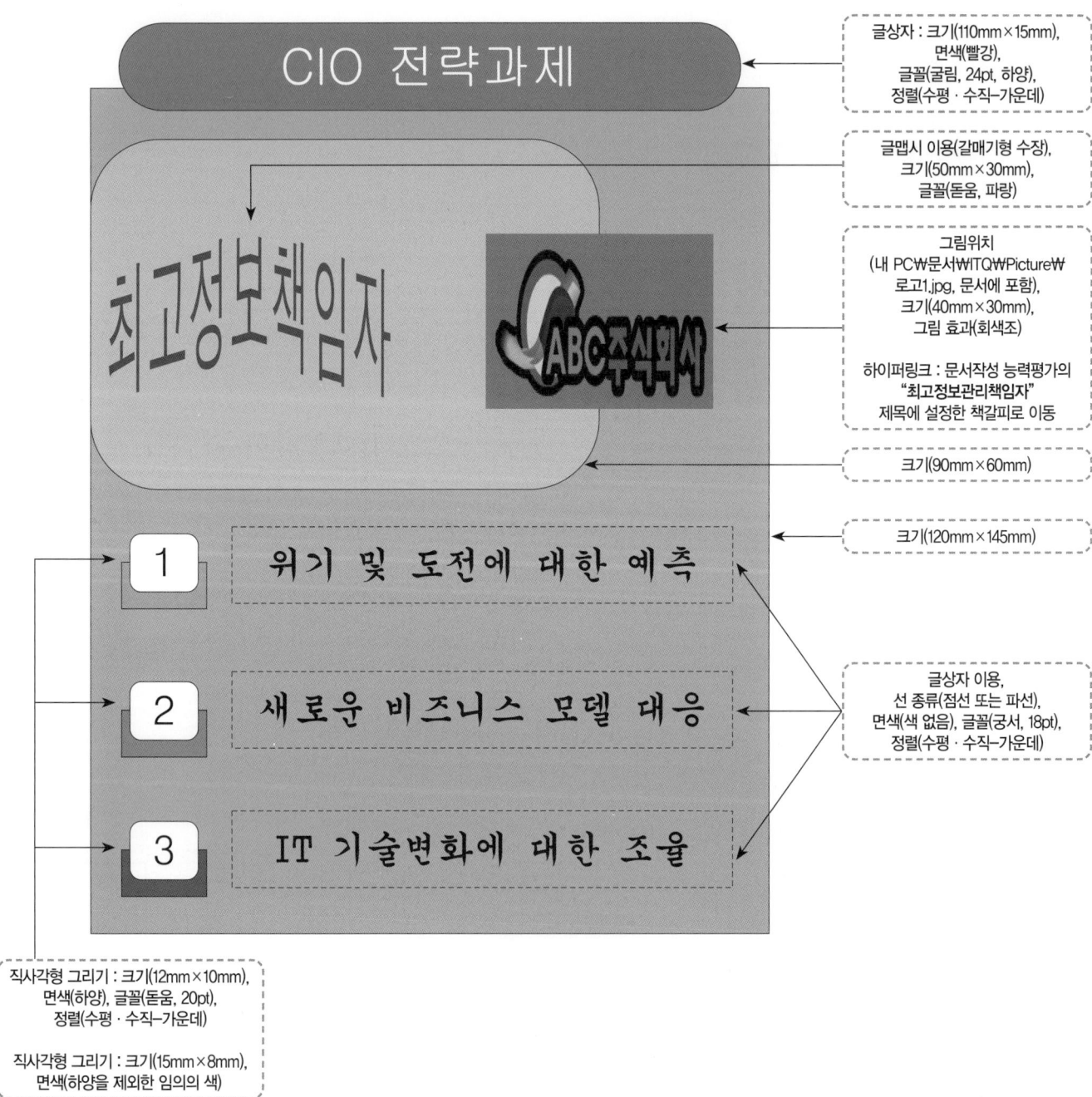

최고정보관리책임자

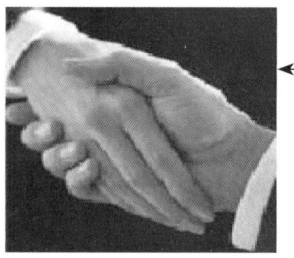

최근 경영환경의 급속한 변화는 최고정보관리책임자(CIO)로 하여금 정보 통신기술의 전략적 활용을 통한 기업의 경영혁신을 선도(先導)하고 새로운 비즈니스 가치를 창출해야 하는 다양한 역할을 요구하고 있다. CIO는 기업의 경영 목표를 이루기 위해 정보기술을 감독하고 정보전략을 세우는 것을 주 임무로 한다. 따라서 기업 경영에 대한 통찰력이 있어야 하며 정보기술을 기업 구석구석까지 전략적으로 사용할 수 있는 능력을 갖춰야 한다. e비즈니스ⓐ의 보급과 전산화의 영향으로 기업 내의 정보 및 정보시스템 관리 능력이 기업의 주요 경쟁력으로 꼽히면서 중요성이 강조되고 있는 직책(職責)이다.

CIO는 이렇게 한 기업의 정보기술과 컴퓨터 시스템 부문을 책임지는 사람에게 부여되는 명칭이다. 기업의 인터넷과 월드와이드웹 등을 장기 전략과 중기 비즈니스 계획에 통합하기 위한 사업을 지휘하는 경우도 많다. 따라서 최고정보관리책임자는 정보기술과 이의 활용에 관한 기술적 지식 및 경험도 필요하며, 사업 운영에 대한 지식과 전략적 안목이 있어야 한다.

★ CIO의 자질과 역할

i. CIO의 자질
   a. 리더십, 의사소통능력, 전략/혁신감각, IT지식, 자원관리
   b. 업계에 대한 지식, 창의력, 긍정적 사고, 정치적 능력
ii. CIO의 역할
   a. 경영전략에 부응하는 IT전략 수립 및 정보시스템 구축
   b. 기업이 필요로 하는 IT기반의 새로운 비즈니스 모델 창출

★ CIO 아카데미 커리큘럼

일자	구분	주요 내용	장소
1월 16일	IT 기술 트렌드	4차 산업혁명시대, 디지털 신기술과 미래 전략	국제관
1월 23일		블록체인 기술과 산업별 적용 사례	전략실
1월 30일		빅데이터 활용 이슈와 성공 사례	기획실
2월 13일	정보관리 정보보호 소양 교육	국내 개인정보보호규정 대응 현황 및 국제적 전망	회의실

한국CIO포럼

ⓐ 인터넷을 기업 경영에 도입하여 기존 기업의 경영 활동 영역을 가상공간으로 이전시킨 것

제 13 회 정보기술자격(ITQ) 출제예상 모의고사

과목	코드	문제유형	시험시간	수험번호	성명
아래한글	1111	A	60분		

한컴 오피스

수험자 유의사항

- 수험자는 문제지를 받는 즉시 문제지와 **수험표상의 시험과목(프로그램)이 동일한지 반드시 확인**하여야 합니다.
- 파일명은 본인의 "수험번호-성명"으로 입력하여 답안폴더(내 PC₩문서₩ITQ)에 하나의 파일로 저장해야 하며, 답안문서 파일명이 "수험번호-성명"과 일치하지 않거나, 답안파일을 전송하지 않아 미제출로 처리될 경우 실격 처리합니다(예: 12345678-홍길동.hwpx).
- 답안 작성을 마치면 파일을 저장하고, '답안 전송' 버튼을 선택하여 감독위원 PC로 답안을 전송하십시오. 수험생 정보와 저장한 파일명이 다를 경우 전송되지 않으므로 주의하시기 바랍니다.
- 답안 작성 중에도 **주기적으로 저장하고, '답안 전송'**하여야 문제 발생을 줄일 수 있습니다. 작업한 내용을 저장하지 않고 전송할 경우 이전에 저장된 내용이 전송되오니 이점 유의하시기 바랍니다.
- 답안문서는 지정된 경로 외의 다른 보조기억장치에 저장하는 경우, 지정된 시험 시간 외에 작성된 파일을 활용할 경우, 기타 통신수단(이메일, 메신저, 네트워크 등)을 이용하여 타인에게 전달 또는 외부 반출하는 경우는 부정 처리합니다.
- 시험 중 부주의 또는 고의로 시스템을 파손한 경우는 수험자가 변상해야 하며, 〈수험자 유의사항〉에 기재된 방법대로 이행하지 않아 생기는 불이익은 수험생 당사자의 책임임을 알려 드립니다.
- 문제의 조건은 한컴오피스 2022 버전으로 설정되어 있으니 유의하시기 바랍니다.
- 시험을 완료한 수험자는 답안파일이 전송되었는지 확인한 후 감독위원의 지시에 따라 문제지를 제출하고 퇴실합니다.

답안 작성요령

- 온라인 답안 작성 절차
  수험자 등록 ⇒ 시험 시작 ⇒ 답안파일 저장 ⇒ 답안 전송 ⇒ 시험 종료
- 공통 부문
  - 글꼴에 대한 기본설정은 함초롬바탕, 10포인트, 검정, 줄간격 160%, 양쪽정렬로 합니다.
  - 색상은 조건의 색을 적용하고 색의 구분이 안 될 경우에는 RGB 값을 적용하십시오.
    (빨강 255, 0, 0 / 파랑 0, 0, 255 / 노랑 255, 255, 0).
  - 각 문항에 주어진 ≪조건≫에 따라 작성하고 언급하지 않은 조건은 ≪출력형태≫와 같이 작성합니다.
  - 용지여백은 왼쪽·오른쪽 11mm, 위쪽·아래쪽·머리말·꼬리말 10mm, 제본 0mm로 합니다.
  - 그림 삽입 문제의 경우「내 PC₩문서₩ITQ₩Picture」폴더에서 지정된 파일을 선택하여 삽입하십시오.
  - 삽입한 그림은 반드시 문서에 포함하여 저장해야 합니다(미포함 시 감점 처리).
  - 각 항목은 지정된 페이지에 출력형태와 같이 정확히 작성하시기 바라며, 그렇지 않을 경우에 해당 항목은 0점 처리됩니다.
    ※ 페이지구분 : 1페이지 - 기능평가Ⅰ(문제번호 표시 : 1. 2.),
    　　　　　　　2페이지 - 기능평가Ⅱ(문제번호 표시 : 3. 4.),
    　　　　　　　3페이지 - 문서작성 능력평가
- 기능평가
  - 문제와 ≪조건≫은 입력하지 않으며 문제번호와 답(≪출력형태≫)만 작성합니다.
  - 4번 문제는 묶기를 했을 경우 0점 처리됩니다.
- 문서작성 능력평가
  - A4 용지(210mm×297mm) 1매 크기, 세로 서식 문서로 작성합니다.
  - ( ) 표시는 문서작성에 대한 지시사항이므로 작성하지 않습니다.

kpc 한국생산성본부

기능평가 I   150점

1. 다음의 ≪조건≫에 따라 스타일 기능을 적용하여 ≪출력형태≫와 같이 작성하시오. (50점)

≪조건≫ (1) 스타일 이름 – martial
(2) 문단 모양 – 왼쪽 여백 : 10pt, 문단 아래 간격 : 10pt
(3) 글자 모양 – 글꼴 : 한글(궁서)/영문(돋움), 크기 : 10pt, 장평 : 95%, 자간 : -5%

≪출력형태≫

You can see diligent and happy lives of Chungju citizens large and small festivals. Beginning of Spa Festival and holding Chungju Martial Arts Festival and Ureuk Cultural Festival will on the top rung.

한반도의 중심이며 국가 지정 중요무형문화재 제76호인 택견의 본고장 충주에서 세계 무술과 문화의 만남이라는 주제로 다양한 체험과 함께 세계무술축제가 개최된다.

2. 다음의 ≪조건≫에 따라 ≪출력형태≫와 같이 표와 차트를 작성하시오. (100점)

≪표 조건≫ (1) 표 전체(표, 캡션) – 돋움, 10pt
(2) 정렬 – 문자 : 가운데 정렬, 숫자 : 오른쪽 정렬
(3) 셀 배경(면색) : 노랑
(4) 한글의 계산 기능을 이용하여 빈칸에 평균(소수점 두 자리)을 구하고, 캡션 기능 사용할 것
(5) 선 모양은 ≪출력형태≫와 동일하게 처리할 것

≪출력형태≫

연도별 무술 수련자 현황(단위 : 천 명)

구분	2019년	2020년	2021년	2022년	평균
택견	225	224	312	324	
해동검도	223	272	291	321	
특공무술	268	284	348	368	
공권유술	198	250	268	298	

≪차트 조건≫ (1) 차트 데이터는 표 내용에서 연도별 택견, 해동검도, 특공무술의 값만 이용할 것
(2) 종류 – 〈묶은 세로 막대형〉으로 작업할 것
(3) 제목 – 글꼴 : 굴림, 진하게, 12pt,
속성 : 채우기(밝은 색 : 하양), 테두리, 그림자(바깥쪽 : 대각선 오른쪽 아래)
(4) 제목 이외의 전체 글꼴 – 굴림, 보통, 10pt
(5) 축제목과 범례는 ≪출력형태≫와 동일하게 처리할 것

≪출력형태≫

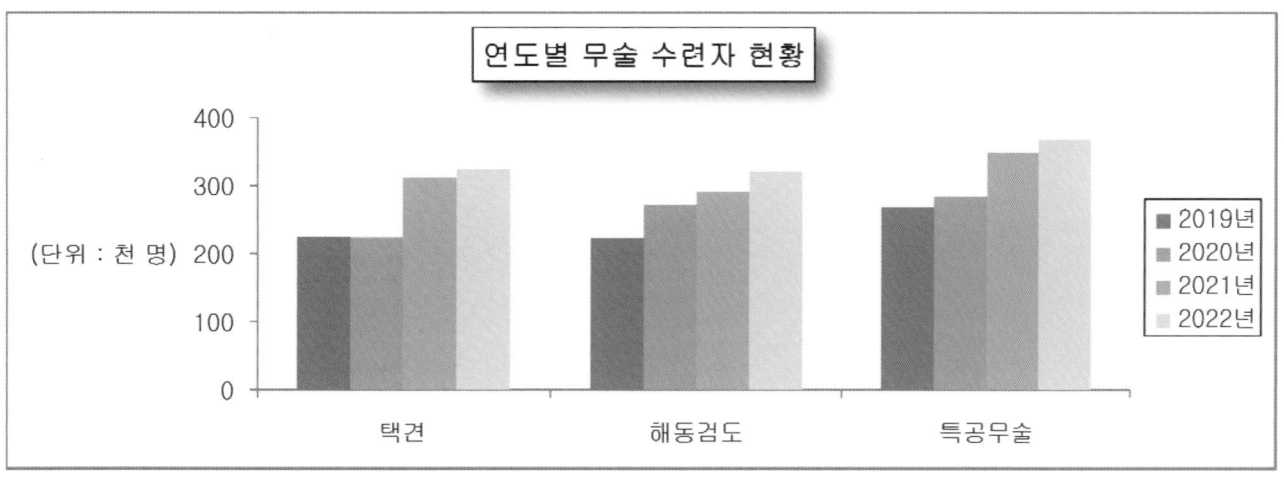

기능평가 II 150점

3. 다음 (1), (2)의 수식을 수식 편집기로 각각 입력하시오. (40점)

≪출력형태≫

(1) $\sum_{k=1}^{10}(k^3+6k^2+4k+3)=256$

(2) $\int_a^b xf(x)dx=\dfrac{1}{b-a}\int_a^b xdx=\dfrac{a+b}{2}$

4. 다음의 ≪조건≫에 따라 ≪출력형태≫와 같이 문서를 작성하시오. (110점)

≪조건≫
(1) 그리기 도구를 이용하여 작성하고, 모든 도형(글맵시, 지정된 그림 포함)을 ≪출력형태≫와 같이 작성하시오.
(2) 도형의 면색은 지시사항이 없으면 색 없음을 제외하고 서로 다르게 임의로 지정하시오.

≪출력형태≫

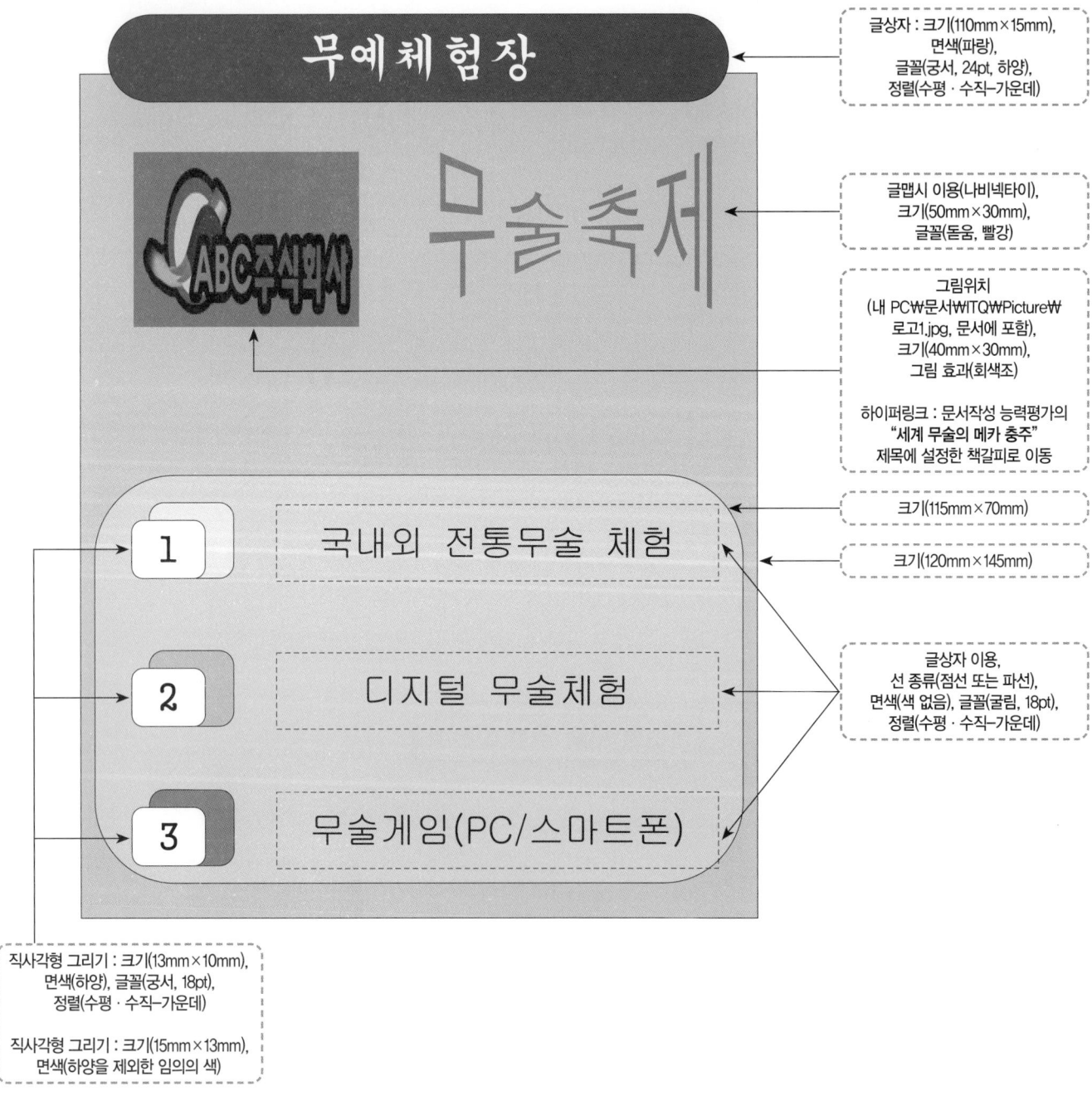

세계 무술의 메카 충주

문화의 시대로 불리는 21세기는 문화(文化)가 곧 국력이자 부가가치가 무한한 관광 자원이다. 찬란했던 중원문화ⓐ의 중심지인 충주는 국가 지정 중요무형문화재 제76호인 택견의 본고장으로 1998년부터 충주세계무술축제를 개최하고 있다. 유네스코가 공식 후원하는 본 행사는 국내 무술은 물론 아시아, 아메리카, 오세아니아, 아프리카, 유럽 등 전 세계 주요 무술을 만날 수 있는 생동감 넘치는 축제의 장이다. 제14회를 맞은 2012년에는 37개국 42개 세계무술연맹 단체를 비롯하여 국내외 유수의 무술 팀이 대거 참여해 풍성한 볼거리와 흥미진진하고 다양한 체험을 선사하면서 충주를 세계 무술의 메카로 확고히 자리매김하게 하였다.

세계무술축제는 충주 지역 관광의 세계화를 통해 지역 경제의 활성화를 도모하고, 외국인 관광객을 집중적으로 유치하여 문화관광 상품으로 발전(發展)하는 데 그 목적이 있다. 공식 행사, 문화 행사. 무술 및 경연 행사 등 무대 프로그램과 무술체험복합관, 건강체험관 등 상설 프로그램 그리고 시민 참여 및 경연 행사와 전시 프로그램을 통해 무술을 사랑하는 마니아뿐만 아니라 국내외 많은 관광객을 대상으로 무술의 대중화에 앞장서고자 한다.

♥ 세계의 전통 무술

1. 한국의 전통 무술
   가. 태권도 : 기술단련으로 자신의 신체를 방어하는 호신 무술
   나. 합기도 : 합기를 사용해서 상대를 다루는 전통 무예
2. 일본의 전통 무술
   가. 주짓수 : 유술을 바탕으로 상대방을 제압하는 전통 무예
   나. 가라테 : 신체 각 부위면을 이용해서 상대방을 공격하는 무술

♥ 무술축제 프로그램과 내용

구분		내용
무대 프로그램	문화 행사	사물놀이, 직지팝스 오케스트라, 택견 비보잉
	무술 및 경연 행사	키즈세계무예마스터쉽, 세계철인무사대회, 국제무예연무대회
상설 프로그램	무술 체험	특공무술 체험, 주짓수 배우기, 전자기록장비 체험
	세계무술퍼레이드	축제장 내 밴드, 공연, 무술팀 합동 행진

충주중원문화재단

ⓐ 충주 지역을 중심으로 형성되었던 정치, 경제, 사회 등 모든 상황을 포괄하는 개념

제14회 정보기술자격(ITQ) 출제예상 모의고사

과목	코드	문제유형	시험시간	수험번호	성명
아래한글	1111	A	60분		

한컴 오피스

수험자 유의사항

- 수험자는 문제지를 받는 즉시 문제지와 **수험표상의 시험과목(프로그램)이 동일한지 반드시 확인**하여야 합니다.
- 파일명은 본인의 "수험번호-성명"으로 입력하여 답안폴더(내 PC\문서\ITQ)에 하나의 파일로 저장해야 하며, 답안문서 파일명이 "수험번호-성명"과 일치하지 않거나, 답안파일을 전송하지 않아 미제출로 처리될 경우 실격 처리합니다(예: 12345678-홍길동.hwpx).
- 답안 작성을 마치면 파일을 저장하고, '답안 전송' 버튼을 선택하여 감독위원 PC로 답안을 전송하십시오. 수험생 정보와 저장한 파일명이 다를 경우 전송되지 않으므로 주의하시기 바랍니다.
- 답안 작성 중에도 **주기적으로 저장하고, '답안 전송'**하여야 문제 발생을 줄일 수 있습니다. 작업한 내용을 저장하지 않고 전송할 경우 이전에 저장된 내용이 전송되오니 이점 유의하시기 바랍니다.
- 답안문서는 지정된 경로 외의 다른 보조기억장치에 저장하는 경우, 지정된 시험 시간 외에 작성된 파일을 활용할 경우, 기타 통신수단(이메일, 메신저, 네트워크 등)을 이용하여 타인에게 전달 또는 외부 반출하는 경우는 부정 처리합니다.
- 시험 중 부주의 또는 고의로 시스템을 파손한 경우는 수험자가 변상해야 하며, 〈수험자 유의사항〉에 기재된 방법대로 이행하지 않아 생기는 불이익은 수험생 당사자의 책임임을 알려 드립니다.
- 문제의 조건은 한컴오피스 2022 버전으로 설정되어 있으니 유의하시기 바랍니다.
- 시험을 완료한 수험자는 답안파일이 전송되었는지 확인한 후 감독위원의 지시에 따라 문제지를 제출하고 퇴실합니다.

답안 작성요령

- 온라인 답안 작성 절차
  수험자 등록 ⇒ 시험 시작 ⇒ 답안파일 저장 ⇒ 답안 전송 ⇒ 시험 종료
- 공통 부문
  - 글꼴에 대한 기본설정은 함초롬바탕, 10포인트, 검정, 줄간격 160%, 양쪽정렬로 합니다.
  - 색상은 조건의 색을 적용하고 색의 구분이 안 될 경우에는 RGB 값을 적용하십시오.
    (빨강 255, 0, 0 / 파랑 0, 0, 255 / 노랑 255, 255, 0).
  - 각 문항에 주어진 《조건》에 따라 작성하고 언급하지 않은 조건은 《출력형태》와 같이 작성합니다.
  - 용지여백은 왼쪽·오른쪽 11mm, 위쪽·아래쪽·머리말·꼬리말 10mm, 제본 0mm로 합니다.
  - 그림 삽입 문제의 경우 「내 PC\문서\ITQ\Picture」 폴더에서 지정된 파일을 선택하여 삽입하십시오.
  - 삽입한 그림은 반드시 문서에 포함하여 저장해야 합니다(미포함 시 감점 처리).
  - 각 항목은 지정된 페이지에 출력형태와 같이 정확히 작성하시기 바라며, 그렇지 않을 경우에 해당 항목은 0점 처리됩니다.
  - ※ 페이지구분 : 1페이지 - 기능평가Ⅰ(문제번호 표시 : 1. 2.),
    2페이지 - 기능평가Ⅱ(문제번호 표시 : 3. 4.),
    3페이지 - 문서작성 능력평가
- 기능평가
  - 문제와 《조건》은 입력하지 않으며 문제번호와 답(《출력형태》)만 작성합니다.
  - 4번 문제는 묶기를 했을 경우 0점 처리됩니다.
- 문서작성 능력평가
  - A4 용지(210mm×297mm) 1매 크기, 세로 서식 문서로 작성합니다.
  - (┄┄┄┄┄) 표시는 문서작성에 대한 지시사항이므로 작성하지 않습니다.

kpc 한국생산성본부

기능평가 I 150점

1. 다음의 ≪조건≫에 따라 스타일 기능을 적용하여 ≪출력형태≫와 같이 작성하시오. (50점)

≪조건≫ (1) 스타일 이름 - delivery
(2) 문단 모양 - 왼쪽 여백 : 15pt, 문단 아래 간격 : 10pt
(3) 글자 모양 - 글꼴 : 한글(돋움)/영문(굴림), 크기 : 10pt, 장평 : 95%, 자간 : 5%

≪출력형태≫

To efficient placement and operation of the joint delivery center, it is necessary to analyze the systematic collection of delivery centers, and regional economic indicators.

공동배송센터 구축사업의 효율적 배치와 운영을 위해 택배 물동량 자료의 체계적인 수집방안을 모색하고, 물동량 자료와 지역별 사회경제지표를 연계하여 분석할 필요가 있다.

2. 다음의 ≪조건≫에 따라 ≪출력형태≫와 같이 표와 차트를 작성하시오. (100점)

≪표 조건≫ (1) 표 전체(표, 캡션) - 돋움, 10pt
(2) 정렬 - 문자 : 가운데 정렬, 숫자 : 오른쪽 정렬
(3) 셀 배경(면색) : 노랑
(4) 한글의 계산 기능을 이용하여 빈칸에 합계를 구하고, 캡션 기능 사용할 것
(5) 선 모양은 ≪출력형태≫와 동일하게 처리할 것

≪출력형태≫

연도별 주요 택배사 점유율(단위 : 백 개)

구분	2017년	2018년	2019년	2020년	합계
A택배	1,054	1,224	1,320	1,689	
B택배	293	332	387	453	
C택배	282	317	368	465	
D택배	188	214	263	246	

≪차트 조건≫ (1) 차트 데이터는 표 내용에서 연도별 A택배, B택배, C택배의 값만 이용할 것
(2) 종류 - 〈묶은 세로 막대형〉으로 작업할 것
(3) 제목 - 글꼴 : 굴림, 진하게, 12pt,
속성 : 채우기(밝은 색 : 하양), 테두리, 그림자(바깥쪽 : 대각선 오른쪽 아래)
(4) 제목 이외의 전체 글꼴 - 굴림, 보통, 10pt
(5) 축제목과 범례는 ≪출력형태≫와 동일하게 처리할 것

≪출력형태≫

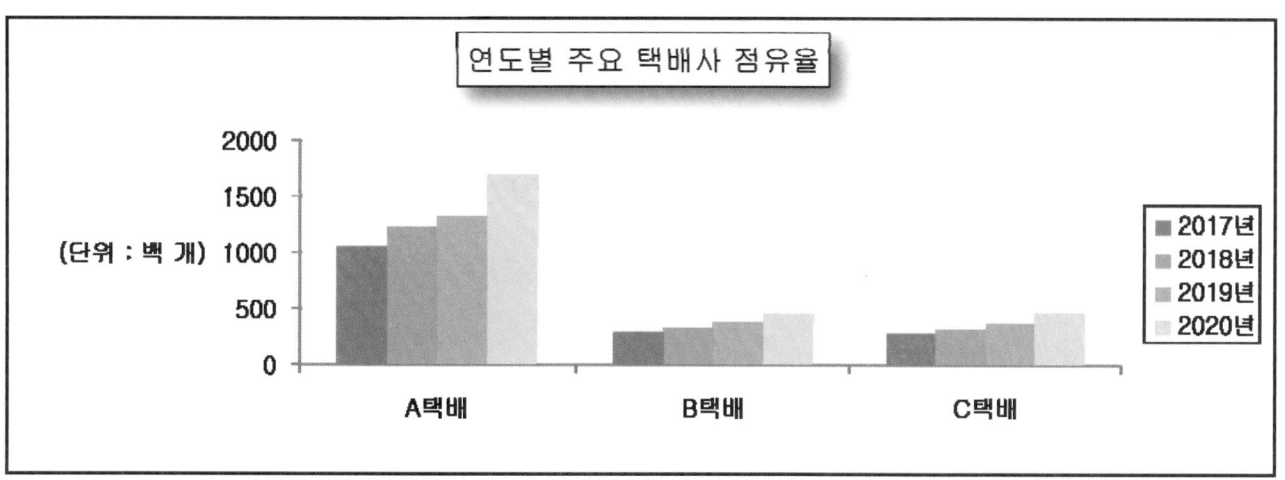

기능평가 II   150점

3. 다음 (1), (2)의 수식을 수식 편집기로 각각 입력하시오. (40점)

≪출력형태≫

(1) $V = \dfrac{1}{R}\displaystyle\int_0^q qdq = \dfrac{1}{2}\dfrac{q^2}{R}$

(2) $\displaystyle\int_0^1 (\sin x + \dfrac{x}{2})dx = \int_0^1 \dfrac{1+\sin x}{2}dx$

4. 다음의 ≪조건≫에 따라 ≪출력형태≫와 같이 문서를 작성하시오. (110점)

≪조건≫
(1) 그리기 도구를 이용하여 작성하고, 모든 도형(글맵시, 지정된 그림 포함)을 ≪출력형태≫와 같이 작성하시오.
(2) 도형의 면색은 지시사항이 없으면 색 없음을 제외하고 서로 다르게 임의로 지정하시오.

≪출력형태≫

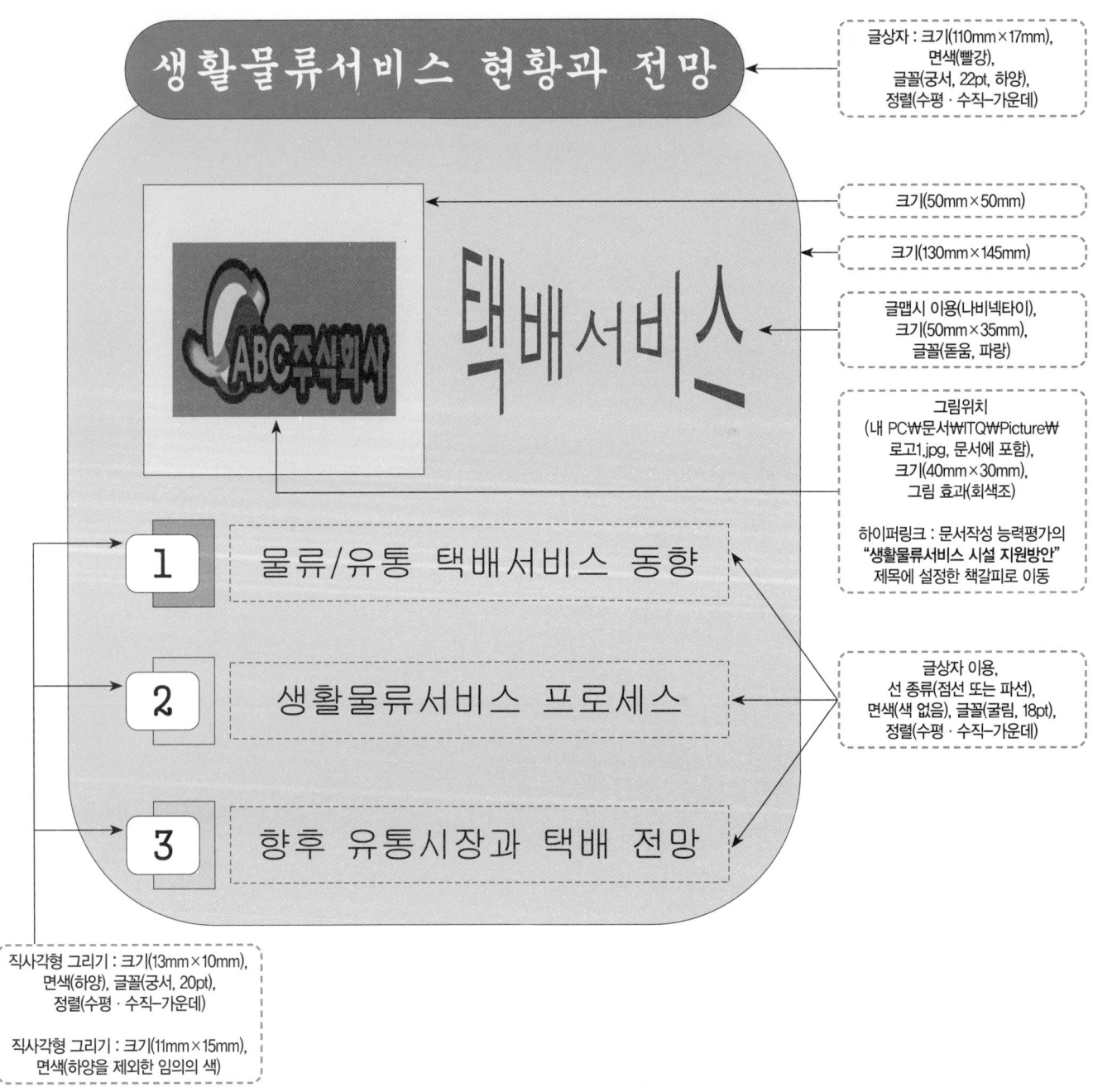

택배물동량 분석

생활물류서비스 시설 지원방안

디지털과 모바일 기술의 발전과 함께 소비자의 취향과 소비패턴도 다양해지면서 온라인 쇼핑이 계속해서 늘어나고 있다. 서울과 수도권에 집중(集中)된 택배 물동량을 처리하기 위한 택배 시설은 턱없이 부족한 실정이다.

서울 외곽으로 밀려난 물류시설은 허브 앤 스포크 방식의 국내 택배 처리 시스템에서 서울시 물동량이 멀리 떨어진 물류터미널까지 이동 후 다시 서울로 유입되는 비효율을 발생시키고 있으며, 이는 다시 택배 차량의 통행 거리를 증가시켜 에너지 소비 증가, 환경오염 등 많은 사회적 부작용을 유발(誘發)한다. 택배 차량의 통행거리 증가는 교통정체 증가, 종사자 근로환경 악화 등 사회적 갈등의 한 요인이다. 문제 해결을 위해 택배 물동량 처리에 상응하는 적정 택배 서브터미널의 추가 확보가 이루어져야 한다. 택배 시장 현황과 이슈를 살펴보고 서울시 택배 물동량을 분석하여 추가로 필요한 택배 서브터미널의 규모와 위치를 도출한다. 서울시 내부에 택배 서브터미널을 구축하기 위한 가용부지의 활용을 위해 관련 법과 제도를 검토한다. 택배 서브터미널의 적정 규모와 위치는 '시설 입지 문제'를 우선 구축하고 택배 물동량 현황과 전망을 토대로 시나리오를 설정한 후 시나리오별 최적해를 도출한다.

■ 물류시설 확보를 위한 법/제도 개선

가. 물류 인프라 확충 지원 및 규제 완화
  ㉠ 정부차원의 생활물류서비스 발전법 제정
  ㉡ 공공 주도 개발방식 적극 활용
나. 도시계획시설의 입체/복합개발 현실적 대안
  ㉠ 일정 규모의 부지 확보, 차량 통행 유출입 유연
  ㉡ 교통시설과 유수지 등 방재시설 적합

■ 서브터미널 추정 결과

구분	시나리오	우선 배정	서브터미널 수(개)	경제 타당성
현재 물동량	원안	수도권 내 기존 물류터미널 67개	63	3.46
	시나리오 1	기존 서울 인근 터미널 51개	63	1.40
장래 물동량	시나리오 2	서울 내부 터미널 23개	72	1.38
	시나리오 3	서울 인근 터미널 51개	69	1.01
현재 및 장래 물동량 원안		수도권 내 기존 물류터미널 우선 배정 후 후보 대상지(168개) 추가		

도시인프라계획센터

㉠ 국가 간 공항 중심의 작은 노선이 연결된 항공 네트워크 형태

제 15 회 정보기술자격(ITQ) 출제예상 모의고사

과목	코드	문제유형	시험시간	수험번호	성명
아래한글	1111	A	60분		

한컴 오피스

수험자 유의사항

- 수험자는 문제지를 받는 즉시 문제지와 **수험표상의 시험과목(프로그램)이 동일한지 반드시 확인**하여야 합니다.
- 파일명은 본인의 "수험번호-성명"으로 입력하여 답안폴더(내 PC₩문서₩ITQ)에 하나의 파일로 저장해야 하며, 답안문서 파일명이 "수험번호-성명"과 일치하지 않거나, 답안파일을 전송하지 않아 미제출로 처리될 경우 실격 처리합니다(예: 12345678-홍길동.hwpx).
- 답안 작성을 마치면 파일을 저장하고, '답안 전송' 버튼을 선택하여 감독위원 PC로 답안을 전송하십시오. 수험생 정보와 저장한 파일명이 다를 경우 전송되지 않으므로 주의하시기 바랍니다.
- 답안 작성 중에도 **주기적으로 저장하고, '답안 전송'**하여야 문제 발생을 줄일 수 있습니다. 작업한 내용을 저장하지 않고 전송할 경우 이전에 저장된 내용이 전송되오니 이점 유의하시기 바랍니다.
- 답안문서는 지정된 경로 외의 다른 보조기억장치에 저장하는 경우, 지정된 시험 시간 외에 작성된 파일을 활용할 경우, 기타 통신수단(이메일, 메신저, 네트워크 등)을 이용하여 타인에게 전달 또는 외부 반출하는 경우는 부정 처리합니다.
- 시험 중 부주의 또는 고의로 시스템을 파손한 경우는 수험자가 변상해야 하며, 〈수험자 유의사항〉에 기재된 방법대로 이행하지 않아 생기는 불이익은 수험생 당사자의 책임임을 알려 드립니다.
- 문제의 조건은 한컴오피스 2022 버전으로 설정되어 있으니 유의하시기 바랍니다.
- 시험을 완료한 수험자는 답안파일이 전송되었는지 확인한 후 감독위원의 지시에 따라 문제지를 제출하고 퇴실합니다.

답안 작성요령

- 온라인 답안 작성 절차
  수험자 등록 ⇒ 시험 시작 ⇒ 답안파일 저장 ⇒ 답안 전송 ⇒ 시험 종료
- 공통 부문
  - 글꼴에 대한 기본설정은 함초롬바탕, 10포인트, 검정, 줄간격 160%, 양쪽정렬로 합니다.
  - 색상은 조건의 색을 적용하고 색의 구분이 안 될 경우에는 RGB 값을 적용하십시오.
    (빨강 255, 0, 0 / 파랑 0, 0, 255 / 노랑 255, 255, 0).
  - 각 문항에 주어진 ≪조건≫에 따라 작성하고 언급하지 않은 조건은 ≪출력형태≫와 같이 작성합니다.
  - 용지여백은 왼쪽·오른쪽 11mm, 위쪽·아래쪽·머리말·꼬리말 10mm, 제본 0mm로 합니다.
  - 그림 삽입 문제의 경우 「내 PC₩문서₩ITQ₩Picture」 폴더에서 지정된 파일을 선택하여 삽입하십시오.
  - 삽입한 그림은 반드시 문서에 포함하여 저장해야 합니다(미포함 시 감점 처리).
  - 각 항목은 지정된 페이지에 출력형태와 같이 정확히 작성하시기 바라며, 그렇지 않을 경우에 해당 항목은 0점 처리됩니다.
    ※ 페이지구분 : 1페이지 - 기능평가 I (문제번호 표시 : 1. 2.),
    　　　　　　　 2페이지 - 기능평가 II (문제번호 표시 : 3. 4.),
    　　　　　　　 3페이지 - 문서작성 능력평가
- 기능평가
  - 문제와 ≪조건≫은 입력하지 않으며 문제번호와 답(≪출력형태≫)만 작성합니다.
  - 4번 문제는 묶기를 했을 경우 0점 처리됩니다.
- 문서작성 능력평가
  - A4 용지(210㎜×297㎜) 1매 크기, 세로 서식 문서로 작성합니다.
  - ( ) 표시는 문서작성에 대한 지시사항이므로 작성하지 않습니다.

kpc 한국생산성본부

기능평가 I

150점

1. 다음의 ≪조건≫에 따라 스타일 기능을 적용하여 ≪출력형태≫와 같이 작성하시오. (50점)

≪조건≫ (1) 스타일 이름 – festival
(2) 문단 모양 – 왼쪽 여백 : 15pt, 문단 아래 간격 : 10pt
(3) 글자 모양 – 글꼴 : 한글(돋움)/영문(굴림), 크기 : 10pt, 장평 : 95%, 자간 : 5%

≪출력형태≫

Celebrating its 23th anniversary this year, the Festival has been held annually in Pohang, the Republic of Korea, collaborating with other local arts festivals.

포항바다국제연극제는 포항시와 경상북도에서 후원하는 국제 공연 축제로서 매년 새로운 콘텐츠와 콘셉트를 도입하여 국제 행사로서의 입지를 굳혀가고 있습니다.

2. 다음의 ≪조건≫에 따라 ≪출력형태≫와 같이 표와 차트를 작성하시오. (100점)

≪표 조건≫ (1) 표 전체(표, 캡션) – 돋움, 10pt
(2) 정렬 – 문자 : 가운데 정렬, 숫자 : 오른쪽 정렬
(3) 셀 배경(면색) : 노랑
(4) 한글의 계산 기능을 이용하여 빈칸에 합계를 구하고, 캡션 기능 사용할 것
(5) 선 모양은 ≪출력형태≫와 동일하게 처리할 것

≪출력형태≫

포항시 축제 방문객 현황(단위 : 만 명)

축제명	2019년	2020년	2021년	2022년	합계
바다연극축제	115	123	152	212	
해맞이축제	67	65	87	113	
우리불빛축제	54	67	74	98	
구룡포해변축제	38	49	55	82	

≪차트 조건≫ (1) 차트 데이터는 표 내용에서 연도별 바다연극축제, 해맞이축제, 우리불빛축제의 값만 이용할 것
(2) 종류 – 〈묶은 세로 막대형〉으로 작업할 것
(3) 제목 – 글꼴 : 굴림, 진하게, 12pt,
속성 : 채우기(밝은 색 : 하양), 테두리, 그림자(바깥쪽 : 대각선 오른쪽 아래)
(4) 제목 이외의 전체 글꼴 – 굴림, 보통, 10pt
(5) 축제목과 범례는 ≪출력형태≫와 동일하게 처리할 것

≪출력형태≫

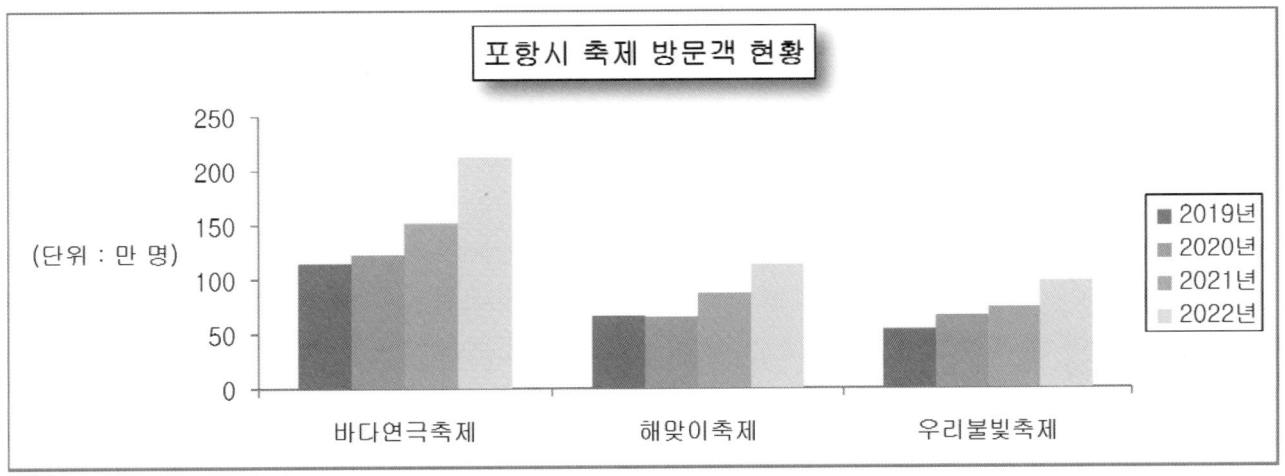

기능평가 II 150점

3. 다음 (1), (2)의 수식을 수식 편집기로 각각 입력하시오. (40점)

≪출력형태≫

(1) $\sum_{k=1}^{n} k^3 = \frac{n(n+1)}{2} = \sum_{k=1}^{n} k$

(2) $\frac{t_A}{t_B} = \sqrt{\frac{d_B}{d_A}} = \sqrt{\frac{M_B}{M_A}}$

4. 다음의 ≪조건≫에 따라 ≪출력형태≫와 같이 문서를 작성하시오. (110점)

≪조건≫

(1) 그리기 도구를 이용하여 작성하고, 모든 도형(글맵시, 지정된 그림 포함)을 ≪출력형태≫와 같이 작성하시오.
(2) 도형의 면색은 지시사항이 없으면 색 없음을 제외하고 서로 다르게 임의로 지정하시오.

≪출력형태≫

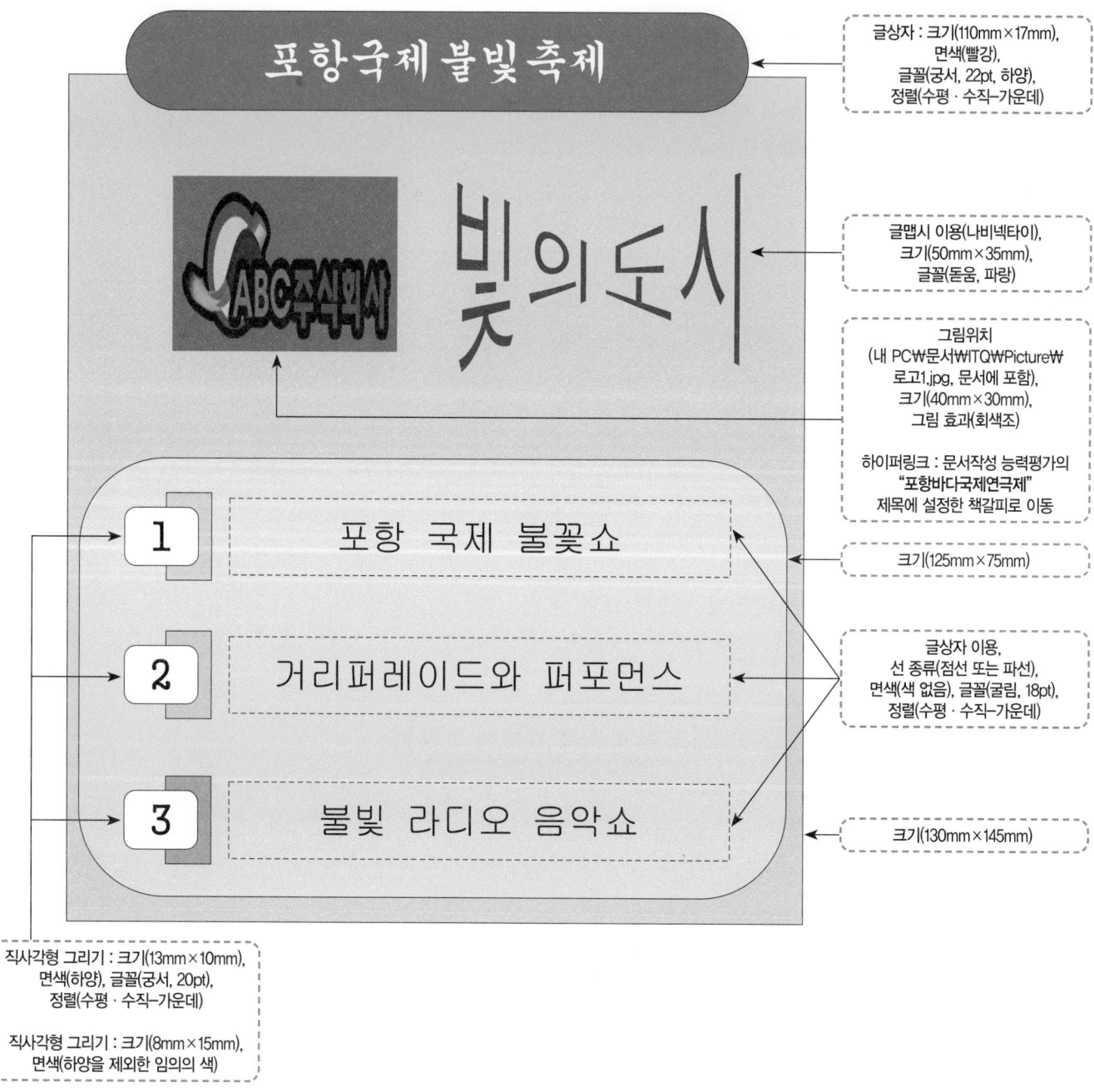

포항바다국제연극제

포항바다국제연극제는 매년 여름에 열리는 국제 연극 축제로서 포항시와 경상북도에서 후원하여 올해로 23회를 맞이한다. 포항바다국제연극제는 지역의 문화 발전 및 관광 자원 개발을 주도(主導)하고자 개최되며, 공연예술제의 테마는 자연과 바다 그리고 인간이 하나 되는 세상을 만드는 데 있다.

포항바다국제연극제는 여름이면 생각나는 바다와 백사장 그리고 포항의 상징인 포스코를 배경으로 포항의 대표적인 랜드마크로 자리 잡은 영일대 해상누각 앞에서 10월 16일부터 7일간 펼쳐진다. 코믹극, 공포극, 1인극 등 다양한 연극과 거리 퍼포먼스, 콘서트, 뮤지컬 등 다채로운 공연으로 축제의 분위기가 더욱 고조(高潮)될 전망이다. 또한, 포항 국제불빛축제와 연계하여 축제 분위기를 한껏 돋울 거리 퍼포먼스와 화려한 공연 예술을 선보일 예정이다. 2023년 축제에서는 국내 20여 팀 외에 중국과 베트남, 오스트리아, 네덜란드, 일본, 미국 등 해외 팀 19단체가 참여할 예정이어서 국제 행사로서의 입지도 굳혀가고 있다.

♥ 행사 개요

가. 일정 및 주제
  ㉠ 일정 : 2023. 10. 16(월) - 2023. 10. 22(일)
  ㉡ 주제 : 꿈꾸는 바다 그리고 인간
나. 장소 및 주최
  ㉠ 장소 : 포항북부해수욕장 영일대 해상누각 앞
  ㉡ 주최 : 포항시, (사)포항바다국제연극제진흥회

♥ 공연 관람 일정

일자	시간	공연 및 연극	국가	장소
10. 16(월)	오후 7시	배소고지 이야기	한국	중앙무대
10. 17(화)	오후 3시	라마야나	중국	연극무대
10. 21(토)	오후 7시	화이어쇼	오스트리아	시립아트홀
10. 22(일)	오후 7시	오페라 부룽불불	말레이시아	연극무대
		이야기가 있는 음악회	한국	중앙무대

포항바다국제연극제진흥회

㉠ 산과 바다 그리고 문화와 인간이 어우러진 국제 연극 축제

MEMO

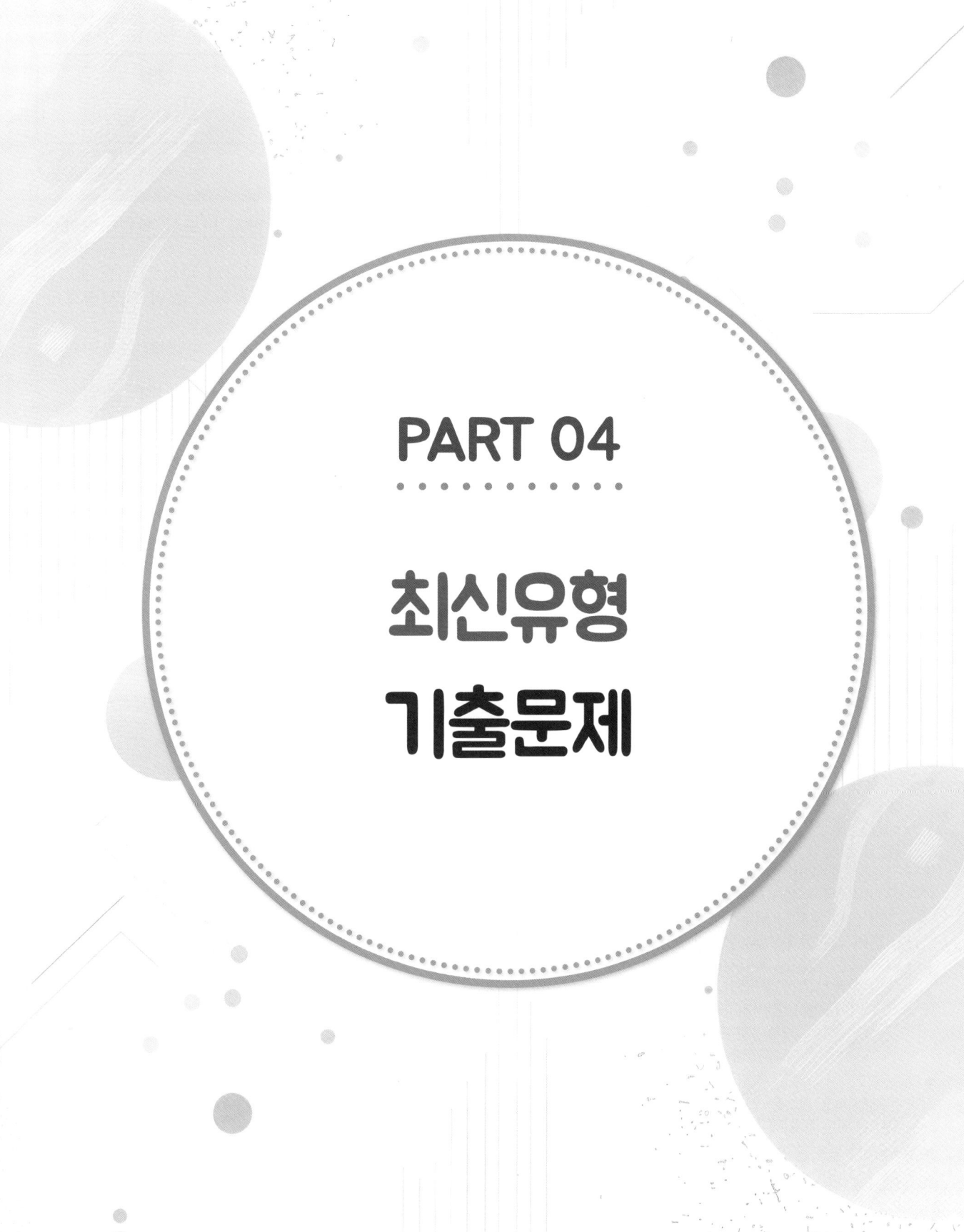

PART 04

최신유형 기출문제

제 01 회 정보기술자격(ITQ) 최신유형 기출문제

과목	코드	문제유형	시험시간	수험번호	성명
아래한글	1111	A	60분		

한컴 오피스

수험자 유의사항

- 수험자는 문제지를 받는 즉시 문제지와 **수험표상의 시험과목(프로그램)이 동일한지 반드시 확인**하여야 합니다.
- 파일명은 본인의 "수험번호-성명"으로 입력하여 답안폴더(내 PC₩문서₩ITQ)에 하나의 파일로 저장해야 하며, 답안문서 파일명이 "수험번호-성명"과 일치하지 않거나, 답안파일을 전송하지 않아 미제출로 처리될 경우 실격 처리합니다(예: 12345678-홍길동.hwpx).
- 답안 작성을 마치면 파일을 저장하고, '답안 전송' 버튼을 선택하여 감독위원 PC로 답안을 전송하십시오. 수험생 정보와 저장한 파일명이 다를 경우 전송되지 않으므로 주의하시기 바랍니다.
- 답안 작성 중에도 **주기적으로 저장하고, '답안 전송'**하여야 문제 발생을 줄일 수 있습니다. 작업한 내용을 저장하지 않고 전송할 경우 이전에 저장된 내용이 전송되오니 이점 유의하시기 바랍니다.
- 답안문서는 지정된 경로 외의 다른 보조기억장치에 저장하는 경우, 지정된 시험 시간 외에 작성된 파일을 활용할 경우, 기타 통신수단(이메일, 메신저, 네트워크 등)을 이용하여 타인에게 전달 또는 외부 반출하는 경우는 부정 처리합니다.
- 시험 중 부주의 또는 고의로 시스템을 파손한 경우는 수험자가 변상해야 하며, 〈수험자 유의사항〉에 기재된 방법대로 이행하지 않아 생기는 불이익은 수험생 당사자의 책임임을 알려 드립니다.
- 문제의 조건은 한컴오피스 2022 버전으로 설정되어 있으니 유의하시기 바랍니다.
- 시험을 완료한 수험자는 답안파일이 전송되었는지 확인한 후 감독위원의 지시에 따라 문제지를 제출하고 퇴실합니다.

답안 작성요령

- 온라인 답안 작성 절차
  수험자 등록 ⇒ 시험 시작 ⇒ 답안파일 저장 ⇒ 답안 전송 ⇒ 시험 종료
- 공통 부문
  - 글꼴에 대한 기본설정은 함초롬바탕, 10포인트, 검정, 줄간격 160%, 양쪽정렬로 합니다.
  - 색상은 조건의 색을 적용하고 색의 구분이 안 될 경우에는 RGB 값을 적용하십시오.
    (빨강 255, 0, 0 / 파랑 0, 0, 255 / 노랑 255, 255, 0).
  - 각 문항에 주어진 ≪조건≫에 따라 작성하고 언급하지 않은 조건은 ≪출력형태≫와 같이 작성합니다.
  - 용지여백은 왼쪽·오른쪽 11mm, 위쪽·아래쪽·머리말·꼬리말 10mm, 제본 0mm로 합니다.
  - 그림 삽입 문제의 경우 「내 PC₩문서₩ITQ₩Picture」 폴더에서 지정된 파일을 선택하여 삽입하십시오.
  - 삽입한 그림은 반드시 문서에 포함하여 저장해야 합니다(미포함 시 감점 처리).
  - 각 항목은 지정된 페이지에 출력형태와 같이 정확히 작성하시기 바라며, 그렇지 않을 경우에 해당 항목은 0점 처리됩니다.
    ※ 페이지구분 : 1페이지 - 기능평가Ⅰ(문제번호 표시 : 1. 2.),
    　　　　　　　2페이지 - 기능평가Ⅱ(문제번호 표시 : 3. 4.),
    　　　　　　　3페이지 - 문서작성 능력평가
- 기능평가
  - 문제와 ≪조건≫은 입력하지 않으며 문제번호와 답(≪출력형태≫)만 작성합니다.
  - 4번 문제는 묶기를 했을 경우 0점 처리됩니다.
- 문서작성 능력평가
  - A4 용지(210mm×297mm) 1매 크기, 세로 서식 문서로 작성합니다.
  - ┌─────┐ 표시는 문서작성에 대한 지시사항이므로 작성하지 않습니다.

kpc 한국생산성본부

기능평가 I   150점

1. 다음의 ≪조건≫에 따라 스타일 기능을 적용하여 ≪출력형태≫와 같이 작성하시오. (50점)

≪조건≫ (1) 스타일 이름 – keis
(2) 문단 모양 – 왼쪽 여백 : 15pt, 문단 아래 간격 : 10pt
(3) 글자 모양 – 글꼴 : 한글(돋움)/영문(굴림), 크기 : 10pt, 장평 : 95%, 자간 : 5%

≪출력형태≫

Korea Employment Information Service (KEIS) is working diligently to create a society where everyone can have work opportunity.

한국고용정보원은 고용과 직업에 관한 정보를 수집, 분석, 제공하고 고용서비스 선진화를 지원하는 고용노동부 산하기관으로 모두가 원하는 일자리에서 행복하게 일할 수 있도록 노력하고 있습니다.

2. 다음의 ≪조건≫에 따라 ≪출력형태≫와 같이 표와 차트를 작성하시오. (100점)

≪표 조건≫ (1) 표 전체(표, 캡션) – 돋움, 10pt
(2) 정렬 – 문자 : 가운데 정렬, 숫자 : 오른쪽 정렬
(3) 셀 배경(면색) : 노랑
(4) 한글의 계산 기능을 이용하여 빈칸에 평균(소수점 두 자리)을 구하고, 캡션 기능 사용할 것
(5) 선 모양은 ≪출력형태≫와 동일하게 처리할 것

≪출력형태≫

고용보험 신중년 피보험자의 연령 구성(단위 : %)

구분	2018년	2019년	2020년	2021년	평균
50-54세	37.5	37.1	36.6	36.4	
55-59세	32.1	31.1	30.1	28.9	
60-64세	20.5	21.3	21.9	22.6	
65-69세	10.1	10.6	11.5	12.1	

≪차트 조건≫ (1) 차트 데이터는 표 내용에서 연도별 50-54세, 55-59세, 60-64세의 값만 이용할 것
(2) 종류 – 〈묶은 세로 막대형〉으로 작업할 것
(3) 제목 – 글꼴 : 굴림, 진하게, 12pt,
속성 : 채우기(밝은 색 : 하양), 테두리, 그림자(바깥쪽 : 대각선 오른쪽 아래)
(4) 제목 이외의 전체 글꼴 – 굴림, 보통, 10pt
(5) 축제목과 범례는 ≪출력형태≫와 동일하게 처리할 것

≪출력형태≫

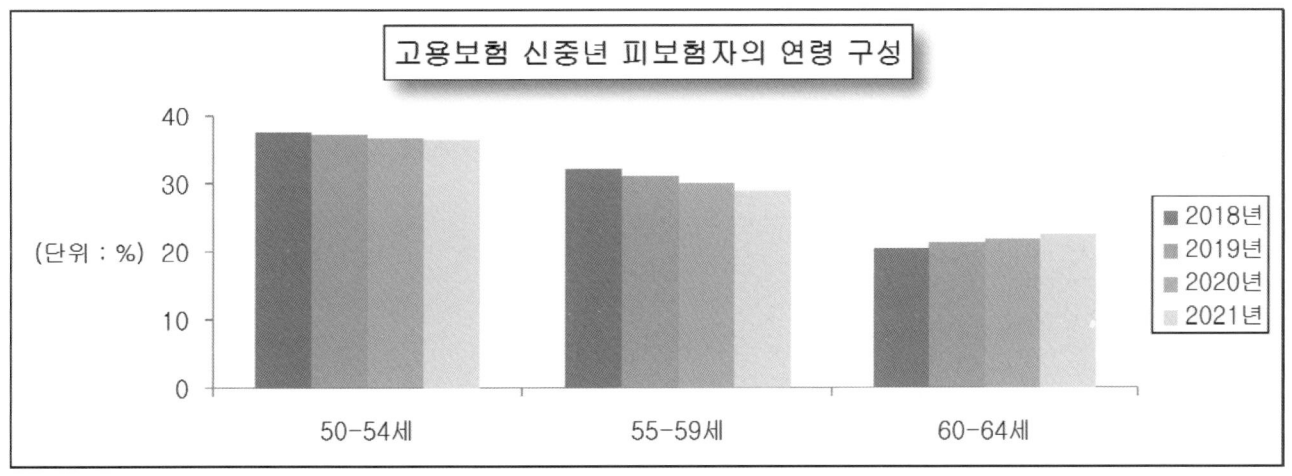

기능평가 II (150점)

3. 다음 (1), (2)의 수식을 수식 편집기로 각각 입력하시오. (40점)

≪출력형태≫

(1) $m_2 - m_1 = \dfrac{5}{2}\log\dfrac{h_1}{h_2}$

(2) $\lim\limits_{n \to \infty} P_n = 1 - \dfrac{9^3}{10^3} = \dfrac{271}{1000}$

4. 다음의 ≪조건≫에 따라 ≪출력형태≫와 같이 문서를 작성하시오. (110점)

≪조건≫
(1) 그리기 도구를 이용하여 작성하고, 모든 도형(글맵시, 지정된 그림 포함)을 ≪출력형태≫와 같이 작성하시오.
(2) 도형의 면색은 지시사항이 없으면 색 없음을 제외하고 서로 다르게 임의로 지정하시오.

≪출력형태≫

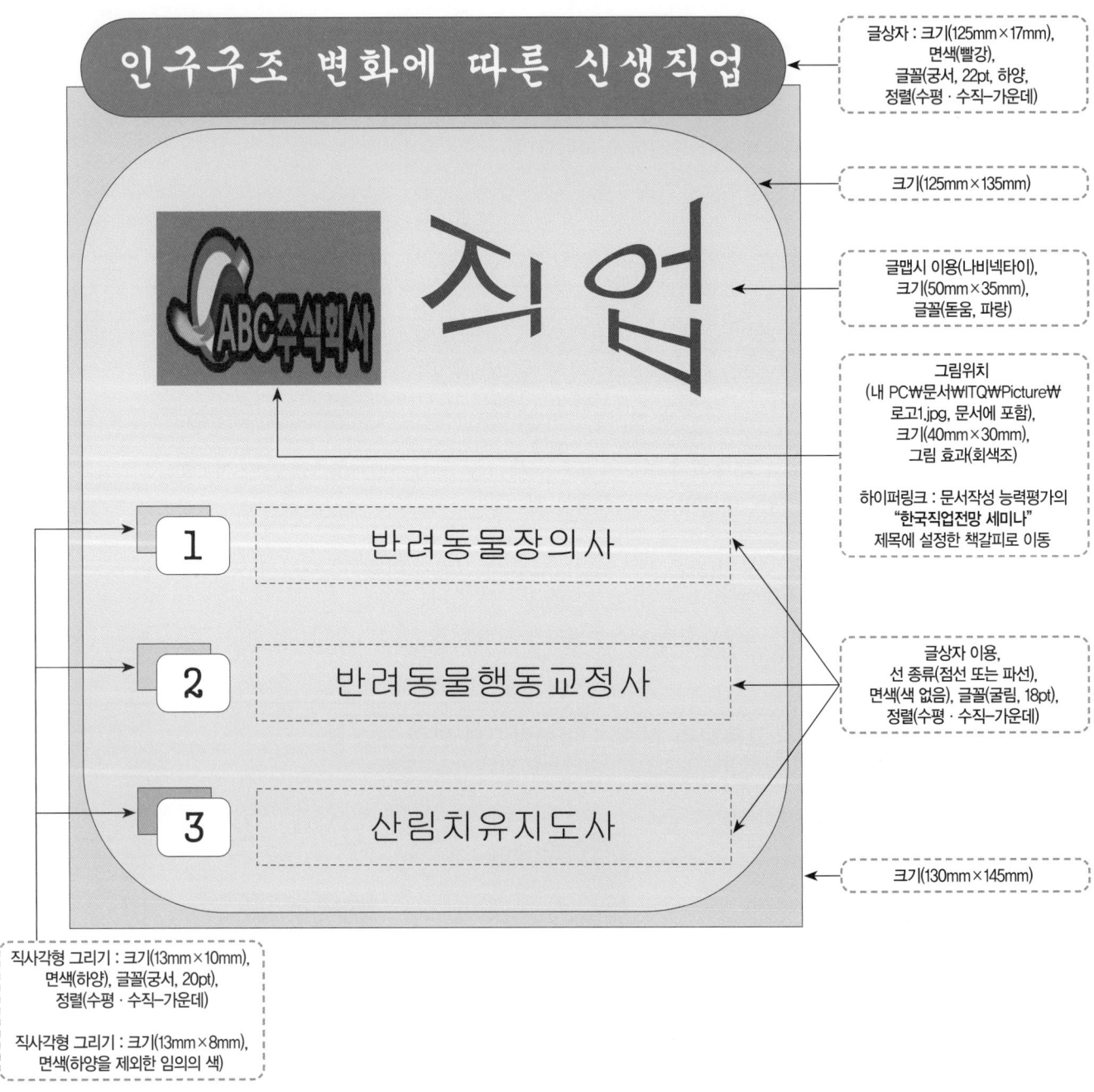

한국직업전망

한국직업전망 세미나

최근 사회는 다양한 요인으로 인해 빠르게 변화하고 있습니다. 첨단산업 기술의 발전과 IT 기술의 보편화로 우리의 생활은 몇 년 전에 비해 크게 달라졌으며 저출산, 고령화로 인한 인구구조의 변화, 정부정책기조 및 산업구조의 변화 등에 의해서도 영향을 받고 있습니다. 이러한 사회 환경의 변화는 직업에도 큰 영향을 미치고 있습니다. 기존의 직업들이 축소되거나 사라지기도 하고, 기술의 발전 등으로 없던 직업이 새로이 등장하기도 합니다. 또한 산업을 이끌어가는 주요 직업들도 변화하게 됩니다. 특히 고령인구 및 1인 가구의 증가, 국민생활 수준의 향상, IT 기술의 발달 등으로 향후에는 보건 및 의료 서비스와 문화 관련 전문가의 수요(需要)가 증대할 것으로 보입니다.

한국고용정보원은 변화하는 상황에 따른 직업의 변화, 향후 전망(展望) 및 창직ⓐ에 대한 세미나를 개최하오니 일자리를 구하고자 하는 구직자와 대학생에게는 직업 탐색의 정보로, 학생들의 진로를 상담하고 설계하는 중고등학교의 진로진학상담교사에게는 중요한 진로 자료로 활용되길 바랍니다.

♥ 세미나 일정 및 내용

가. 일정 및 장소
  ㉠ 일정 : 2023. 10. 16(월) - 2023. 10. 19(목)
  ㉡ 장소 : 고용노동부 7층 회의실
나. 내용
  ㉠ 구인구직 및 취업 동향
  ㉡ 새로운 직업 소개 및 취업지원 프로그램 소개

♥ 취업희망 프로그램

모듈명	시간	세부 내용
나를 만나는 날	6시간	빗장 열기, 나와의 만남(교류분석, 역경을 통해 발견한 나의 힘)
너를 만나는 날		우리는 한 운명, 건강한 만남의 조건, 내 마음 또는 상대방 마음 헤아리기
직업을 만나는 날	4시간	안성맞춤 직업 찾기, 직업 정보 찾기
희망으로 가는 날		장기목표 및 단기계획 세우기, 동아리 구성 및 카페 소개, 수료식

한국고용정보원

ⓐ 창조적 아이디어를 통해 개인이 새로운 직업을 발굴하고 일자리를 창출하는 것

제 02 회 정보기술자격(ITQ) 최신유형 기출문제

과목	코드	문제유형	시험시간	수험번호	성명
아래한글	1111	A	60분		

한컴 오피스

수험자 유의사항

- 수험자는 문제지를 받는 즉시 문제지와 **수험표상의 시험과목(프로그램)이 동일한지 반드시 확인**하여야 합니다.
- 파일명은 본인의 "수험번호-성명"으로 입력하여 답안폴더(내 PC\문서\ITQ)에 하나의 파일로 저장해야 하며, 답안문서 파일명이 "수험번호-성명"과 일치하지 않거나, 답안파일을 전송하지 않아 미제출로 처리될 경우 실격 처리합니다(예: 12345678-홍길동.hwpx).
- 답안 작성을 마치면 파일을 저장하고, '답안 전송' 버튼을 선택하여 감독위원 PC로 답안을 전송하십시오. 수험생 정보와 저장한 파일명이 다를 경우 전송되지 않으므로 주의하시기 바랍니다.
- 답안 작성 중에도 **주기적으로 저장하고, '답안 전송'**하여야 문제 발생을 줄일 수 있습니다. 작업한 내용을 저장하지 않고 전송할 경우 이전에 저장된 내용이 전송되오니 이점 유의하시기 바랍니다.
- 답안문서는 지정된 경로 외의 다른 보조기억장치에 저장하는 경우, 지정된 시험 시간 외에 작성된 파일을 활용할 경우, 기타 통신수단(이메일, 메신저, 네트워크 등)을 이용하여 타인에게 전달 또는 외부 반출하는 경우는 부정 처리합니다.
- 시험 중 부주의 또는 고의로 시스템을 파손한 경우는 수험자가 변상해야 하며, 〈수험자 유의사항〉에 기재된 방법대로 이행하지 않아 생기는 불이익은 수험생 당사자의 책임임을 알려 드립니다.
- 문제의 조건은 한컴오피스 2022 버전으로 설정되어 있으니 유의하시기 바랍니다.
- 시험을 완료한 수험자는 답안파일이 전송되었는지 확인한 후 감독위원의 지시에 따라 문제지를 제출하고 퇴실합니다.

답안 작성요령

- 온라인 답안 작성 절차
  수험자 등록 ⇒ 시험 시작 ⇒ 답안파일 저장 ⇒ 답안 전송 ⇒ 시험 종료
- 공통 부문
  - 글꼴에 대한 기본설정은 함초롬바탕, 10포인트, 검정, 줄간격 160%, 양쪽정렬로 합니다.
  - 색상은 조건의 색을 적용하고 색의 구분이 안 될 경우에는 RGB 값을 적용하십시오.
    (빨강 255, 0, 0 / 파랑 0, 0, 255 / 노랑 255, 255, 0).
  - 각 문항에 주어진 ≪조건≫에 따라 작성하고 언급하지 않은 조건은 ≪출력형태≫와 같이 작성합니다.
  - 용지여백은 왼쪽·오른쪽 11㎜, 위쪽·아래쪽·머리말·꼬리말 10㎜, 제본 0㎜로 합니다.
  - 그림 삽입 문제의 경우 「내 PC\문서\ITQ\Picture」 폴더에서 지정된 파일을 선택하여 삽입하십시오.
  - 삽입한 그림은 반드시 문서에 포함하여 저장해야 합니다(미포함 시 감점 처리).
  - 각 항목은 지정된 페이지에 출력형태와 같이 정확히 작성하시기 바라며, 그렇지 않을 경우에 해당 항목은 0점 처리됩니다.
    ※ 페이지구분 : 1페이지 - 기능평가Ⅰ(문제번호 표시 : 1. 2.),
    　　　　　　　2페이지 - 기능평가Ⅱ(문제번호 표시 : 3. 4.),
    　　　　　　　3페이지 - 문서작성 능력평가
- 기능평가
  - 문제와 ≪조건≫은 입력하지 않으며 문제번호와 답(≪출력형태≫)만 작성합니다.
  - 4번 문제는 묶기를 했을 경우 0점 처리됩니다.
- 문서작성 능력평가
  - A4 용지(210㎜×297㎜) 1매 크기, 세로 서식 문서로 작성합니다.
  - ( ) 표시는 문서작성에 대한 지시사항이므로 작성하지 않습니다.

kpc 한국생산성본부

기능평가 I   150점

1. 다음의 ≪조건≫에 따라 스타일 기능을 적용하여 ≪출력형태≫와 같이 작성하시오. (50점)

≪조건≫ (1) 스타일 이름 – health
(2) 문단 모양 – 왼쪽 여백 : 15pt, 문단 아래 간격 : 10pt
(3) 글자 모양 – 글꼴 : 한글(굴림)/영문(돋움), 크기 : 10pt, 장평 : 95%, 자간 : 5%

≪출력형태≫

Another successful social insurance program the Ministry has established is the National Health Insurance Systems (NHIS). In 1977, the NHIS was first introduced to professionals in the workforce.

보건복지부가 설립한 또 다른 성공적인 사회 보험 프로그램은 국민 건강 보험 시스템이다. 1977년, 이 시스템은 노동계의 전문가들에게 처음 소개되었다.

2. 다음의 ≪조건≫에 따라 ≪출력형태≫와 같이 표와 차트를 작성하시오. (100점)

≪표 조건≫ (1) 표 전체(표, 캡션) – 굴림, 10pt
(2) 정렬 – 문자 : 가운데 정렬, 숫자 : 오른쪽 정렬
(3) 셀 배경(면색) : 노랑
(4) 한글의 계산 기능을 이용하여 빈칸에 평균(소수점 두 자리)을 구하고, 캡션 기능 사용할 것
(5) 선 모양은 ≪출력형태≫와 동일하게 처리할 것

≪출력형태≫

청소년 상담복지센터 연계 현황(단위 : 건)

연도	2019년	2020년	2021년	2022년	평균
의료지원	142	250	234	204	
문화복지	548	647	562	589	
법률지원	50	58	61	58	
취업	105	80	69	82	

≪차트 조건≫ (1) 차트 데이터는 표 내용에서 연도별 의료지원, 문화복지, 법률지원의 값만 이용할 것
(2) 종류 – 〈묶은 세로 막대형〉으로 작업할 것
(3) 제목 – 글꼴 : 돋움, 진하게, 12pt,
속성 : 채우기(밝은 색 : 하양), 테두리, 그림자(바깥쪽 : 대각선 오른쪽 아래)
(4) 제목 이외의 전체 글꼴 – 돋움, 보통, 10pt
(5) 축제목과 범례는 ≪출력형태≫와 동일하게 처리할 것

≪출력형태≫

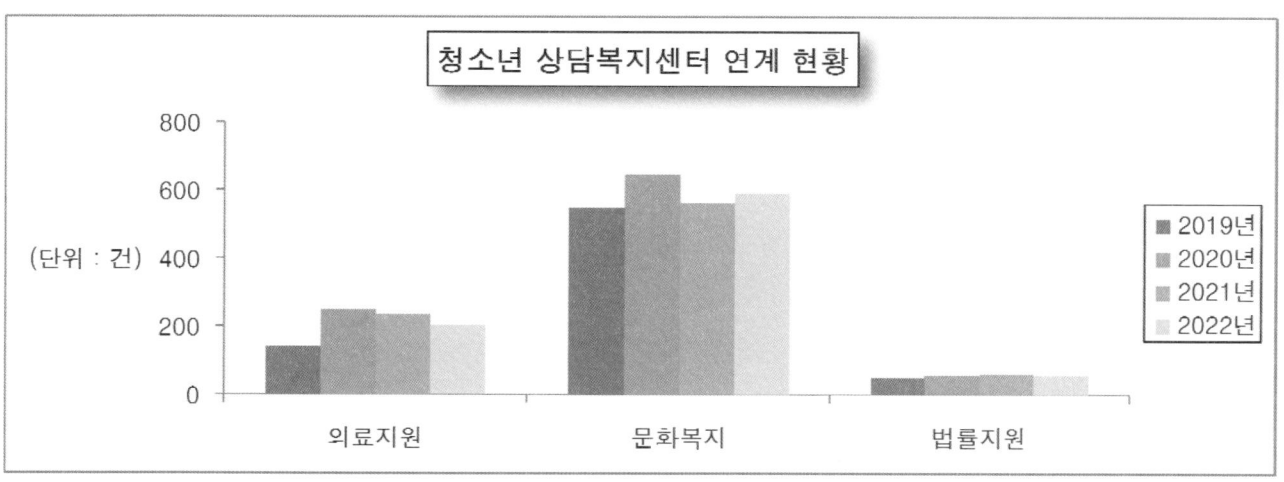

기능평가 II — 150점

3. 다음 (1), (2)의 수식을 수식 편집기로 각각 입력하시오. (40점)

≪출력형태≫

(1) $Q = \lim\limits_{\Delta t \to 0} \dfrac{\Delta s}{\Delta t} = \dfrac{d^2 s}{dt^2} + 1$

(2) $\sqrt{a + b + 2\sqrt{ab}} = \sqrt{a} + \sqrt{b}\,(a > 0, b > 0)$

4. 다음의 ≪조건≫에 따라 ≪출력형태≫와 같이 문서를 작성하시오. (110점)

≪조건≫
(1) 그리기 도구를 이용하여 작성하고, 모든 도형(글맵시, 지정된 그림 포함)을 ≪출력형태≫와 같이 작성하시오.
(2) 도형의 면색은 지시사항이 없으면 색 없음을 제외하고 서로 다르게 임의로 지정하시오.

≪출력형태≫

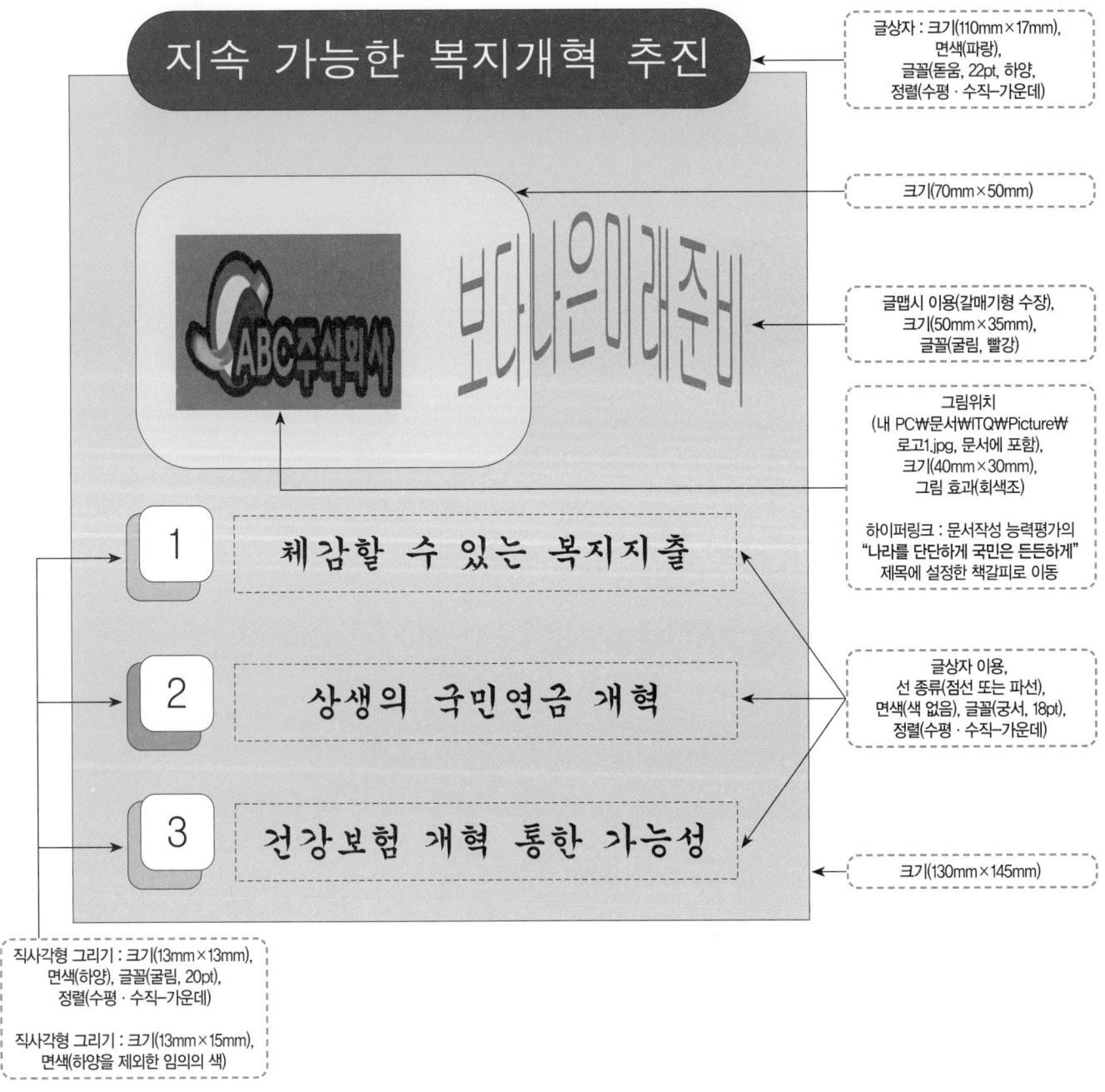

나라를 단단하게 국민은 든든하게

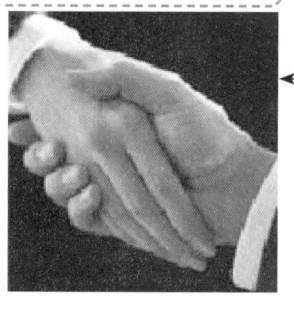

01 래 도약을 위한 튼실한 복지국가 기반을 다지기 위해 보건복지부가 국민(國民)과 동행한다고 보건복지ⓐ 핵심 동행 과제를 발표했다. 우리나라 국민의 소득을 일렬로 세워서 정확히 가운데를 차지하는 가구의 소득을 중위소득이라고 하는데 정부에서는 소득이 낮아 일상생활을 유지하기가 어려운 분들에게 여러 가지 지원을 하고 있다. 보건복지 용어에서는 정부가 지원하는 것을 '급여'라고 말한다. 정부에서는 이 중위소득 구간을 기준으로 생활이 어려운 분들을 기초생활수급자, 차상위계층 등으로 구분하여 정부지원(政府支援)을 하고 있다. 이렇게 정부의 지원을 받게 되는 구간을 중위소득에서 정하는 것이 바로 '기준중위소득' 이다.

정부에서는 국민기초생활보장법에 따라 생계, 의료, 주거, 교육 서비스 등을 지원하는데 작년에는 기준중위소득의 30% 이하에 해당하면 생계급여를 지원받았지만, 올해부터는 35% 이하까지 생계급여를 지원받을 수 있게 목표를 잡았다. 또한, 아동 인권 보호를 위해 국제 표준에 맞는 입양 체계로 개편하고, 시설 중심의 보호 체계를 단계적으로 가정형으로 전환하는 로드맵과 아동기본법 제정도 추진한다고 한다. 그리고 바이오헬스 산업 육성 강화를 위해 보건복지부는 오는 2027년까지 블록버스터급 신약 개발과 의료기기 수출 세계 5위를 목표로 지원해 나간다.

♥ 촘촘하고 두터운 약자복지 확대

- A. 촘촘한 발굴
  - ⓐ 정확하고 신속하게 위기가구 발굴
  - ⓑ 위기 정보 입수 시 인공지능 활용 초기상담
- B. 두터운 보호
  - ⓐ 기초생활보장 확대 등 취약계층 보호 강화
  - ⓑ 최중증 발달장애인 맞춤형 돌봄을 강화

♥ 미래 대비 핵심 추진과제

필수의료	약자복지	복지개혁	미래준비
보건의료 약자복지 실현	위기가구 발굴	지속가능성 확보	인구정책 패러다임
생애주기, 스마트 건강투자	취약계층 보호	상생의 국민연금 개혁	저출산 완화를 위한 지원
대규모 재난 대응의료	복지수요 적극대응	체감가능 복지지출 혁신	첨단기술로 보건 안보 선도
신종감염병 대응	수요자 맞춤형 서비스		바이오 헬스 육성 및 수출

보건복지부

ⓐ 사회 복지, 사회 보장 및 공중위생의 향상과 증진을 도모하는 것

제 03 회 정보기술자격(ITQ) 최신유형 기출문제

과목	코드	문제유형	시험시간	수험번호	성명
아래한글	1111	A	60분		

한컴 오피스

수험자 유의사항

- 수험자는 문제지를 받는 즉시 문제지와 **수험표상의 시험과목(프로그램)이 동일한지 반드시 확인**하여야 합니다.
- 파일명은 본인의 "수험번호-성명"으로 입력하여 답안폴더(내 PC\문서\ITQ)에 하나의 파일로 저장해야 하며, 답안문서 파일명이 "수험번호-성명"과 일치하지 않거나, 답안파일을 전송하지 않아 미제출로 처리될 경우 실격 처리합니다(예: 12345678-홍길동.hwpx).
- 답안 작성을 마치면 파일을 저장하고, '답안 전송' 버튼을 선택하여 감독위원 PC로 답안을 전송하십시오. 수험생 정보와 저장한 파일명이 다를 경우 전송되지 않으므로 주의하시기 바랍니다.
- 답안 작성 중에도 **주기적으로 저장하고, '답안 전송'**하여야 문제 발생을 줄일 수 있습니다. 작업한 내용을 저장하지 않고 전송할 경우 이전에 저장된 내용이 전송되오니 이점 유의하시기 바랍니다.
- 답안문서는 지정된 경로 외의 다른 보조기억장치에 저장하는 경우, 지정된 시험 시간 외에 작성된 파일을 활용할 경우, 기타 통신수단(이메일, 메신저, 네트워크 등)을 이용하여 타인에게 전달 또는 외부 반출하는 경우는 부정 처리합니다.
- 시험 중 부주의 또는 고의로 시스템을 파손한 경우는 수험자가 변상해야 하며, 〈수험자 유의사항〉에 기재된 방법대로 이행하지 않아 생기는 불이익은 수험생 당사자의 책임임을 알려 드립니다.
- 문제의 조건은 한컴오피스 2022 버전으로 설정되어 있으니 유의하시기 바랍니다.
- 시험을 완료한 수험자는 답안파일이 전송되었는지 확인한 후 감독위원의 지시에 따라 문제지를 제출하고 퇴실합니다.

답안 작성요령

- 온라인 답안 작성 절차
  수험자 등록 ⇒ 시험 시작 ⇒ 답안파일 저장 ⇒ 답안 전송 ⇒ 시험 종료
- 공통 부문
  - 글꼴에 대한 기본설정은 함초롬바탕, 10포인트, 검정, 줄간격 160%, 양쪽정렬로 합니다.
  - 색상은 조건의 색을 적용하고 색의 구분이 안 될 경우에는 RGB 값을 적용하십시오.
    (빨강 255, 0, 0 / 파랑 0, 0, 255 / 노랑 255, 255, 0).
  - 각 문항에 주어진 ≪조건≫에 따라 작성하고 언급하지 않은 조건은 ≪출력형태≫와 같이 작성합니다.
  - 용지여백은 왼쪽·오른쪽 11mm, 위쪽·아래쪽·머리말·꼬리말 10mm, 제본 0mm로 합니다.
  - 그림 삽입 문제의 경우 「내 PC\문서\ITQ\Picture」 폴더에서 지정된 파일을 선택하여 삽입하십시오.
  - 삽입한 그림은 반드시 문서에 포함하여 저장해야 합니다(미포함 시 감점 처리).
  - 각 항목은 지정된 페이지에 출력형태와 같이 정확히 작성하시기 바라며, 그렇지 않을 경우에 해당 항목은 0점 처리됩니다.
    ※ 페이지구분 : 1페이지 - 기능평가Ⅰ(문제번호 표시 : 1. 2.),
    　　　　　　　　 2페이지 - 기능평가Ⅱ(문제번호 표시 : 3. 4.),
    　　　　　　　　 3페이지 - 문서작성 능력평가
- 기능평가
  - 문제와 ≪조건≫은 입력하지 않으며 문제번호와 답(≪출력형태≫)만 작성합니다.
  - 4번 문제는 묶기를 했을 경우 0점 처리됩니다.
- 문서작성 능력평가
  - A4 용지(210mm×297mm) 1매 크기, 세로 서식 문서로 작성합니다.
  - ( ) 표시는 문서작성에 대한 지시사항이므로 작성하지 않습니다.

kpc 한국생산성본부

기능평가 I   150점

1. 다음의 ≪조건≫에 따라 스타일 기능을 적용하여 ≪출력형태≫와 같이 작성하시오. (50점)

≪조건≫ (1) 스타일 이름 – student
(2) 문단 모양 – 왼쪽 여백 : 15pt, 문단 아래 간격 : 10pt
(3) 글자 모양 – 글꼴 : 한글(굴림)/영문(돋움), 크기 : 10pt, 장평 : 95%, 자간 : 5%

≪출력형태≫

International students are those students who chose to undertake all or part of their tertiary education in a country other than their own and move to that country for the purpose of studying.

유학생은 고등 교육 기관의 전부 또는 일부를 자국 이외의 국가에서 선택하여 공부 목적으로 해당 국가로 이주한 학생이다.

2. 다음의 ≪조건≫에 따라 ≪출력형태≫와 같이 표와 차트를 작성하시오. (100점)

≪표 조건≫ (1) 표 전체(표, 캡션) – 굴림, 10pt
(2) 정렬 – 문자 : 가운데 정렬, 숫자 : 오른쪽 정렬
(3) 셀 배경(면색) : 노랑
(4) 한글의 계산 기능을 이용하여 빈칸에 평균(소수점 두 자리)을 구하고, 캡션 기능 사용할 것
(5) 선 모양은 ≪출력형태≫와 동일하게 처리할 것

≪출력형태≫

연도별 유학생 현황(단위 : 백 명)

연도	2019년	2020년	2021년	2022년	평균
일본	29	27	28	40	
베트남	31	32	75	94	
미국	44	44	37	35	
중국	574	504	605	643	

≪차트 조건≫ (1) 차트 데이터는 표 내용에서 연도별 일본, 베트남, 미국의 값만 이용할 것
(2) 종류 – 〈묶은 세로 막대형〉으로 작업할 것
(3) 제목 – 글꼴 : 돋움, 진하게, 12pt,
속성 : 채우기(밝은 색 : 하양), 테두리, 그림자(바깥쪽 : 대각선 오른쪽 아래)
(4) 제목 이외의 전체 글꼴 – 돋움, 보통, 10pt
(5) 축제목과 범례는 ≪출력형태≫와 동일하게 처리할 것

≪출력형태≫

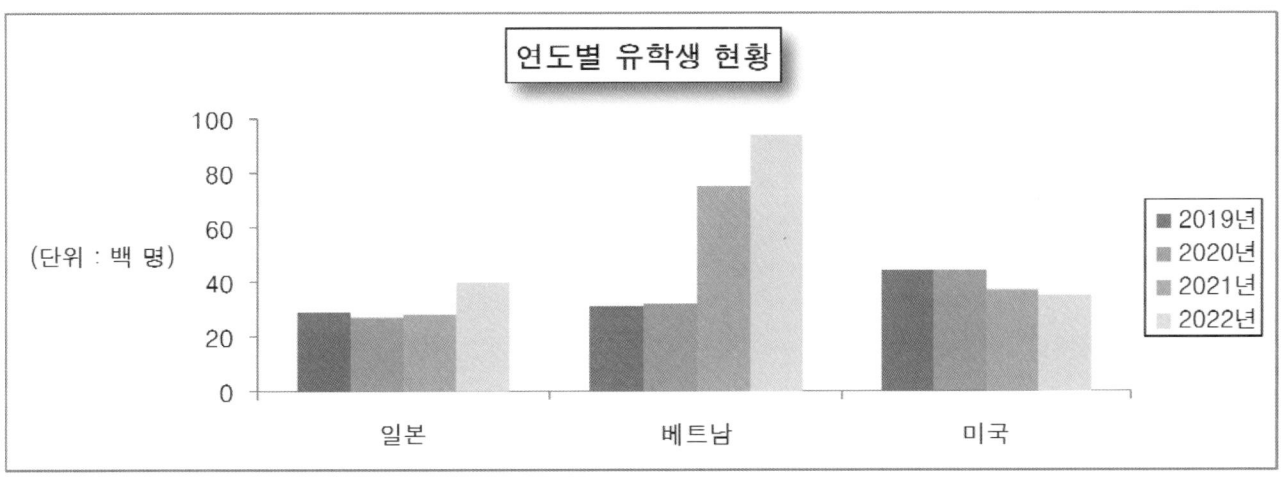

기능평가 II 150점

3. 다음 (1), (2)의 수식을 수식 편집기로 각각 입력하시오. (40점)

≪출력형태≫

(1) $\dfrac{PV}{T} = \dfrac{1 \times 22.4}{273} \fallingdotseq 0.082$

(2) $\int_a^b A(x-a)(x-b)dx = -\dfrac{A}{6}(b-a)^3$

4. 다음의 ≪조건≫에 따라 ≪출력형태≫와 같이 문서를 작성하시오. (110점)

≪조건≫
(1) 그리기 도구를 이용하여 작성하고, 모든 도형(글맵시, 지정된 그림 포함)을 ≪출력형태≫와 같이 작성하시오.
(2) 도형의 면색은 지시사항이 없으면 색 없음을 제외하고 서로 다르게 임의로 지정하시오.

≪출력형태≫

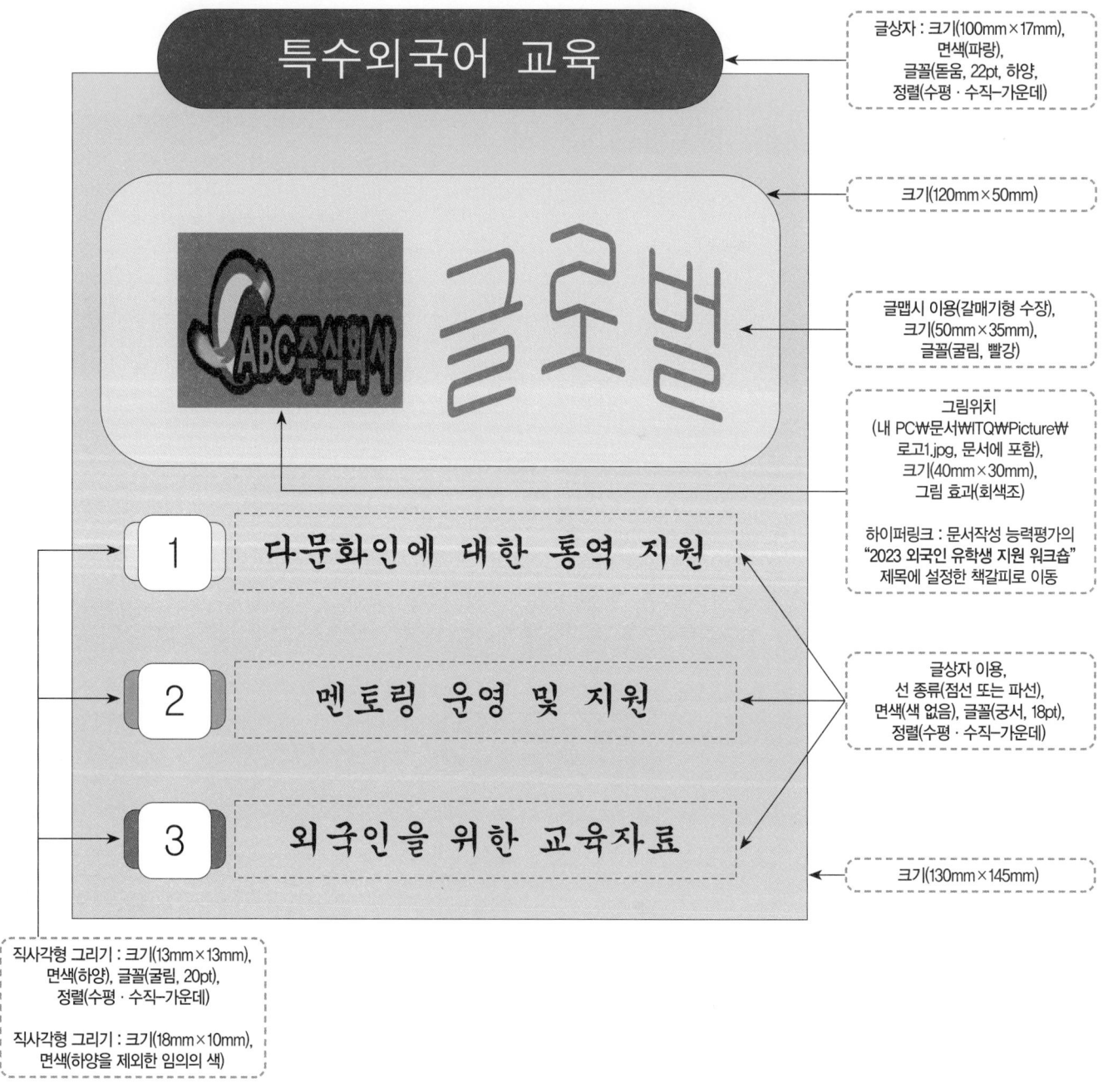

2023 외국인 유학생 지원과 성장 워크숍

국립국제교육원은 저출산 고령화사회ⒶⒶ, 학령인구 감소에 대응하고 국내 대학생들의 글로벌 역량을 강화하기 위하여 외국인 유학생 지원 강화 워크숍을 개최하기로 하였다. 특히, 국내에 체류하는 외국인 유학생이 14만 명 수준으로 급증함과 동시에 불법 체류 유학생도 1만 명이 초과됨에 따라 체계적인 지원 강화 부문과 더불어 취업 목적, 불법 체류 등 부작용에 대한 정책적 검토를 함께 진행하기로 했다. 그동안 외국인 유학생은 지속적으로 증가하였지만, 외국인 유학생의 한국어 능력 부족으로 대학 수업이 파행 운영되고 있으며 불법 체류와 불법 취업 등 부정적 효과도 심각하게 나타나고 있다.

특히 교육부는 국립국제교육원과 공동 주최를 통해 외국인 유학생이 불법적인 방법으로 체류하지 않고 본래의 목적인 학업에 전념할 수 있도록 적극적인 지원 방안을 함께 모색하기로 하였다. 이번 워크숍은 외국인 유학생의 현황 고찰(考察), 외국 유학생에 대한 국가별 정책 비교, 외국인 유학생 확대의 긍정 및 부정 효과 분석, 외국인 유학생 지원 강화 방안 등을 주요 주제로 선정하여 다양한 이해관계의 의견을 공유하여 세계시민교육에 대한 가치를 향유(享有)하는 뜻깊은 행사로 진행할 계획이다.

★ 한국유학종합시스템

A. 목적 및 대상
  1. 목적 : 유학관련 온라인 원스톱 서비스 제공
  2. 대상 : 외국인 유학생, 국내 고등교육기관 등
B. 주요 기능
  1. 한국유학 및 대학 정보 검색
  2. 온라인 유학박람회 운영 및 해외유학박람회 홍보

★ 한일 공동 유학생 교류사업

구분	박사 학위과정(일본)	학부 1년 과정(일본)	학부 단기 과정(한국)
분야	이공계	일본어, 일본문화	전 영역
규모	연 15명	연 25명	연 160명
기간	각 과정의 표준 수업 연한기간	1년	개설한 프로그램 운영 기간
자격	석사 졸업(예정)자	2학년 이상 재학생	학부 정규과정 재학생
	한국 국적자, 일본 국적자(복수 국적자 지원 불가)		

국립국제교육원

Ⓐ 총인구 중에 65세 이상의 인구가 차지하는 비율이 7% 이상인 사회를 말함

제04회 정보기술자격(ITQ) 최신유형 기출문제

과목	코드	문제유형	시험시간	수험번호	성명
아래한글	1111	A	60분		

한컴 오피스

수험자 유의사항

- 수험자는 문제지를 받는 즉시 문제지와 **수험표상의 시험과목(프로그램)이 동일한지 반드시 확인**하여야 합니다.
- 파일명은 본인의 "수험번호-성명"으로 입력하여 답안폴더(내 PC\문서\ITQ)에 하나의 파일로 저장해야 하며, 답안문서 파일명이 "수험번호-성명"과 일치하지 않거나, 답안파일을 전송하지 않아 미제출로 처리될 경우 실격 처리합니다(예: 12345678-홍길동.hwpx).
- 답안 작성을 마치면 파일을 저장하고, '답안 전송' 버튼을 선택하여 감독위원 PC로 답안을 전송하십시오. 수험생 정보와 저장한 파일명이 다를 경우 전송되지 않으므로 주의하시기 바랍니다.
- 답안 작성 중에도 **주기적으로 저장하고, '답안 전송'**하여야 문제 발생을 줄일 수 있습니다. 작업한 내용을 저장하지 않고 전송할 경우 이전에 저장된 내용이 전송되오니 이점 유의하시기 바랍니다.
- 답안문서는 지정된 경로 외의 다른 보조기억장치에 저장하는 경우, 지정된 시험 시간 외에 작성된 파일을 활용할 경우, 기타 통신수단(이메일, 메신저, 네트워크 등)을 이용하여 타인에게 전달 또는 외부 반출하는 경우는 부정 처리합니다.
- 시험 중 부주의 또는 고의로 시스템을 파손한 경우는 수험자가 변상해야 하며, 〈수험자 유의사항〉에 기재된 방법대로 이행하지 않아 생기는 불이익은 수험생 당사자의 책임임을 알려 드립니다.
- 문제의 조건은 한컴오피스 2022 버전으로 설정되어 있으니 유의하시기 바랍니다.
- 시험을 완료한 수험자는 답안파일이 전송되었는지 확인한 후 감독위원의 지시에 따라 문제지를 제출하고 퇴실합니다.

답안 작성요령

- 온라인 답안 작성 절차
  수험자 등록 ⇒ 시험 시작 ⇒ 답안파일 저장 ⇒ 답안 전송 ⇒ 시험 종료
- 공통 부문
  - 글꼴에 대한 기본설정은 함초롬바탕, 10포인트, 검정, 줄간격 160%, 양쪽정렬로 합니다.
  - 색상은 조건의 색을 적용하고 색의 구분이 안 될 경우에는 RGB 값을 적용하십시오.
    (빨강 255, 0, 0 / 파랑 0, 0, 255 / 노랑 255, 255, 0).
  - 각 문항에 주어진 ≪조건≫에 따라 작성하고 언급하지 않은 조건은 ≪출력형태≫와 같이 작성합니다.
  - 용지여백은 왼쪽·오른쪽 11mm, 위쪽·아래쪽·머리말·꼬리말 10mm, 제본 0mm로 합니다.
  - 그림 삽입 문제의 경우「내 PC\문서\ITQ\Picture」폴더에서 지정된 파일을 선택하여 삽입하십시오.
  - 삽입한 그림은 반드시 문서에 포함하여 저장해야 합니다(미포함 시 감점 처리).
  - 각 항목은 지정된 페이지에 출력형태와 같이 정확히 작성하시기 바라며, 그렇지 않을 경우에 해당 항목은 0점 처리됩니다.
    ※ 페이지구분 : 1페이지 - 기능평가Ⅰ(문제번호 표시 : 1. 2.),
             2페이지 - 기능평가Ⅱ(문제번호 표시 : 3. 4.),
             3페이지 - 문서작성 능력평가
- 기능평가
  - 문제와 ≪조건≫은 입력하지 않으며 문제번호와 답(≪출력형태≫)만 작성합니다.
  - 4번 문제는 묶기를 했을 경우 0점 처리됩니다.
- 문서작성 능력평가
  - A4 용지(210mm×297mm) 1매 크기, 세로 서식 문서로 작성합니다.
  - ( ) 표시는 문서작성에 대한 지시사항이므로 작성하지 않습니다.

kpc 한국생산성본부

기능평가 I   150점

1. 다음의 《조건》에 따라 스타일 기능을 적용하여 《출력형태》와 같이 작성하시오. (50점)

《조건》 (1) 스타일 이름 - cloud
(2) 문단 모양 - 왼쪽 여백 : 15pt, 문단 아래 간격 : 10pt
(3) 글자 모양 - 글꼴 : 한글(굴림)/영문(돋움), 크기 : 10pt, 장평 : 95%, 자간 : 5%

《출력형태》

As the cloud market in Korea is growing fast, global companies like Amazon, Microsoft and IBM are actively tackling the market by opening cloud data centers.

국내 클라우드 시장이 확대됨에 따라 아마존, 마이크로소프트, IBM은 국내 시장 선점을 위해 클라우드 데이터센터를 개소하고 적극적인 시장 공략에 나서고 있다.

2. 다음의 《조건》에 따라 《출력형태》와 같이 표와 차트를 작성하시오. (100점)

《표 조건》 (1) 표 전체(표, 캡션) - 굴림, 10pt
(2) 정렬 - 문자 : 가운데 정렬, 숫자 : 오른쪽 정렬
(3) 셀 배경(면색) : 노랑
(4) 한글의 계산 기능을 이용하여 빈칸에 평균(소수점 두 자리)을 구하고, 캡션 기능 사용할 것
(5) 선 모양은 《출력형태》와 동일하게 처리할 것

《출력형태》

클라우드 컴퓨팅 사용 용도의 변화(단위 : %)

연도	2018년	2019년	2020년	2021년	평균
개발 및 테스트	42	42	41	41	
웹/모바일	36	37	45	48	
빅데이터/분석	30	39	47	37	
비즈니스 앱	22	24	32	29	

《차트 조건》 (1) 차트 데이터는 표 내용에서 연도별 개발 및 테스트, 웹/모바일, 빅데이터/분석의 값만 이용할 것
(2) 종류 - 〈묶은 세로 막대형〉으로 작업할 것
(3) 제목 - 글꼴 : 돋움, 진하게, 12pt,
속성 : 채우기(밝은 색 : 하양), 테두리, 그림자(바깥쪽 : 대각선 오른쪽 아래)
(4) 제목 이외의 전체 글꼴 - 돋움, 보통, 10pt
(5) 축제목과 범례는 《출력형태》와 동일하게 처리할 것

《출력형태》

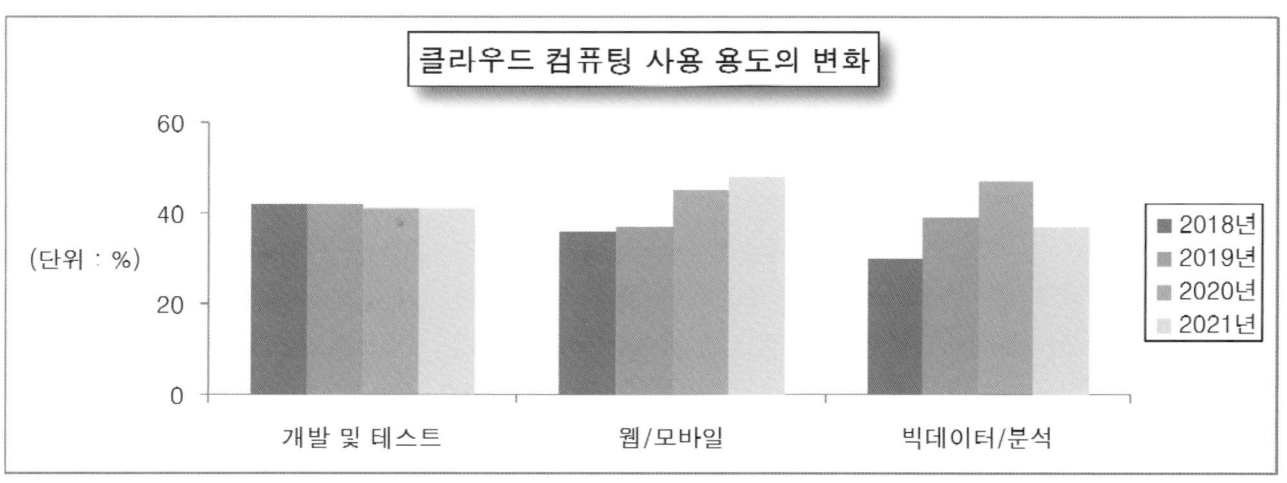

기능평가 II (150점)

3. 다음 (1), (2)의 수식을 수식 편집기로 각각 입력하시오. (40점)

≪출력형태≫

(1) $E = \sqrt{\dfrac{GM}{R}}, \dfrac{R^3}{T^2} = \dfrac{GM}{4\pi^2}$

(2) $V = \dfrac{1}{R}\displaystyle\int_0^q qdq = \dfrac{1}{2}\dfrac{q^2}{R}$

4. 다음의 ≪조건≫에 따라 ≪출력형태≫와 같이 문서를 작성하시오. (110점)

≪조건≫
(1) 그리기 도구를 이용하여 작성하고, 모든 도형(글맵시, 지정된 그림 포함)을 ≪출력형태≫와 같이 작성하시오.
(2) 도형의 면색은 지시사항이 없으면 색 없음을 제외하고 서로 다르게 임의로 지정하시오.

≪출력형태≫

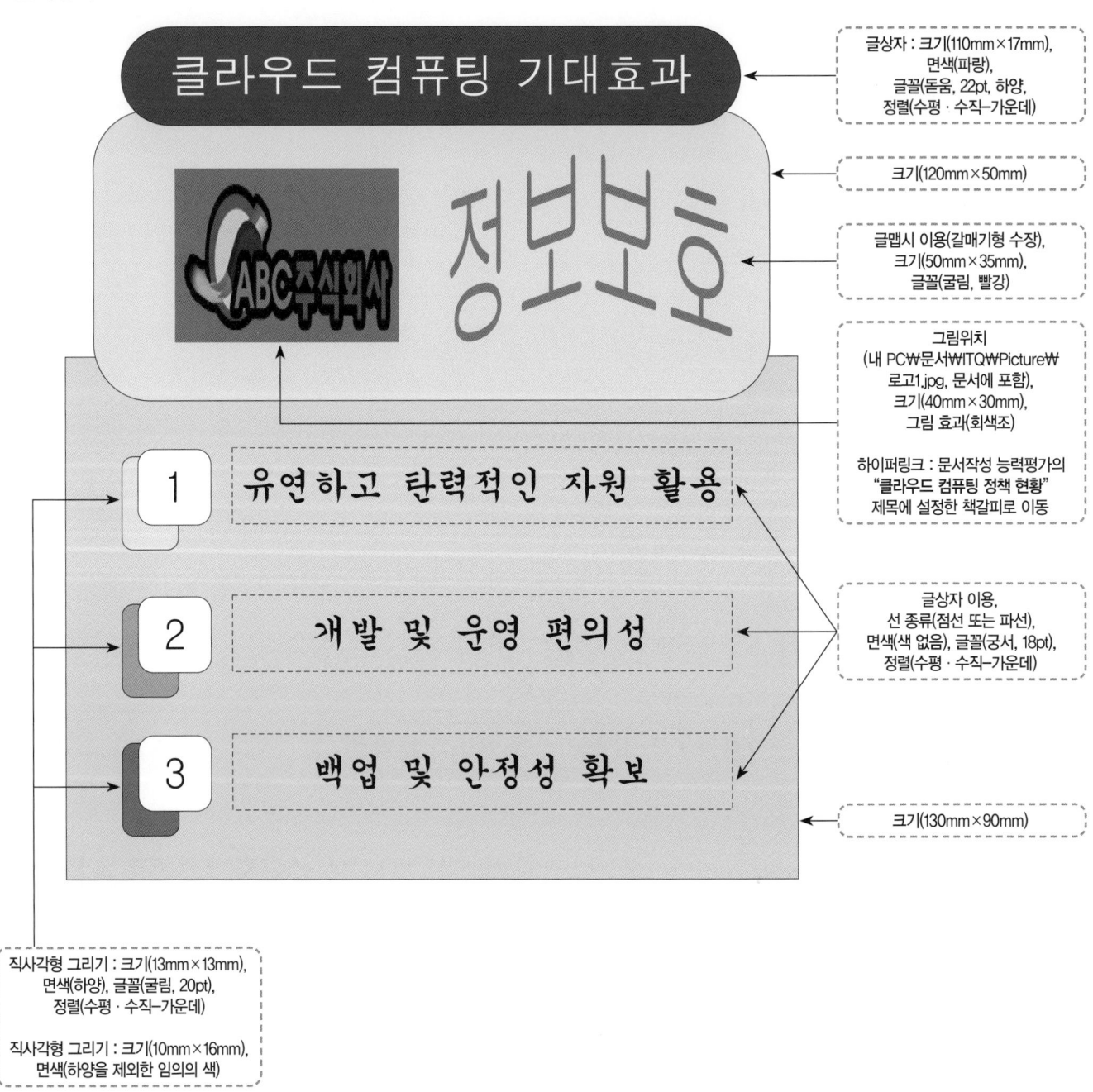

클라우드 컴퓨팅

클라우드 컴퓨팅 정책 현황

클라우드 컴퓨팅은 언제 어디서나 필요한 만큼의 컴퓨팅 자원을 인터넷을 통하여 활용할 수 있는 컴퓨팅 방식이다. 우리나라는 범정부 차원의 클라우드 컴퓨팅 도입(導入) 활성화를 위해 2009년 행정안전부, 지식경제부, 방송통신위원회가 합동으로 '범정부 클라우드 컴퓨팅 활성화 종합 계획'을 수립(樹立)한 것을 시작으로 산업 육성을 위한 다양한 계획을 수립하여 추진해 오고 있다. 정부는 2015년 '클라우드 컴퓨팅 발전법'을 제정한 이후 그 후속 조치로 범정부 차원의 법정 계획인 'K-ICT 클라우드 컴퓨팅 활성화 계획'을 발표하여 법 적용을 위한 관련 법제도 정비도 추진했다.

2015년 11월 발표한 'K-ICT 클라우드 컴퓨팅 활성화 계획'은 1단계로 2016년부터 2018년까지 클라우드 산업 성장 동력을 마련하고, 2단계로 클라우드 선도국가로 도약하기 위한 비전을 제시했으며, 공공 부문에 클라우드를 선제적으로 도입함으로써 민간 부문의 클라우드 이용을 확산하고 국내 클라우드 생태계를 구축하는 것을 주요 내용으로 하고 있다. 이를 위해 정부는 공공기관의 40%가 민간 클라우드를 이용하도록 유도하고 클라우드 생태계 구축을 위한 R&Dⓐ 투자를 확대할 방침이다.

※ 클라우드 컴퓨팅의 특징

 i. 접속 용이성
　　a. 시간과 장소에 상관없이 인터넷을 통한 이용
　　b. 표준화된 접속을 통해 다양한 기기로 서비스 이용
 ii. 가상화 및 분산처리
　　a. 가상화 기술을 접목하여 컴퓨팅 자원의 사용성을 최적화
　　b. 여러 서버에 분산처리함으로써 시스템 과부하 최소화

※ 클라우드 정책 추진 현황

주요 정책 내용	국가	주요 정책 내용	국가
행정 명령을 통해 클라우드 도입 의무화	미국	클라우드 퍼스트 정책을 통해 공공 부문 클라우드 적극 도입	미국, 영국, 호주
강제 조항을 두어 명령하고 이행성과 평가			
중소기업 클라우드 서비스의 활성화	영국	클라우드 핵심 기술 개발, 핵심 기업 육성, 클라우드 산업단지 조성 추진	중국
클라우드 컴퓨팅 보안 정책 추진	호주		

과학기술정보통신부

ⓐ 기업에서 연구를 기초로 하여 상품을 개발하는 활동

제 05 회 정보기술자격(ITQ) 최신유형 기출문제

과목	코드	문제유형	시험시간	수험번호	성명
아래한글	1111	A	60분		

한컴 오피스

수험자 유의사항

- 수험자는 문제지를 받는 즉시 문제지와 **수험표상의 시험과목(프로그램)이 동일한지 반드시 확인**하여야 합니다.
- 파일명은 본인의 "수험번호-성명"으로 입력하여 답안폴더(내 PC₩문서₩ITQ)에 하나의 파일로 저장해야 하며, 답안문서 파일명이 "수험번호-성명"과 일치하지 않거나, 답안파일을 전송하지 않아 미제출로 처리될 경우 실격 처리합니다(예: 12345678-홍길동.hwpx).
- 답안 작성을 마치면 파일을 저장하고, '답안 전송' 버튼을 선택하여 감독위원 PC로 답안을 전송하십시오. 수험생 정보와 저장한 파일명이 다를 경우 전송되지 않으므로 주의하시기 바랍니다.
- 답안 작성 중에도 **주기적으로 저장하고, '답안 전송'**하여야 문제 발생을 줄일 수 있습니다. 작업한 내용을 저장하지 않고 전송할 경우 이전에 저장된 내용이 전송되오니 이점 유의하시기 바랍니다.
- 답안문서는 지정된 경로 외의 다른 보조기억장치에 저장하는 경우, 지정된 시험 시간 외에 작성된 파일을 활용할 경우, 기타 통신수단(이메일, 메신저, 네트워크 등)을 이용하여 타인에게 전달 또는 외부 반출하는 경우는 부정 처리합니다.
- 시험 중 부주의 또는 고의로 시스템을 파손한 경우는 수험자가 변상해야 하며, 〈수험자 유의사항〉에 기재된 방법대로 이행하지 않아 생기는 불이익은 수험생 당사자의 책임임을 알려 드립니다.
- 문제의 조건은 한컴오피스 2022 버전으로 설정되어 있으니 유의하시기 바랍니다.
- 시험을 완료한 수험자는 답안파일이 전송되었는지 확인한 후 감독위원의 지시에 따라 문제지를 제출하고 퇴실합니다.

답안 작성요령

- 온라인 답안 작성 절차
  수험자 등록 ⇒ 시험 시작 ⇒ 답안파일 저장 ⇒ 답안 전송 ⇒ 시험 종료
- 공통 부문
  - 글꼴에 대한 기본설정은 함초롬바탕, 10포인트, 검정, 줄간격 160%, 양쪽정렬로 합니다.
  - 색상은 조건의 색을 적용하고 색의 구분이 안 될 경우에는 RGB 값을 적용하십시오.
    (빨강 255, 0, 0 / 파랑 0, 0, 255 / 노랑 255, 255, 0).
  - 각 문항에 주어진 ≪조건≫에 따라 작성하고 언급하지 않은 조건은 ≪출력형태≫와 같이 작성합니다.
  - 용지여백은 왼쪽·오른쪽 11mm, 위쪽·아래쪽·머리말·꼬리말 10mm, 제본 0mm로 합니다.
  - 그림 삽입 문제의 경우「내 PC₩문서₩ITQ₩Picture」 폴더에서 지정된 파일을 선택하여 삽입하십시오.
  - 삽입한 그림은 반드시 문서에 포함하여 저장해야 합니다(미포함 시 감점 처리).
  - 각 항목은 지정된 페이지에 출력형태와 같이 정확히 작성하시기 바라며, 그렇지 않을 경우에 해당 항목은 0점 처리됩니다.
  - ※ 페이지구분 : 1페이지 - 기능평가Ⅰ(문제번호 표시 : 1. 2.),
              2페이지 - 기능평가Ⅱ(문제번호 표시 : 3. 4.),
              3페이지 - 문서작성 능력평가
- 기능평가
  - 문제와 ≪조건≫은 입력하지 않으며 문제번호와 답(≪출력형태≫)만 작성합니다.
  - 4번 문제는 묶기를 했을 경우 0점 처리됩니다.
- 문서작성 능력평가
  - A4 용지(210mm×297mm) 1매 크기, 세로 서식 문서로 작성합니다.
  - ( ) 표시는 문서작성에 대한 지시사항이므로 작성하지 않습니다.

kpc 한국생산성본부

기능평가 I 150점

1. 다음의 ≪조건≫에 따라 스타일 기능을 적용하여 ≪출력형태≫와 같이 작성하시오. (50점)

≪조건≫ (1) 스타일 이름 - bicycle
(2) 문단 모양 - 왼쪽 여백 : 10pt, 문단 아래 간격 : 15pt
(3) 글자 모양 - 글꼴 : 한글(굴림)/영문(궁서), 크기 : 10pt, 장평 : 95%, 자간 : 5%

≪출력형태≫

Bicycles serve as not just a mode of transportation but also a tool for health promotion, sports, and recreational activities, embodying a blend of practicality and sustainability.

자전거는 단순히 이동 수단으로써의 역할을 넘어서 건강 증진, 스포츠, 그리고 여가 활동에도 활용되는 다목적 도구로 실용성과 지속 가능성을 동시에 충족시키고 있다.

2. 다음의 ≪조건≫에 따라 ≪출력형태≫와 같이 표와 차트를 작성하시오. (100점)

≪표 조건≫ (1) 표 전체(표, 캡션) - 돋움, 10pt
(2) 정렬 - 문자 : 가운데 정렬, 숫자 : 오른쪽 정렬
(3) 셀 배경(면색) : 노랑
(4) 한글의 계산 기능을 이용하여 빈칸에 평균(소수점 두 자리)을 구하고, 캡션 기능 사용할 것
(5) 선 모양은 ≪출력형태≫와 동일하게 처리할 것

≪출력형태≫

자전거도로 노선 수 현황(단위 : 개소)

구분	2020년	2021년	2022년	2023년	평균
전용도로	1,640	1,772	1,720	1,889	
우선도로	599	699	717	826	
전용차로	414	527	479	559	
보행자 겸용도로	13,225	13,145	14,359	14,404	

≪차트 조건≫ (1) 차트 데이터는 표 내용에서 연도별 전용도로, 우선도로, 전용차로의 값만 이용할 것
(2) 종류 - <묶은 세로 막대형>으로 작업할 것
(3) 제목 - 글꼴 : 굴림, 진하게, 12pt,
속성 : 채우기(밝은 색 : 하양), 테두리, 그림자(바깥쪽 : 대각선 오른쪽 아래)
(4) 제목 이외의 전체 글꼴 - 굴림, 보통, 10pt
(5) 축제목과 범례는 ≪출력형태≫와 동일하게 처리할 것

≪출력형태≫

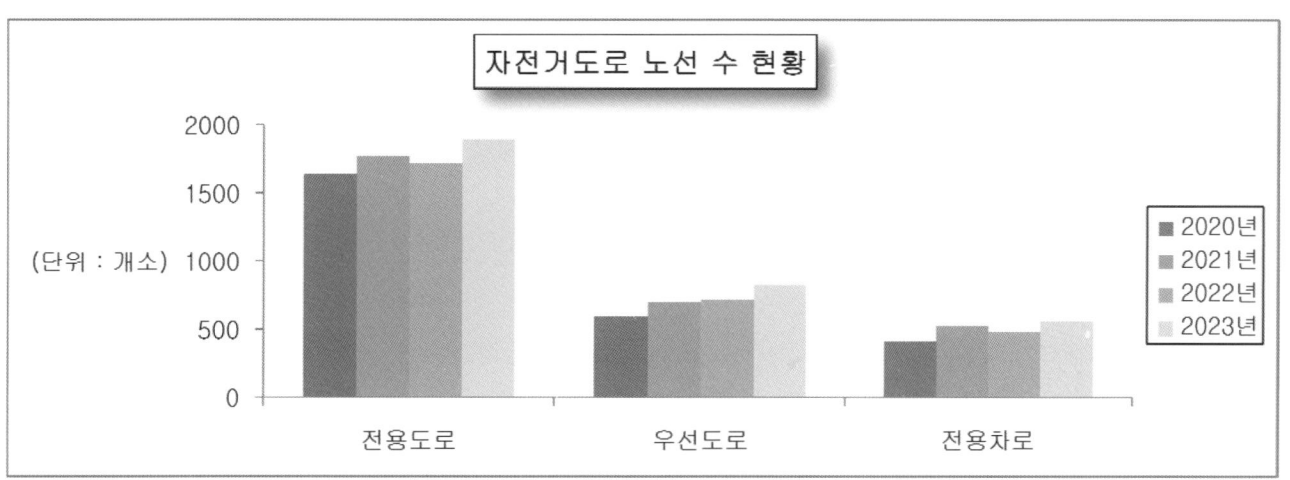

기능평가 II [150점]

3. 다음 (1), (2)의 수식을 수식 편집기로 각각 입력하시오. (40점)

≪출력형태≫

(1) $\lim\limits_{n\to\infty} P_n = 1 - \dfrac{9^3}{10^3} = \dfrac{271}{1000}$

(2) $\sqrt{a+b+2\sqrt{ab}} = \sqrt{a} + \sqrt{b}\,(a>0, b>0)$

4. 다음의 ≪조건≫에 따라 ≪출력형태≫와 같이 문서를 작성하시오. (110점)

≪조건≫

(1) 그리기 도구를 이용하여 작성하고, 모든 도형(글맵시, 지정된 그림 포함)을 ≪출력형태≫와 같이 작성하시오.
(2) 도형의 면색은 지시사항이 없으면 색 없음을 제외하고 서로 다르게 임의로 지정하시오.

≪출력형태≫

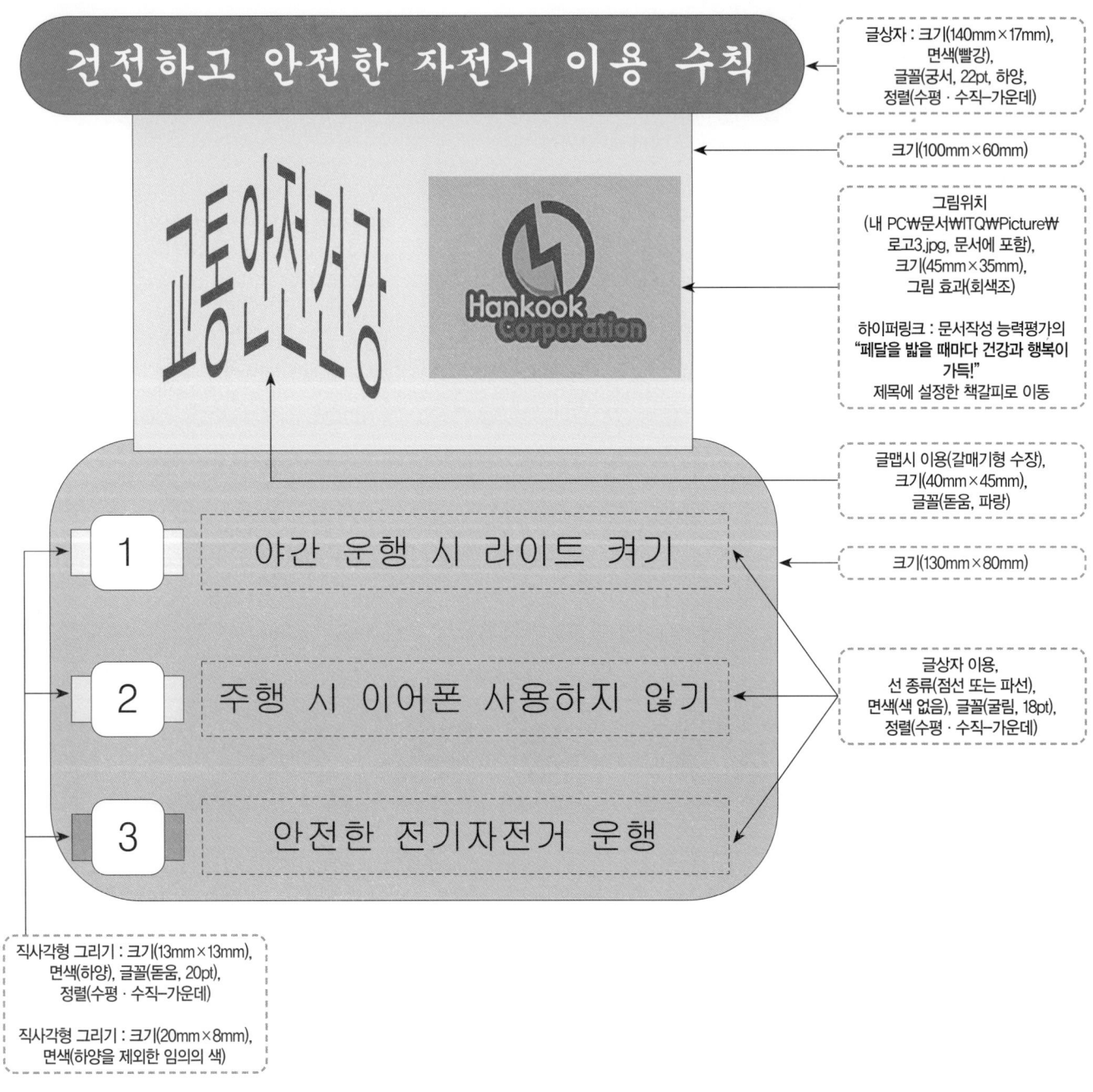

반포한강공원 달빛광장

페달을 밟을 때마다 건강과 행복이 가득!

자전거를 사랑하는 서울시민이라면 누구나 참여하고 즐길 수 있는 '서울 자전거 축제'가 5월 28일 반포한강공원에서 개최된다. 올해 운영되는 자전거 축제는 자전거에 대한 긍정적 경험(經驗)과 재미를 더 많은 시민이 함께할 수 있도록 강남 및 강북 주요 자전거 이용 거점인 '반포한강공원', '중랑천'에서 상반기와 하반기 2회로 확대 개최된다. 반포한강공원에서 운영되는 상반기 자전거 축제는 5월 28일, 오전 10시부터 오후 5시까지 '모여라 자전거!' 라는 행사 슬로건 아래 진행되며, 자전거 관련 기업, 단체들과 협력해 무대공연 행사, 시민 체험 프로그램Ⓐ 자전거 안전교육 및 자전거 전시 부스를 운영(運營)한다.

먼저 자전거의 색다른 묘미를 느낄 수 있도록 다양한 공연이 준비된다. 흥을 돋울 치어리딩 공연, 고난이도 기술과 묘미를 선보이는 BMX 자전거 묘기 공연을 선보인다. 3단 자전거 공연, 미니자전거 공연, 자전거 안무를 연출하는 스피닝 공연도 만날 수 있어 이색적인 자전거 공연의 매력을 한껏 느낄 수 있다. 시민들이 자전거를 타고 오면 주행 인증자 선착순 2,000명과 가장 많은 인원수가 참여한 자전거 동호회에게는 경품 이벤트가 준비되어 있다.

◆ 릴레이자전거 및 모여라동호회 행사 안내

　가. 릴레이자전거 행사 안내
　　㉮ 행사장소는 세빛섬 앞 무대
　　㉯ 경기방식은 무대에 설치된 롤러자전거를 이용해 20초 동안 스프린트
　나. 모여라동호회 행사 안내
　　㉮ 참여방법은 홈페이지 내 모여라동호회 참가신청서 제출
　　㉯ 가장 많은 인원이 모인 동호회는 스포츠 선글라스 20개 증정

◆ *서울 자전거 축제 일정*

구분	시간	주요 내용	비고
홍보영상 상영	10:00 - 10:50	자전거 안전 수칙 영상, 자전거 음주운전 금지 영상	오전
개회식	11:00 - 11:50	치어리딩 및 준비체조, 모여라 자전거	
자전거 공연	14:00 - 14:20	미니 자전거, 3단 고공자전거 등 공연	오후
릴레이 자전거 게임	14:50 - 17:25	릴레이 자전거 시상 및 경품 추첨	
상설행사		VR자전거, 자전거 인력거, 아트따릉이 전시, HEART 페달 전시	

서울 자전거 축제

Ⓐ 삐에로풍선, 자전거 발전기 체험존, 자전거 안전교육 및 인증제, 수리 정비 공방 교실

제 06 회 정보기술자격(ITQ) 최신유형 기출문제

과목	코드	문제유형	시험시간	수험번호	성명
아래한글	1111	A	60분		

한컴 오피스

수험자 유의사항

- 수험자는 문제지를 받는 즉시 문제지와 **수험표상의 시험과목(프로그램)이 동일한지 반드시 확인**하여야 합니다.
- 파일명은 본인의 "수험번호-성명"으로 입력하여 답안폴더(내 PC\문서\ITQ)에 하나의 파일로 저장해야 하며, 답안문서 파일명이 "수험번호-성명"과 일치하지 않거나, 답안파일을 전송하지 않아 미제출로 처리될 경우 실격 처리합니다(예: 12345678-홍길동.hwpx).
- 답안 작성을 마치면 파일을 저장하고, '답안 전송' 버튼을 선택하여 감독위원 PC로 답안을 전송하십시오. 수험생 정보와 저장한 파일명이 다를 경우 전송되지 않으므로 주의하시기 바랍니다.
- 답안 작성 중에도 **주기적으로 저장하고, '답안 전송'**하여야 문제 발생을 줄일 수 있습니다. 작업한 내용을 저장하지 않고 전송할 경우 이전에 저장된 내용이 전송되오니 이점 유의하시기 바랍니다.
- 답안문서는 지정된 경로 외의 다른 보조기억장치에 저장하는 경우, 지정된 시험 시간 외에 작성된 파일을 활용할 경우, 기타 통신수단(이메일, 메신저, 네트워크 등)을 이용하여 타인에게 전달 또는 외부 반출하는 경우는 부정 처리합니다.
- 시험 중 부주의 또는 고의로 시스템을 파손한 경우는 수험자가 변상해야 하며, 〈수험자 유의사항〉에 기재된 방법대로 이행하지 않아 생기는 불이익은 수험생 당사자의 책임임을 알려 드립니다.
- 문제의 조건은 한컴오피스 2022 버전으로 설정되어 있으니 유의하시기 바랍니다.
- 시험을 완료한 수험자는 답안파일이 전송되었는지 확인한 후 감독위원의 지시에 따라 문제지를 제출하고 퇴실합니다.

답안 작성요령

- 온라인 답안 작성 절차
  수험자 등록 ⇒ 시험 시작 ⇒ 답안파일 저장 ⇒ 답안 전송 ⇒ 시험 종료
- 공통 부문
  - 글꼴에 대한 기본설정은 함초롬바탕, 10포인트, 검정, 줄간격 160%, 양쪽정렬로 합니다.
  - 색상은 조건의 색을 적용하고 색의 구분이 안 될 경우에는 RGB 값을 적용하십시오.
    (빨강 255, 0, 0 / 파랑 0, 0, 255 / 노랑 255, 255, 0).
  - 각 문항에 주어진 ≪조건≫에 따라 작성하고 언급하지 않은 조건은 ≪출력형태≫와 같이 작성합니다.
  - 용지여백은 왼쪽·오른쪽 11mm, 위쪽·아래쪽·머리말·꼬리말 10mm, 제본 0mm로 합니다.
  - 그림 삽입 문제의 경우「내 PC\문서\ITQ\Picture」폴더에서 지정된 파일을 선택하여 삽입하십시오.
  - 삽입한 그림은 반드시 문서에 포함하여 저장해야 합니다(미포함 시 감점 처리).
  - 각 항목은 지정된 페이지에 출력형태와 같이 정확히 작성하시기 바라며, 그렇지 않을 경우에 해당 항목은 0점 처리됩니다.
    ※ 페이지구분 : 1페이지 - 기능평가 I (문제번호 표시 : 1. 2.),
    　　　　　　　 2페이지 - 기능평가 II(문제번호 표시 : 3. 4.),
    　　　　　　　 3페이지 - 문서작성 능력평가
- 기능평가
  - 문제와 ≪조건≫은 입력하지 않으며 문제번호와 답(≪출력형태≫)만 작성합니다.
  - 4번 문제는 묶기를 했을 경우 0점 처리됩니다.
- 문서작성 능력평가
  - A4 용지(210mm×297mm) 1매 크기, 세로 서식 문서로 작성합니다.
  - (┈┈┈┈┈) 표시는 문서작성에 대한 지시사항이므로 작성하지 않습니다.

kpc 한국생산성본부

기능평가 I   150점

1. 다음의 ≪조건≫에 따라 스타일 기능을 적용하여 ≪출력형태≫와 같이 작성하시오. (50점)

≪조건≫ (1) 스타일 이름 – air
(2) 문단 모양 – 왼쪽 여백 : 15pt, 문단 아래 간격 : 10pt
(3) 글자 모양 – 글꼴 : 한글(돋움)/영문(굴림), 크기 : 10pt, 장평 : 95%, 자간 : 5%

≪출력형태≫

Concern about air pollution has led to the acceptance of electric vehicles as a viable alternative to vehicles powered by gasoline.

친환경 자동차의 특징은 화석연료를 사용하는 일반 자동차보다 적은 연료로 먼 거리를 주행하고 동시에 이산화탄소 배출을 크게 줄일 수 있는 기술을 적용한 것이다.

2. 다음의 ≪조건≫에 따라 ≪출력형태≫와 같이 표와 차트를 작성하시오. (100점)

≪표 조건≫ (1) 표 전체(표, 캡션) – 굴림, 10pt
(2) 정렬 – 문자 : 가운데 정렬, 숫자 : 오른쪽 정렬
(3) 셀 배경(면색) : 노랑
(4) 한글의 계산 기능을 이용하여 빈칸에 합계를 구하고, 캡션 기능 사용할 것
(5) 선 모양은 ≪출력형태≫와 동일하게 처리할 것

≪출력형태≫

친환경 자동차 보급 현황(단위 : 천 대)

연도	하이브리드	플러그인하이브리드	전기	수소전지	합계
2017년	73	5	30	0.3	
2018년	108	10	40	2.0	
2019년	166	13	50	2.6	
2020년	253	19	64	3.9	

≪차트 조건≫ (1) 차트 데이터는 표 내용에서 구분별 2017년, 2018년, 2019년의 값만 이용할 것
(2) 종류 – 〈묶은 세로 막대형〉으로 작업할 것
(3) 제목 – 글꼴 : 돋움, 진하게, 12pt,
속성 : 채우기(밝은 색 : 하양), 테두리, 그림자(바깥쪽 : 대각선 오른쪽 아래)
(4) 제목 이외의 전체 글꼴 – 돋움, 보통, 10pt
(5) 축제목과 범례는 ≪출력형태≫와 동일하게 처리할 것

≪출력형태≫

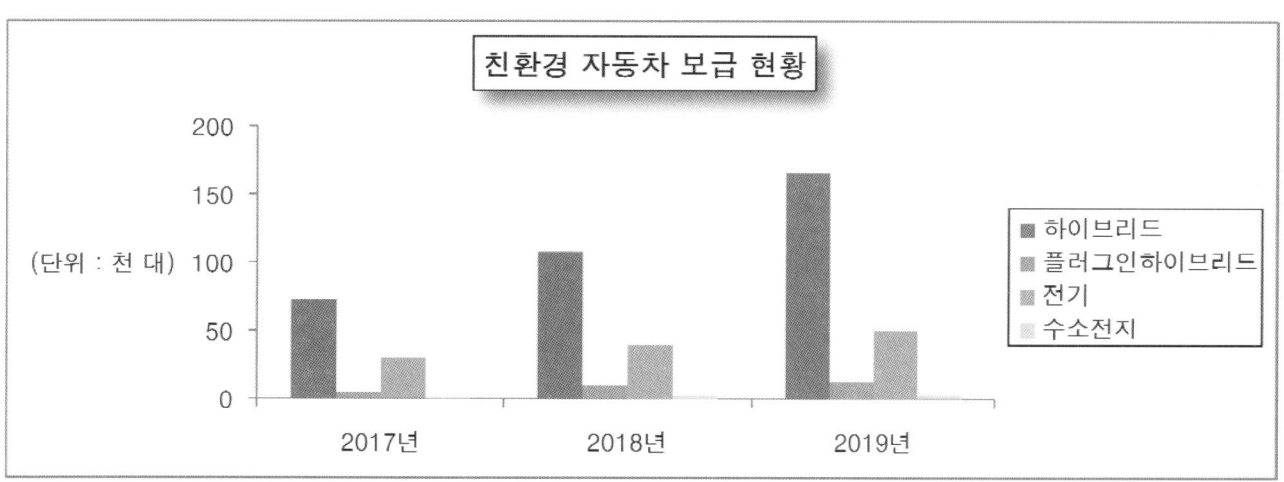

기능평가 II   150점

3. 다음 (1), (2)의 수식을 수식 편집기로 각각 입력하시오. (40점)

≪출력형태≫

(1) $m = \dfrac{\Delta P}{K_a} = \dfrac{\Delta t_b}{K_b} = \dfrac{\Delta t_f}{K_f}$

(2) $\displaystyle\int_0^3 \dfrac{\sqrt{6t^2-18t+12}}{5}dt = 11$

4. 다음의 ≪조건≫에 따라 ≪출력형태≫와 같이 문서를 작성하시오. (110점)

≪조건≫

(1) 그리기 도구를 이용하여 작성하고, 모든 도형(글맵시, 지정된 그림 포함)을 ≪출력형태≫와 같이 작성하시오.
(2) 도형의 면색은 지시사항이 없으면 색 없음을 제외하고 서로 다르게 임의로 지정하시오.

≪출력형태≫

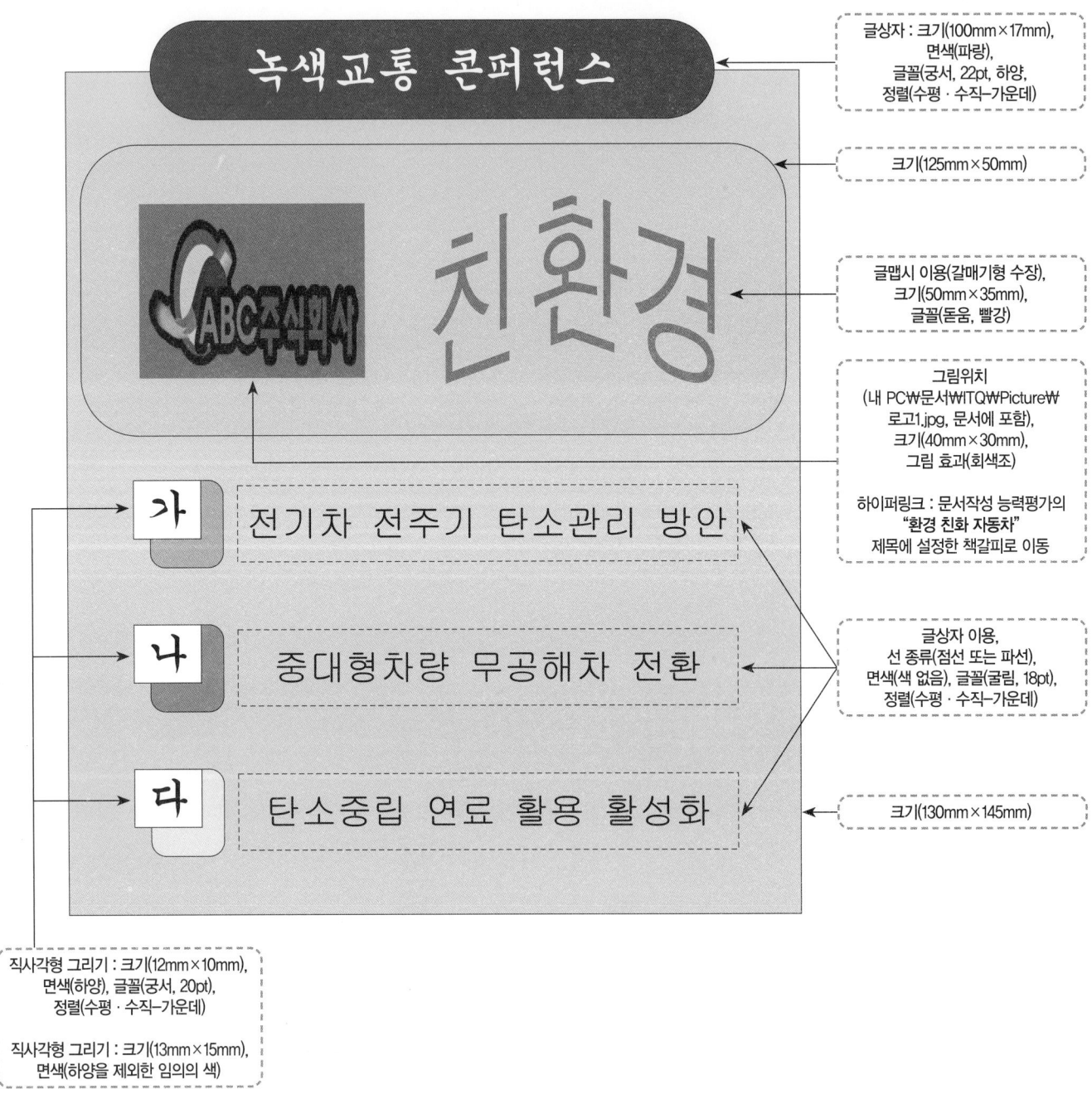

환경 친화 자동차

친환경 자동차란 전기 자동차나 수소연료 자동차⑪, 하이브리드 자동차 등과 같이 연료 효율을 극대화하고 유해물질이나 온실가스 배출량이 적어 환경 피해를 줄인 자동차를 말한다. 전기 자동차의 역사는 1828년 헝가리의 야노쉬 예드릭으로부터 시작되었으며, 1865년 프랑스의 물리학자 가스통 플랑테가 축전지를 개발하면서 전기를 동력원(動力源)으로 하는 최초의 실용적인 전기 자동차가 1884년 영국의 토머스 파커에 의해 만들어졌다. 1900년대 초반 내연기관 기술이 개발되면서 한동안 주춤했던 전기 자동차는 1980년대 들어 환경에 대한 관심이 증가하면서 다시 주목받기 시작했다.

세계적인 자동차 회사들은 친환경 자동차에 대한 다양한 기술 개발과 지속적인 투자(投資)에 노력하고 있다. BMW는 전기에너지를 풍력발전으로 생산하고 탄소섬유 부품에도 재활용에너지를 사용하며, 토요타는 하이브리드를 주력으로 생산하는 건물에 태양광 설비를 가동하여 태양열로 전기를 공급한다. 아우디도 원료의 조달과 부품의 생산공정에 친환경 기술을 도입하였다. 우리나라에서도 2013년 하반기부터 순수 전기 자동차 모델이 등장하기 시작했으며 현재는 다양한 하이브리드 자동차가 출시되고 있다.

♥ 국제 친환경 자동차 엑스포

1. 전시 기간 및 장소
 가. 일시 : 2023년 9월 6일(수) - 9월 8일(금)
 나. 장소 : 제주도국제컨벤션센터
2. 참가 규모 및 주요 행사
 가. 규모 : 친환경 자동차 제조사 및 관련 산업체 100개사
 나. 행사 : 전시회, 콘퍼런스, 부대 행사, 펨투어

♥ 엑스포 전시 품목

구분	내용	비고
모빌리티	승용차, 상용차, 전기버스, 초소형 전기차	기타 자세한 사항은 협회의 홈페이지를 참고하기 바랍니다.
	이륜/삼륜차, 전동농기계, 전기선박, UAM	
충전기	완속충전, 급속충전, 무선충전, 가정용 충전, 휴대용 충전	
자율주행/AI/로봇	자율주행, 원격조종, AI, 소프트웨어	
	로보틱스, 센서장비, 애플리케이션 등	
에너지	태양열, 풍력, 수소 등 친환경/신재생 에너지, 스마트그리드	

한국전기차협회

⑪ 수소(H)와 산소(O)를 반응시켜 생산된 전기를 동력원으로 하는 자동차

제07회 정보기술자격(ITQ) 최신유형 기출문제

과목	코드	문제유형	시험시간	수험번호	성명
아래한글	1111	A	60분		

한컴 오피스

수험자 유의사항

- 수험자는 문제지를 받는 즉시 문제지와 **수험표상의 시험과목(프로그램)이 동일한지 반드시 확인**하여야 합니다.
- 파일명은 본인의 "수험번호-성명"으로 입력하여 답안폴더(내 PC\문서\ITQ)에 하나의 파일로 저장해야 하며, 답안문서 파일명이 "수험번호-성명"과 일치하지 않거나, 답안파일을 전송하지 않아 미제출로 처리될 경우 실격 처리합니다(예: 12345678-홍길동.hwpx).
- 답안 작성을 마치면 파일을 저장하고, '답안 전송' 버튼을 선택하여 감독위원 PC로 답안을 전송하십시오. 수험생 정보와 저장한 파일명이 다를 경우 전송되지 않으므로 주의하시기 바랍니다.
- 답안 작성 중에도 **주기적으로 저장하고, '답안 전송'**하여야 문제 발생을 줄일 수 있습니다. 작업한 내용을 저장하지 않고 전송할 경우 이전에 저장된 내용이 전송되오니 이점 유의하시기 바랍니다.
- 답안문서는 지정된 경로 외의 다른 보조기억장치에 저장하는 경우, 지정된 시험 시간 외에 작성된 파일을 활용할 경우, 기타 통신수단(이메일, 메신저, 네트워크 등)을 이용하여 타인에게 전달 또는 외부 반출하는 경우는 부정 처리합니다.
- 시험 중 부주의 또는 고의로 시스템을 파손한 경우는 수험자가 변상해야 하며, 〈수험자 유의사항〉에 기재된 방법대로 이행하지 않아 생기는 불이익은 수험생 당사자의 책임임을 알려 드립니다.
- 문제의 조건은 한컴오피스 2022 버전으로 설정되어 있으니 유의하시기 바랍니다.
- 시험을 완료한 수험자는 답안파일이 전송되었는지 확인한 후 감독위원의 지시에 따라 문제지를 제출하고 퇴실합니다.

답안 작성요령

- 온라인 답안 작성 절차
  수험자 등록 ⇒ 시험 시작 ⇒ 답안파일 저장 ⇒ 답안 전송 ⇒ 시험 종료
- 공통 부문
  - 글꼴에 대한 기본설정은 함초롬바탕, 10포인트, 검정, 줄간격 160%, 양쪽정렬로 합니다.
  - 색상은 조건의 색을 적용하고 색의 구분이 안 될 경우에는 RGB 값을 적용하십시오.
    (빨강 255, 0, 0 / 파랑 0, 0, 255 / 노랑 255, 255, 0).
  - 각 문항에 주어진 ≪조건≫에 따라 작성하고 언급하지 않은 조건은 ≪출력형태≫와 같이 작성합니다.
  - 용지여백은 왼쪽·오른쪽 11mm, 위쪽·아래쪽·머리말·꼬리말 10mm, 제본 0mm로 합니다.
  - 그림 삽입 문제의 경우 「내 PC\문서\ITQ\Picture」 폴더에서 지정된 파일을 선택하여 삽입하십시오.
  - 삽입한 그림은 반드시 문서에 포함하여 저장해야 합니다(미포함 시 감점 처리).
  - 각 항목은 지정된 페이지에 출력형태와 같이 정확히 작성하시기 바라며, 그렇지 않을 경우에 해당 항목은 0점 처리됩니다.
    ※ 페이지구분 : 1페이지 - 기능평가 I (문제번호 표시 : 1. 2.),
    　　　　　　　 2페이지 - 기능평가 II (문제번호 표시 : 3. 4.),
    　　　　　　　 3페이지 - 문서작성 능력평가
- 기능평가
  - 문제와 ≪조건≫은 입력하지 않으며 문제번호와 답(≪출력형태≫)만 작성합니다.
  - 4번 문제는 묶기를 했을 경우 0점 처리됩니다.
- 문서작성 능력평가
  - A4 용지(210mm×297mm) 1매 크기, 세로 서식 문서로 작성합니다.
  - (   ) 표시는 문서작성에 대한 지시사항이므로 작성하지 않습니다.

kpc 한국생산성본부

기능평가 I 150점

1. 다음의 ≪조건≫에 따라 스타일 기능을 적용하여 ≪출력형태≫와 같이 작성하시오. (50점)

≪조건≫ (1) 스타일 이름 - money
(2) 문단 모양 - 왼쪽 여백 : 15pt, 문단 아래 간격 : 10pt
(3) 글자 모양 - 글꼴 : 한글(돋움)/영문(굴림), 크기 : 10pt, 장평 : 95%, 자간 : 5%

≪출력형태≫

Money is a unit of account for the prices of goods, services, and financial and real assets. It can be a medium of exchange and carry out a storage of value.

화폐는 거래를 원활히 하는 데 쓰이는 매개물의 일종으로 재화와 서비스, 금융 및 실물자산의 가격을 나타내는 척도로써 교환의 매개가 되며 가치저장의 기능을 수행한다.

2. 다음의 ≪조건≫에 따라 ≪출력형태≫와 같이 표와 차트를 작성하시오. (100점)

≪표 조건≫ (1) 표 전체(표, 캡션) - 굴림, 10pt
(2) 정렬 - 문자 : 가운데 정렬, 숫자 : 오른쪽 정렬
(3) 셀 배경(면색) : 노랑
(4) 한글의 계산 기능을 이용하여 빈칸에 합계를 구하고, 캡션 기능 사용할 것
(5) 선 모양은 ≪출력형태≫와 동일하게 처리할 것

≪출력형태≫

기간별 정기예금 저축 현황(단위 : 천억 원)

구분	2019년	2020년	2021년	2022년	합계
6개월	725	788	712	719	
1년	654	577	623	697	
2년	179	245	209	199	
3년	119	127	138	143	

≪차트 조건≫ (1) 차트 데이터는 표 내용에서 구분별 6개월, 1년, 2년의 값만 이용할 것
(2) 종류 - 〈묶은 세로 막대형〉으로 작업할 것
(3) 제목 - 글꼴 : 돋움, 진하게, 12pt,
속성 : 채우기(밝은 색 : 하양), 테두리, 그림자(바깥쪽 : 대각선 오른쪽 아래)
(4) 제목 이외의 전체 글꼴 - 돋움, 보통, 10pt
(5) 축제목과 범례는 ≪출력형태≫와 동일하게 처리할 것

≪출력형태≫

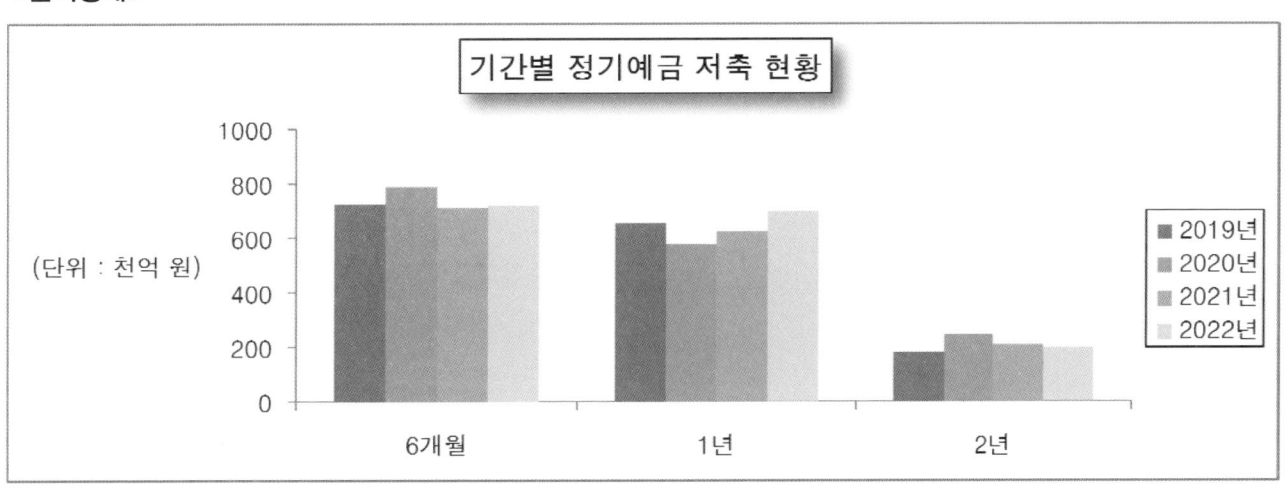

기능평가 II 150점

3. 다음 (1), (2)의 수식을 수식 편집기로 각각 입력하시오. (40점)

≪출력형태≫

(1) $h = \sqrt{k^2 - r^2}, M = \dfrac{1}{3}\pi r^2 h$

(2) $\displaystyle\int_a^b x f(x)dx = \dfrac{1}{b-a}\int_a^b x\,dx = \dfrac{a+b}{2}$

4. 다음의 ≪조건≫에 따라 ≪출력형태≫와 같이 문서를 작성하시오. (110점)

≪조건≫
(1) 그리기 도구를 이용하여 작성하고, 모든 도형(글맵시, 지정된 그림 포함)을 ≪출력형태≫와 같이 작성하시오.
(2) 도형의 면색은 지시사항이 없으면 색 없음을 제외하고 서로 다르게 임의로 지정하시오.

≪출력형태≫

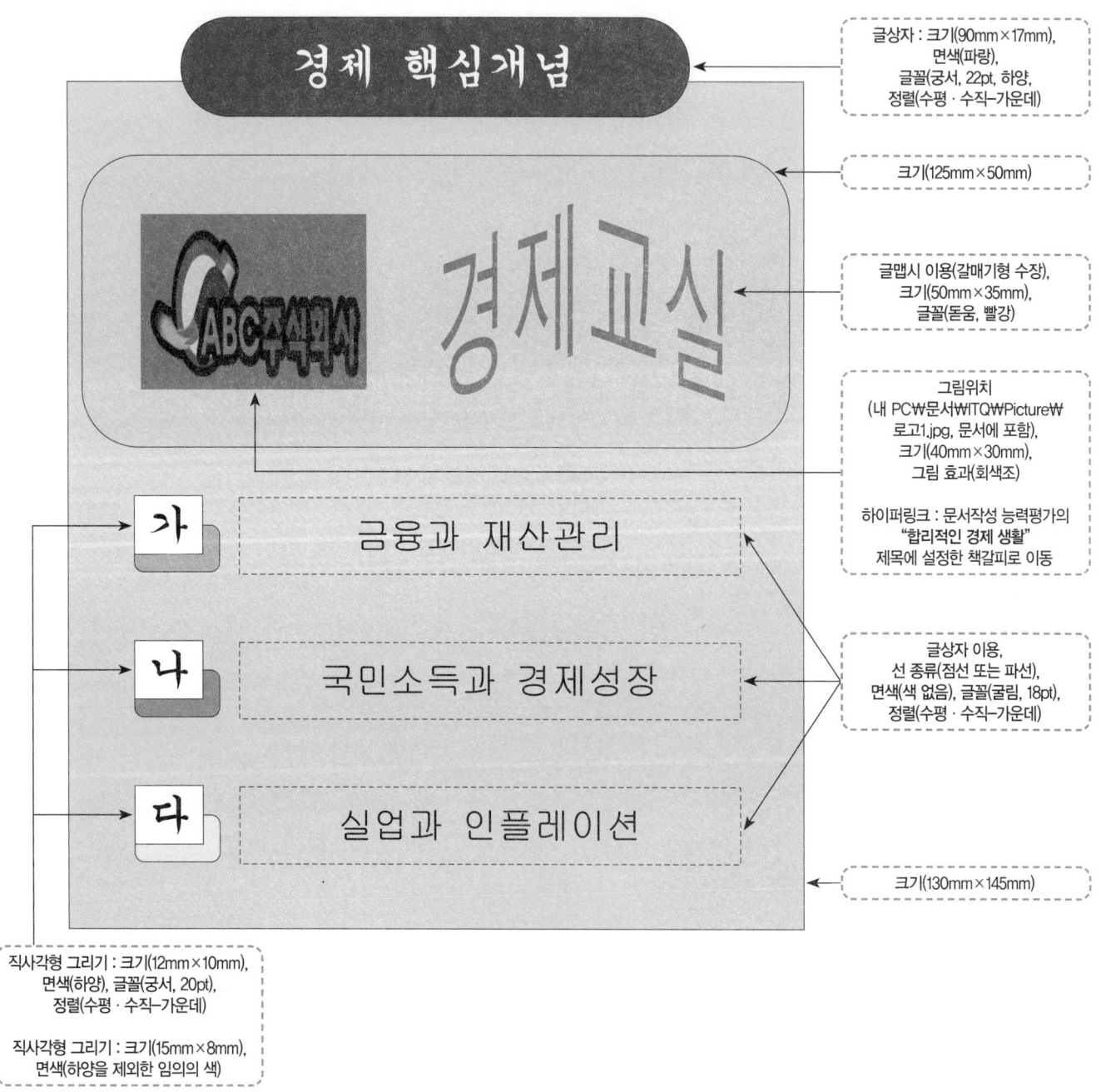

합리적인 경제 생활
슬기로운 예금

사람은 누구나 행복한 삶을 소망한다. 물질적인 조건만 갖춘다고 해서 행복이 보장되는 것은 아니지만 자족(自足)할 만한 수준 이상의 경제적 능력은 행복한 생활을 위해 필수적이다. 그래서 지금 이 시간에도 사람들은 경제적 능력을 향상시키기 위해 저마다의 위치에서 열심히 노력하고 있다. 여유가 없어 지금 당장은 저축을 하지 못한다 하더라도 실망할 필요는 없다. 여유 자금이 없더라도 우선은 가까운 금융기관을 자주 방문하여 금융 서비스 정보를 모으거나 금융상품 선택 방법 등을 배우는 것부터 시작할 수 있다.

　여유 자금이 생겼을 때를 대비하여 준비를 철저히 한다면 좀 더 수월하게 유리한 저축 수단(手段)을 선택할 수 있으며 자신이 꿈꾸어 왔던 행복한 미래에 더 빨리 다가갈 수 있다. 따라서 먼저 생활 속에서 금융 서비스 정보에 친숙해질 수 있는 방법들과 금융상품을 선택하는 기준을 바르게 알아야 한다. 저축을 생활화하기 위한 방법과 고령화시대 노후 준비를 위한 자금 마련 방법 등도 함께 알아두어야 한다. 이 밖에도 저축은 불필요한 소비를 줄임으로써 물가안정과 자원절약에 기여하는 한편 근검절약㉠의 생활화를 유도하여 건전한 사회풍토를 조성하는 데에도 일익을 담당하고 있다.

♥ 생활설계를 위한 저축의 필요성

　A. 가족의 성장과 주요 계획
　　1. 주택 마련 시기, 자녀의 진학, 취직, 결혼 시기
　　2. 세대주의 정년퇴직 시기와 재취직 계획, 기타 장래에 있을 일들
　B. 자금 준비 계획
　　1. 주택 자금, 자녀의 교육과 결혼, 노후 대비, 해외여행 등
　　2. 현재 저축액, 향후 저축액, 매년의 적립 또는 차입상환액 등

♥ 한국은행 경제특강 교육주제

구분	주요 내용	담당 부서
통화정책	주요 경제 이슈 및 이에 대한 한국은행의 통화정책 대응	국제협력국
	중앙은행 통화정책과 직접 관련된 금리가 자산가격과 일반물가에 미치는 영향	통화정책국
금융시장	금융제도의 개념 및 유형, 각종 금융시장의 기능과 역할	금융안정국
	금리와 환율에 대한 이해, 한 시간에 배우는 금융	금융시장국
	국제금융시장의 주요 참가자, 거래상품 및 매매방식, 기능 및 최근 동향	금융통화국
경제이론	경제현상 이해에 필요한 주요 경제지표의 개념, 특징, 이용방법 및 주의사항	경제교육국

한국은행경제교육

㉠ 부지런하고 알뜰하게 재물을 아낌

제 08 회 정보기술자격(ITQ) 최신유형 기출문제

과목	코드	문제유형	시험시간	수험번호	성명
아래한글	1111	A	60분		

한컴 오피스

수험자 유의사항

- 수험자는 문제지를 받는 즉시 문제지와 **수험표상의 시험과목(프로그램)이 동일한지 반드시 확인**하여야 합니다.
- 파일명은 본인의 "수험번호-성명"으로 입력하여 답안폴더(내 PC₩문서₩ITQ)에 하나의 파일로 저장해야 하며, 답안문서 파일명이 "수험번호-성명"과 일치하지 않거나, 답안파일을 전송하지 않아 미제출로 처리될 경우 실격 처리합니다(예: 12345678-홍길동.hwpx).
- 답안 작성을 마치면 파일을 저장하고, '답안 전송' 버튼을 선택하여 감독위원 PC로 답안을 전송하십시오. 수험생 정보와 저장한 파일명이 다를 경우 전송되지 않으므로 주의하시기 바랍니다.
- 답안 작성 중에도 **주기적으로 저장하고, '답안 전송'**하여야 문제 발생을 줄일 수 있습니다. 작업한 내용을 저장하지 않고 전송할 경우 이전에 저장된 내용이 전송되오니 이점 유의하시기 바랍니다.
- 답안문서는 지정된 경로 외의 다른 보조기억장치에 저장하는 경우, 지정된 시험 시간 외에 작성된 파일을 활용할 경우, 기타 통신수단(이메일, 메신저, 네트워크 등)을 이용하여 타인에게 전달 또는 외부 반출하는 경우는 부정 처리합니다.
- 시험 중 부주의 또는 고의로 시스템을 파손한 경우는 수험자가 변상해야 하며, 〈수험자 유의사항〉에 기재된 방법대로 이행하지 않아 생기는 불이익은 수험생 당사자의 책임임을 알려 드립니다.
- 문제의 조건은 한컴오피스 2022 버전으로 설정되어 있으니 유의하시기 바랍니다.
- 시험을 완료한 수험자는 답안파일이 전송되었는지 확인한 후 감독위원의 지시에 따라 문제지를 제출하고 퇴실합니다.

답안 작성요령

- 온라인 답안 작성 절차
  수험자 등록 ⇒ 시험 시작 ⇒ 답안파일 저장 ⇒ 답안 전송 ⇒ 시험 종료
- 공통 부문
  - 글꼴에 대한 기본설정은 함초롬바탕, 10포인트, 검정, 줄간격 160%, 양쪽정렬로 합니다.
  - 색상은 조건의 색을 적용하고 색의 구분이 안 될 경우에는 RGB 값을 적용하십시오.
    (빨강 255, 0, 0 / 파랑 0, 0, 255 / 노랑 255, 255, 0).
  - 각 문항에 주어진 ≪조건≫에 따라 작성하고 언급하지 않은 조건은 ≪출력형태≫와 같이 작성합니다.
  - 용지여백은 왼쪽·오른쪽 11mm, 위쪽·아래쪽·머리말·꼬리말 10mm, 제본 0mm로 합니다.
  - 그림 삽입 문제의 경우「내 PC₩문서₩ITQ₩Picture」폴더에서 지정된 파일을 선택하여 삽입하십시오.
  - 삽입한 그림은 반드시 문서에 포함하여 저장해야 합니다(미포함 시 감점 처리).
  - 각 항목은 지정된 페이지에 출력형태와 같이 정확히 작성하시기 바라며, 그렇지 않을 경우에 해당 항목은 0점 처리됩니다.
    ※ 페이지구분 : 1페이지 - 기능평가 I (문제번호 표시 : 1. 2.),
              2페이지 - 기능평가 II(문제번호 표시 : 3. 4.),
              3페이지 - 문서작성 능력평가
- 기능평가
  - 문제와 ≪조건≫은 입력하지 않으며 문제번호와 답(≪출력형태≫)만 작성합니다.
  - 4번 문제는 묶기를 했을 경우 0점 처리됩니다.
- 문서작성 능력평가
  - A4 용지(210mm×297mm) 1매 크기, 세로 서식 문서로 작성합니다.
  - ┌──────┐ 표시는 문서작성에 대한 지시사항이므로 작성하지 않습니다.

kpc 한국생산성본부

기능평가 I 150점

1. 다음의 ≪조건≫에 따라 스타일 기능을 적용하여 ≪출력형태≫와 같이 작성하시오. (50점)

≪조건≫ (1) 스타일 이름 – methodology
(2) 문단 모양 – 왼쪽 여백 : 15pt, 문단 아래 간격 : 10pt
(3) 글자 모양 – 글꼴 : 한글(돋움)/영문(굴림), 크기 : 10pt, 장평 : 95%, 자간 : 5%

≪출력형태≫

We will review traffic data that can be used to develop an AI model, build an AI model through a methodology, and review ways to utilize and improve the construction model.

AI 모형을 개발하기 위해 활용 가능한 교통 데이터를 검토하고, 방법론을 통해 AI 모형을 구축하고, 구축 모형의 활용방안과 개선방안에 대해서도 검토하고자 한다.

2. 다음의 ≪조건≫에 따라 ≪출력형태≫와 같이 표와 차트를 작성하시오. (100점)

≪표 조건≫ (1) 표 전체(표, 캡션) – 돋움, 10pt
(2) 정렬 – 문자 : 가운데 정렬, 숫자 : 오른쪽 정렬
(3) 셀 배경(면색) : 노랑
(4) 한글의 계산 기능을 이용하여 빈칸에 합계를 구하고, 캡션 기능 사용할 것
(5) 선 모양은 ≪출력형태≫와 동일하게 처리할 것

≪출력형태≫

서울시 가구통행실태조사 표본 할당(단위 : 천 명)

구분	5-19세	20-24세	35-49세	50-64세	합계
남성	555	952	1,095	1,017	
여성	534	1,051	1,111	1,106	
표본1	140	240	270	250	
표본2	110	160	180	120	

≪차트 조건≫ (1) 차트 데이터는 표 내용에서 연령별 남성, 여성, 표본1의 값만 이용할 것
(2) 종류 – 〈묶은 세로 막대형〉으로 작업할 것
(3) 제목 – 글꼴 : 굴림, 진하게, 12pt,
속성 : 채우기(밝은 색 : 하양), 테두리, 그림자(바깥쪽 : 대각선 오른쪽 아래)
(4) 제목 이외의 전체 글꼴 – 굴림, 보통, 10pt
(5) 축제목과 범례는 ≪출력형태≫와 동일하게 처리할 것

≪출력형태≫

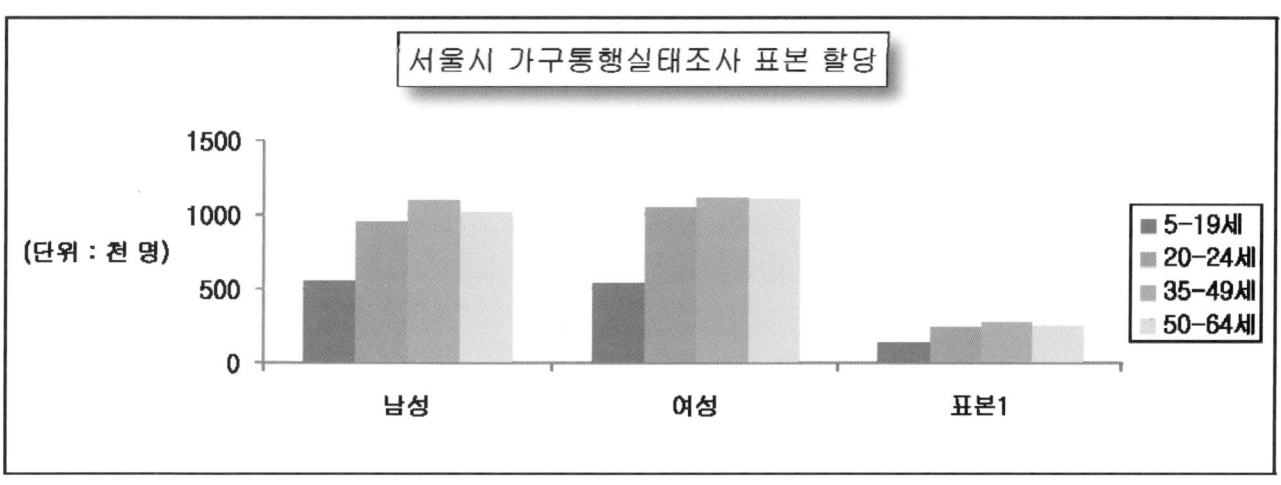

기능평가 II   150점

3. 다음 (1), (2)의 수식을 수식 편집기로 각각 입력하시오. (40점)

≪출력형태≫

(1) $\dfrac{PV}{T} = \dfrac{1 \times 22.4}{273} \fallingdotseq 0.082$

(2) $\displaystyle\int_0^3 \dfrac{\sqrt{6t^2 - 18t + 12}}{5} dt = 11$

4. 다음의 ≪조건≫에 따라 ≪출력형태≫와 같이 문서를 작성하시오. (110점)

≪조건≫

(1) 그리기 도구를 이용하여 작성하고, 모든 도형(글맵시, 지정된 그림 포함)을 ≪출력형태≫와 같이 작성하시오.
(2) 도형의 면색은 지시사항이 없으면 색 없음을 제외하고 서로 다르게 임의로 지정하시오.

≪출력형태≫

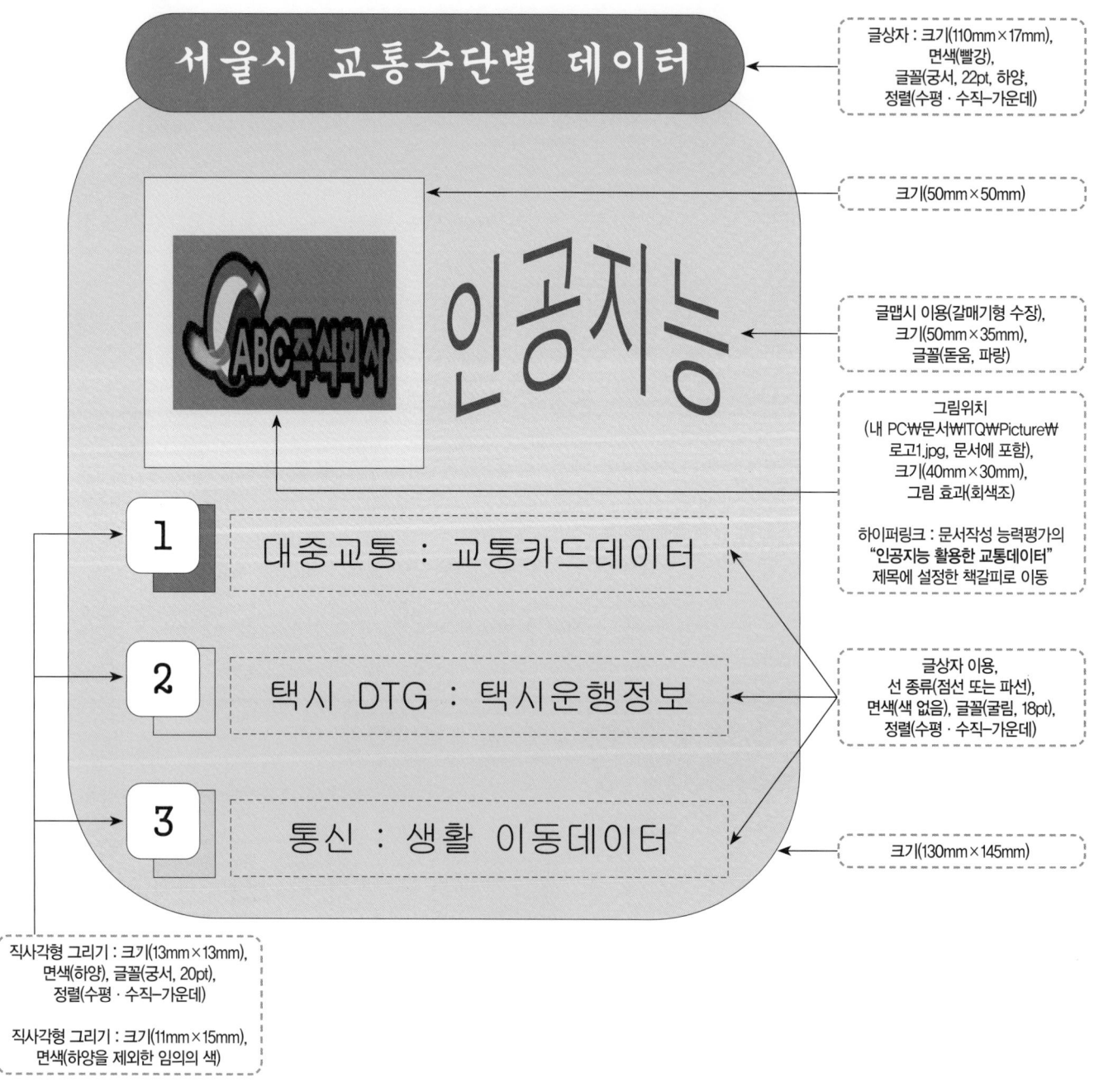

인공지능 활용한 교통데이터
서울연구원

가구통행실태조사로 구축되는 여객 기종점통행량(O/D)⊙은 교통계획 및 사회간접자본의 타당성 평가에 활용되는 각종 교통통계지표를 산출하기 위한 핵심 기초자료이다. 표본율 감소에 따른 문제 해결을 위해 현장에서 수집(蒐集)되는 교통 빅데이터 활용이 논의되고 있다. 전수에 가까운 교통카드데이터와 택시데이터가 있음에도 불구하고, O/D 구축과정에서 이 데이터들의 구체적 활용방안은 여전히 미비한 실정이다. 교통데이터에 AI 방법론을 적용해 통행목적과 이용자특성 등 필요한 속성을 추정(推定)한다.

가구통행실태조사는 개인에 관한 풍부한 정보를 제공하지만, 극히 적은 표본이라는 단점이 있다. 반면, 교통카드데이터와 택시운행정보관리시스템 데이터는 전수 통행데이터라는 엄청난 장점이 있지만 통행목적과 이용자특성에 대한 정보가 없다. 통신데이터인 생활이동데이터는 표본율이 가구통행실태조사 대비 높고 통행목적과 이용자특성에 대한 정보가 있지만, 교통수단이 구분되어 있지 않다. 이처럼 필요한 속성이 있는 표본 데이터와 전수 데이터이지만 해당 속성이 없는 데이터가 존재하여, 각 데이터의 장점을 적절히 활용할 필요가 있다.

◆ 교통데이터 통행목적과 이용자특성 추정

가. AI모형 중 분류모형과 생성모형 적용
    ㉠ 가구통행실태조사의 통행정보와 이용자특성 학습
    ㉡ 교통카드데이터의 통행목적과 이용자특성 추정
나. 대중교통과 택시 각각의 AI모형 구축
    ㉠ 대중교통 AI모형 입력 변수와 모형에 따라 구축
    ㉡ 택시 AI모형 표본 매우 부족, 신뢰성 부족

◆ 교통데이터 특성 비교

데이터 구분	표본율	이용자특성	데이터특성
가구통행실태조사	0.25%	성별, 연령, 소득 등	통행목적, 수단
교통카드데이터	100%	아동/청소년/고령자 구분	수단
택시운행정보관리시스템	100%	알수없음	수단
통신데이터	23.97%	성별, 연령대	통행목적
교통카드 및 택시 데이터		표본율은 100%에 가까우므로 100%라고 표기함	

도시인프라계획센터

⊙ 시종점간의 통행수 추정, 차량대수 또는 승객수

제09회 정보기술자격(ITQ) 최신유형 기출문제

과목	코드	문제유형	시험시간	수험번호	성명
아래한글	1111	A	60분		

한컴 오피스

수험자 유의사항

- 수험자는 문제지를 받는 즉시 문제지와 **수험표상의 시험과목(프로그램)이 동일한지 반드시 확인**하여야 합니다.
- 파일명은 본인의 "수험번호-성명"으로 입력하여 답안폴더(내 PC₩문서₩ITQ)에 하나의 파일로 저장해야 하며, 답안문서 파일명이 "수험번호-성명"과 일치하지 않거나, 답안파일을 전송하지 않아 미제출로 처리될 경우 실격 처리합니다(예: 12345678-홍길동.hwpx).
- 답안 작성을 마치면 파일을 저장하고, '답안 전송' 버튼을 선택하여 감독위원 PC로 답안을 전송하십시오. 수험생 정보와 저장한 파일명이 다를 경우 전송되지 않으므로 주의하시기 바랍니다.
- 답안 작성 중에도 **주기적으로 저장하고, '답안 전송'**하여야 문제 발생을 줄일 수 있습니다. 작업한 내용을 저장하지 않고 전송할 경우 이전에 저장된 내용이 전송되오니 이점 유의하시기 바랍니다.
- 답안문서는 지정된 경로 외의 다른 보조기억장치에 저장하는 경우, 지정된 시험 시간 외에 작성된 파일을 활용할 경우, 기타 통신수단(이메일, 메신저, 네트워크 등)을 이용하여 타인에게 전달 또는 외부 반출하는 경우는 부정 처리합니다.
- 시험 중 부주의 또는 고의로 시스템을 파손한 경우는 수험자가 변상해야 하며, 〈수험자 유의사항〉에 기재된 방법대로 이행하지 않아 생기는 불이익은 수험생 당사자의 책임임을 알려 드립니다.
- 문제의 조건은 한컴오피스 2022 버전으로 설정되어 있으니 유의하시기 바랍니다.
- 시험을 완료한 수험자는 답안파일이 전송되었는지 확인한 후 감독위원의 지시에 따라 문제지를 제출하고 퇴실합니다.

답안 작성요령

- 온라인 답안 작성 절차
  수험자 등록 ⇒ 시험 시작 ⇒ 답안파일 저장 ⇒ 답안 전송 ⇒ 시험 종료
- 공통 부문
  · 글꼴에 대한 기본설정은 함초롬바탕, 10포인트, 검정, 줄간격 160%, 양쪽정렬로 합니다.
  · 색상은 조건의 색을 적용하고 색의 구분이 안 될 경우에는 RGB 값을 적용하십시오.
    (빨강 255, 0, 0 / 파랑 0, 0, 255 / 노랑 255, 255, 0).
  · 각 문항에 주어진 ≪조건≫에 따라 작성하고 언급하지 않은 조건은 ≪출력형태≫와 같이 작성합니다.
  · 용지여백은 왼쪽·오른쪽 11mm, 위쪽·아래쪽·머리말·꼬리말 10mm, 제본 0mm로 합니다.
  · 그림 삽입 문제의 경우 「내 PC₩문서₩ITQ₩Picture」 폴더에서 지정된 파일을 선택하여 삽입하십시오.
  · 삽입한 그림은 반드시 문서에 포함하여 저장해야 합니다(미포함 시 감점 처리).
  · 각 항목은 지정된 페이지에 출력형태와 같이 정확히 작성하시기 바라며, 그렇지 않을 경우에 해당 항목은 0점 처리됩니다.
    ※ 페이지구분 : 1페이지 - 기능평가 I (문제번호 표시 : 1. 2.),
                    2페이지 - 기능평가 II (문제번호 표시 : 3. 4.),
                    3페이지 - 문서작성 능력평가
- 기능평가
  · 문제와 ≪조건≫은 입력하지 않으며 문제번호와 답(≪출력형태≫)만 작성합니다.
  · 4번 문제는 묶기를 했을 경우 0점 처리됩니다.
- 문서작성 능력평가
  · A4 용지(210mm×297mm) 1매 크기, 세로 서식 문서로 작성합니다.
  · ┌┄┄┄┄┄┐ 표시는 문서작성에 대한 지시사항이므로 작성하지 않습니다.

kpc 한국생산성본부

기능평가 Ⅰ   150점

1. 다음의 ≪조건≫에 따라 스타일 기능을 적용하여 ≪출력형태≫와 같이 작성하시오. (50점)

≪조건≫ (1) 스타일 이름 - bigdata
(2) 문단 모양 - 왼쪽 여백 : 15pt, 문단 아래 간격 : 10pt
(3) 글자 모양 - 글꼴 : 한글(돋움)/영문(굴림), 크기 : 10pt, 장평 : 95%, 자간 : 5%

≪출력형태≫

Big data is a field that treats of ways to analyze, or otherwise deal with data sets that are too large or complex to be dealt with by traditional data-processing application software.

빅데이터란 기존 데이터베이스 관리도구의 능력을 넘어서는 수십 테라바이트의 정형 또는 비정형의 데이터 집합 조차 포함한 데이터로부터 가치를 추출하고 결과를 분석하는 기술이다.

2. 다음의 ≪조건≫에 따라 ≪출력형태≫와 같이 표와 차트를 작성하시오. (100점)

≪표 조건≫ (1) 표 전체(표, 캡션) - 돋움, 10pt
(2) 정렬 - 문자 : 가운데 정렬, 숫자 : 오른쪽 정렬
(3) 셀 배경(면색) : 노랑
(4) 한글의 계산 기능을 이용하여 빈칸에 합계를 구하고, 캡션 기능 사용할 것
(5) 선 모양은 ≪출력형태≫와 동일하게 처리할 것

≪출력형태≫

데이터산업 시장규모(단위 : 억 원)

구분	2019년	2020년	2021년	2022년	합계
데이터 수집	1,871	2,122	2,499	3,715	
데이터 분석	2,014	2,586	2,932	3,247	
데이터 관리	5,203	6,022	7,137	7,963	
데이터 보안	1,975	2,558	2,894	3,015	

≪차트 조건≫ (1) 차트 데이터는 표 내용에서 연도별 데이터 수집, 데이터 분석, 데이터 관리의 값만 이용할 것
(2) 종류 - 〈묶은 세로 막대형〉으로 작업할 것
(3) 제목 - 글꼴 : 굴림, 진하게, 12pt,
   속성 : 채우기(밝은 색 : 하양), 테두리, 그림자(바깥쪽 : 대각선 오른쪽 아래)
(4) 제목 이외의 전체 글꼴 - 굴림, 보통, 10pt
(5) 축제목과 범례는 ≪출력형태≫와 동일하게 처리할 것

≪출력형태≫

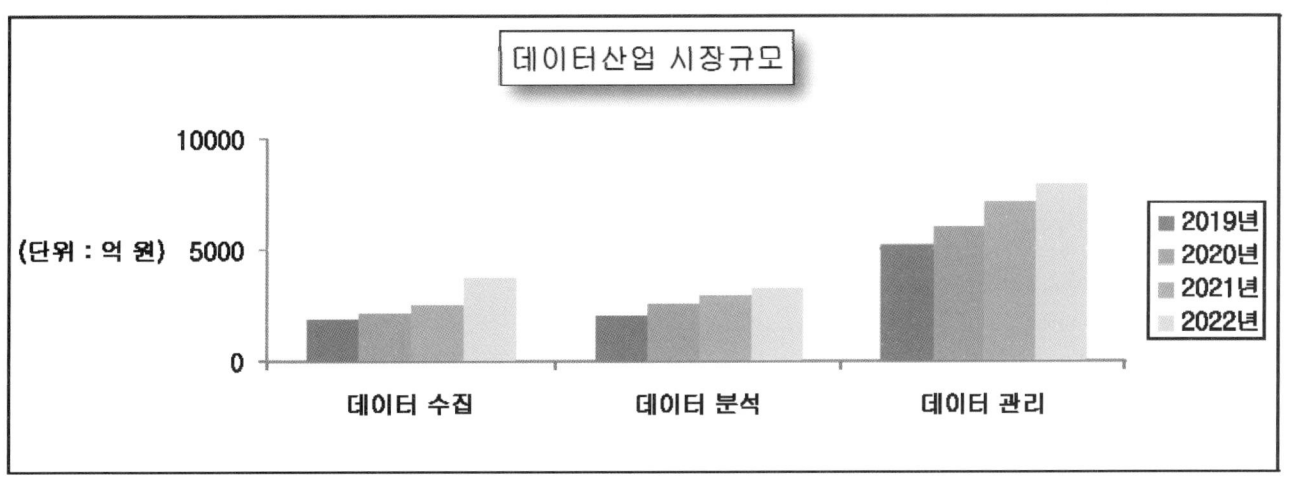

기능평가 II (150점)

3. 다음 (1), (2)의 수식을 수식 편집기로 각각 입력하시오. (40점)

≪출력형태≫

(1) $\dfrac{F}{h_2} = t_2 k_1 \dfrac{t_1}{d} = 2 \times 10^{-7} \dfrac{t_1 t_2}{d}$

(2) $\displaystyle\int_a^b A(x-a)(x-b)dx = -\dfrac{A}{6}(b-a)^3$

4. 다음의 ≪조건≫에 따라 ≪출력형태≫와 같이 문서를 작성하시오. (110점)

≪조건≫
(1) 그리기 도구를 이용하여 작성하고, 모든 도형(글맵시, 지정된 그림 포함)을 ≪출력형태≫와 같이 작성하시오.
(2) 도형의 면색은 지시사항이 없으면 색 없음을 제외하고 서로 다르게 임의로 지정하시오.

≪출력형태≫

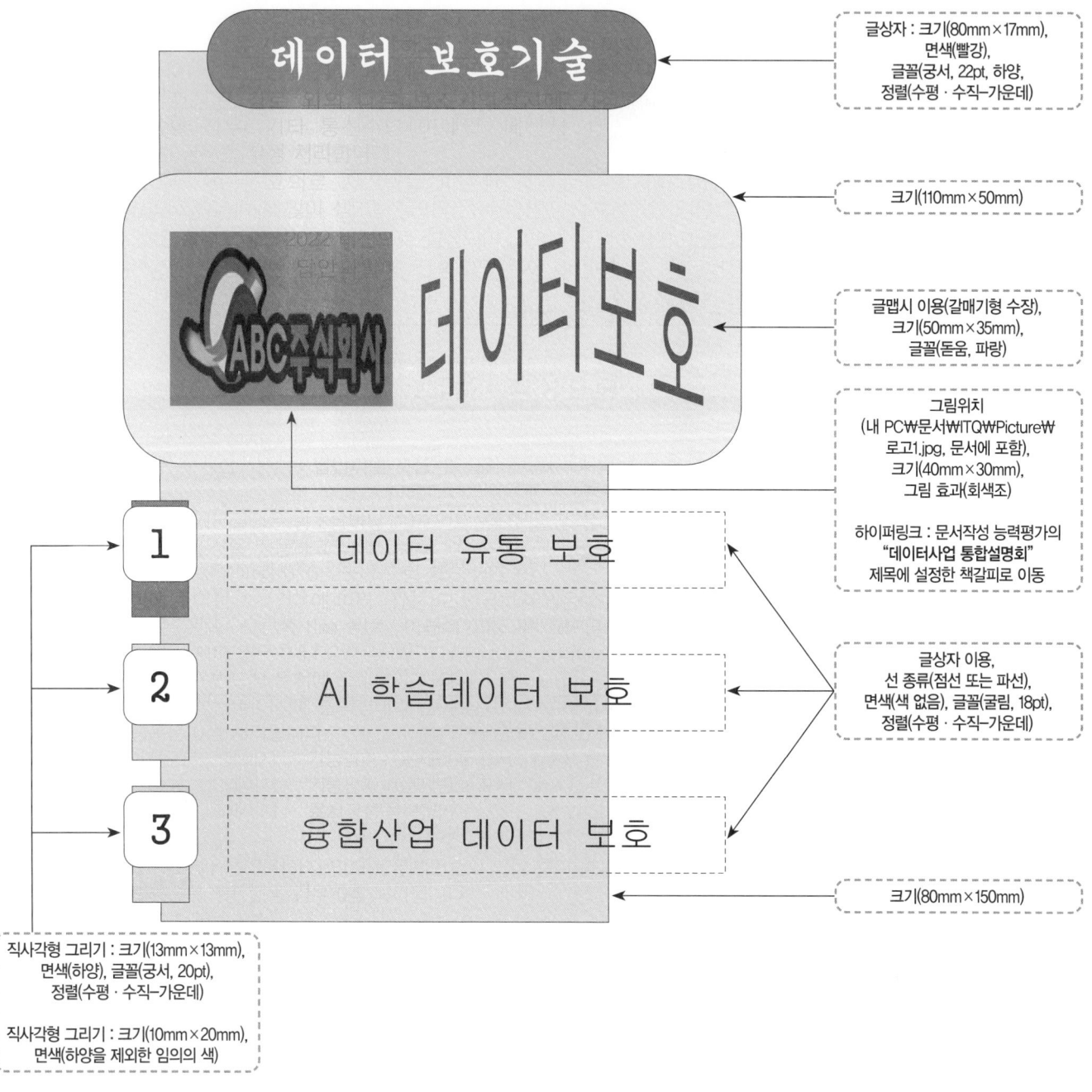

데이터사업 통합설명회

4차 산업혁명의 핵심 자원인 데이터가 양과 질적인 측면(側面)에서 선진국보다 뒤처진 상황㉠에서 이를 타개하기 위해 데이터 가치 사슬에 대한 전체 주기의 혁신이 필요하다. 이를 위해 공공기관과 민간이 협업(協業)하여 데이터의 생산, 수집, 분석, 유통을 지원하는 '빅데이터 플랫폼 및 네트워크 구축 사업'을 추진한다. '플랫폼'은 주요 분야별로 각종 데이터의 수집, 분석, 유통의 지원을 의미하며 '센터'는 중소기업, 대학 등 주요 기관별로 데이터를 체계적으로 생산하고 관리하는 것을 의미한다.

세부 추진과제로는 첫째, 수요 기반의 활용 가치가 높은 양질의 데이터를 기관별로 생산 및 구축하고 플랫폼을 통해 개방과 공유를 할 수 있는 체계를 마련할 수 있는 빅데이터 센터를 육성하고 둘째, 데이터 생태계를 조성하고 추진할 수 있는 빅데이터 플랫폼을 구축 및 운영하며 셋째, 민관 협력을 통해 데이터 유통 활용 기반을 조성하고 플랫폼 간 연계와 이용활성화를 지원하는 빅데이터 네트워크 조성이다. 데이터의 공유와 활용을 촉진하는 민간 협력 거버넌스인 빅데이터 얼라이언스를 구성 운영하고 이종 플랫폼 간에도 효과적으로 유통, 활용할 수 있도록 플랫폼간 상호 연계 기준을 마련하고 데이터 상황판을 구축 운영한다.

◆ 데이터사업 통합설명회 개요

가. 일시 및 장소
　㉠ 일시 : 2023. 7. 14(금), 15:00 - 18:00
　㉡ 장소 : 코엑스 컨퍼런스룸 E5, 5홀
나. 주요 설명 사업
　㉠ 빅데이터 플랫폼 및 네트워크 구축 사업
　㉡ 본인정보 활용지원(마이데이터) 사업

◆ 사업 추진 절차 및 향후 일정

구분	내용	일정	비고
과제 공모	홈페이지 등을 통한 과제 공모 공고	2월	한국지능정보사회진흥원
수행기관 선정평가	평가위원회(2단계)를 통해 수행기관 선정	4월	
과제 심의조정	과제 수행 내용 및 예산 조정 확정, 결과 통보	5월	한국지능정보사회진흥원 및 수행기관
결과 보고	사업 최종 결과보고서 제출	12월	
최종 평가	2차년도 과제수행 여부 판단을 위한 결과 평가		

한국데이터산업진흥원

㉠ 2021년 기준 국내 기업의 빅데이터 도입률 : 15.9%

제10회 정보기술자격(ITQ) 최신유형 기출문제

과목	코드	문제유형	시험시간	수험번호	성명
아래한글	1111	A	60분		

한컴 오피스

수험자 유의사항

- 수험자는 문제지를 받는 즉시 문제지와 **수험표상의 시험과목(프로그램)이 동일한지 반드시 확인**하여야 합니다.
- 파일명은 본인의 "수험번호-성명"으로 입력하여 답안폴더(내 PC\문서\ITQ)에 하나의 파일로 저장해야 하며, 답안문서 파일명이 "수험번호-성명"과 일치하지 않거나, 답안파일을 전송하지 않아 미제출로 처리될 경우 실격 처리합니다(예: 12345678-홍길동.hwpx).
- 답안 작성을 마치면 파일을 저장하고, '답안 전송' 버튼을 선택하여 감독위원 PC로 답안을 전송하십시오. 수험생 정보와 저장한 파일명이 다를 경우 전송되지 않으므로 주의하시기 바랍니다.
- 답안 작성 중에도 **주기적으로 저장하고, '답안 전송'**하여야 문제 발생을 줄일 수 있습니다. 작업한 내용을 저장하지 않고 전송할 경우 이전에 저장된 내용이 전송되오니 이점 유의하시기 바랍니다.
- 답안문서는 지정된 경로 외의 다른 보조기억장치에 저장하는 경우, 지정된 시험 시간 외에 작성된 파일을 활용할 경우, 기타 통신수단(이메일, 메신저, 네트워크 등)을 이용하여 타인에게 전달 또는 외부 반출하는 경우는 부정 처리합니다.
- 시험 중 부주의 또는 고의로 시스템을 파손한 경우는 수험자가 변상해야 하며, 〈수험자 유의사항〉에 기재된 방법대로 이행하지 않아 생기는 불이익은 수험생 당사자의 책임임을 알려 드립니다.
- 문제의 조건은 한컴오피스 2022 버전으로 설정되어 있으니 유의하시기 바랍니다.
- 시험을 완료한 수험자는 답안파일이 전송되었는지 확인한 후 감독위원의 지시에 따라 문제지를 제출하고 퇴실합니다.

답안 작성요령

- 온라인 답안 작성 절차
  수험자 등록 ⇒ 시험 시작 ⇒ 답안파일 저장 ⇒ 답안 전송 ⇒ 시험 종료
- 공통 부문
  - 글꼴에 대한 기본설정은 함초롬바탕, 10포인트, 검정, 줄간격 160%, 양쪽정렬로 합니다.
  - 색상은 조건의 색을 적용하고 색의 구분이 안 될 경우에는 RGB 값을 적용하십시오.
    (빨강 255, 0, 0 / 파랑 0, 0, 255 / 노랑 255, 255, 0).
  - 각 문항에 주어진 ≪조건≫에 따라 작성하고 언급하지 않은 조건은 ≪출력형태≫와 같이 작성합니다.
  - 용지여백은 왼쪽·오른쪽 11mm, 위쪽·아래쪽·머리말·꼬리말 10mm, 제본 0mm로 합니다.
  - 그림 삽입 문제의 경우「내 PC\문서\ITQ\Picture」 폴더에서 지정된 파일을 선택하여 삽입하십시오.
  - 삽입한 그림은 반드시 문서에 포함하여 저장해야 합니다(미포함 시 감점 처리).
  - 각 항목은 지정된 페이지에 출력형태와 같이 정확히 작성하시기 바라며, 그렇지 않을 경우에 해당 항목은 0점 처리됩니다.
    ※ 페이지구분 : 1페이지 - 기능평가 I (문제번호 표시 : 1. 2.),
    　　　　　　　2페이지 - 기능평가 II(문제번호 표시 : 3. 4.),
    　　　　　　　3페이지 - 문서작성 능력평가
- 기능평가
  - 문제와 ≪조건≫은 입력하지 않으며 문제번호와 답(≪출력형태≫)만 작성합니다.
  - 4번 문제는 묶기를 했을 경우 0점 처리됩니다.
- 문서작성 능력평가
  - A4 용지(210mm×297mm) 1매 크기, 세로 서식 문서로 작성합니다.
  - ( ) 표시는 문서작성에 대한 지시사항이므로 작성하지 않습니다.

kpc 한국생산성본부

기능평가 I 150점

1. 다음의 ≪조건≫에 따라 스타일 기능을 적용하여 ≪출력형태≫와 같이 작성하시오. (50점)

≪조건≫ (1) 스타일 이름 - flag
(2) 문단 모양 - 왼쪽 여백 : 15pt, 문단 아래 간격 : 10pt
(3) 글자 모양 - 글꼴 : 한글(돋움)/영문(굴림), 크기 : 10pt, 장평 : 95%, 자간 : 5%

≪출력형태≫

One thing that cannot be overlooked in understanding Koreans is the national flag, Taegeukgi, which has always been flown at the most turbulent times in the country's history.

예로부터 우리 선조들이 생활 속에서 즐겨 사용하던 태극 문양은 동양사상의 근본적인 내용인 음양의 조화를 상징하며 태극기는 우주와 더불어 끝없이 창조와 번영을 희구하는 한민족의 이상을 담고 있다.

2. 다음의 ≪조건≫에 따라 ≪출력형태≫와 같이 표와 차트를 작성하시오. (100점)

≪표 조건≫ (1) 표 전체(표, 캡션) - 돋움, 10pt
(2) 정렬 - 문자 : 가운데 정렬, 숫자 : 오른쪽 정렬
(3) 셀 배경(면색) : 노랑
(4) 한글의 계산 기능을 이용하여 빈칸에 합계를 구하고, 캡션 기능 사용할 것
(5) 선 모양은 ≪출력형태≫와 동일하게 처리할 것

≪출력형태≫

국경일 태극기 게양 현황(단위 : %)

구분	2019년	2020년	2021년	2022년	합계
전라도	87.9	84.5	86.6	74.1	
충청도	81.3	74.2	80.3	72.1	
경상도	82.7	85.7	72.9	73.8	
경기도	81.7	84.6	64.2	67.8	

≪차트 조건≫ (1) 차트 데이터는 표 내용에서 연도별 전라도, 충청도, 경상도의 값만 이용할 것
(2) 종류 - 〈묶은 세로 막대형〉으로 작업할 것
(3) 제목 - 글꼴 : 굴림, 진하게, 12pt,
속성 : 채우기(밝은 색 : 하양), 테두리, 그림자(바깥쪽 : 대각선 오른쪽 아래)
(4) 제목 이외의 전체 글꼴 - 굴림, 보통, 10pt
(5) 축제목과 범례는 ≪출력형태≫와 동일하게 처리할 것

≪출력형태≫

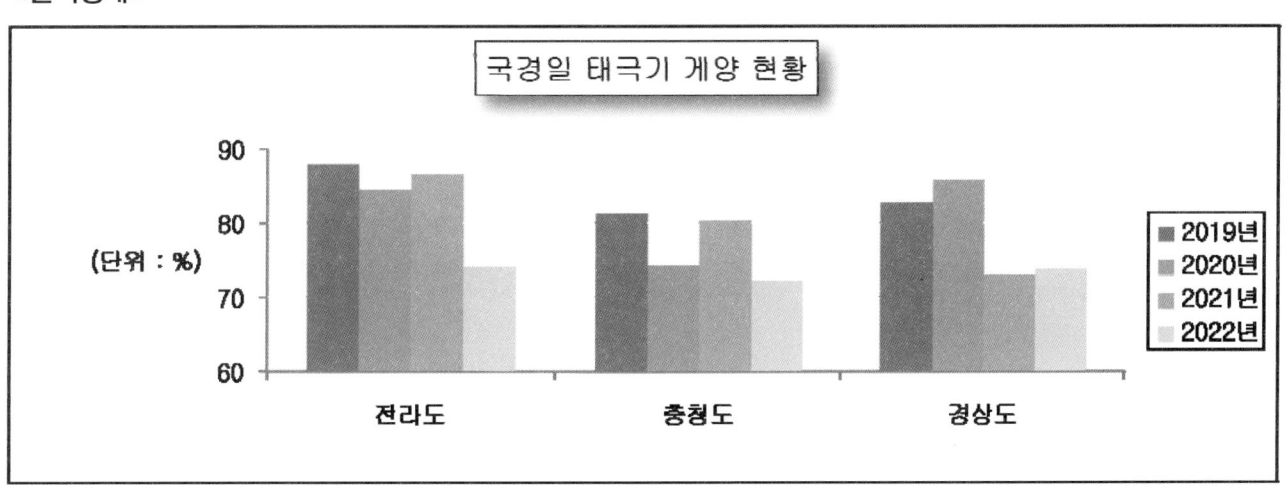

기능평가 II 150점

3. 다음 (1), (2)의 수식을 수식 편집기로 각각 입력하시오. (40점)

≪출력형태≫

(1) $E = \sqrt{\dfrac{GM}{R}}, \dfrac{R^3}{T^2} = \dfrac{GM}{4\pi^2}$

(2) $\displaystyle\int_0^1 (\sin x + \dfrac{x}{2})dx = \int_0^1 \dfrac{1+\sin x}{2}dx$

4. 다음의 ≪조건≫에 따라 ≪출력형태≫와 같이 문서를 작성하시오. (110점)

≪조건≫
(1) 그리기 도구를 이용하여 작성하고, 모든 도형(글맵시, 지정된 그림 포함)을 ≪출력형태≫와 같이 작성하시오.
(2) 도형의 면색은 지시사항이 없으면 색 없음을 제외하고 서로 다르게 임의로 지정하시오.

≪출력형태≫

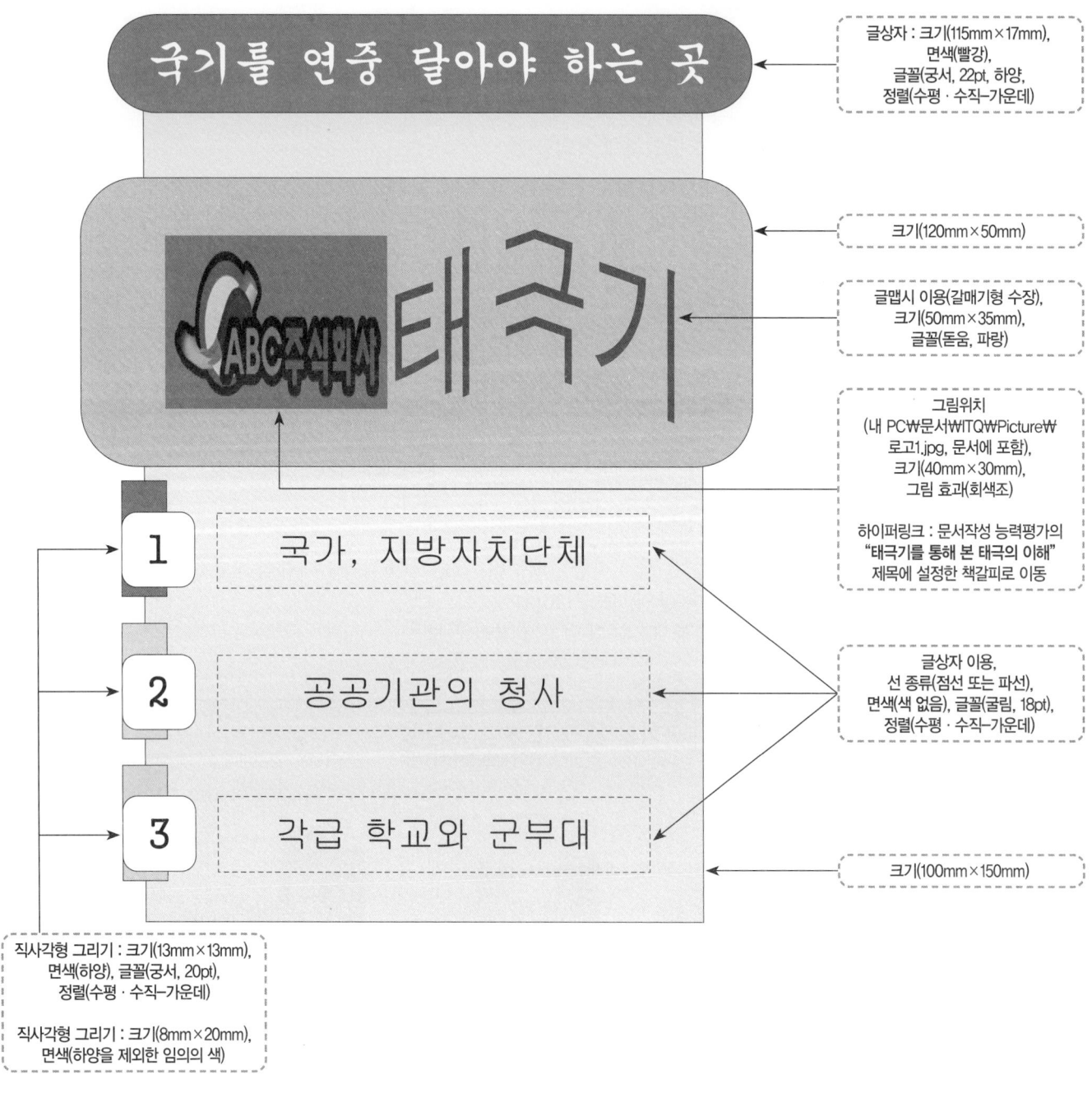

국가의 상징

태극기를 통해 본 태극의 이해
애국심 고취

근대 국가가 발전하면서 세계 각국은 국기를 제정(制定)하여 사용하기 시작하였다. 우리나라의 국기 제정은 1882년(고종 19년) 5월 22일 조미수호통상조약 조인식이 직접적인 계기(契機)가 되었다. 이후 1882년 9월 수신사ⓐ로 일본으로 가던 박영효가 배 안에서 태극 문양과 그 둘레에 건곤감리 4괘를 그려 넣은 '태극4괘 도안'의 기를 만들어 그 달 25일부터 사용하였고, 이듬해인 1883년 3월 6일에 왕명으로 이것이 국기로 제정 및 공포되었다. 그러나 공포할 당시 구체적인 국기제작 방법을 명시하지 않은 탓에 이후 다양한 형태의 국기가 사용되었다.

태극기는 흰 바탕의 한가운데에 적색은 양, 청색은 음의 태극을 두고, 괘는 사방의 대각선상에 검은빛으로 기면을 향하여 건을 왼편 위, 곤을 오른편 아래, 감을 오른편 위, 이를 왼편 아래에 둔다. 기봉은 무궁화 봉오리로 하되 하반부에 꽃받침을 뚜렷이 표시하고 전체를 금색으로 한다. 태극기의 색은 태극기 표준색도에 근접하도록 표현하며 견본은 자연광 아래에서 확인한다. 처음 제작된 태극기는 도형의 통일성이 없어 사괘와 태극양의 위치가 혼용되다가 1948년 대한민국 정부 수립을 계기로 도안과 규격이 통일되었다.

◆ 국기의 게양방법

가) 국기 다는 위치
   a) 단독(공동) 주택 : 집 밖에서 보아 대문의 중앙이나 왼쪽
   b) 건물 주변 : 전면 지상의 중앙 또는 왼쪽, 출입구 위 벽면의 중앙
나) 국기를 다는 시간
   a) 다는 시각 : 오전 7시
   b) 내리는 시각 : 오후 6시(3월-10월), 오후 5시(11월-2월)

◆ 태극기에 담긴 의미

구분	내용
흰색 바탕	밝음과 순수, 전통적으로 평화를 사랑하는 민족성 상징
태극 문양	음과 양의 조화 상징
	우주 만물이 상호작용에 의해 생성 및 발전하는 자연의 진리 형상화
4괘(건곤감리)	음과 양이 서로 변화 및 발전하는 모습을 효(획)의 조합으로 구체화
	건은 우주 만물 중에서 하늘을, 곤은 땅을, 감은 물을, 리는 불을 상징

행정안전부

―――――――――
ⓐ 강화도 조약 이후 조선정부가 일본에 파견한 외교사절

마

기능평가 I (150점)

1. 다음의 ≪조건≫에 따라 스타일 기능을 적용하여 ≪출력형태≫와 같이 작성하시오. **(50점)**

≪조건≫ (1) 스타일 이름 - smart
(2) 문단 모양 - 왼쪽 여백 : 15pt, 문단 아래 간격 : 10pt
(3) 글자 모양 - 글꼴 : 한글(돋움)/영문(굴림), 크기 : 10pt, 장평 : 95%, 자간 : 5%

≪출력형태≫

The total value of global smart home market was estimated to be about 48.7 billion dollars. Smart home market size of Korea is expected to grow with annual growth rate of about 9.4%.

세계 스마트홈 시장의 총가치는 약 487억 달러로 추산되었다. 한국의 스마트홈 시장규모는 2025년에는 연간 약 9.4%의 성장률을 보이며 약 31조 원까지 성장할 것으로 예상된다.

2. 다음의 ≪조건≫에 따라 ≪출력형태≫와 같이 표와 차트를 작성하시오. **(100점)**

≪표 조건≫ (1) 표 전체(표, 캡션) - 돋움, 10pt
(2) 정렬 - 문자 : 가운데 정렬, 숫자 : 오른쪽 정렬
(3) 셀 배경(면색) : 노랑
(4) 한글의 계산 기능을 이용하여 빈칸에 평균(소수점 두 자리)을 구하고, 캡션 기능 사용할 것
(5) 선 모양은 ≪출력형태≫와 동일하게 처리할 것

≪출력형태≫

국내 스마트홈 시장규모 성장률 전망(단위 : %)

구분	2022년	2023년	2024년	2025년	평균
스마트 융합가전	4.4	4.3	4.1	3.9	
홈 엔터테인먼트	12.1	10.8	9.7	8.8	
스마트홈 시큐리티	6.3	5.9	5.6	5.3	
스마트 그린홈	4.8	3.9	3.3	2.8	

≪차트 조건≫ (1) 차트 데이터는 표 내용에서 연도별 스마트 융합가전, 홈 엔터테인먼트, 스마트홈 시큐리티의 값만 이용할 것
(2) 종류 - <묶은 세로 막대형>으로 작업할 것
(3) 제목 - 굴림, 진하게, 12pt,
   속성 - 채우기(밝은 색 : 하양), 테두리, 그림자(바깥쪽 : 대각선 오른쪽 아래)
(4) 제목 이외의 전체 글꼴 - 굴림, 보통, 10pt
(5) 축제목과 범례는 ≪출력형태≫와 동일하게 처리할 것

≪출력형태≫

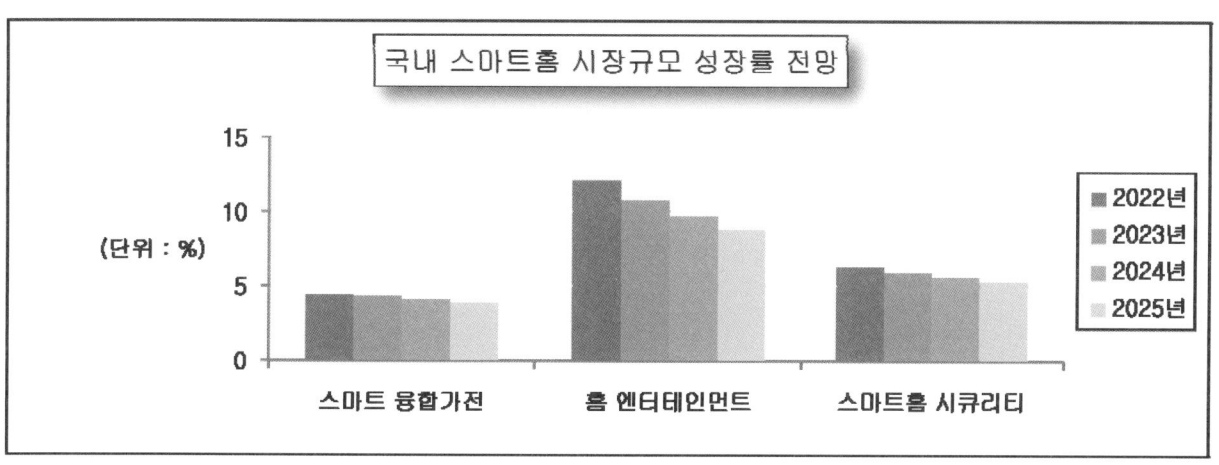

기능평가 II (150점)

3. 다음 (1), (2)의 수식을 수식 편집기로 각각 입력하시오. **(40점)**

≪출력형태≫

(1) $\sum_{k=1}^{10}(k^3+6k^2+4k+3)=256$

(2) $R_H=\dfrac{1}{hc}\times\dfrac{2\pi^2K^2me^4}{h^2}$

4. 다음의 ≪조건≫에 따라 ≪출력형태≫와 같이 문서를 작성하시오. **(110점)**

≪조건≫
(1) 그리기 도구를 이용하여 작성하고, 모든 도형(글맵시, 지정된 그림 포함)을 ≪출력형태≫와 같이 작성하시오.
(2) 도형의 면색은 지시사항이 없으면 색 없음을 제외하고 서로 다르게 임의로 지정하시오.

≪출력형태≫

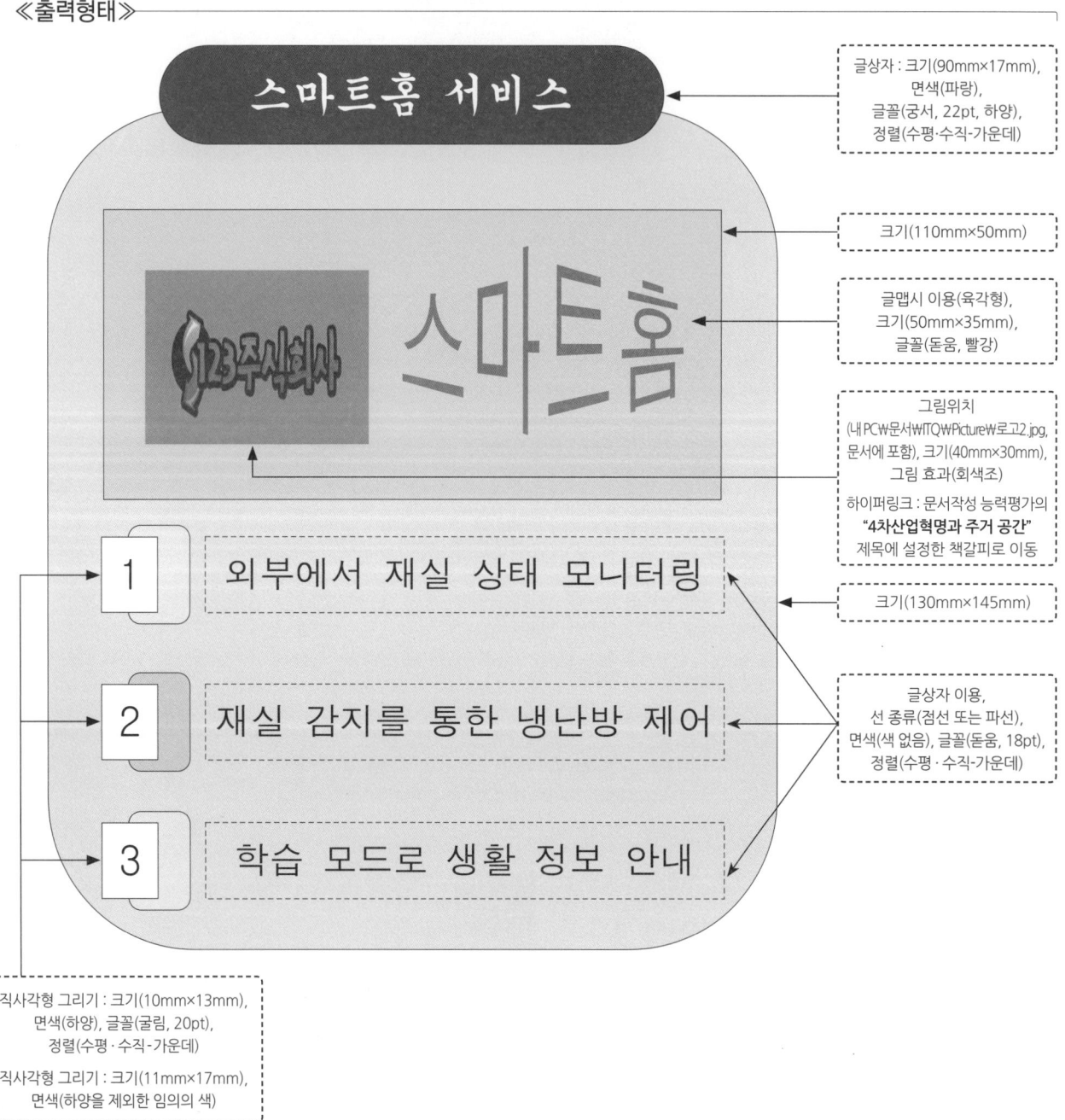

4차산업혁명과 주거 공간

똑똑해진 주거시설

스마트홈은 주택에 사물인터넷과 인공지능¹ 같은 첨단의 정보통신기술을 접목함으로써 거주민들의 삶의 질을 제고(提高)하고 편의성을 극대화하는 서비스이다. 정보통신기술의 급속한 발전에 힘입어 다양한 분야에서 이를 활용한 새로운 기술과 상품을 선보이고 있으며, 이는 주택분야에서도 동일한 동향을 보이고 있다.

건설산업의 관점에서 스마트홈은 주택의 새로운 패러다임을 제공하고 혁신적인 거주방식의 변화를 불러옴으로써 주택시장의 새로운 수요를 만들어내고 신규 시장 창출이 가능하다. 정보통신산업의 관점에서 아파트라는 주거 형식으로 대량 공급되는 공동주택에 다양한 신기술과 장비를 적용할 경우 정보통신 분야의 대규모 신규 시장이 창출(創出)될 수 있을 것으로 기대하고 있다. 최근 ICT의 급속한 발전과 제4차 산업혁명 개념의 확산에 힘입어 스마트 센서, 빅데이터 등의 기술도입 가능성이 높아지면서 스마트홈에 대한 개념 논의와 산업 관점의 접근이 이루어지고 있다. 공동주택을 공급하는 건설기업뿐만 아니라 정보통신 서비스를 제공하는 정보통신기업과 가전제품을 공급하는 제조기업들이 다양한 관점에서 스마트홈과 관련한 상품들을 개발 및 공급하고 있다.

♣ 스마트홈 시장의 향후 전망

1) 파이프라인 사업에서 플랫폼 사업으로 전환
    가) 오투오 서비스 제공으로 서비스 품질 수준 직접적 파악
    나) 스마트홈의 새로운 시장 개척이자 생존을 위한 충분조건
2) 주체별 융합과 사업모델 공유
    가) 정보통신산업과 건설산업, 기타 산업의 연계
    나) 유통산업 등 서비스 공급 분야와 협업체계 마련

♣ 스마트홈 서비스의 종류

구분	의미	종류
안전성	물리적 위협과 응급상황에 대한 두려움을 줄여주어 안심하고 생활할 수 있는 물리적 환경을 제공하는 서비스	방문자 모니터링 시스템, 생체인식 도어 시스템
		누전감지 및 자동차단 시스템
		가스누출 감지 및 자동차단 시스템
에너지관리	에너지 사용량 모니터링 및 절전/절수 시스템을 이용하여 에너지 절약	에너지 사용량 모니터링 시스템
		대기전력 차단 시스템, 절수 시스템

공동주택혁신서비스

---

¹ 인간의 지능이 가지는 학습, 추리, 적응, 논증 따위의 기능을 갖춘 컴퓨터 시스템

정보기술자격(ITQ) 시험

한컴오피스

과목	코드	문제유형	시험시간	수험번호	성명
아래한글	1111	B	60분		

수험자 유의사항

- 수험자는 문제지를 받는 즉시 문제지와 **수험표상의 시험과목(프로그램)이 동일한지 반드시 확인**하여야 합니다.
- 파일명은 본인의 "수험번호-성명"으로 입력하여 답안폴더(내 PC₩문서₩ITQ)에 하나의 파일로 저장해야 하며, 답안문서 파일명이 "수험번호-성명"과 일치하지 않거나, 답안파일을 전송하지 않아 미제출로 처리될 경우 실격 처리합니다. (예:12345678-홍길동.hwpx).
- 답안 작성을 마치면 파일을 저장하고, '답안 전송' 버튼을 선택하여 감독위원 PC로 답안을 전송하십시오. 수험생 정보와 저장한 파일명이 다를 경우 전송되지 않으므로 주의하시기 바랍니다.
- 답안 작성 중에도 **주기적으로 저장하고, '답안 전송'**하여야 문제 발생을 줄일 수 있습니다. 작업한 내용을 저장하지 않고 전송할 경우 이전에 저장된 내용이 전송되오니 이점 유의하시기 바랍니다.
- 답안문서는 지정된 경로 외의 다른 보조기억장치에 저장하는 경우, 지정된 시험 시간 외에 작성된 파일을 활용할 경우, 기타 통신수단(이메일, 메신저, 네트워크 등)을 이용하여 타인에게 전달 또는 외부 반출하는 경우는 부정 처리합니다.
- 시험 중 부주의 또는 고의로 시스템을 파손한 경우는 수험자가 변상해야 하며, <수험자 유의사항>에 기재된 방법대로 이행하지 않아 생기는 불이익은 수험생 당사자의 책임임을 알려 드립니다.
- 문제의 조건은 한컴오피스 2022 버전으로 설정되어 있으니 유의하시기 바랍니다.
- 시험을 완료한 수험자는 답안파일이 전송되었는지 확인한 후 감독위원의 지시에 따라 문제지를 제출하고 퇴실합니다.

답안 작성요령

- **온라인 답안 작성 절차** : 수험자 등록 → 시험 시작 → 답안파일 저장 → 답안 전송 → 시험 종료
- **공통 부문**
  - 글꼴에 대한 기본설정은 함초롬바탕, 10포인트, 검정, 줄간격 160%, 양쪽정렬로 합니다.
  - 색상은 조건의 색을 적용하고 색의 구분이 안 될 경우에는 RGB 값을 적용하십시오.
    (빨강 255,0,0 / 파랑 0,0,255 / 노랑 255,255,0)
  - 각 문항에 주어진 ≪조건≫에 따라 작성하고 언급하지 않은 조건은 ≪출력형태≫와 같이 작성합니다.
  - 용지여백은 왼쪽·오른쪽 11㎜, 위쪽·아래쪽·머리말·꼬리말 10㎜, 제본 0㎜로 합니다.
  - 그림 삽입 문제의 경우 「내 PC₩문서₩ITQ₩Picture」 폴더에서 지정된 파일을 선택하여 삽입하십시오.
  - 삽입한 그림은 반드시 문서에 포함하여 저장해야 합니다(미포함 시 감점 처리).
  - 각 항목은 지정된 페이지에 출력형태와 같이 정확히 작성하시기 바라며, 그렇지 않을 경우에 해당 항목은 0점 처리됩니다.
    ※ 페이지구분 : 1페이지 - 기능평가 I (문제번호 표시 : 1. 2.), 2페이지 - 기능평가 II (문제번호 표시 : 3. 4.), 3페이지 - 문서작성 능력평가
- **기능평가**
  - 문제와 ≪조건≫은 입력하지 않으며 문제번호와 답(≪출력형태≫)만 작성합니다.
  - 4번 문제는 묶기를 했을 경우 0점 처리됩니다.
- **문서작성 능력평가**
  - A4 용지(210㎜×297㎜) 1매 크기, 세로 서식 문서로 작성합니다.
  - 표시는 문서작성에 대한 지시사항이므로 작성하지 않습니다.

기능평가 I (150점)

1. 다음의 ≪조건≫에 따라 스타일 기능을 적용하여 ≪출력형태≫와 같이 작성하시오. **(50점)**

≪조건≫
(1) 스타일 이름 - create
(2) 문단 모양 - 왼쪽 여백 : 10pt, 문단 아래 간격 : 10pt
(3) 글자 모양 - 글꼴 : 한글(돋움)/영문(굴림), 크기 : 10pt, 장평 : 95%, 자간 : -5%

≪출력형태≫

An entrepreneur is someone who has an idea and who works to create a product or service that people will buy, by building an organization to support those sales.

청소년 비즈쿨은 초중고 학생을 대상으로 모의 창업교육을 통해 꿈과 끼, 도전정신, 진취성 등 미래역량의 기업가정신을 갖춘 융합형 창의인재를 키워내고자 하는 사업이다.

2. 다음의 ≪조건≫에 따라 ≪출력형태≫와 같이 표와 차트를 작성하시오. **(100점)**

≪표 조건≫
(1) 표 전체(표, 캡션) - 돋움, 10pt
(2) 정렬 - 문자 : 가운데 정렬, 숫자 : 오른쪽 정렬
(3) 셀 배경(면색) : 노랑
(4) 한글의 계산 기능을 이용하여 빈칸에 평균(소수점 두 자리)을 구하고, 캡션 기능 사용할 것
(5) 선 모양은 ≪출력형태≫와 동일하게 처리할 것

≪출력형태≫

연도별 대학 창업강좌 수(단위 : 백 개)

구분	2019년	2020년	2021년	2022년	평균
오프라인	131	134	79	94	
온라인	7	72	75	60	
교양	71	74	81	79	
전공	67	67	73	75	

≪차트 조건≫
(1) 차트 데이터는 표 내용에서 구분별 오프라인, 온라인, 교양의 값만 이용할 것
(2) 종류 - <묶은 세로 막대형>으로 작업할 것
(3) 제목 - 굴림, 진하게, 12pt,
속성 - 채우기(밝은 색 : 하양), 테두리, 그림자(바깥쪽 : 대각선 오른쪽 아래)
(4) 제목 이외의 전체 글꼴 - 굴림, 보통, 10pt
(5) 축제목과 범례는 ≪출력형태≫와 동일하게 처리할 것

≪출력형태≫

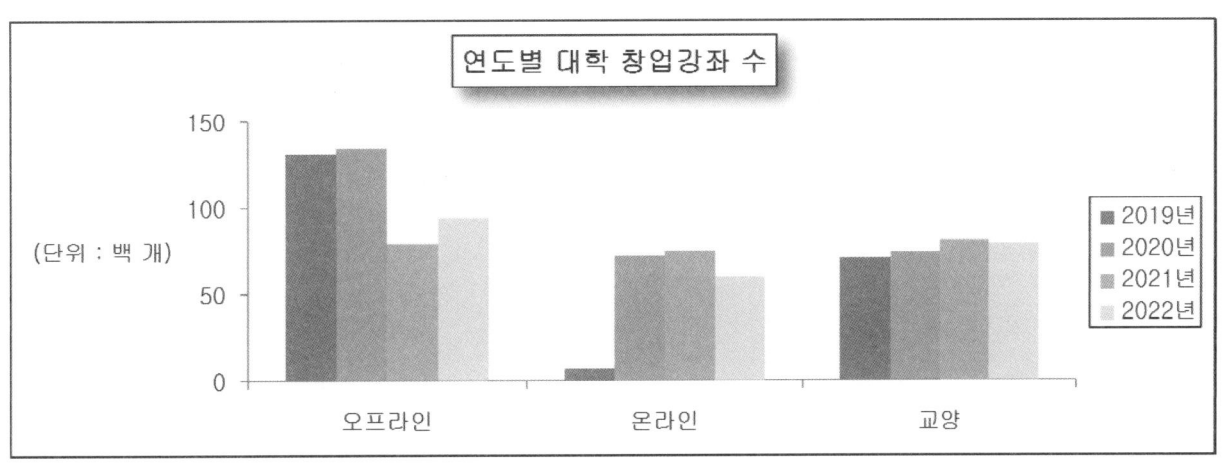

기능평가 II (150점)

3. 다음 (1), (2)의 수식을 수식 편집기로 각각 입력하시오. **(40점)**

≪출력형태≫

(1) $\sum_{k=1}^{n} = \frac{1}{6}n(n+a)(2n+1)$

(2) $\frac{1}{d} = \sqrt{n^2} = \sqrt{\frac{3kT}{m}}$

4. 다음의 ≪조건≫에 따라 ≪출력형태≫와 같이 문서를 작성하시오. **(110점)**

≪조건≫
(1) 그리기 도구를 이용하여 작성하고, 모든 도형(글맵시, 지정된 그림 포함)을 ≪출력형태≫와 같이 작성하시오.
(2) 도형의 면색은 지시사항이 없으면 색 없음을 제외하고 서로 다르게 임의로 지정하시오.

≪출력형태≫

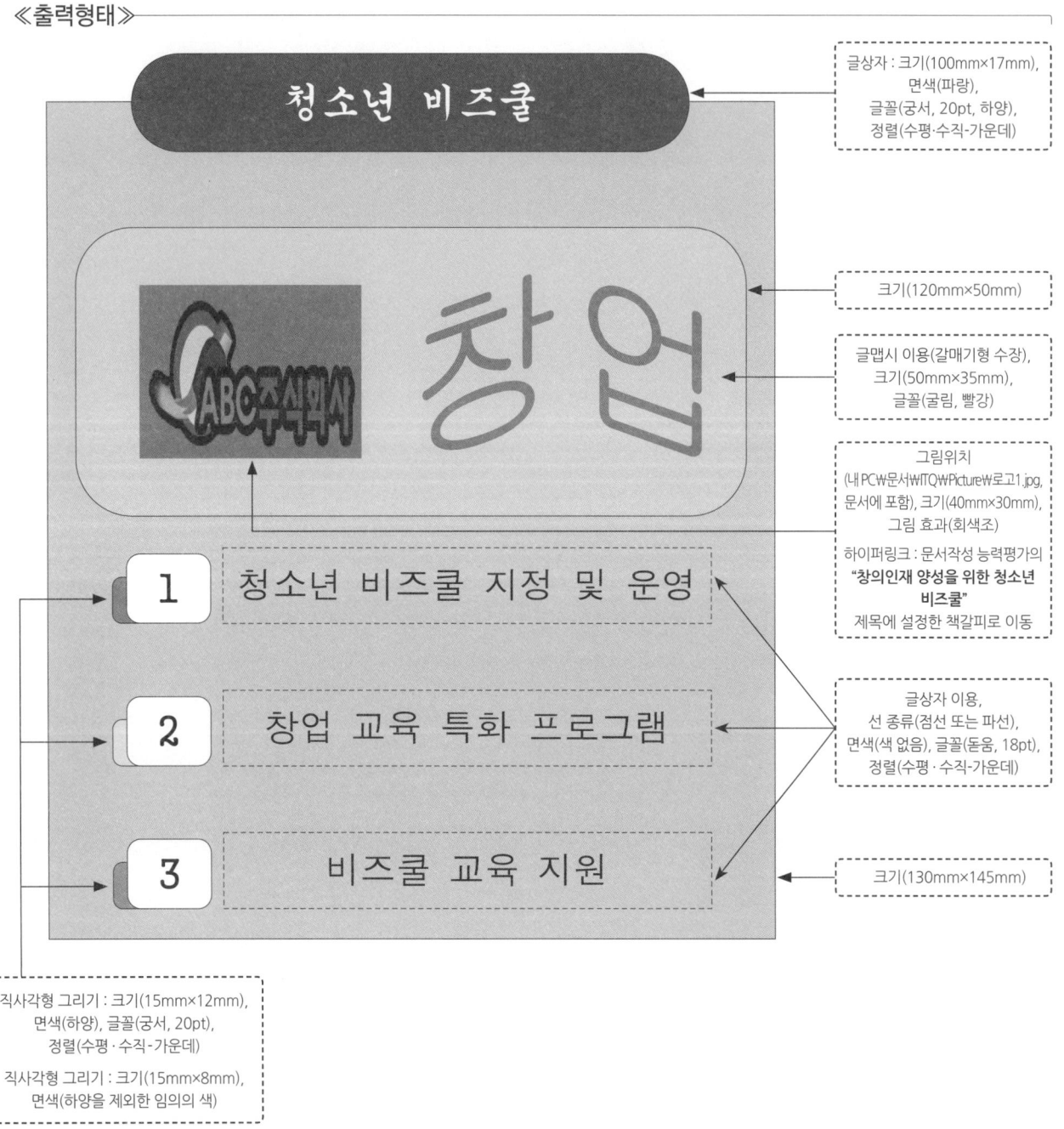

MEMO

정보기술자격(ITQ) 시험

한컴오피스

과목	코 드	문제유형	시험시간	수험번호	성 명
아래한글	1111	C	60분		

수험자 유의사항

- 수험자는 문제지를 받는 즉시 문제지와 **수험표상의 시험과목(프로그램)이 동일한지 반드시 확인**하여야 합니다.
- 파일명은 본인의 "수험번호-성명"으로 입력하여 답안폴더(내 PC₩문서₩ITQ)에 하나의 파일로 저장해야 하며, 답안문서 파일명이 "수험번호-성명"과 일치하지 않거나, 답안파일을 전송하지 않아 미제출로 처리될 경우 실격 처리합니다. (예:12345678-홍길동.hwpx).
- 답안 작성을 마치면 파일을 저장하고, '답안 전송' 버튼을 선택하여 감독위원 PC로 답안을 전송하십시오. 수험생 정보와 저장한 파일명이 다를 경우 전송되지 않으므로 주의하시기 바랍니다.
- 답안 작성 중에도 **주기적으로 저장하고, '답안 전송'**하여야 문제 발생을 줄일 수 있습니다. 작업한 내용을 저장하지 않고 전송할 경우 이전에 저장된 내용이 전송되오니 이점 유의하시기 바랍니다.
- 답안문서는 지정된 경로 외의 다른 보조기억장치에 저장하는 경우, 지정된 시험 시간 외에 작성된 파일을 활용할 경우, 기타 통신수단(이메일, 메신저, 네트워크 등)을 이용하여 타인에게 전달 또는 외부 반출하는 경우는 부정 처리합니다.
- 시험 중 부주의 또는 고의로 시스템을 파손한 경우는 수험자가 변상해야 하며, <수험자 유의사항>에 기재된 방법대로 이행하지 않아 생기는 불이익은 수험생 당사자의 책임임을 알려 드립니다.
- 문제의 조건은 한컴오피스 2022 버전으로 설정되어 있으니 유의하시기 바랍니다.
- 시험을 완료한 수험자는 답안파일이 전송되었는지 확인한 후 감독위원의 지시에 따라 문제지를 제출하고 퇴실합니다.

답안 작성요령

- **온라인 답안 작성 절차** : 수험자 등록 → 시험 시작 → 답안파일 저장 → 답안 전송 → 시험 종료
- **공통 부문**
  - 글꼴에 대한 기본설정은 함초롬바탕, 10포인트, 검정, 줄간격 160%, 양쪽정렬로 합니다.
  - 색상은 조건의 색을 적용하고 색의 구분이 안 될 경우에는 RGB 값을 적용하십시오.
    (빨강 255,0,0 / 파랑 0,0,255 / 노랑 255,255,0)
  - 각 문항에 주어진 ≪조건≫에 따라 작성하고 언급하지 않은 조건은 ≪출력형태≫와 같이 작성합니다.
  - 용지여백은 왼쪽·오른쪽 11㎜, 위쪽·아래쪽·머리말·꼬리말 10㎜, 제본 0㎜로 합니다.
  - 그림 삽입 문제의 경우 「내 PC₩문서₩ITQ₩Picture」 폴더에서 지정된 파일을 선택하여 삽입하십시오.
  - 삽입한 그림은 반드시 문서에 포함하여 저장해야 합니다(미포함 시 감점 처리).
  - 각 항목은 지정된 페이지에 출력형태와 같이 정확히 작성하시기 바라며, 그렇지 않을 경우에 해당 항목은 0점 처리됩니다.
    ※ 페이지구분 : 1페이지 - 기능평가 I (문제번호 표시 : 1. 2.), 2페이지 - 기능평가 II (문제번호 표시 : 3. 4.), 3페이지 - 문서작성 능력평가
- **기능평가**
  - 문제와 ≪조건≫은 입력하지 않으며 문제번호와 답(≪출력형태≫)만 작성합니다.
  - 4번 문제는 묶기를 했을 경우 0점 처리됩니다.
- **문서작성 능력평가**
  - A4 용지(210㎜×297㎜) 1매 크기, 세로 서식 문서로 작성합니다.
  - ┌┄┄┐ 표시는 문서작성에 대한 지시사항이므로 작성하지 않습니다.

kpc 한국생산성본부

창의인재 양성을 위한 청소년 비즈쿨

학교 교육과정에서 비즈니스를 배운다는 뜻을 담고 있는 비즈쿨(BizCool)은 비즈니스(business)와 스쿨(school)의 합성어로 그 의미를 표현하고 있다. 비즈쿨은 전국의 고등학생을 대상으로 이론 교육을 비롯하여 현장 체험과 같은 체계적인 프로그램을 통해 기초 개념인 기업 및 기업가에 대한 이해, 창업과 경영 등 비즈니스에 필수적인 내용을 학습할 수 있는 기회를 제공한다. 이를 통해 미래에 대한 희망과 비전을 제시하고 다양한 진로를 모색할 수 있도록 유도(誘導)함으로써 청소년들의 기업가적 자질과 역량을 고취시켜 이들을 미래의 경제 역군으로 양성하며, 궁극적으로는 중소기업의 인력난 해소와 창업의 활성화를 도모(圖謀)하고자 한다.

이러한 목적의 일환으로 중소기업청 비즈쿨 운영팀에서 비즈쿨 페스티벌을 개최한다. 이번 페스티벌은 비즈쿨 프로그램을 운영하는 전국 100여 개 학교 간의 성공 사례를 발표하고, 지역별 비즈쿨 운영 학습 정보를 제공하기 위해 마련되었다. 본 행사는 비즈쿨 공동체의 기반을 형성하고 창업 아이템 경진대회Ⓐ를 통해 우수 학교와 학생에 대한 지원을 강화하며 비즈쿨 학생의 자립정신과 도전정신을 제고하기 위해 기획되었다.

♣ 청소년 비즈쿨 페스티벌

   가. 행사일정 및 장소
      ㉠ 행사일정 : 2023. 06. 19 - 2023. 06. 25
      ㉡ 행사장소 : 세종 호수공원
   나. 지원내용
      ㉠ 전시관 : 비즈쿨 주제관, 학교관, 유관기관 및 기업관
      ㉡ 부대행사 : 기업가정신 컨퍼런스, 신기술 체험 등

♣ 창업 프로그램 지원내용

유형	프로그램	지원내용
시장진입	판로개척	창업기업의 홍보, 마케팅 뿐 아니라 매출 증대에 직간접적으로 영향을 끼치는 활동
	글로벌연계	글로벌 전시회, 행사관련 창업기업수요에 따른 연계지원
초기투자	투자교육	투자유치를 위한 기본교육, 심화교육까지 전과정 교육
	IR	주관기관, 엑셀러레이터, 유관기관 연계 등을 통해 모의투자 및 실제투자 IR 진행
실증검증	기술실증	민간기관 및 공공기관과 매칭한 창업기업 기술성 검증

창업진흥원

Ⓐ 고등학교 창업 동아리 학생들의 아이디어를 발굴하여 사업화를 지원하는 대회

기능평가 I (150점)

1. 다음의 ≪조건≫에 따라 스타일 기능을 적용하여 ≪출력형태≫와 같이 작성하시오. **(50점)**

≪조건≫
(1) 스타일 이름 - expo
(2) 문단 모양 - 왼쪽 여백 : 10pt, 문단 아래 간격 : 10pt
(3) 글자 모양 - 글꼴 : 한글(돋움)/영문(굴림), 크기 : 10pt, 장평 : 95%, 자간 : -5%

≪출력형태≫

World Tea EXPO 2023 Hadong, Korea is held with the slogan 'The Scent of Nature, Healthy Future, Tea!' with the main venue Hadong Wild Tea Culture Festival Area of Hwagae-myeon.

하동세계차엑스포는 차 산업을 새로운 성장동력으로 키워가는 계기를 만들기 위해 '자연의 향기, 건강한 미래, 차!'를 주제로 하동스포츠파크와 화개면에 있는 하동야생차문화축제장을 중심으로 개최된다.

2. 다음의 ≪조건≫에 따라 ≪출력형태≫와 같이 표와 차트를 작성하시오. **(100점)**

≪표 조건≫
(1) 표 전체(표, 캡션) - 돋움, 10pt
(2) 정렬 - 문자 : 가운데 정렬, 숫자 : 오른쪽 정렬
(3) 셀 배경(면색) : 노랑
(4) 한글의 계산 기능을 이용하여 빈칸에 합계를 구하고, 캡션 기능 사용할 것
(5) 선 모양은 ≪출력형태≫와 동일하게 처리할 것

≪출력형태≫

주요 지역별 차 생산량의 변화(단위 : 백 톤)

구분	2019년	2020년	2021년	2022년	합계
전라남도	14	15	18	19	
경상남도	22	19	12	14	
제주특별자치도	3	7	8	16	
전라북도	1	3	2	2	

≪차트 조건≫
(1) 차트 데이터는 표 내용에서 연도별 전라남도, 경상남도, 제주특별자치도의 값만 이용할 것
(2) 종류 - <묶은 세로 막대형>으로 작업할 것
(3) 제목 - 굴림, 진하게, 12pt,
  속성 - 채우기(밝은 색 : 하양), 테두리, 그림자(바깥쪽 : 대각선 오른쪽 아래)
(4) 제목 이외의 전체 글꼴 - 굴림, 보통, 10pt
(5) 축제목과 범례는 ≪출력형태≫와 동일하게 처리할 것

≪출력형태≫

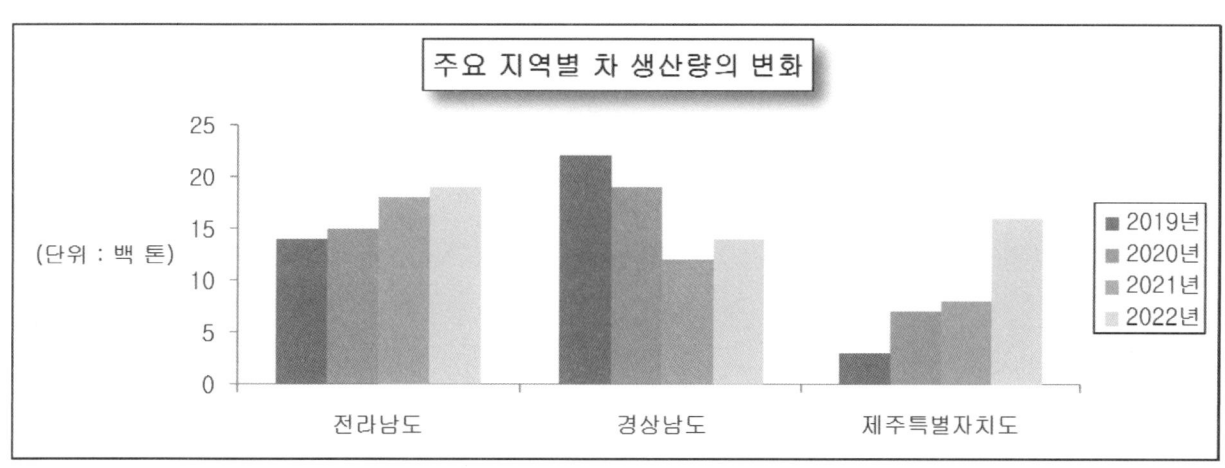

기능평가 II (150점)

3. 다음 (1), (2)의 수식을 수식 편집기로 각각 입력하시오. **(40점)**

≪출력형태≫

(1) $\int_a^b xf(x)dx = \frac{1}{b-a}\int_a^b xdx = \frac{a+b}{2}$

(2) $T = \frac{b^2}{a} + 2\pi\sqrt{\frac{r^3}{GM}}$

4. 다음의 ≪조건≫에 따라 ≪출력형태≫와 같이 문서를 작성하시오. **(110점)**

≪조건≫
(1) 그리기 도구를 이용하여 작성하고, 모든 도형(글맵시, 지정된 그림 포함)을 ≪출력형태≫와 같이 작성하시오.
(2) 도형의 면색은 지시사항이 없으면 색 없음을 제외하고 서로 다르게 임의로 지정하시오.

≪출력형태≫

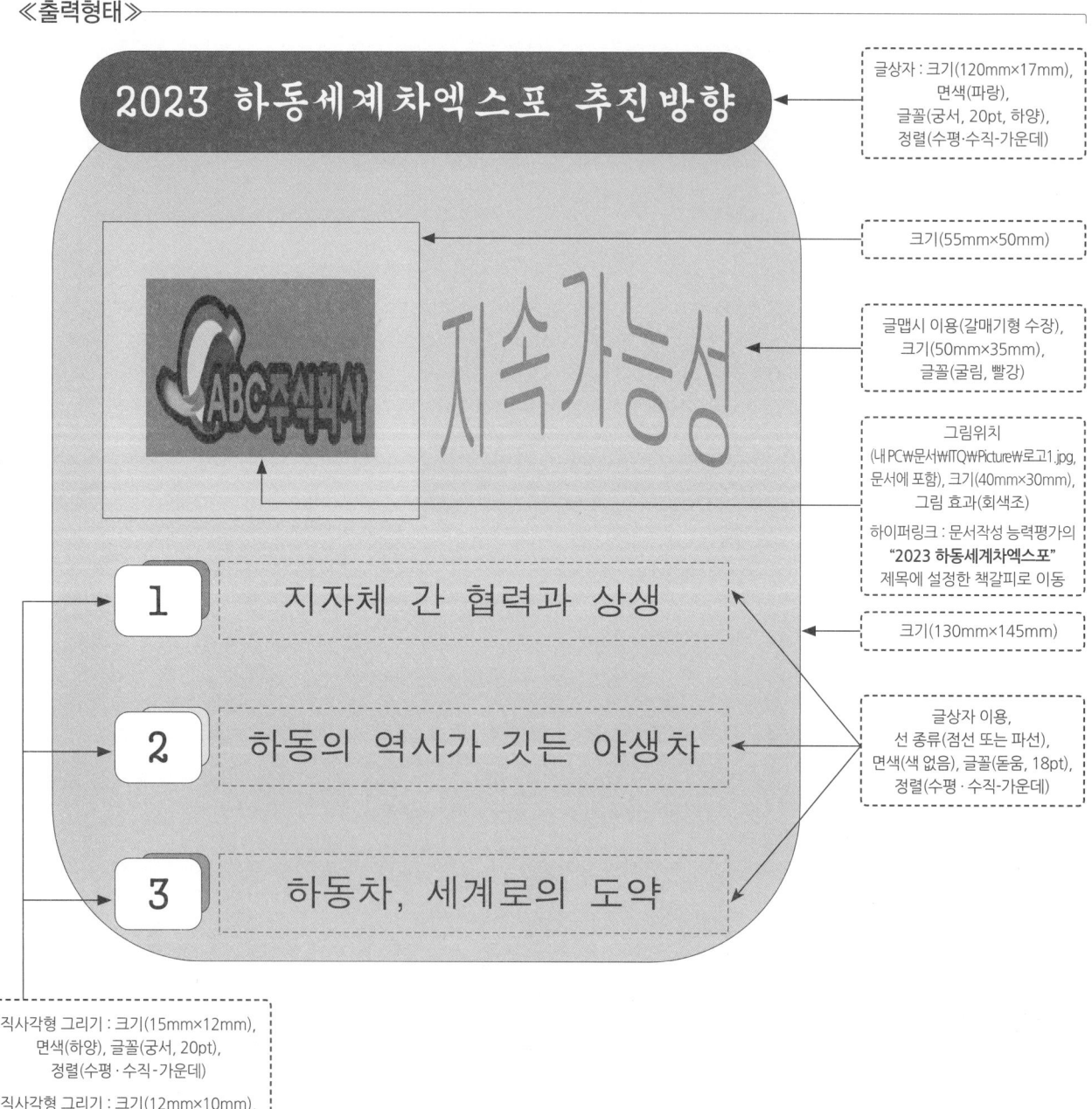

2023 하동세계차엑스포

하동은 통일신라 시대, 우리나라에서 처음 차를 재배한 곳으로 1,200년 전 당나라 사신으로 갔던 대렴공이 차 씨앗을 들여왔고, 왕명을 받은 대렴공은 겨울에도 꽃이 핀다는 이름이 붙은 화개동천에 차 씨앗을 심었다. 하동은 차 시배지일 뿐만 아니라 다도(茶道)의 중흥지이기도 하다. 우리 조상들이 일찍이 알아보았듯이 하동의 기후와 토질은 차를 재배하기에 최적으로 일제 강점기에 개량종이 퍼져 나갈 때에도 토종 야생차를 보존해 아직까지 자연 그대로의 차밭에서 재배하고 있기도 하다. 그 가치를 인정받아 하동 전통차 농업은 2017년 11월에 세계중요농업유산㉮으로 등재(登載)되었다.

차 분야에서는 국내 최초의 정부 공식 승인 국제행사로 하동차의 우수성을 알리고 생활 속에서 차를 즐기는 문화를 만들며, 차 산업을 새로운 성장동력으로 키워가는 계기를 만들기 위해 2023 하동세계차엑스포가 개최된다. 이번 하동세계차엑스포는 하나뿐인 지구와 미래 세대를 위해 환경친화적인 행사로 천 년을 이어온 차의 역사를 경험하고 전 세계의 차 애호가들에게는 다양하고 훌륭한 차를 즐기는 기회를, 차 생산국 및 관련 업계에는 시장의 성장과 발전의 계기를 만들어 주리라 기대된다.

♣ 2023 하동세계차엑스포 개요

가. 비전 및 기간
  ㉠ 비전 : 인류의 지속가능한 삶을 위한 차
  ㉡ 기간 : 2023년 6월 12일 - 2023년 7월 11일
나. 주최 및 참가 규모
  ㉠ 주최 : 경상남도, 하동군
  ㉡ 참가 규모 : 10개국, 관람객 135만 명(외국인 7만 명)

♣ 엑스포 핵심과제별 주요 프로그램

연번	핵심과제명	주요 프로그램	연번	핵심과제명	주요 프로그램
1	스마트 엑스포	스마트 플랫폼 구축	4	라이브 엑스포	엑스포 방송팀 신설
1	스마트 엑스포	스마트-모빌리티 구축	4	라이브 엑스포	실시간 소통 채널 구축
2	공존 엑스포	국제 차 학술대회	5	웰니스 엑스포	항노화관 및 항암관 운영
2	공존 엑스포	국제 티 마스터스컵대회	6	탄소제로 엑스포	친환경 차 특별관 전시
3	비즈니스 엑스포	국내외 차 산업관 설치	7	콘텐츠 엑스포	다원10경 체험

하동세계차엑스포조직위원회

㉮ FAO가 전 세계의 전통적 농업 시스템, 생물 다양성, 토지이용체계를 보전하기 위해 도입한 제도

정보기술자격(ITQ) 시험

한컴오피스

과목	코드	문제유형	시험시간	수험번호	성 명
아래한글	1111	A	60분		

수험자 유의사항

- 수험자는 문제지를 받는 즉시 문제지와 **수험표상의 시험과목(프로그램)이 동일한지 반드시 확인**하여야 합니다.
- 파일명은 본인의 "수험번호-성명"으로 입력하여 답안폴더(내 PC\문서\ITQ)에 하나의 파일로 저장해야 하며, 답안 문서 파일명이 "수험번호-성명"과 일치하지 않거나, 답안파일을 전송하지 않아 미제출로 처리될 경우 실격 처리합니다. (예:12345678-홍길동.hwpx).
- 답안 작성을 마치면 파일을 저장하고, '답안 전송' 버튼을 선택하여 감독위원 PC로 답안을 전송하십시오. 수험생 정보와 저장한 파일명이 다를 경우 전송되지 않으므로 주의하시기 바랍니다.
- 답안 작성 중에도 **주기적으로 저장하고, '답안 전송'**하여야 문제 발생을 줄일 수 있습니다. 작업한 내용을 저장하지 않고 전송할 경우 이전에 저장된 내용이 전송되오니 이점 유의하시기 바랍니다.
- 답안문서는 지정된 경로 외의 다른 보조기억장치에 저장하는 경우, 지정된 시험 시간 외에 작성된 파일을 활용할 경우, 기타 통신수단(이메일, 메신저, 네트워크 등)을 이용하여 타인에게 전달 또는 외부 반출하는 경우는 부정 처리합니다.
- 시험 중 부주의 또는 고의로 시스템을 파손한 경우는 수험자가 변상해야 하며, <수험자 유의사항>에 기재된 방법대로 이행하지 않아 생기는 불이익은 수험생 당사자의 책임임을 알려 드립니다.
- 문제의 조건은 한컴오피스 2022 버전으로 설정되어 있으니 유의하시기 바랍니다.
- 시험을 완료한 수험자는 답안파일이 전송되었는지 확인한 후 감독위원의 지시에 따라 문제지를 제출하고 퇴실합니다.

답안 작성요령

- **온라인 답안 작성 절차** : 수험자 등록 → 시험 시작 → 답안파일 저장 → 답안 전송 → 시험 종료
- **공통 부문**
  - 글꼴에 대한 기본설정은 함초롬바탕, 10포인트, 검정, 줄간격 160%, 양쪽정렬로 합니다.
  - 색상은 조건의 색을 적용하고 색의 구분이 안 될 경우에는 RGB 값을 적용하십시오. (빨강 255,0,0 / 파랑 0,0,255 / 노랑 255,255,0)
  - 각 문항에 주어진 ≪조건≫에 따라 작성하고 언급하지 않은 조건은 ≪출력형태≫와 같이 작성합니다.
  - 용지여백은 왼쪽·오른쪽 11㎜, 위쪽·아래쪽·머리말·꼬리말 10㎜, 제본 0㎜로 합니다.
  - 그림 삽입 문제의 경우 「내 PC\문서\ITQ\Picture」 폴더에서 지정된 파일을 선택하여 삽입하십시오.
  - 삽입한 그림은 반드시 문서에 포함하여 저장해야 합니다(미포함 시 감점 처리).
  - 각 항목은 지정된 페이지에 출력형태와 같이 정확히 작성하시기 바라며, 그렇지 않을 경우에 해당 항목은 0점 처리됩니다.
  ※ 페이지구분 : 1페이지 - 기능평가 I (문제번호 표시 : 1. 2.), 2페이지 - 기능평가 II (문제번호 표시 : 3. 4.), 3페이지 - 문서작성 능력평가
- **기능평가**
  - 문제와 ≪조건≫은 입력하지 않으며 문제번호와 답(≪출력형태≫)만 작성합니다.
  - 4번 문제는 묶기를 했을 경우 0점 처리됩니다.
- **문서작성 능력평가**
  - A4 용지(210㎜×297㎜) 1매 크기, 세로 서식 문서로 작성합니다.
  - ┆┆ 표시는 문서작성에 대한 지시사항이므로 작성하지 않습니다.

kpc 한국생산성본부